LE NOUVELLE
AU QUÉBEC

ARCHIVES DES LETTRES CANADIENNES

Tome I   *Mouvement littéraire de Québec 1860. Bilan littéraire de l'année 1960*, Ottawa, Éditions de l'Université d'Ottawa, 1961, numéro spécial de la *Revue de l'Université d'Ottawa*, avril-juin 1961, p. 135-351. Préparé sous la direction de Paul Wyczynski, Bernard Julien et Jean Ménard.

Tome II   *L'École littéraire de Montréal. Bilan littéraire de l'année 1961*, Montréal et Paris, Fides, 1963, 381 p. Préparé sous la direction de Paul Wyczynski, Bernard Julien et Jean Ménard. Deuxième édition augmentée, amputée du bilan littéraire: 1972, 353 p.

Tome III   *Le roman canadien-français. Évolutions — Témoignages — Bibliographie*, Montréal et Paris, Fides, 1964, 458 p. Sous la direction de Paul Wyczynski, Bernard Julien, Jean Ménard et Réjean Robidoux. Deuxième édition augmentée: 1971, 514 p. Troisième édition corrigée: 1977, 514 p.

Tome IV   *La poésie canadienne-française*, Montréal, Fides, 1969, 701 p. Sous la direction de Paul Wyczynski, Jean Ménard et Réjean Robidoux.

Tome V   *Le théâtre canadien-français*, Montréal, Fides, 1976, 1005 p. Sous la direction de Paul Wyczynski, Bernard Julien et Hélène Beauchamp-Rank. Édition semi-luxe en 300 exemplaires en 1976.

Tome VI   *L'essai et la prose d'idées au Québec*, Montréal, Fides, 1985, 928 p. Préparé sous la direction de Paul Wyczynski, François Gallays et Sylvain Simard.

Tome VII   *Le Nigog*, Montréal, Fides, 1987, 390 p. Sous la direction de Paul Wyczynski, François Gallays et Sylvain Simard.

Tome VIII   *Le roman contemporain au Québec (1960-1985)*, Montréal, Fides, 1992. Préparé sous la direction de François Gallays, Sylvain Simard et Robert Vigneault.

Tome IX   *La nouvelle au Québec*. Préparé sous la direction de François Gallays et Robert Vigneault.

ARCHIVES DES LETTRES CANADIENNES

Publication du Centre de recherche en civilisation
canadienne-française de l'Université d'Ottawa

Tome IX

LA NOUVELLE
AU QUÉBEC

FIDES

Données de catalogage avant publication (Canada)

Vedette principale au titre:
La nouvelle au Québec
(Archives des lettres canadiennes; 9)
Comprend des réf. bibliogr.

ISBN 2-7621-1921-9

1. Nouvelles canadiennes-françaises – Québec (Province) – Histoire et critique.
2. Écrivains canadiens-français – Québec (Province).
3. Roman fantastique canadien-français – Québec (Province) – Histoire et critique.
4. Nouvelle.
5. Nouvelles canadiennes-françaises – Québec (Province) – Bibliographie.
I. Gallays, François. II. Collection.

PS8199.5.Q8N68 1996   C843'.010904   C96-941117-0
PS9199.5.Q8N68   1996
PQ3917.Q8N68   1996

Dépôt légal: 4ᵉ trimestre 1996
Bibliothèque nationale du Québec
© Éditions Fides, 1996

Les Éditions Fides bénéficient de l'appui du Conseil des Arts du Canada
et de la Société des entreprises culturelles du Québec (SODEC).

PRÉSENTATION

Fidèle à sa tradition, la collection des «Archives des lettres canadiennes» consacre à un autre genre littéraire son IXe volume, celui de la nouvelle. D'emblée de jeu, se pose le problème du genre. Suffirait-il d'affirmer que tout texte ainsi qualifié par son auteur est effectivement nouvelle? Pour simple fin de classification, on pourrait sans doute se limiter à ce critère: c'est la règle suivie, par exemple, dans les bibliographies générales et dans les bibliothèques. Toutefois, un facteur externe de classification ne saurait tenir lieu d'une définition dans la mesure où celle-ci ne peut ignorer les caractéristiques de l'objet défini. Mais l'évocation de ces caractéristiques pose aussitôt le problème de la délimitation du territoire du genre, car une définition générique ne peut être autre chose qu'une caractérisation des frontières, qu'une description des traits que partage ou non le genre avec ses voisins, qui sont pour celui qui nous intéresse le roman et le conte. Si la frontière entre le roman et la nouvelle paraît relativement simple à préciser, encore que les apparences soient trompeuses, tel n'est plus le cas pour ce qui a trait aux frontières entre la nouvelle et le conte, car, historiquement, celles-ci ont connu de grandes fluctuations. À titre d'exemple, nul doute que certains textes que Flaubert a qualifiés de contes recevraient aujourdhui la dénomination de nouvelles. Plus près de nous, Anne Hébert a d'abord qualifié génériquement des textes de contes et, ensuite, dans une édition ultérieure, de nouvelles. Les frontières entre les genres sont aussi de nature historique.

Par rapport au roman, la brièveté constitue le trait marquant de la nouvelle. S'il existe des textes de longueur intermédiaire qui viennent brouiller quelque peu cette distinction, il n'empêche que la vaste majorité des nouvelles se reconnaissent à ce trait. Et celui-ci commande à la nouvelle d'autres caractéristiques. Par exemple, la brusquerie des débuts (les longs détours rétrospectifs sont contre-indiqués), la fin en point d'orgue est presque de rigueur, l'action aussitôt nouée court à son dénouement, d'où sa simplicité presque obligée, compensée cependant par son intensité, voire sa fulgurance; l'espace et les personnages surgissent d'un seul trait, d'où la nécessité, pour le personnage du moins, d'une caractérisation rapide, et originale si possible, qui le définisse d'emblée. Parallèlement, il existe des nouvelles où l'action, les personnages importent peu et c'est alors dans le procès d'écriture en soi que réside la valeur du texte, ou dans l'atmosphère suggérée. On le constate, la nouvelle ne peut en aucun cas être considérée comme un roman court.

La ligne de démarcation entre le conte et la nouvelle n'est pas aussi franche, d'autant plus qu'elle a connu dans le passé maintes modifications. Aujourd'hui, peut-être pourrions-nous prendre la doxa comme ligne de partage, mettant du côté de cette dernière le conte et de l'autre, la nouvelle. Comme le proverbe et le dicton, le conte défend ostensiblement un mode d'être, une façon d'agir, de voir, d'où résulte souvent l'explicitation de sa morale à la fin. Comme le proverbe et le dicton, le conte n'est enraciné dans aucun temps précis ni dans aucun lieu connu. Le *in illo tempore* du conte constitue un débrayage par rapport au temps réel et institue un temps mythique dans lequel se déroulent des événements relatés. Hors du temps réel, hors de l'espace connu, le conte est de toutes les époques et de toutes les contrées, sa leçon se veut universelle, applicable aux hommes sous toutes les latitudes. On comprendra que les personnages du conte tiennent du type plutôt que de l'individu, du stéréotype plutôt que de l'unique. Alors que le conte participe facilement du merveilleux, la nouvelle a tendance à privilégier l'étrange et le mystérieux, l'étonnant ou l'imprévisible.

Telles que définies, les frontières de la nouvelle par rapport au roman et au conte ont servi de guide dans les choix que nous avons effectués. Évidemment, la porosité des frontières, tout spécialement entre la nouvelle et le conte, a rendu parfois le choix difficile. Par exemple, pour des raisons de prédominance massive, nous considérons les textes de fiction brefs du XIXe siècle comme appartenant au genre du conte. De fait, ce n'est vraiment qu'après la Seconde Guerre mondiale que la nouvelle, le nom sinon la chose, a commencé à s'imposer au Québec. Cette donnée historique se répercute dans le choix des études et des articles qui entrent dans la composition de ce volume.

Dans le premier chapitre, André Carpentier et Denis Sauvé tentent, avec toute la rigueur possible, de préciser les caractéristiques de la nouvelle. En effet, les frontières mouvantes et floues rendent périlleuse toute entreprise de définition du territoire qui est le sien. Nous sommes redevables à Joseph-André Senécal et à Michel Lord de deux contributions à la connaissance de la nouvelle au Québec. Alors que le premier traque son existence depuis sa naissance en 1827 jusqu'à sa jeune maturité en 1940, le second s'intéresse à son développement dans le sous-genre fantastique. Ces deux textes posent des jalons essentiels dans la constitution d'une histoire de la nouvelle au Québec.

Les autres chapitres sont autant de monographies qui portent sur des auteurs dont les nouvelles jouissent d'une réputation confirmée mais variable. C'est dans cette partie du volume que le titre retenu se justifie pleinement, car les textes qui s'y trouvent n'ont pas été choisis pour la représentativité des auteurs étudiés, ni ne prétendent-ils obéir à une logique taxinomique; ce sont des aperçus d'un champ en expansion et peu connu. La série s'amorce donc avec une étude sur Albert Laberge de François Gallays dans laquelle il développe l'hypothèse que l'œuvre du nouvelliste est à inscrire sous le signe du grotesque plutôt que sous celui du naturalisme. La série se poursuit avec le texte de Robert Vigneault, qui examine la part significative que l'écriture essayiste occupe dans les nouvelles de Gabrielle Roy, alors que, dans le chapitre suivant, Neil B. Bishop analyse la manière dont les thèmes de l'identité et de l'altérité rythment les nouvelles d'Anne Hébert. La ville de Montréal joue un rôle majeur dans les nouvelles d'Andrée Maillet — qui y est née et qui y vit — et c'est ce rôle qu'examine ensuite Michel Biron. Estelle Dansereau, pour sa part, insiste sur la fidélité dont fait preuve Madeleine Ferron envers elle-même d'abord, par son écriture, et envers le genre de vie, empreinte de modestie et de simplicité, qu'elle a choisie de représenter dans ses nouvelles et ses contes. Dominique Perron s'attache à montrer comment Marcel Godin, depuis ses premières nouvelles (1961), pratique avec constance et de façon quelque peu paradoxale une écriture qui l'apparente moins aux romanciers et nouvellistes d'aujourd'hui qu'à ceux d'hier. Dans son analyse des composantes — acteurs, modes narratifs, temps verbaux, discours descriptifs — Jane Everett cherche à dégager l'évolution et les traits majeurs des nouvelles d'André Major. Enfin, pour maintenir la tradition des volumes de la collection à caractère générique, nous avons inclus à la fin une bibliographie de la nouvelle au Québec, préparée par Josée Therrien. Une telle bibliographie faisait défaut et nous sommes contents de pouvoir offrir à nos lecteurs et à nos collègues cet instrument de travail.

Francois Gallays
Robert Vigneault

LE RECUEIL
DE NOUVELLES

André Carpentier et Denis Sauvé
UNIVERSITÉ DU QUÉBEC À MONTRÉAL

> Un tel livre échappe à toute définition; c'est un recueil: et vous savez
> tout ce que l'on peut mettre en recueil. C'est une série interminable
> de petits articles que [...] l'auteur a égrenés [...] qui se suivent sans
> qu'ils s'appellent, et donc sans qu'on sache pourquoi; qui se disper-
> sent comme en se jouant et avec grande aisance [...], mais qui dis-
> paraissent, quelques-uns du moins, dès qu'on les touche, et qui fuient
> dès qu'on les aperçoit [...].
>
> Camille ROY

En guise d'ouverture

Considérons que nous savons ce qu'est une nouvelle[1], un texte dont le «principe
est d'unir la brièveté du récit à un contenu riche de signification[2]», un

> récit bref, de quelques pages, comportant généralement un temps fort autour
> duquel la trame narrative se construit. Il peut s'agir d'une courte intrigue,
> d'une aventure, d'un souvenir, d'une impression. De par sa dimension, la
> nouvelle va nécessairement être concentrée, elle ne privilégie qu'un des as-
> pects habituels du récit [...][3].

---

1. Sur la question de la nouvelle, on consultera: André BELLEAU, «Pour la nouvelle», dans *Surprendre les voix: essais*, Montréal, Éditions Boréal, 1986, p. 65-68; André BERTHIAUME, «À propos de la
nouvelle ou les enjeux de la brièveté», *Écrits du Canada français*, n° 74, 1992, p. 77-90; André CARPEN-
TIER, «Commencer et finir souvent. Rupture fragmentaire et brièveté discontinue dans l'écriture
nouvellière», dans Agnès WHITFIELD et Jacques COTNAM (dir.), *La nouvelle: écriture(s) et lecture(s)*,
Toronto-Montréal, Éditions du GREF/XYZ éditeur, 1993; André CARPENTIER, «Postface sur la face cachée
de la nouvelle», dans Claude BELCOURT (dir.), *La nouvelle québécoise au secondaire*, Montréal, XYZ
éditeur, 1993; Michel LORD, «La forme narrative brève: genre fixe ou genre flou? L'exemple québécois»,
dans *La nouvelle: écriture(s) et lecture(s), op. cit.*
2. Anne SOURIAU, «Nouvelle», dans Étienne SOURIAU (dir.), *Vocabulaire d'esthétique*, Paris, PUF,
1990, p. 1075.
3. Francine CICUREL, «Lecture de la nouvelle», *Le Français dans le monde*, Paris, Hachette/
Larousse, n° 176, avril 1983, p. 62-63.

La question qui se pose ici à nous concerne le regroupement de ces fictions brèves sous la forme du recueil, qui ne constitue pas la seule possibilité de cotextualisation de la nouvelle. Précisons donc d'entrée de jeu qu'une nouvelle peut aussi paraître dans une revue, spécialisée ou non dans la nouvelle, littéraire ou pas, dans un livre scolaire, dans une anthologie, dans un ouvrage collectif établi sur des modes générique, thématique, etc. Surtout, une fiction brève peut multiplier ses lieux de publication, et de là ses conditions de réception. La nouvelle participe donc toujours à un ensemble et participe d'un ensemble qui la dépasse, et qui de surcroît peut varier. Elle collabore à ce rassemblement dans la mesure où elle contribue à le composer, et elle tient du rassemblement en ce sens qu'elle en dépend — soit assez, soit peu —, car le groupement transforme la nouvelle. (Nous y reviendrons.)

Chaque nouvelle se suffit à elle-même, dit-on généralement, mais en même temps, elle se situe toujours dans l'interstice entre des textes voisins, ce qui tout à la fois accuse son isolement et dévoile sa tendance relationnelle. Cet entour textuel, s'il est changeant, ce qui se voit souvent, impose à la nouvelle de se recontextualiser périodiquement dans un jeu d'échanges complexes avec le proche et le lointain, le semblable et le dissemblable, et ainsi de suite. La fiction brève ne peut échapper à l'emprise des textes qu'elle côtoie. Ce qui la caractérise, cependant, c'est qu'elle s'inscrit dans un régime de polytextualité.

Étrange chose: on s'entend généralement pour dire qu'une nouvelle ou un poème ne fait pas le nouvelliste ou le poète, alors qu'un roman fait le romancier. Comme si le titre d'auteur était lié à l'unité de publication, c'est-à-dire au livre, ce «monstre de la totalité», ainsi que le qualifie Barthes[4]. Historiquement, en effet, la fiction brève fut marquée dès ses origines, comme le note Paul Zumthor, par «une aspiration au regroupement[5]», qui plus est, «à l'établissement de liens organiques entre les récits perçus ou voulus comme des éléments d'un ensemble pourvu de signification propre[6]». Le recueil permet donc une double lecture: lecture de nouvelles à titre d'objets singuliers et — c'est ce que nous aborderons dans ces pages — lecture d'une série. La première dévoile une certaine autonomie de la fiction brève; la seconde lecture met la nouvelle en relation avec des voisines dans un double esprit de singularisation et de complétude. D'une part, donc, la nouvelle développe une relative autonomie, alors que, d'autre part, le recueil fait peser sur elle sa dynamique de rassemblement. Chaque nouvelle vaut d'abord pour

---

4. Roland BARTHES, *Roland Barthes par Roland Barthes*, Paris, Seuil, «Écrivains de toujours», 1975, p. 182.

5. Paul ZUMTHOR, *Essai de poétique médiévale*, Paris, Seuil, 1972, p. 404. On peut fixer aux xve et xvie siècles la constitution de la nouvelle en genre littéraire et au xixe le développement de sa forme actuelle.

6. *Ibid.*, p. 404.

elle-même, mais aussi dans la perspective du contexte dont elle s'arrache. C'est un équilibre mouvant qui s'établit alors entre l'autonomie des nouvelles et le penchant à l'interaction imposé par leur regroupement.

On verra donc la nouvelle en partie à la manière de Jean-Pierre Boucher, c'est-à-dire comme «[r]écit bref qu'on lit d'un coup, oui, mais le plus souvent inscrit à l'intérieur d'un "genre long", le recueil, d'où elle tire une part importante de sa signification[7]». C'est sur le mot *importante* que notre approche différera.

Recueils homogènes et recueils hétérogènes

Sur cette question du rassemblement des nouvelles, commençons, pour des raisons de commodité, par établir une distinction simple entre recueil homogène et recueil hétérogène. On s'empressera cependant d'apporter deux remarques avant même de décrire ces catégories. D'abord pour convenir que les termes homogène et hétérogène peuvent paraître imparfaits pour nommer les phénomènes qu'ils recouvrent, surtout à cause du suffixe -*gène* (du grec -*genês*, de *genos*, naissance, origine). Ce suffixe, commun aux mots évoquant l'idée d'engendrement, renvoie au principe d'une genèse et, pourrait-on penser, à une intentionnalité. Homogène sera cependant compris, ici, dans un sens plus large, comme une réunion de semblables (*homos*) engendrant un tout relativement structuré, un ensemble dominé par des récurrences qui régularisent la production et la lecture et qui assurent un effet de continuité, de cohésion, voire d'unité; hétérogène sera compris comme la réunion de dissemblables (*heteros*) sous la forme d'un agrégat peu marqué par le principe d'unité, une forme où les récurrences sont minimales, ce qui compromettra la réception du recueil à titre de tout continu. Cela suggère que le modèle d'accueil des nouvelles ne relève pas d'une intention d'auteur. Il faut aussi préciser qu'un recueil ne peut se présenter comme tout à fait homogène et qu'il n'est jamais pleinement hétérogène. Il sera donc fait référence, ici, à une tendance, soit à l'homogénéité, soit à l'hétérogénéité. Ainsi un recueil dit homogène sera-t-il réputé plus marqué par l'homogénéité que par l'hétérogénéité.

Dans le recueil homogène, que René Godenne appelle recueil-ensemble, chaque nouvelle s'intègre à un tout harmonieux; ce type de recueil produit une cohérence et un effet de séquence. Gaëtan Brulotte donne quelques exemples de types de structuration de ce genre de recueil. L'organisation peut se constituer sur le mode thématique, ce qui produit «des ouvrages cohérents dont l'unité s'impose[8]». Par ailleurs, des personnages pourront être repris d'une histoire à l'autre

---

7. Jean-Pierre BOUCHER, *Le recueil de nouvelles. Études sur un genre littéraire dit mineur*, Montréal, Fides, 1992, p. 10.

8. Gaëtan BRULOTTE, «Formes de la nouvelle québécoise contemporaine», dans Lise GAUVIN et Franca MARCATO-FALZONI (dir.), *L'âge de la prose. Romans et récits québécois des années 80*, Rome-Montréal, Bulzoni Editore-VLB éditeur, 1992, p. 67-84 [p. 74].

de façon à créer un effet de continuité. Ou encore, c'est le développement chronologique des personnages qui assurera cette continuité. Jean-Pierre Boucher ajoute à ce tableau en précisant qu'on peut étudier les nouvelles et les liaisons entre nouvelles aux niveaux habituels d'analyse de la fiction, par observation de la narration, de l'espace, du temps, des personnages[9]. Ajoutons que l'effet de continuité est généralement lié à un système de récurrences pouvant se manifester à différents niveaux d'analyse: lexical, sémantique, stylistique, etc. De sorte que, dans l'œuvre de certains nouvellistes, la cohésion des recueils n'est pas étrangère à l'homogénéité globale de l'œuvre; on modifierait l'ordre des nouvelles de leurs recueils et ceux-ci, tout en devenant autres, manifesteraient toujours, à la lecture, une égale continuité.

Le recueil hétérogène, par ailleurs, comprendrait plutôt une succession de nouvelles aux origines différentes «qui se suivent sans qu'[elles] s'appellent, et donc sans qu'on sache pourquoi», selon la formule de l'abbé Camille Roy[10], qui refusent de se constituer elles-mêmes en unité originale et d'imposer un système. Cela paraît moins producteur d'harmonie que de tension entre les textes, qui agissent ainsi en sens divergents, parfois même en sens contraires, mais sans annuler leurs dynamiques respectives. À la lecture de ces recueils hétérogènes, la perception d'ensemble vient toujours à manquer, ou plutôt, elle devient problématique. Car le recueil hétérogène vise l'exploration. Il se veut ouvert à la contamination, à l'interaction imprévisible. Ici l'auteur et le lecteur contrôlent moins les tenants et aboutissants de l'interaction des textes. Les nouvelles y sont plus imprévisiblement au travail que dans le recueil homogène. Le nouvelliste qui produit dans l'hétérogène développe l'attitude de Barthes dans le fragmentaire, qui «[s]e débrouille mieux en n'ayant pas l'air de construire une totalité[11]».

À la limite, cette distinction pourrait s'énoncer comme suit: l'auteur en posture d'écrire une nouvelle dans la perspective d'une série homogène s'affronte à un projet de recueil pour écrire, tandis que celui qui se laisse conduire vers un recueil hétérogène se mesure à une nouvelle. Le premier a en tête un livre; l'autre, un texte — qui entrera éventuellement dans un ensemble textuel.

Dans un cas comme dans l'autre, cependant, les nouvelles convergent sur de multiples plans et, sur d'autres, divergent; elles se complètent et s'entrechoquent, car, ainsi que nous le verrons, le principe du recueil ne se réduit certes pas à la somme, mais procède également de la coprésence des textes. Le travail d'organisation de la série (du recueil) consiste en effet à réunir les nouvelles par leur frange. Ce collage, ce montage produit des rapprochements parfois inattendus,

---

9. Voir Jean-Pierre BOUCHER, *Le recueil de nouvelles...*, *op. cit.*, p. 20.

10. *Essais sur la littérature canadienne*, «"Premier péché" par Madeleine», Montréal, Librairie Beauchemin, 1913 [février 1905], p. 110.

11. «Roland Barthes s'explique», dans *Le grain de la voix*, Paris, Seuil, 1981, p. 306.

parfois même incongrus. Mais ces rencontres génèrent inévitablement du sens. En d'autres termes, publier un recueil, même hétérogène, c'est classer. Et classer, c'est ouvrir, même malgré soi, à une signification.

La nouvelle, insistons donc sur cela, se profile comme un texte autonome qui ne vient jamais seul, qui n'est jamais publié isolément. De sorte qu'en un certain sens, on pourra douter que la nouvelle soit jamais parfaitement autonome. La coprésence, la cotextualisation suppose des bipolarités qui, dans l'écriture nouvellière, mettent en opposition dynamique l'achevable de la fiction brève et l'inachevable du tout qui la porte, même dans le cas du recueil dit homogène. Dans cette perspective, l'écriture nouvellière comprend une certaine forme de rupture fragmentaire, d'ébranlement de l'idée reçue de totalité: la totalité du livre-recueil est en quelque sorte ouverte, inachevée, imprévisible, tandis que la totalité de chaque nouvelle, en d'autres termes son autonomie, s'ouvre, par la proximité, à l'interaction — de sorte que chaque lecture recompose le recueil.

Voilà le point de vue à partir duquel nous abordons le recueil de nouvelles.

Deux typologies du recueil

François Ricard et Jean-Pierre Boucher présentent des modèles divergents de typologie.

Jean-Pierre Boucher propose une typologie à trois entrées reposant sur le principe d'une intention auctoriale. La première catégorie recueille des nouvelles éparses; ici domine le principe de rassemblement. La deuxième catégorie couvre le champ des recueils thématiques: un thème, qui peut s'être imposé avant ou avoir été repéré durant l'écriture, y sert de cadre unifiant. Le troisième type, le plus intéressant au regard de Boucher, c'est le recueil-ensemble, celui «où *l'auteur veut*, dès la conception de l'œuvre, construire un tout cohérent[12]». (Nous mettons en relief.) La typologie de Boucher implique une visée hiérarchique qui installe au sommet les recueils homogènes se présentant à l'évidence comme touts cohérents, c'est-à-dire ceux dont la nature correspond le mieux au projet d'un livre.

Cette typologie n'est pas sans faille. On lui reprochera de se tenir trop à l'écart des caractéristiques intrinsèques du recueil et d'être plutôt assujettie à une connaissance privilégiée des circonstances de sa production, ce qui rend cette typologie quasiment inapplicable.

Comment reconnaître, en effet, par la seule lecture du recueil, si ce dernier appartient, par exemple, à la catégorie thématique ou à celle du recueil-ensemble? Faudra-t-il, ainsi que le suggère Boucher, qu'un indice préfaciel nous donne la clé, que l'épitexte intime (journal, entrevue, confidence d'auteur, etc.) nous autorise à

---

12. Jean-Pierre BOUCHER, *Le recueil de nouvelles...*, *op. cit.*, p. 15.

reconnaître le type auquel appartient un recueil? Comme si l'intention d'auteur déterminait la nature du recueil! À quoi nous servirait, d'un point de vue typologique, d'apprendre qu'un auteur a voulu écrire un recueil sur tel thème et que le résultat ne correspond finalement pas très précisément à cette intention? (L'évaluation d'une œuvre devrait-elle reposer sur le fait qu'elle soit devenue ce dont l'auteur avait rêvé qu'elle fût, plutôt que sur ses qualités esthétiques?) Et qui nous dit qu'un recueil contenant des nouvelles déjà publiées éparsement ne présenterait pas une structure d'ensemble à l'occasion aussi cohérente que le recueil thématique, ou même que le recueil-ensemble? En ce sens, l'intention d'homogénéité nous paraît moins pertinente qu'une réception de nouvelles recueillies qui perçoive ou investisse un principe d'homogénéité. Par ailleurs, n'y aurait-il pas abus structural à prétendre que le recueil le mieux réussi soit celui dont les nouvelles s'unissent de la façon la plus visiblement serrée?

François Ricard, de son côté, fonde son analyse sur une lecture du *Décaméron* de Boccace, ce qui lui fait comprendre le recueil comme forme caractérisée par le maintien, voire par l'équilibre entre la «discontinuité du tissu narratif [et la] continuité du tissu thématique[13]». S'appuyant sur ce constat, Ricard détermine trois types de recueils. D'abord celui où ces deux traits — discontinuité de narration et continuité thématique — atteignent leur degré idéal de réalisation, comme dans le recueil de type boccacien. Puis

> [d]e part et d'autre, deux autres groupes, que l'on peut définir chacun par l'atténuation de l'un de ces deux traits: le recueil «moderne», où la continuité thématique, peu ou pas du tout explicitée, devient moins évidente, et le «quasi-roman», où c'est la discontinuité narrative qui paraît diminuée[14].

Dans le recueil dit «moderne» — qui propose souvent des fictions brèves déjà parues dans des périodiques, en tout ou en parties —, les nouvelles se présentent comme des pièces plutôt isolées, sans trop de liens explicites entre elles. Dans le «quasi-roman», par contre, les nouvelles manquent d'indépendance: elles partagent des lieux, des personnages récurrents, des actions complémentaires, etc., de sorte que le recueil finit par développer une intrigue générale. La «discontinuité narrative se transforme peu à peu en continuité[15]» et le recueil fait apparaître «comme un début de subordination entre les parties[16]».

Le principe d'équilibre entre discontinuité narrative et continuité thématique domine cette typologie et dévoile même les genres limitrophes des deux dernières

---

13. François RICARD, «Le recueil», *Études françaises*, «Conte parlé, conte écrit», sous la direction de Jeanne Demers et Lise Gauvin, nº 12/1-2, avril 1976, p. 113-133 [p. 127].

14. *Ibid.*, p. 133.

15. *Ibid.*, p. 132.

16. *Ibid.*, p. 132.

catégories. Que l'équilibre soit rompu en faveur de la continuité narrative, on glissera vers le roman. (Si donc le type quasi-roman représente un excès d'homogénéité, que serait alors un excès d'hétérogénéité? Ce serait à tout le moins toujours un recueil.) N'est-ce pas justement l'hypothèse d'une telle continuité narrative, rendue plausible, voire effective par la publication du livre dans une collection de romans plutôt que de nouvelles, qui a permis à l'auteure ou à l'éditeur de *Soigne ta chute*[17] de faire justement considérer comme roman — ce que peut bien être, de fait, *Soigne ta chute* — des fictions brèves publiées de façon éparse, mais qui réunissaient manifestement les caractéristiques du quasi-roman. Par contre, si cet équilibre penche à l'excès vers la continuité thématique, au détriment de la fiction, par exemple, l'on passera du côté de l'essai, dit Ricard. Ou peut-être du côté de la chronique[18].

En quelque sorte, la typologie de Ricard nous met dans les conditions d'application suivantes. Devant un recueil, on se demandera d'abord s'il penche indûment vers le roman, par excès de discontinuité entre les nouvelles, vers l'essai ou vers la chronique, par manque de fictionnalisation. En d'autres termes, on se demandera si l'œuvre appartient pleinement à la catégorie recueil de nouvelles, ou si elle ne tend pas trop vers des genres limitrophes. Si donc le recueil ne se situe pas dans la frange du genre, il restera à se poser la question de savoir si le recueil est tissé serré ou non, s'il paraît homogène ou hétérogène.

La continuité thématique constitue un élément clé de cette typologie, ce qui n'est pas sans poser problème. Est-il si certain, en effet, que le principe de continuité — qui, par ailleurs, semble incontournable[19] — doive s'appliquer à la seule thématique? Certes Ricard considère la thématique au sens large, mais sans trop prendre en compte que le recueil puisse trouver son unité ailleurs que dans la thématique: dans les contraintes formelles, dans les catégories hypogénériques (le fantastique, l'insolite...), dans les structures narratives, dans une vision singulière du monde, etc. Plus encore, cette unité peut trouver sa source non dans la reprise, mais dans une forme de diversité progressive: le passage d'une contrainte formelle à d'autres, d'un hypogenre à d'autres, d'une structure narrative à d'autres, complémentaires, etc.

Par ailleurs, et cela Ricard le reconnaît explicitement, «il demeure pratiquement toujours possible de discerner la présence d'un thème conducteur ou d'un

---

17. Flora BALZANO, *Soigne ta chute*, Montréal, XYZ, 1990.

18. Ici comprise comme narration non fictive, comme «[r]ecueil de faits historiques rapportés dans l'ordre de leur succession» ou comme récit «qui met en scène des personnages réels ou fictifs et évoque des faits sociaux, historiques, authentiques» (*Grand Robert*). On pense aux *Rumeurs d'Hochelaga* de Jean HAMELIN (Hurtubise HMH, [1971]), qui tient de l'autobiographie et du tableau de mœurs.

19. La continuité implique la présence d'un ensemble ou d'un agrégat d'éléments (en chimie: des corps simples dont sont composés les corps complexes) distincts, un ensemble plus ou moins déterminé, plus ou moins abstrait — dans le langage logico-mathématique — et proposé à notre intellect comme un tout.

principe d'agencement quelconque, qui constitue en recueil la somme des nouvelles ainsi rassemblées[20]». Nous irions jusqu'à prétendre que, minimalement, la
marque d'un auteur, sa manière propre, sa vision du monde, peut suffire à mettre
en gerbe des fictions brèves produites éparsement. Il faut dire qu'il y a toujours,
chez le lecteur, cette tendance à syntagmatiser ce qui est juxtaposé[21]. Cela dévoile
en creux l'importance de la composition du recueil, du choix et du classement des
nouvelles, aussi de l'ordre de lecture.

Aspects de la composition du recueil

L'arrangement

Le principe d'arrangement suppose un choix des nouvelles et leur ordonnancement
(par combinaison et permutation[22]). Ce qui signifie que l'ordre de production et
l'ordre des nouvelles dans le recueil diffèrent généralement.

L'arrangement est un fait esthétique réalisateur d'une forme d'ensemble, qui
détermine les rapports des nouvelles entre elles. Cet arrangement pourra ou non
relever d'une intention d'auteur, peu importe. L'arrangement suggère une orientation de lecture, qui n'est pas nécessairement marquée, mais qui peut l'être par le
titre du recueil, par une préface, par une quatrième de couverture. Mettre les
nouvelles dans un ordre consiste donc à les disposer en une manière propre qui
subordonne chacune à une ou des fins, souples ou impératives. Ces fins peuvent
se déployer manifestement sur différents axes — dans les recueils homogènes —
comme elles peuvent être commandées par une perception ténue de l'ensemble —
dans les recueils tendant vers l'hétérogénéité.

Ce principe de distribution fait aussi appel à l'idée d'une succession dans
laquelle serait investie une cohérence fondée sur des rapports qualitatifs. Ces rapports interviennent sur le tard, au moment de l'ordonnancement, ou supposent une
démarche longuement planifiée. Dans le premier cas, il se trace un parcours de
lecture entre des textes recueillis sans que ceux-ci aient nécessairement été pensés
dans cette perspective de forte complétude. Dans le second cas, les nouvelles ont
été produites dans la perspective d'une finalité immanente qui organise le recueil.

Du point de vue de la réception, cela impose d'investir, entre les nouvelles,
une relation d'intelligibilité plus ou moins marquée. Dans les recueils homogènes,

---

20. François RICARD, «Le recueil», loc. cit., p. 129.

21. Michel Tardi, de l'Université de Strasbourg, a ainsi développé la théorie du troisième signifiant.
Il a montré — par l'expérimentation — que le récepteur investit à coup sûr un lien, généralement d'ordre
narratif, entre deux images qui lui sont proposées. Cette mise en lien se ferait par reconnaissance de
connotations communes dans les constellations sémantiques de chacune des images.

22. Sur cette question de la permutation des nouvelles, voir Jean-Pierre BOUCHER, Le recueil de
nouvelles..., op. cit., p. 17-18.

chaque nouvelle se soumet à une causalité; les relations entre nouvelles sont aisément perçues comme rationnelles, autant par la place (la situation et l'ampleur) occupée dans la séquence que par des effets de contiguïté, par la perception d'une progression, etc. Ces rapports rationnels satisfont le lecteur dans son désir d'harmonie. (Pour la critique, cela implique une certaine commodité d'analyse.) Dans les recueils hétérogènes, on ne perçoit pas à l'évidence l'autorité d'une force interne de coordination, mais plutôt la coprésence de fictions brèves singulières en un agrégat qui laisse place à une plus large ouverture interprétative.

Ce qui est donc recherché, dans le principe de rassemblement en recueil, c'est la coordination de nouvelles plus ou moins assimilables. Allons plus loin en suggérant que cette coordination de textes différents opère en raison de leur autonomie même. Plus précisément: une certaine sollicitation assimilatrice assure cette coordination parce que le recueil révèle des disparités et des analogies. Il y aurait, dans les objets d'une même espèce, non seulement la tendance à s'attirer les uns les autres, mais à se constituer en tout organique, en vertu de rapports de contiguïté, de ressemblance, de complémentarité, d'opposition, etc.

Le recueil se constitue en agrégat interprétable de différentes façons sans que l'irréductible singularité de chaque nouvelle qui le compose ne soit compromise. Le regroupement produit cependant une plus ou moins grande ouverture interprétative — selon que le recueil tende vers l'hétérogénéité ou vers l'homogénéité. Le recueil se fonde sur la juxtaposition de nouvelles autonomes — même dans le recueil le plus homogène —, mais il est plus que cela — même dans le recueil hétérogène. Car le recueil recèle un principe d'organisation interne qui dépasse les intentions d'auteur ou la compétence de lecteur. Le recueil agit comme «un système organique d'exigences[23]».

Les nouvelles peuvent se regrouper suivant une panoplie de modèles, par exemple de façon à accuser des contrastes ou, au contraire, de manière à mettre en relief certaines affinités entre les nouvelles. En ce sens, certaines nouvelles commanderont soit leur rapprochement, soit leur dispersion. Une nouvelle se glissera aisément presque n'importe où dans le recueil, tandis qu'une autre exigera une position précise pour créer telle harmonie ou produire tel effet choc.

Or le nouvelliste dispose de peu de moyens rationnels pour déterminer l'ordonnancement des nouvelles. Il doit donc jongler avec les textes, ou les projets de nouvelles, jusqu'à ce qu'un certain ordre lui semble favoriser la perception d'ensemble sans nuire à l'autonomie de chacune. Pour ce faire, il tiendra plus ou moins compte d'une série de facteurs internes et de facteurs étrangers aux textes. Dans le premier cas, il prendra en compte le désir de mettre telle ou telle autre nouvelle en valeur, il soupèsera ce qui pourra le mieux mettre en forme sa propre représen-

---

23. Denis RIOUT et Anne SOURIAU, «Œuvre», dans *Vocabulaire d'esthétique, op. cit.*, p. 1080.

tation de ce qu'il écrit, etc. Dans le second, il investira dans la composition des attentes lectorales, critiques et autres.

Du point de vue de la réception, l'affaire paraît complexe et encore trop peu éclairée par la recherche. Dégageons cependant quelques pistes inspirées par l'expérience. On sait, par exemple, qu'après ou en cours même de lecture d'une nouvelle tirée d'un recueil (et on se rappellera que ces nouvelles auront souvent déjà paru en revue), le lecteur développera certaines attentes. La réception des autres nouvelles sera en partie mise sous les conditions de cette première réception. Ainsi, une nouvelle trop semblable à la première pourra, par l'effet de sa prévisibilité, provoquer une impression de répétition; trop différente, elle pourra désarçonner le lecteur dans sa tentative d'intégration à un tout interprétatif. Dans cette perspective, on dira donc que la cohésion des nouvelles ne tient pas exclusivement à une cohérence formelle ou thématique, mais aussi à une compatibilité minimale entre les modes de lecture exigés par chacune d'elles.

Évidemment, plus le recueil regroupera de nouvelles, plus il sera difficile d'en arrêter l'ordre. Dans certains cas, un auteur pourra maîtriser le cours d'un recueil de dix ou même vingt nouvelles et, dans un autre recueil, trouvera toutes les raisons d'hésiter devant la mise en ordre de deux nouvelles. En principe, on pourrait souscrire à la proposition de Jean-Pierre Boucher, selon laquelle «[a]u-delà de quatre [nouvelles], un auteur procède par intuition plus que par expérimentation[24]». On se rappellera que quatre nouvelles peuvent se succéder selon vingt-quatre modèles, alors que cinq nouvelles en permettent déjà cent vingt, et dix: 3 628 800 combinaisons! Nous n'avons jamais entendu parler d'un nouvelliste floué sous cette avalanche combinatoire. Généralement, le problème de l'ordonnancement se réduit à quelques possibilités de parcours: l'organisateur du recueil développe des modèles de cheminements qui doivent comprendre un principe de glissement d'une nouvelle à l'autre, sur des bases thématiques, génériques, de longueur, etc. Certains auteurs, pour atténuer le risque de confusion, diviseront le recueil en parties, voire en sous-parties, qui seront annoncées par des numéros ou par des sous-titres. Chacune de ces parties pourra évidemment être lue comme un petit recueil, qui lui-même entrera en interaction avec des semblables.

Le titre du recueil

La composition du recueil repose donc sur le choix des nouvelles et sur la détermination de l'ordre de leur présentation, lesquels peuvent avoir des incidences sur le choix du titre du recueil. Celui-ci peut être à la fois élément dynamisant de la production et «artefact de réception ou de commentaire[25]».

---

24. Jean-Pierre BOUCHER, *Le recueil de nouvelles*, op. cit., p. 17.
25. Gérard GENETTE, *Seuils*, Paris, Seuil, «Poétique», 1987, p. 54-55.

Le recueil, sur la question du titre, ne s'écarte pas des autres types d'œuvres littéraires. Ainsi, les réflexions de Charles Grivel[26], de Léo Hoek[27] et de Gérard Genette[28], pour ne nommer que ceux-là, s'appliquent-elles au recueil: le titre désigne l'ouvrage, peut désigner son contenu — sur un mode factuel, symbolique ou formel — et peut mettre ce dernier en valeur.

On notera cependant qu'un recueil peut développer un titre tout à fait original ou s'approprier le titre d'une nouvelle. Dans ce cas, la nouvelle éponyme se voit évidemment conférer un statut particulier, qui la fait apparaître comme centre de gravité du recueil. André Berthiaume écrit que le titre du recueil, lorsqu'il ne correspond pas à celui d'une nouvelle, «tente alors d'unifier des textes qui à la fois obéissent et résistent[29]». Notons par ailleurs que le titre peut orienter la lecture, mais qu'il ne la programmera pas. Le titre produira une piste de lecture s'il fournit des indices concernant l'arrangement des nouvelles, par exemple en dévoilant un thème commun. Il n'assurera cependant en rien une interprétation de l'ensemble basée sur ces indices.

La désignation générique

L'inscription générique agit en quelque manière comme annexe du titre. Genette la considère «plus ou moins facultative et plus ou moins autonome selon les époques et les genres[30]». À l'heure actuelle, les deux indications sont généralement données séparément. Or on rencontre souvent des recueils de nouvelles «masqu[a]nt [...] leur nature sous une absence de mention, ou sous l'indication putativement plus attrayante, ou moins répulsive, de "récits", voire, en un singulier plus ou moins trompeur, de "récit"[31]». Dans certains cas, donc, cette rétention répondrait à des intérêts éditoriaux et commerciaux. Par ailleurs, il arrive que cette absence s'explique par l'inscription, soit d'un titre de collection spécialisée (un titre pas toujours aussi indicatif que le pensent les éditeurs), soit du nom d'une maison d'édition reconnue pour la publication de nouvelles exclusivement. Ces deux types de données rendent donc — plus ou moins — inutile d'inscrire le genre.

---

26. Charles GRIVEL, *Production de l'intérêt romanesque*, La Haye, Mouton, 1973, p. 166-181.

27. Léo HOEK, *La marque du titre: dispositifs sémiotiques d'une pratique textuelle*, La Haye, Mouton, 1982, [368 p.].

28. Gérard GENETTE, *Seuils*, op. cit., p. 54-97.

29. André BERTHIAUME, «À propos de la nouvelle», *Écrits du Canada français*, Montréal, n° 74, 1992, p. 77-90, [p. 85].

30. Gérard GENETTE, *Seuils*, op. cit., p. 89.

31. *Ibid.*, p. 92.

Autonomie de la nouvelle et mode de rassemblement

Établissons-nous sur la base d'une définition élémentaire qui comprendrait le recueil comme l'assemblage de fictions brèves autonomes sous forme d'agrégat. Les observateurs de la scène générique ont lu ce phénomène de l'assemblage soit dans une perspective structurale, c'est-à-dire en ajoutant à cette définition de base la notion d'une cohérence d'ensemble, soit par le biais du principe fragmentariste, c'est-à-dire en greffant la perspective d'un échange de sens entre le tout et la partie. Il faut vite prendre position sur cette double question qui fait trop bruyamment l'unanimité.

Précisons d'abord que la nouvelle recueillie n'est pas la fraction d'une totalité supérieure à laquelle elle serait assujettie. Comprendre ainsi la nouvelle, ce serait nier le principe de son autonomie, ce serait prétendre que la nouvelle ne saurait prendre sens hors de sa cotextualisation. Il serait plus juste de dire que la nouvelle entre dans une double perspective de lecture: lecture d'un objet esthétique singulier et autonome: la nouvelle comprise comme unité textuelle; et lecture d'un objet composite: le recueil. Ainsi, la proposition de François Ricard[32], selon laquelle le recueil constituerait une composante essentielle de la signification de la nouvelle, ne couvrirait-elle que le second mode de lecture.

L'autonomie de la nouvelle renvoie au fait qu'elle détermine elle-même la loi à laquelle elle se soumet, qu'elle conserve le pouvoir de se déployer isolément, sans se soumettre à un tout parfaitement dominant. C'est pourquoi certains recueils, les plus hétérogènes, nous apparaissent comme des suites aléatoires de rigueurs. Il va de soi que plus on s'approche du quasi-roman, plus cette autonomie des nouvelles s'amoindrit, plus celle de l'ensemble s'impose. Mais même dans ce cas du quasi-roman, le principe d'autonomie des nouvelles demeure actif. La nouvelle peut toujours se suffire à elle-même. Pour se convaincre de ce principe, on n'a qu'à se rappeler qu'une nouvelle n'est pas un extrait de recueil. Plus précisément, si on ne peut ôter un texte sans que l'ensemble s'en trouve à ne plus fonctionner comme tout, nous ne sommes plus dans le domaine du recueil, qui renvoie donc formellement à la mise en contiguïté d'éléments autonomes: nous sommes en territoire romanesque, où les parties s'assujettissent au tout. Et c'est là précisément que se situe la frontière entre roman et recueil de nouvelles: dans le roman, chaque partie dépend de la structure d'ensemble et de son mode de régie; la partie ne préexiste pas à l'ensemble. L'unité du roman est de nature logique, qui exige des parties subsumées à un tout. La nouvelle n'est pas la partie d'un tout; la nouvelle préexiste à l'ensemble.

Une nouvelle entretient des relations d'inclusion multiples avec ses voisines, des relations flottantes cependant, car il n'est pas exigé, pour que le recueil se

---

32. François RICARD, «Le recueil», *loc. cit.*, p. 114.

constitue en objet esthétique, que ces relations soient toutes mises en œuvre dans la réception.

Forest L. Ingram définit le recueil, «*the short story cycle*[33]», comme «un ensemble de nouvelles liées entre elles de façon à maintenir un équilibre entre l'autonomie de chacune et les exigences de leur rassemblement[34]». Ingram comprend le cycle comme le lieu d'une tension entre l'unité minimale: les nouvelles considérées individuellement; et l'unité supérieure: le recueil considéré comme un tout. Dans le cycle, donc, la nouvelle ne perdrait pas sa singularité, son autonomie, tandis que le principe d'unité du livre[35] ne serait nullement compromis par la rencontre d'unités dissemblables: «Tout recueil, écrit Ingram, affiche une double tendance à confirmer la singularité de ses composantes, d'une part, et à mettre en relief, d'autre part, le contrat d'unité investi dans leur rassemblement[36].»

Par ailleurs, pour Ingram, le cycle se situe entre des genres limitrophes. «Si l'on traçait le panorama des recueils de nouvelles sur un mode spectral, on verrait, à une extrémité du spectre, le "simple" recueil de nouvelles éparses, tandis que de l'autre côté il y aurait le roman[37].» On aura remarqué qu'Ingram passe rapidement sur la question de la lecture et qu'il comprend l'unité du recueil comme une essence interne au livre que le lecteur se contente de découvrir.

On trouvera cependant chez Robert M. Luscher une définition du recueil — «*the short story sequence*[38]» — où l'unité se veut plus lâche («*loose*») et nécessite la coopération du lecteur. Luscher considère en effet le recueil comme une structure hybride combinant deux effets de lecture sollicités par la structure fermée des nouvelles, comprises dans leur singularité et les effets plus larges produits par des stratégies unifiantes[39]. Complémentairement, la typologie de Luscher lui fait comprendre le recueil dans les limites d'un spectre comparable à celui d'Ingram, soit

---

33. Forest L. INGRAM, *Representative Short Story Cycles of the Twentieth Century: Studies in a Literary Genre*, The Hague/Paris, Mouton, 1971, 234 p. [p. 15].

34. «[*A*] *set of stories linked to each other in such a way as to maintain a balance between the individuality of each of the stories and the necessities of the larger unit.*» (Forest L. INGRAM, *Representative Short Story Cycles...*, *op. cit.*, p. 15) [Nous traduisons Ingram.]

35. On notera que dans la pensée d'Ingram, le cycle se confond avec l'unité livresque.

36. «*Every cycle displays a double tendency of asserting the individuality of its components on one hand and of highlighting, on the other, the bonds of unity which make the many into a single whole.*» (Forest L. INGRAM, *Representative Short Story Cycles...*, *op. cit.*, p. 19)

37. «*If we pictured the panorama of short story cycles as a spectrum, the limit of one extreme of the spectrum would be the "mere" collection of unconnected stories, while the limit of the other extreme would be the novel.*» (*Ibid.*, p. 14.)

38. Robert M. LUSCHER, «The Short Story Sequence: An Open Book», in *Short Story Theory at a Crossroads*, Susan Lohafer et Jo Ellyn Clarey (dir.), Baton Rouge et Londres, Louisiana State University Press, 1989, p. 148-167.

39. «[*t*]*he patterned closure of individual stories and the discoveries of larger unifying strategies*» (Robert M. LUSCHER, «The Short Story Sequence...», *loc. cit.*, p. 150). [Nous traduisons Luscher.]

entre l'agrégat de nouvelles hétéroclites («*the miscellaneous collection*[40]») et le roman traditionnel.

On notera que, pour Ingram et Luscher, la nouvelle conserve son autonomie dans l'unité du recueil. Cette unité, cependant, est évaluée, jugée sur la capacité d'assemblage, sur l'harmonie, sur les liens de ressemblance entre les textes recueillis. Dans cette conception, le recueil hétérogène se voit relégué aux frontières du genre. Gaëtan Brulotte, abordant la nouvelle québécoise, prétend même — dans un esprit qui ne déplairait ni à Ingram ni à Lusher — que:

> les recueils des années 80 ne se présentent plus comme des rassemblements de textes épars et hétéroclites, comme ce fut le cas avant. Les auteurs sélectionnent soigneusement leurs récits en fonction d'un projet précis de livre ou les écrivent en créant des liens organiques entre eux. Les recueils offrent ainsi une plus forte structuration d'ensemble[41].

Il est évidemment fait référence, dans cette conception, à une unité de forme qui rend solidaires les textes du recueil, textes qui se nécessitent les uns les autres et qui contribuent tous et chacun à produire un effet d'ensemble. Cette unité du recueil suppose donc que les textes soient plus ou moins étroitement reliés par un *tonos*, c'est-à-dire par une tension «qui en empêche la fragmentation et l'éparpillement, qui assure sa cohésion en un seul être et non plusieurs[42]».

Le concept d'unité renvoie fondamentalement, dans les termes de Lalande[43], au sens d'une entité en laquelle se distinguent des parties formant un tout organique, un tout qui ne saurait être divisé ou modifié dans sa construction sans que ne soit bouleversé ce qui le constitue essentiellement. Cela paraît recevable à l'examen du roman, mais exige quelques précisions pour ce qui concerne le recueil, pour lequel le principe d'unité renverrait plutôt à un tout pouvant se former de textes disparates, mais qui afficheraient entre eux une dépendance plus ou moins étroite.

On n'est pas sans être frappé, à la lecture des essais de Ricard, Boucher, Ingram et Luscher, par une consternante unanimité autour de ce principe d'unité, qui ne serait lié qu'à la reprise ou à la répétition. Comme si la diversité, négation de l'identique (Leibniz), constituait, parmi les invariants inhérents au genre recueil, le défaut du système, un mal nécessaire qu'on ne saurait apprécier trop positivement et qu'on cacherait même sous la domination de son contraire: l'harmonie, quitte à en forcer la note. Comme si la différence qualitative, productrice

---

40. Robert M. LUSCHER, «The Short Story Sequence...», *loc. cit.*, p. 163.

41. Gaëtan BRULOTTE, «Formes de la nouvelle québécoise contemporaine», *loc. cit.*, p. 74.

42. Anne SOURIAU, «Unité», dans *Vocabulaire d'esthétique, op. cit.*, p. 1370.

43. André LALANDE, *Vocabulaire technique et critique de la philosophie*, Paris, PUF, Société française de philosophie, «Un», 1976, p. 1158.

d'altérité, empêchait tout projet de réception. N'est-ce pas là mal comprendre le recueil de nouvelles, qui repose autant sur le principe de diversité que sur celui de complémentarité?

Pour Forest L. Ingram, par exemple, l'unité du recueil repose sur un modèle dynamique de récurrence et de développement. Ingram propose l'image de la roue pour suggérer que, dans le «cycle» — le choix du mot n'est donc pas innocent! —, de multiples éléments se répètent en tournant autour d'un noyau thématique.

> Généralement, récurrence et développement opèrent concurremment, comme le mouvement de la roue. La jante représente les éléments récurrents d'une roue qui tourne autour d'une thématique centrale. Comme ces éléments (motifs, symboles, personnages, mots) se répètent, tournent autour d'eux-mêmes de façon récurrente, la roue avance. Le mouvement de la roue est un processus simple[44].

Ce modèle d'explication, ainsi que la plupart de ceux que nous connaissons, met en réserve de jugement les recueils hétérogènes qui, décidément, laissent les analystes inconfortables.

La compréhension du recueil, chez nos observateurs, paraît soumise aux exigences d'un idéal: le recueil le plus homogène possible — dont l'aboutissement serait le quasi-roman. Poussé à sa limite, ce constat nous inciterait à penser que le recueil idéalement homogène serait celui qui remettrait en œuvre, d'une nouvelle à l'autre, le même narrateur, les mêmes thèmes, les mêmes personnages, les mêmes lieux, voire les mêmes événements. Le meilleur recueil serait-il donc celui où l'auteur se répéterait inlassablement?

Pourquoi le recueil serait-il évalué sur la seule base de son homogénéité? Sans doute parce que l'homogène rassure, et que l'hétérogène déstabilise. Le désir d'harmonie paraît en effet relié à une vision esthétique de la nature, à l'idée d'un monde organisé selon des structures harmonieuses et constituant un tout formé de phénomènes solidaires. Serait donc harmonieux ce qui se pense dans une perspective d'équilibre, de complétion. À l'opposé, serait considéré comme hétéroclite ce qui se compose d'éléments divers agissant dans des sens singuliers, sans perspective d'ordre, sans se soumettre à un projet d'ensemble. De fait, dans le recueil hétérogène, les nouvelles œuvrent surtout en tension, ce qui suppose la présence de forces divergentes. Le recueil de cette sorte inquiète et déstabilise. C'est le risque de mettre ensemble des nouvelles sur un mode tendant vers l'arbitraire, sans

---

44. «*Recurrence and development usually operate concurrently like the motion of a wheel. The rim of the wheel represents recurrent elements in a cycle which rotate around a thematic center. As these elements (motifs, symbols, characters, words) repeat themselves, turn in on themselves, recur, the whole wheel moves forward. The motion of a wheel is a single process.*» (Forest L. INGRAM, *Representative Short Story Cycles...*, op. cit., p. 21)

que des critères de rassemblement apparaissent trop clairement formulables. On dirait qu'y est méprisé l'art de la combinaison, que le mode d'ordonnancement y demeure trop ténu, voire factice, que la disparité domine au détriment de la structuration. Les nouvelles semblent trop différentes pour s'accorder entre elles. Or la disparité paraît désagréable au regard de la majorité. Dans son article sur le mot «disparate», Anne Souriau donne justement comme exemple: «ce recueil est d'un disparate![45]» À noter que ce critère de disparité ne signifie pas la rencontre d'objets inconciliables. «Pour qu'il y ait disparate, il ne suffit pas de rassembler des éléments très divers, il faut que la cause même de leur réunion implique une certaine unité, que des caractères relatifs à cette cause même contredisent[46].» L'unité, ici, réside dans la réunion de nouvelles. Les caractères qui leur sont relatifs, cependant, divergent: genres, thèmes, personnages, lieux, etc.

Par ailleurs, le recueil homogène suggère une rencontre plus détendue des nouvelles en présence. Ces recueils sont structurellement plus rassurants. Peut-être parce qu'ils activent une certaine tendance à unifier, ainsi que le suggère Luscher:

> Notre désir d'unité et de cohérence est si dominant que nous utilisons souvent nos compétences littéraires pour imposer une cohérence à des éléments en apparence non reliés, dans la mesure où nous sommes guidés par la conviction que l'œuvre recèle une forme unitaire. Donnez-nous un titre, un commencement et une fin et nous tenterons vaillamment de rendre cohérent ce qui aurait plutôt l'aspect d'images disjointes, d'incidents détachés, ou d'une série d'esquisses isolées[47].

C'est à se demander si le recueil ne serait pas victime d'une compréhension structurale excessive. Le recueil est certes un phénomène de structure mixte — comme les clans dans la tribu —, qui prescrit la constitution d'un ensemble à partir de phénomènes solidaires. C'est vrai que chaque nouvelle, du moins *dans la perspective du recueil*, dépend des autres, qu'elle est telle qu'on la perçoit en partie par sa relation avec ces autres. Mais il paraît incomplet et tendancieux d'arrêter là l'analyse et de ne pas mettre en perspective la capacité d'autonomie de la nouvelle, même une fois mise en recueil. L'organisateur du recueil n'a pas, en effet, le pouvoir d'en imposer une lecture sérielle et complète.

---

45. Anne SOURIAU, «Disparate», dans *Vocabulaire d'esthétique*, op. cit., p. 592.
46. *Ibid.*, p. 592.
47. «*Our desire for unity and coherence is so great that we often use our literary competencies to integrate apparently unrelated material, as long as we are sustained by the faith that the work possesses formal wholeness. Given a title, a beginning, and an end, we will valiantly attempt to make sense of what initially seems disjunct images, unrelated incidents, or a static series of sketches.*» (Robert M. LUSCHER, «The Short Story Sequence...», *loc. cit.*, p. 155)

La personne qui organise le recueil (auteur, légataire, éditeur...) développe un projet de composition qui met les nouvelles en dépendance plus ou moins étroite. (Référence aux tendances à une architecture homogène ou hétérogène.) Parallèlement, la réception interprète cette composition en corrélant un contenu et une expression, certes, mais aussi en recevant l'enchaînement de nouvelles sur le mode relationnel. Pour être plus précis, on dira que le lecteur investit de sens la combinaison des nouvelles.

Luscher emprunte à Ingram l'image d'un groupe d'étoiles que l'observateur peut relier par une multitude de lignes pour dessiner sa propre constellation. Boucher, lui, emprunte à Butor l'image du mobile pour illustrer la flexibilité de la cohésion du recueil. Ces observateurs reconnaissent la latitude interprétative du lecteur qui se donne pour fonction de relier selon sa propre lecture les nouvelles d'un recueil. Ainsi, divers parcours entraîneront-ils des cheminements interprétatifs différents. Luscher considère même que le lecteur peut aborder le recueil sans effort, en laissant sa capacité à reconnaître des modèles récurrents insensibles au principe d'unité reliant les nouvelles, en laissant en veilleuse sa capacité à découvrir certaines possibilités formelles englobantes[48]. Il faut admettre comme une possibilité de réception une lecture qui considérerait isolément toutes les nouvelles d'un recueil, sans faire travailler l'ensemble!

En thèse générale, on dira cependant qu'il se crée des liens de lecture entre des nouvelles recueillies et mises ensemble. Il paraîtrait cependant abusif de vouloir imposer que la composition du recueil établisse entre des fragments réunis «un rapport aussi étroit que possible[49]». Ce serait là marginaliser le recueil tendant vers l'hétérogénéité, le considérer comme un échec plutôt que comme le résultat d'un choix esthétique.

Sur cette question, Jean-Pierre Boucher, qui par ailleurs ne voit de salut pour le recueil que dans le mode unitaire, souligne que le lecteur de recueils est attiré par la variété ou, plus précisément, par une capacité de variation — qui indique que les objets d'une même classe nouvellière sont différents entre eux. À une grammaire de l'unité, réglant les modes de rapprochement entre nouvelles d'un même recueil, il faudrait donc ajouter la clause d'une grammaire du morcellement et de la diversité — comme négation de l'identique —, ce qui nous mènera à observer les propriétés et qualités de chacune des nouvelles d'abord dans une perspective d'autonomie.

On s'étonne que certains observateurs ne recherchent que l'unité, surtout quand, à l'instar de Boucher, ils proposent une vision éclairée de l'écriture nouvellière:

---

48. Voir Robert M. LUSCHER, «The Short Story Sequence...», loc. cit., p. 156: «[...] the sequence may be read somewhat leisurely, with the pattern-making faculty attuned to the unity within each story but dormant when it comes to the larger formal possibilities».

49 François RICARD, «Le recueil», loc. cit., p. 121.

> Le recueil de nouvelles lui permet [au nouvelliste] de traduire sa perception
> fragmentaire d'un monde en perpétuel changement, lui permet peut-être sur-
> tout de rendre compte des limites, de l'impossibilité ou du refus d'une vision
> du monde unifiée, synthétique. Éclatement, relativité, mouvement, morcelle-
> ment, discontinuité, instabilité, rupture, questionnement, inquiétude, incerti-
> tude, voilà autant d'aspects de la sensibilité contemporaine que le recueil
> exprime peut-être mieux qu'un roman suivi. Au monolithe, on préfère le
> fragment[50].

Il nous semble que la lecture du recueil suppose une opération qui *re-isole* les unes
des autres les nouvelles reçues comme des touts. Ce qui était associé à une ou à
d'autres nouvelles tend à se dissocier à la fois pour retrouver et confirmer son
autonomie, et pour s'associer différemment aux mêmes ou à d'autres nouvelles.
Dans le souvenir du recueil, affleure toujours l'empreinte de ce double mouvement
de rassemblement et d'autonomisation: la marque de l'ensemble et la marque de
nouvelles considérées dans leur autonomie.

L'autonomie renvoie donc à une relation d'altérité — négation de l'identité
— entre des choses qui, à certains égards, s'identifient les unes aux autres. Les
fictions réunies dans tel recueil sont toutes des nouvelles, mais des nouvelles qui
se dévoilent entre elles différentes.

De fait, dans le recueil, se rassemblent des éléments assimilables les uns aux
autres par un ou des principes communs (des invariants: fictionnalité, brièveté...),
mais proposant des échantillons dissemblables dans leur réalisation, car les
variants ne se recoupent pas parfaitement. Ainsi, de l'homogène et de l'hétérogène
s'affrontent-ils au sein de tout recueil. Plus s'ajoutent de variants communs aux
invariants reconnus du genre, plus le recueil tend vers l'homogénéité. (Par exemple: un recueil de nouvelles d'égale longueur, appartenant au même hypogenre —
disons le fantastique — portant sur le même thème, reprenant le même micro-
cosme humain.) Dans ce cas, les nouvelles concourent à un même effet d'ensemble, qui sont reliées solidairement en un recueil présentant une stabilité marquée;
la *Gestalt* dirait alors que la forme est forte. Si, au contraire, les points communs
ne dépassent pas ou que peu le champ des invariants du genre (fictionnalité,
brièveté...), le recueil se développera dans l'hétérogénéité. (Par exemple: des nouvelles relevant d'hypogenres différents, de longueur variée, portant sur des thèmes
disparates, déroulant des microcosmes divers.) La forme sera alors dite faible.

Le classement hiérarchique de cette dualité pouvant causer de l'embarras,
puisqu'il comprend une formation comme supérieure à l'autre, nous préférons
parler de formes homogènes et de formes hétérogènes.

---

50. Jean-Pierre BOUCHER, *Le recueil de nouvelles*, p. 21.

Quatre propriétés du recueil

Forme résultant d'une composition par assemblage de fictions brèves autonomes, le recueil dévoile des propriétés originales, c'est-à-dire un ensemble de caractères communs à tous les recueils de nouvelles (qui ont donc valeur d'invariants) et qui contribuent, par leur interdépendance, à énoncer — au moins en partie — le propre du recueil[51]. Ces caractères découlent d'une propriété fondamentale de la nouvelle elle-même, son autonomie.

Mettons donc en lumière quatre de ces propriétés, quatre invariants du recueil qui influencent sa production et sa réception: la pluralité, la discontinuité, la permutabilité et la superposition.

La pluralité

La condition première du recueil, c'est la pluralité d'objets recueillis, qui entraîne la série — forme élémentaire de toute classification.

Rappelons d'abord que cette pluralité n'a rien à voir avec la multiplicité de chapitres dans un roman, qui suppose l'assemblage de *parties* se constituant en système; le recueil propose plutôt la réunion de textes autonomes. Cette suite appelée recueil ne s'oppose cependant pas au principe d'un ordre complexe. C'est pourquoi nous plaçons cette caractéristique sous le signe de la pluralité, terme qui renvoie à pluralisme et à plurivalence. Pluralisme désigne la diversité, l'hétérogénéité et la discontinuité qui, dans l'ordre scientifique, l'emportent sur l'identité, l'homogénéité et la continuité. Ces connotations sont utiles. Plurivalence fait référence à ce qui peut prendre plusieurs formes, produire plusieurs effets, sans qu'on puisse assigner des conditions déterminantes à chacun des divers cas[52]. Le concept de pluralité prend donc en compte ces multiples effets imprévisibles produits par la coexistence de fictions brèves autonomes. N'est-ce pas ce qu'il faut dire du recueil, qu'il peut prendre plusieurs formes et produire de nombreux effets?

Un recueil met à la suite au moins deux textes et n'impose d'autres limites quantitatives que celles prescrites par l'objet livre: l'accumulation de nouvelles ne se voit arrêtée que par l'épaisseur du volume. En ce sens, l'arrangement du recueil est mis sous les conditions du nombre. Ainsi, l'organisateur du recueil doit-il prendre une décision sur la question du nombre de nouvelles à inclure. Par la suite, voyant la quantité, le lecteur décidera du nombre de nouvelles qu'il lira. Le recueil, comme nous l'avons vu, guide le lecteur, mais ne peut le contraindre à lire

---

51. Nous pourrions considérer (sans nous arrêter aux observations d'Aristote ou de Porphyre sur le propre) que les propriétés ici décrites s'appliquent *grosso modo* à d'autres types de recueils: d'articles, d'essais, de poèmes, de proses poétiques, de portraits, de souvenirs, de choses vues, etc.

52. André LALANDE, *Vocabulaire technique et critique de la philosophie, op. cit.*

toutes les nouvelles ni à les aborder dans l'ordre proposé. La liberté fondamentale du lecteur commande cette réserve.

La discontinuité

La discontinuité du recueil s'oppose à la continuité textuelle usuelle dans la mesure où elle est mise sous les conditions d'un assemblage de nouvelles autonomes — donc de leur pluralité.

Un recueil, même homogène, dont on supprimerait les titres des nouvelles pour les remplacer par des numéros de chapitres, puis que l'on désignerait par l'étiquette «roman» serait indéchiffrable. La discontinuité y serait comprise comme une défaillance du système de continuité textuelle qui constitue un invariant du genre romanesque. On voit ainsi par l'absurde que le recueil de nouvelles, au contraire du roman, exige que la série soit reçue dans sa discontinuité même. Cela met en lumière l'exigence, pour lire correctement les nouvelles d'un recueil, d'aborder ce dernier comme une série discontinue.

Les blancs séparant les nouvelles d'un recueil sont moins le symbole de chaînons absents que le signal d'une amnésie impérative. L'attente d'une continuité, avec le travail mnémonique que cela implique, ne correspond, dans la lecture du recueil, qu'à un investissement secondaire — souvent produit *a posteriori*. Auteur et lecteur doivent oublier, du moins doivent-ils considérer achevée la nouvelle qu'ils quittent avant de plonger dans la suivante. Le type de continuité du recueil ne tient donc pas à un matériau continu, mais à l'interaction des textes, telle que favorisée par une structure discontinue.

À n'en pas douter, qui choisit la forme de la fiction brève s'engage dans une démarche criblée de ruptures.

La permutabilité

À première vue, la reliure du livre, qui fige la succession des nouvelles dans un ordre précis, balisé par la pagination, donne au recueil un aspect achevé à l'égard duquel l'idée d'une permutabilité des nouvelles semble incongrue. Cependant, si la succession des pages et cahiers[53] est nécessaire à la formation du livre, la permutabilité des nouvelles, dans la lecture du recueil, reste toujours possible. De fait, la permutabilité — impossible dans la structure d'enchaînement romanesque — constitue une caractéristique du recueil mise en œuvre par la lecture.

Cette permutabilité paraît déjà effective dans l'assemblage du recueil. Avant publication, en effet, les textes du proto-recueil présentent une permutabilité désarmante qui n'est pas étrangère aux angoisses dans le travail d'arrangement.

---

53. On se rappellera que le livre est constitué de feuillets réunis en cahiers, puis de cahiers assemblés par brochure ou reliure.

Par ailleurs, si le lecteur doit respecter la continuité textuelle indiquée par la pagination dans la réception de chaque nouvelle, il n'en va pas de même dans la lecture du recueil, pour lequel la pagination n'est que contingente. Un recueil dont la pagination recommencerait à zéro au début de chaque nouvelle ne paraîtrait étrange qu'au regard des conventions éditoriales. Contre toutes apparences, ainsi que nous l'avons déjà laissé entendre, le recueil reste ouvert au jeu des permutations. Le lecteur a tout le loisir de décider quelles nouvelles il lira, et dans quel ordre.

Le principe de permutabilité des nouvelles dans un recueil renvoie donc aux ressources combinatoires d'un tel ensemble, soit au moment de l'ordonnancement, soit au moment de la réception.

La superposition

L'image de la superposition renvoie au mode de rassemblement des nouvelles. C'est en effet la proximité (ou superposition dans l'épaisseur du livre) des nouvelles, assurée par la reliure, qui définit le recueil comme objet.

Cette idée peut surprendre, qui suggère que le rassemblement des nouvelles est prioritairement motivé par la nécessité d'une accumulation. Les nouvelles ne s'intégreraient pas à un tout cohérent, continu, signifiant, mais s'inséreraient dans une pile de façon plus ou moins hasardeuse, plus ou moins arbitraire. Notons que cette idée ne contredit pas l'hypothèse de significations se dégageant de l'assemblage des nouvelles. Elle pose cependant les conditions formelles d'une émergence, dans l'esprit du lecteur, de liens signifiants propres au recueil. La proximité spatiale des nouvelles favorise en effet leur proximité temporelle dans la lecture, de sorte qu'on peut affirmer que la cotextualisation est inévitablement génératrice de sens[54].

Ces quatre propriétés formelles du recueil, qui déterminent globalement une logique combinatoire complexe, expliquent la difficulté d'introjecter du sens lors de l'assemblage des nouvelles, et dévoilent le caractère plutôt hasardeux de la reconstruction du sens lors de la réception. Certes, tout texte ouvre à des lectures et interprétations, mais souvenons-nous que les conditions combinatoires inhérentes au recueil imposent une pluralité de lectures liée à la factorielle du nombre de nouvelles, soit: $10 \times 9 \times 8...$

L'impression de cohérence, d'unité, voire de suite à la lecture du recueil ne peut donc éclore d'une continuité linéaire entre les nouvelles, d'un développement de thèmes et de figures s'intégrant dans une totalité achevée. Souvent, ainsi que le fait remarquer Luscher[55], les lecteurs ne s'imaginent même pas que le recueil

54. Voir André CARPENTIER, «Commencer et finir souvent...», *loc. cit.*
55. Robert M. LUSCHER, «The Short Story Sequence...», *loc. cit.*, p. 16.

puisse manifester de la cohérence. Le recueil procède de la plurivalence, de la discontinuité, de la permutabilité, de la *superposabilité*; il garde ainsi toujours, comme le souligne Jean-Pierre Boucher[56], quelque chose de provisoire dans sa composition. Nous dirons même que le hasard, qui met en rapport imprévisible des éléments sans liens organiques trop apparents entre eux, y joue un rôle plus important qu'on ne voudrait l'admettre — parce que le hasard est, paraît-il, sans intentions!

Un recueil peut produire une impression de chaos ou, selon le lecteur ou la complexité du recueil, une sensation de cohésion pouvant aller jusqu'à lui conférer le statut d'unité indivisible. C'est la logique combinatoire des nouvelles dans le recueil qui permet cette étendue du spectre de réception. Le nouvelliste, écrit Boucher, «ne fournit à son lecteur que les pièces d'un puzzle (chacune des nouvelles) susceptibles d'être assemblées de plusieurs manières[57]». Le recueil est, en effet, un lieu de confirmation de l'autonomie textuelle, de même qu'un lieu de cotextualité, d'intertextualité interne — au sens où y serait inscrite une relation de coprésence entre les textes recueillis.

Le recueil comme ensemble textuel

Sauf dans des cas de très rare exception qui confirment la règle, la nouvelle, comprise comme unité textuelle et comme unité de narration, ne correspond pas à son support de publication. Elle présente une longueur inférieure au livre et elle ne peut se constituer en livre et en recueillir les retombées institutionnelles (légitimation, acquisition d'un vaste lectorat, retour critique, diffusion dans les maisons d'enseignement, c'est-à-dire chez les lecteurs de demain, etc.) que par juxtaposition à d'autres nouvelles dans un ensemble de plus vaste étendue. La nouvelle, par rapport surtout au roman, qui a valeur de texte unique dans son support, est ainsi marquée négativement par son manque de coïncidence avec le Livre. Ainsi que l'écrit Bruno Monfort:

> Le mot «roman» désigne moins un type textuel dans son idéalité que la rencontre au sein d'une même unité de publication de ce qui est simultanément un seul texte et un récit totalisant: livre, texte et récit se confondent. Le mode polytextuel dont relève la nouvelle rend improbable une telle coïncidence [...] [C]haque nouvelle a beau être un texte et un récit, elle ne devient pas livre. Si un livre réunit des nouvelles, il ne les unifie pas en un texte et un récit[58].

---

56. Jean-Pierre BOUCHER, *Le recueil de nouvelles*, op. cit., p. 20.
57. *Ibid.*, p. 13.
58. Bruno MONFORT, «La nouvelle et son mode de publication», *Poétique*, Paris, Seuil, n° 90, avril 1990, p. 153-171, [p. 169].

Cette «impossibilité, en régime polytextuel, de faire jamais coïncider un récit avec un livre[59]» force à croire — peut-être par un biais que seule une histoire de l'hégémonie du Livre sur la littérarité aiderait à faire comprendre — que le roman peut mieux que le recueil embrasser une totalité de sens. Le livre-roman ouvre de fait, et dirait-on de droit, à une «unité textuelle [qui] occupe tout l'espace disponible de l'unité de publication[60]». Tandis que le recueil, «le livre non comme totalité mais comme rassemblement, [...] parvient difficilement à dissimuler [...] la nature fragmentaire et contingente de l'unité qu'il se trouve constituer: c'est le livre dans sa forme mineure[61]». Comme si le rassemblement de fictions brèves en recueil ne devait sa légitimité qu'au Livre. D'ailleurs, les nouvellistes eux-mêmes cèdent à ce penchant, qui s'empressent de faire oublier le texte nouvellier dans le tout livresque du recueil. C'est donc mal engagé pour la légitimation de la nouvelle, qui paraît généralement en recueil ou en revue, cette moins-que-livre marquée par l'éphémère et par une matérialité froissable à tout usage. Ce constat, cependant, nous indique que l'unité du recueil se perçoit d'abord dans sa matérialité.

On est donc immédiatement frappé, en ouvrant un recueil, de quelque sorte que ce soit, par le fait de polytextualité, c'est-à-dire la coexistence de textes autonomes, généralement de même espèce[62]. On sait cependant que le recueil est plus que la succession ou la somme des textes recueillis. C'est ce que veut dire l'expression «intertextualité interne». Or l'intertextualité, nous dit Genette, résulte d'une intentionnalité productrice[63]. Sur cette question, on précisera que cette intentionnalité pourra investir différents réseaux sémiotiques et mener à construire des machines structurantes. Il y aura alors intention de produire un recueil homogène. Par ailleurs, cette intentionnalité pourra se limiter à sa fonction minimale: mettre ensemble des fictions brèves, attendre que leur coprésence produise du sens inattendu. Ce qui peut être le fait du recueil hétérogène. En d'autres termes et plus explicitement: l'hétérogénéité peut relever d'une intentionnalité.

Nous proposons de comprendre le recueil comme un ensemble[64] signifiant plus que la simple addition de sens perçu dans les nouvelles autonomes réunies.

---

59. *Ibid.*, p. 169.
60. *Ibid.*, p. 169.
61. *Ibid.*, p. 169.
62. On notera l'existence, de plus en plus rare cependant, de recueils mixtes. À titre d'exemples: *Art et combat* (1937), de Jean-Charles HARVEY, réunissait des nouvelles et des essais; les *Nouveaux échos du Mont-Royal* (1907), d'Auguste CHARBONNIER, présentait des nouvelles, des poèmes et même des chansonnettes.
63. Voir Gérard GENETTE, *Palimpsestes. La littérature au second degré*, Paris, Seuil, 1982, 469 p.
64. Il faut ici mentionner les deux sens auxquels ce mot renvoie, selon qu'il soit question du roman ou du recueil de nouvelles. Appliqué au mot roman, le concept d'ensemble renvoie à cette qualité de l'œuvre dont les parties et détails sont en rapports intimes entre eux, en même temps qu'ils sont subordonnés à l'unité organique du tout. Dans la perspective du recueil, le mot renvoie à une œuvre formée par

L'interaction entre les nouvelles est de fait productrice de sens. Par ailleurs, le recueil propose une cohérence toute relative, plus complexe et moins fixée, si on peut dire, que celle des textes autonomes recueillis. C'est ce manque de fixation, cette place laissée à l'interprétation de fragments souvent lâchement raccordés qui empêche de comprendre le recueil comme un texte. De fait, la distance paraît plus grande dans le recueil que dans la nouvelle entre ce qui est empiriquement donné à lire et ce qui se construit interprétativement.

Précisons aussi que, dans tout recueil, soit-il homogène ou hétérogène, la réunion des textes produit un regroupement textuel qui ne constitue pas un texte, mais qui est *du* texte. Certains de ces regroupements sont si structurés que le retrait d'une nouvelle ou d'un poème suffirait à déstabiliser l'ensemble. Il va de soi, cependant, que si un texte retiré défaisait complètement l'ensemble, au sens où il ne saurait plus fonctionner, nous serions devant une forme plutôt romanesque, qui abolirait l'autonomie des textes le composant.

Considérons une nouvelle isolée. Insérée dans le contexte d'un recueil, elle sera éclairée par la cotextualisation, qui mettra en interaction directe et marquée[65] les nouvelles entre elles. Elle ouvrira à une signification élargie. Sur cette question, nous dirons donc que les nouvelles composant un recueil homogène entrent en interaction plus directe et plus marquée entre elles que les nouvelles d'un recueil hétérogène. De fait, les nouvelles du recueil homogène se constituent en un ensemble textuel ouvrant davantage à une interprétation du tout comme œuvre. Le recueil hétérogène, de son côté, suggère une démarche tout opposée à la constitution du Livre-texte.

Quoi qu'il en soit, il reviendra à la *glose*[66] de décider, de considérer un jour, plus tard, un agrégat sous la forme d'un tout articulé, car l'articulation entre les nouvelles se sera imposée, ou de retenir les nouvelles comme objets esthétiques séparés; c'est la glose qui tiendra *Le torrent* pour un recueil portant le titre d'une de ses composantes, ou pour une nouvelle qui aura donné son intitulé à un regroupement de nouvelles en un livre — puisqu'il aura fallu un livre et puisqu'il aura fallu un titre.

Considérons cette proposition de Hjelmslev qui désigne le texte à titre de totalité d'une chaîne linguistique, ce qui sous-tend la notion de système.

Par la notion de système, il est entendu qu'un ensemble est compris comme constituant un tout organique, c'est-à-dire que les éléments dépendent réciproquement les uns des autres. Le principe de totalité renvoie à la notion de parties

---

la réunion de diverses nouvelles et à la double possibilité qu'elles se constituent en un tout plus ou moins cohérent, plus ou moins harmonieux, et qu'elles se fassent valoir réciproquement — car chacune conserve son autonomie dans le tout.

65. Au sens d'une interaction caractérisée par la présence de signes distinctifs, d'indices matériels.
66. Ce terme considéré au sens d'une interprétation critique collective, transhistorique.

assujetties à un tout. Dans le tout constitué, chaque partie dépend de la structure d'ensemble et de son mode de régie; la partie ne préexiste pas à l'ensemble. L'unité exige des parties subsumées à un tout. Or la nouvelle n'est pas la partie d'un tout; la nouvelle préexiste à l'ensemble. Le recueil est de nature organique, qui propose la réunion d'éléments différents et plus ou moins solidaires. Le recueil constitue certes un ensemble matériellement reconnaissable, mais cela ne suffit pas à lui conférer les qualités d'un tout structuré. Il est vrai que le recueil compose un lieu où se rejoignent le nouvelliste et le lecteur dans un processus de production menant à l'interprétation; le recueil serait donc recevable comme productivité, mais dont l'unité serait toujours à construire.

La disparité des textes réunis en recueil contrecarre donc le principe de système. On notera cependant, sur cette question, qu'un recueil n'est pas qu'une mise en pile d'éléments interdépendants, mais suggère un jeu de relations mettant en évidence des ressemblances et des oppositions entre ces éléments. Or ces éléments appartenant à une même réserve, que sont les nouvelles d'un recueil, se comportent chacun dialectiquement à l'égard des textes environnants. Chacun entre, en effet, en relation dialectique avec l'ensemble des autres textes, parfois avec quelques-uns, et avec chacun d'eux. Le support de rassemblement — ce qui réunit tous les éléments de l'ensemble — agit à la manière d'un fait interprétatif; la relation entre deux textes n'est pas ou que très peu marquée. Mais on mettra aussi en fait que le recueil concourt à produire du sens qui n'est pas dans chacun des textes[67].

On hésitera cependant à recevoir le recueil à titre de continuité sémiotique et discursive, parce qu'on voit cette autre évidence: que la nouvelle, mise dans les conditions de la cotextualisation propre au recueil, paraît modifier sa présence au lecteur. Dans le recueil, les nouvelles subissent en effet une transformation inévitable et perdent une partie de leur clôture, pour la raison que le regroupement recompose le fragment nouvellier: la nouvelle, objet singulier, trouve une ouverture inédite, parfois insoupçonnée dans sa relation aux fragments environnants. Un enchaînement producteur de sens s'instaure donc entre les nouvelles. Soudainement mises en relation intime — et fluctuante — avec d'autres fictions brèves, ces touts devenus fragments que sont les nouvelles existent autrement. Évidemment, le contraire n'est pas moins vrai: une nouvelle extraite d'un recueil produira, lorsque refermée sur ses fondements, une lecture différente de celle obtenue en le maintenant dans la perspective du recueil qui la porte. Il y aurait donc deux dimensions nouvellières: la nouvelle prise isolément et le recueil envisagé dans sa totalité, comme continuité sémiotique et discursive.

Nous comprenons la multiplicité discontinue du recueil sur le mode d'une productivité, d'une procédure mettant en œuvre son pouvoir génératif, menant

---

67. Cela paraît conforme à ce que Meschonnic appelle la forme-sens.

donc à constituer un contenu discursif. Le recueil se présente comme unité discursive, comme ensemble textuel complexe.

Tout se passerait donc, dans le recueil, comme si, par cotextualisation, l'organisation textuelle de chacune des nouvelles donnait de l'expansion à la fonction qui l'organise et conférait de l'organisation potentielle au recueil, plutôt une ouverture à l'organisation. Le recueil s'organise ainsi, non à l'instar d'un texte, mais d'un ensemble textuel s'élaborant sur un modèle tabulaire.

Dans le recueil, la discursivation de la structure est plus qu'ailleurs un fait de lecture. Il faut donc comprendre le recueil par sa capacité à pousser à l'extrême le modèle tabulaire du régime textuel (le réseau paragrammatique) — où chaque élément fonctionne ainsi qu'une marque dynamique amorçant des rapports plurivalents; il faut aussi comprendre le recueil comme œuvre ouverte, c'est-à-dire comme système sémiotique «où le nombre des possibilités, offertes par la combinatoire, dépasse largement celui des combinaisons effectivement réalisées[68]». Le recueil se caractérise donc par son ouverture productive et interprétative.

Par ailleurs, et cela paraît empêcher la constitution du recueil en texte, il y a débordement de la linéarité dans la réception des nouvelles, plus précisément: une insuffisance de lecture linéaire et l'obligation pour le lecteur d'investir des réseaux de sens peu marqués (les structures logico-sémantiques y sont assujetties à un modèle combinatoire ouvert), un manque de balises dans les parcours génératifs dont la syntaxe fondamentale est laissée à l'interprétation. Cela trouble parce que nous avons l'habitude de recevoir des textes-livres construits de manière à contrôler leur propre décodage.

Le recueil constitue donc un objet esthétique dont la structure convoque l'indétermination, qui subit à l'occasion (plus que le roman?) des transformations d'une édition à l'autre, généralement sans que violence ne soit faite aux textes autonomes qui le composent. Mais cela, qui marque une relative instabilité, n'empêche pas le recueil d'atteindre au statut d'ensemble textuel composé de textes, d'œuvre composée d'œuvres. Ainsi le texte nouvellier s'actualise-t-il à deux niveaux: comme objet esthétique singulier et autonome, et dans la discontinuité continue du recueil — compris comme regroupement textuel.

---

68. A. J. GREIMAS et J. COURTÉS, *Sémiotique. Dictionnaire raisonné de la théorie du langage*, t. I, Paris, Hachette Université, «Ouverture», 1979, p. 265.

LA NOUVELLE QUÉBÉCOISE
AVANT 1940

Joseph-André Senécal
PROGRAMME D'ÉTUDES CANADIENNES
UNIVERSITÉ DU VERMONT

La nouvelle se manifeste au Canada français en même temps que les autres genres de fiction. Le premier texte à annoncer le mot «nouvelle», «L'Iroquoise. Histoire ou nouvelle historique» publiée en 1827 dans la *Bibliothèque canadienne* de Michel Bibaud[1], est en fait un des titres liminaires de la prose d'imagination québécoise. Puisque l'attribution et même l'originalité de ce texte ont été mises en question[2], il est bon de noter que d'autres titres précurseurs se signalent comme des nouvelles dans leur sous-titre: «Henry. Nouvelle» publiée dans *La Ruche littéraire* (1854); «Jacques Cartier. (Nouvelle historique)» de A. P. [élève de rhétorique], dans *La Minerve* (1857); et «Anne. Nouvelle» signée H. B[xxx], dans *Le Courrier de Saint-Hyacinthe* (1863)[3]. D'un point de vue strictement formaliste, la première nouvelle digne de ce nom, mais qui n'est pas annoncée sous ce sous-titre, serait «Emma ou l'Amour malheureux. Épisode du choléra à Québec, en 1832», publiée pour la première fois dans *Le Télégraphe* de Québec, en 1837[4]. Presque toutes les nouvelles publiées avant les années 1940 voient le jour dans les journaux et les périodiques littéraires. Rares sont les textes qu'un éditeur reprend en volume. Dans de tels cas, la nouvelle est susceptible de côtoyer un roman, des contes ou d'autres textes d'imagination, voire une pièce de théâtre. Il faut attendre *Des nouvelles* d'Arthur Saint-Pierre, publié en 1928, pour lire un recueil consacré entièrement à des nouvelles[5].

---

1. Anonyme, «L'Iroquoise», *La Bibliothèque canadienne*, n°s 5-6, 1827, p. 176-184, 210-215.

2. Voir l'introduction de Guildo ROUSSEAU, *The Iroquoise: A North American Legend/L'Iroquoise: une légende nord-américaine*, textes introduits et annotés par Guildo Rousseau, Bilingual Edition/Édition bilingue, Sherbrooke, Éditions Naaman, 1984, p. 13-25.

3. «Henry. Nouvelle», *La Ruche littéraire*, vol. III, juin 1854, p. 369-373; «Jacques Cartier. (Nouvelle historique)» de A. P. [élève de rhétorique], *La Minerve*, vol. XXX, n° 41, 31 décembre 1857, p. 1-2; «Anne. Nouvelle», signée H. B[xxx], *Le Courrier de Saint-Hyacinthe*, vol. XI, n° 59, 9 octobre 1863, p. 1-2.

4. «Emma ou l'Amour malheureux. Épisode du choléra à Québec, en 1832», *Le Télégraphe*, vol. I, n°s 19-20, 1er et 3 mai 1837. Le texte fut repris par James Huston dans le deuxième volume du *Répertoire national*, Montréal, Imprimerie Lovell et Gibson, 1848, p. 17-30.

5. Arthur SAINT-PIERRE, *Des nouvelles,* Montréal, Éditions de la Bibliothèque canadienne, 1928, 195 p.

L'identification même de la nouvelle québécoise avant 1940 reste un défi. On n'a pas encore entrepris les recherches qui permettraient d'inventorier tous les titres ou de mesurer autrement ce genre mal connu. D'ailleurs, une telle entreprise restera contestable aussi longtemps que la critique n'aura pas défini ce qui fait d'un texte de fiction écrit au Canada français un roman, une nouvelle, un conte, etc. Le plus souvent, le commentaire de l'historien de la prose d'imagination se résume à une démarche comparatiste qui oppose la nouvelle aux espèces voisines, en particulier au conte. En cela, les spécialistes s'en remettent aux normes contemporaines des œuvres qu'ils étudient. Avant 1940, l'appellation «nouvelle» recouvre une multiplicité de significations qui relèvent de classifications sommaires plutôt que de définitions qui situeraient le texte à partir d'une analyse de ses structures internes. Ces façons de procéder assimilent la «nouvelle» au «conte», à une «histoire», des «mémoires», termes qui se valent aux yeux de l'auteur et de la critique de l'époque et d'aujourd'hui[6]. Avec «légende», ces mots sont susceptibles d'être confondus avec la notion de récit que tous les agents de l'acte littéraire au XIXe siècle, l'auteur, l'éditeur et la critique, retiennent pour définir la relation d'une histoire aussi bien que l'histoire proprement dite (l'énoncé, l'intrigue). C'est à partir de cette dernière méprise que, souvent, on substitue le mot «récit» à «nouvelle».

L'histoire de la nouvelle québécoise avant 1940 s'ordonne, selon un découpage chronologique et thématique, en trois temps. On peut ainsi distinguer un premier chapitre de l'histoire de la nouvelle, un long apprentissage qui s'échelonne des débuts de la prose romanesque (les années 1830) jusqu'au commencement du XXe siècle. Cette première nouvelle se différencie peu des grands courants d'imagination qui alimentent les autres genres de fiction comme le roman et le conte. Pendant tout le XIXe siècle et même plus tard (jusqu'aux années 1920), la nouvelle évolue en symbiose avec le roman et le conte dont elle ne se différencie guère tant par les thèmes que par la technique narrative. Au mieux, compte tenu de l'état présent de la recherche, on peut dire que la nouvelle québécoise du XIXe siècle et du premier quart du XXe est un moyen d'expression qui se range sous cette vaste catégorie appelée «fiction». Elle se différencie difficilement du roman, si ce n'est par sa brièveté, et le petit nombre de personnages et d'événements. La nouvelle, ainsi définie, est appelée à exprimer des contenus extrêmement différents.

Dans un deuxième temps, entre 1900 et 1930, les femmes et les auteurs régionalistes récupèrent la nouvelle. Parmi ces derniers, des auteurs comme Damase

---

6. C'est surtout par rapport au conte que l'idée de nouvelle n'apparaît pas tranchée. Ainsi, la bibliographie d'Aurélien Boivin (*Le conte littéraire québécois au XIXe siècle. Essai de bibliographie critique et analytique*, Montréal, Fides, 1975, 386 p.) règle la question d'une façon péremptoire en considérant tout court récit du XIXe siècle (nouvelle, conte, légende, anecdote historique, description de voyage, etc.) comme un conte.

Potvin, le frère Marie-Victorin, Clément Marchand se servent de la formule souple et brève de la nouvelle pour conter le pays et évoquer un monde, un *weltanschauung* que l'urbanisation, la technologie et la culture américaine envahissante sont en train d'étouffer. Ces nouvelles évoquent surtout la vie rurale du XIXe siècle, mais elles racontent aussi les fastes de la Nouvelle-France. À la même époque, les premières écrivaines de fiction (Madeleine, Gaëtane de Montreuil, pour ne nommer que les toutes premières), des auteures souvent apparentées aux écrivains régionalistes, font de la nouvelle un de leurs genres privilégiés.

Dans un troisième temps, autour des années 1920 et 1930, on trouve dans l'œuvre de Léo-Paul Desrosiers et dans celle de Jean-Charles Harvey une nouvelle à visée esthétique, qui affiche sa modernité en exprimant un mal de l'âme. Les deux auteurs annoncent un nouveau courant; ils ne l'enracinent pas. L'acclimatement de la nouvelle psychologique sera l'œuvre de la génération littéraire suivante. Il ne faut pas l'oublier: au moment où Harvey lance *L'homme qui va* et Desrosiers, *Le livre des mystères*, la littérature régionaliste domine toujours la production, et d'autres courants, qui remontent jusqu'au XIXe siècle, demeurent vivaces. Le recueil qu'Arthur Saint-Pierre publie en 1928, *Des nouvelles*, aurait pu être signé par Faucher de Saint-Maurice ou Paul Stevens.

Un long apprentissage

La nouvelle s'avère, avec le conte, le genre de récit fictif le plus pratiqué avant 1900. On publie une cinquantaine de titres. Malgré cette profusion relative, les nouvellistes montrent peu d'imagination. Le genre est soumis à des formes de composition stéréotypées et à une thématique toute faite. On peut classer ainsi les formules qui dominent jusqu'à la fin du XIXe siècle et qui survivront, de plus en plus à contre-courant, aussi tard qu'aux lendemains de la Seconde Guerre mondiale.

1. — Des intrigues sentimentales qui racontent des amours contrariées et qui analysent les obstacles au mariage de tendres amoureux. C'est le hasard ou la méchanceté des proches des amants, presque toujours un père inique ou le tuteur immonde d'une orpheline (vieux riche hideux qui convoite l'innocente victime), qui servent de ressort à l'action dramatique et à l'épanchement des sentiments. Eugène L'Écuyer, qui publie pendant toute la deuxième moitié du siècle, est sans doute l'auteur qui a le plus assidûment cultivé le genre sentimental. Notons, parmi une dizaine de courtes nouvelles dévouées à ce thème, «Esquisse de mœurs» (1845) et «Historiette» (1850)[7]. L'intrigue sentimentale, omniprésente chez L'Écuyer, se

---

7. Eugène L'ÉCUYER [signé Piétro], «Esquisse de mœurs», *La Revue canadienne*, vol. II, n°s 6-9, 11-31 octobre 1845; «Historiette», *Le Moniteur canadien* (édition ordinaire), vol. II, n°s 68-69, 27, 30 avril 1850.

mêle à d'autres développements dans des nouvelles plus longues, comme «Un épisode de la vie d'un faux dévot» ou «Florida. Esquisse de mœurs[8]».

2. — Des nouvelles «genre noir», tissées de machinations maléfiques et de rebondissements mélodramatiques orchestrés par des forces occultes (enlèvements et séquestrations, cataclysmes, attentats criminels). En ce qui concerne les raffinements de cette imagination macabre, les scènes les plus fortes sortent de la plume de Joseph Doutre («Faut-il le dire!»), de Wenceslas-Eugène Dick («Un épisode de résurrectionnistes») et de Narcisse-Henri-Édouard Faucher de Saint-Maurice («Belle aux cheveux blonds»)[9].

3. — Des nouvelles qui se rattachent au répertoire du roman gai, mis à la mode au début du XIXe siècle par Pigault-Lebrun. Cet arsenal permet aux nouvellistes d'évoquer des tics grotesques et de conjuguer des réparties comiques et gaillardes aux espiègleries d'une gente haute en couleur (bossus, quêteux), personnages que l'auteur identifie souvent aux «braves gens de nos campagnes».

4. — Des nouvelles horrifiantes dont la trame événementielle transgresse la nature ou l'ordre normal du monde. Les auteurs exploitent les dimensions interdites d'un imaginaire populaire dont la littérature orale a déjà dessiné les contours. Ces nouvelles, près du conte et de son inventaire thématique, s'apparentent aux histoires à faire peur et aux histoires de revenants qui ne sont très souvent que prétextes à la création d'une atmosphère de mystère et d'anticipation que le gros rire dissipe au dénouement. Chez Gaëtane de Montreuil, par exemple, on trouve des manifestations du surnaturel («La fille du Diable», «Son voisin Loisi», «Mlle Théotis») qui finissent par être expliquées par la nature des choses[10].

Nouvelle sentimentale, récit édifiant, histoire horrifiante, tableau de mœurs inspiré du roman gai, quelle que soit la catégorie, la nouvelle présente une intrigue au dénouement prévisible. Le récit agit comme un trope susceptible de communiquer une leçon d'histoire, un commentaire nationaliste ou une exégèse moralisante[11]. Malgré cette intention idéologique ou morale très prononcée de la part de

---

8. Eugène L'ÉCUYER, «Un épisode de la vie d'un faux dévot», *La Ruche littéraire*, vol. I, n° 1, février 1853, p. [1]-42; «Florida. Esquisse de mœurs», *L'Album des familles*, vol. VII, n°s 3-5, 1er mars-1er mai 1882, p. 68-74, 98-104, 131-138.

9. Joseph DOUTRE, «Faut-il le dire!», *Le Ménestrel*, vol. I, n°s 22-23, 17 et 21 novembre 1844, p. 350-352, 353-354; Wenceslas-Eugène DICK, «Un épisode de résurrectionnistes», *L'Opinion publique*, vol. VII, n° 19, 11 mai 1876, p. 224; Narcisse-Henri-Édouard FAUCHER DE SAINT-MAURICE, «Belle aux cheveux blonds», *L'Opinion publique*, vol. III, n°s 2-4, 11-25 janvier 1872, p. 22, 34, 46.

10. Gaëtane de MONTREUIL, «La fille du Diable», *Cœur de rose et fleur de sang*, Québec, [s.éd.], 1924, p. [158]-162; «Son voisin Loisi», *ibid.*, p. [100]-104; «Mlle Théotis», *ibid.*, p. [151]-154.

11. Emmanuel Blain de Saint-Aubin nous a laissé des parodies de ces tropes qui dominent la nouvelle publiée dans la presse. Dans «Un horrible massacre», le narrateur rentre au foyer où il doit

l'auteur ou de son narrateur, la valeur de la nouvelle comme représentation sociale est limitée. La majorité des écrivains exploitent des recettes qui découragent une nouvelle réaliste à la Balzac ou à la Zola. De plus, lorsque le nouvelliste se donne un but doxologique, lorsqu'il devient moralisateur ou patriotique, il filtre tout à travers les poncifs d'un programme idéologique littéraire qui encourage la thèse. Par exemple, des écrivains nationalistes comme Paul Stevens et Faucher de Saint-Maurice s'adonnent à la nouvelle pour condamner l'émigration vers les États-Unis[12]. Ces textes ne contiennent aucune analyse des causes de l'exode ou du phénomène dans son vécu. Les auteurs imaginent des personnages, une intrigue et une psychologie sommaire qui sont des caricatures outrées, sans commune mesure avec la réalité historique.

Mis à part quelques thèmes nationalistes (ceux de l'émigration et de la colonisation sont de loin les plus exploités), la nouvelle du XIXe siècle ne reflète guère la société de son temps ni les grandes questions du jour. Par exemple, la ville (Montréal et Québec) est absente de la nouvelle tout comme le sont l'Anglais ou l'Irlandais, ou des phénomènes incontournables de la réalité des campagnes qui devront attendre un Ringuet ou un Claude-Henri Grignon. Les nouvellistes, lorsqu'ils évoquent un contexte canadien, se réfugient surtout dans l'ailleurs de l'histoire. Avant le XXe siècle, les modèles pour le présent sont les troubles de 1837-1838 plutôt que l'épopée de la Nouvelle-France[13].

Des quelque cinquante titres qui définissent la nouvelle du XIXe siècle, deux méritent d'être notés: *La terre paternelle* de Patrice Lacombe[14] et *Un amour vrai* de Laure Conan[15]. On doit considérer *La terre paternelle*, un récit d'une cinquan-

---

confronter un univers romanesque rempli d'atrocités et de crimes de toutes sortes: mère assassinée, chien et enfant mutilés, cadavres ensanglantés du criminel. Dans sa «Deuxième nouvelle en un seul chapitre», l'auteur fait la satire de l'intrigue sentimentale: amour contrarié, père inique, etc. Le narrateur ne fait qu'ébaucher ses imbroglios, confiant que la lectrice saura les continuer, tant bien connus sont les tropes qu'il ébauche. Emmanuel BLAIN DE SAINT-AUBIN, «Un horrible massacre. Nouvelle en un seul chapitre», *L'Opinion publique*, vol. IV, n° 1, 2 janvier 1873, p. 10; et «Une histoire à dormir debout. 2e nouvelle en un seul chapitre», *L'Opinion publique*, vol. IV, n° 3, 16 janvier 1873, p. 26.

12. Paul STEVENS, «L'Émigration ou Pierre Souci. Étude de mœurs», *L'Écho du cabinet de lecture paroissial*, vol. II, n°s 5-6, 1er et 15 mars 1860, p. 71-75, 88-93; FAUCHER DE SAINT-MAURICE, «Mon ami Jean», *L'Opinion publique*, vol. III, n°s 10-12, 2-21 mars 1872, p. 118, 130, 142.

13. Les nouvelles historiques qui évoquent l'époque de la Nouvelle-France sont plutôt rares au XIXe siècle. Mentionnons «Le dernier boulet. Nouvelle historique», de Joseph MARMETTE, *Nouvelles soirées canadiennes*, vol. IV, n° 4, avril 1885, p. [193]-207. Les auteurs privilégient les scènes de l'insurrection des Patriotes. Voir Charles LECLÈRE, «Un cœur brisé», *Le Défricheur*, vol. IV, n° 6, 10 janvier 1866, p. [1]; Pamphile LEMAY, «Petite scène d'un grand drame. Nouvelle canadienne», *La Revue canadienne*, vol. XXXI, juillet 1895, p. [413]-418, et «Baptême de sang», *Contes vrais*, Québec, La Compagnie d'Imprimerie Le Soleil, 1899, p. [65]-90; Firmin PICARD, «Le prix du sang. Nouvelle canadienne», *Le Monde illustré*, vol. XIV, n°s 707-708, 20 et 27 novembre 1897, p. 468-469, 484-485; Adolphe POISSON, «Le récit d'un vieillard», *L'Album de la Minerve*, vol. II, n°s 8-9, 20 et 27 février 1873, p. 119-121, 131-134.

14. Anonyme [Patrice Lacombe], «La terre paternelle», *L'Album littéraire et musical de la Revue canadienne*, vol. 1, 1846, p. 14-25.

15. Laure CONAN, «Un amour vrai», *La Revue de Montréal*, (sept./oct. 1878 - juil./août 1879).

taine de pages, comme une nouvelle plutôt qu'un roman. Son mode de composition dépend de la technique du nouvelliste. Le narrateur résume l'action et ébauche ses personnages en quelques traits seulement. Lacombe ramène ses protagonistes aux traits dominants de types: la vanité du père Gauvin, l'inaptitude du fils aîné, l'impétuosité de Charles, le cadet. L'intérêt du récit n'est pas dans l'analyse des caractères ni dans la dramatisation d'une intrigue d'aventures; le mouvement de l'œuvre se réduit à une succession d'événements qui fournit à l'auteur le sujet d'une exégèse morale. *La terre paternelle* est formée d'une suite de vignettes que l'auteur relie selon une logique séquentielle, mais nous ne pouvons pas parler de l'épaisseur du temps du roman. L'intrigue demeure schématique. La narration est précipitée; elle résume les circonstances plutôt qu'elle ne les développe. La description l'emporte amplement sur la relation d'une histoire. Lorsque le narrateur s'arrête pour circonscrire un détail de vie, c'est pour en faire une toile pathétique ou attendrissante, un travail de description qui contribue au discours didactique. La démarche narrative est essentiellement descriptive, cela même lorsque l'auteur ralentit le résumé de son histoire pour saisir le vif d'un geste ou les actions éloquentes d'une scène. On doit donc ranger *La terre paternelle* parmi les nouvelles et non les romans.

La belle fresque de Lacombe marque l'entrée en scène de l'habitant proprement dit, «l'enfant du sol» dans ses coutumes et ses mœurs. Cette nouvelle, malgré elle, nous montre ce qui est en devenir, ce qu'on peut déplorer, mais qui ne laisse d'être: l'exode vers la ville et l'échappée nomadique vers les Pays d'en Haut auxquels, dans les années 1840, sont en train de se substituer les villes manufacturières de la Nouvelle-Angleterre. Plutôt qu'une nouvelle de la terre, *La terre paternelle* est une nouvelle du terroir (au sens géographique du terme). Au moment où l'espace mental des Canadiens se rétrécit aux dimensions de la patrie laurentienne (c'est François-Xavier Garneau qui invente le mot *Laurentides*), Lacombe souligne le repliement agraire des siens en censurant l'immigration vers la ville et le nomadisme à l'échelle du continent.

Un amour vrai, la seule nouvelle de Laure Conan, mérite d'être sauvée de l'oubli malgré de grandes maladresses de style et une composition déroutante. L'histoire anticipe la caractérisation et le symbolisme psychologique d'*Angéline de Montbrun*. C'est précisément les maladresses de l'auteure ingénue qui, à la lumière du roman à venir, nous renseignent sur un amour charnel à la recherche d'un absolu qui n'est pas de ce monde. D'où l'échec et la métamorphose de la passion en mysticisme qui se souvient de ses racines sensuelles. Écrite en 1878, à une époque où la femme qui veut écrire doit presque toujours se résigner à l'écrit intime (journal, keepsake, lettres), *Un amour vrai* annonce la nouvelle des femmes, un recours à l'écrit au grand jour qui ne se manifestera qu'au début du siècle suivant.

La nouvelle féminine

En 1893, Josette (Mme Raoul Dandurand née Joséphine Marchand) lance *Le Coin du feu*, la première revue féminine du Canada français. Josette et d'autres précurseurs, comme Gaëtane de Montreuil (pseudonyme de Marie-Georgina Bélanger) et Madeleine (pseudonyme d'Anne-Marie Huguenin née Gleason), entendent donner voix aux femmes et à leur imagination. Dès les débuts, on peut cerner la différence de cette écriture, différence qui incorpore la nouvelle. Cette altérité est pourtant subtile. Les écrivaines ne renouvellent ni l'inventaire thématique ni la technique narrative du genre. Comme les prosateurs de leur époque, les femmes nouvellistes exploitent les recettes mélodramatiques du récit sentimental; elles ont recours au répertoire du roman gai, aux recettes des histoires d'épouvante; elles font œuvre patriotique en pratiquant le genre historique et le récit régionaliste. Blanche Lamontagne-Beauregard se sert de tout cet arsenal pour composer *Récits et légendes* (1922) et *Au fond des bois* (1931)[16]. Dans *Récits et légendes*, l'intérêt dramatique de nouvelles comme «Le Passant» ne tient qu'à un pathétique macabre orchestré par la cruauté du destin. L'auteure invente plusieurs histoires édifiantes qui sont empreintes d'une forte dose de surnaturel. Dans «Lucie l'aveugle» (pour n'évoquer qu'un exemple), une jeune fille recouvre la vue après avoir prié sainte Anne. Redoutant que ses yeux ne deviennent la cause de la damnation de son âme, elle obtient un deuxième «miracle», celui de perdre à nouveau sa vue. Dans son deuxième recueil, *Au fond des bois*, la nouvelliste gaspésienne s'inspire largement de *Maria Chapdelaine* pour exalter la vie héroïque d'une jeune fille de colon («Dans le silence de la forêt») et reprendre la poétique du terroir que des œuvres comme *Chez nous* et *Les rapaillages* avaient déjà mis à la mode. On retrouve un éventail thématique aussi varié dans *Cœur de rose et fleur de sang* (1924), le seul recueil de nouvelles de Gaëtane de Montreuil[17].

L'arrivée de l'écrivaine de métier n'annonce pas un renouvellement du genre. La nouvelle féminine se distingue surtout par son expression particulière d'une conscience sociale, de l'amour et du patriotisme. Presque toutes les écrivaines s'évertuent à relever le pauvre et l'opprimé et à convertir le riche à une vie de charité. Le plus souvent, la conscience aiguë de la narratrice tourne en dolorisme à nuance tragique. Anne-Marie Gleason (Madeleine) et Marie-Antoinette Grégoire-Coupal maîtrisent bien cette fiction teintée de pessimisme et d'apitoiement devant les images pathétiques de l'orpheline, de l'enfant pauvre, de l'homme brisé par l'alcool, etc. Même Gaëtane de Montreuil n'échappe pas à ces spéculations sur le pathos («Le petit Roussin»)[18].

---

16. Blanche LAMONTAGNE-BEAUREGARD, *Récits et légendes*, Montréal, Librairie Beauchemin, 1922, 136 p.; *Au fond des bois. Récits en prose*, Montréal, Le Devoir, 1931, 166 p.

17. Gaëtane DE MONTREUIL, *Cœur de rose et fleur de sang*, Québec, [s.éd.], 1924, 194 p.

18. Gaëtane DE MONTREUIL, «Le petit Roussin», *Cœur de rose et fleur de sang*, Québec, [s.éd.], 1924, p. [105]-113.

Toutes les auteures privilégient le thème de l'amour, mais elles analysent des dimensions non sexuelles du phénomène. Chez la plupart, les impératifs du cœur ne sont qu'un attendrissement au bénéfice de la vertu ou une exaltation de l'amour maternel. Lorsque l'écrivaine évoque la passion sexuelle, c'est pour en peindre les affres. Selon Madeleine et les autres écrivaines de l'époque, la passion mène aux pires désordres moraux: meurtre, vengeance, luxure. Maître du genre, Marie-Antoinette Grégoire-Coupal en fait l'apanage de son recueil *Le sanglot sous les rires*. Dans la nouvelle éponyme, des amants faits l'un pour l'autre en épousent d'autres: un don Juan, une femme écervelée. Il n'en résultera qu'infortunes à outrance: mort de l'enfant, fuite de l'épouse aux États-Unis, folie, naissance d'un enfant maudit privé de la raison[19]. Dans «Tragiques fiançailles», un quadragénaire épouse, par vengeance, la fille de son ex-fiancée (qui avait épousé son rival)[20].

Marie-Rose Turcot est à peu près la seule auteure qui sut traiter de l'amour tout en évitant la fadeur ou l'outrance de ses consœurs. On trouve dans «L'homme du jour», nouvelle qui fournit le titre de son premier recueil[21], une trame psychologique ingénieuse d'une écrivaine de métier qui sait bien observer et rendre les mots, les gestes qui créent l'illusion du vécu. On pourrait en dire autant d'autres nouvelles du même recueil («Isola», «Tante Gilberte» et surtout «La brodeuse de dragons» et «Nestor et Piccolo»). Malgré son habileté à traduire l'anecdote et à trouver un lien thématique qui authentifie ses recueils (elle est le premier auteur à le faire), Marie-Rose Turcot ne parvient pas à développer l'aspect psychologique de ses personnages. Cette faiblesse s'accentue dans son deuxième recueil, *Stéphane Dugré* (1932)[22].

Les écrivaines, bien faiblement toutefois, élèvent une voix de revendication. Averties du milieu au sein duquel elles évoluent, les femmes nouvellistes évitent le ton de la contestation et de la révolte. Dans le monde d'Henri Bourassa et de Valdombre où l'épithète de «féministe» sert d'ultime malédiction, même l'acte d'aiguiser sa plume peut mener à l'ostracisme. Rosette, l'héroïne de Madeleine dans «Au bord de la source chantante» (*Le long du chemin*), se découvre une vocation d'écrivaine. Pierrot, son fiancé, mesure avec une angoisse grandissante la métamorphose de celle qui va devenir «sa femme». Rosette découvre l'être insoupçonné auquel elle allait se vouer. Finalement, c'est elle qui scelle le divorce: «Je viens de comprendre que nos âmes sont trop dissemblables pour s'appareiller jamais. Nous appartenons à deux époques ennemies [...]. Tu n'admets pas qu'une

19. Marie-Antoinette Grégoire-Coupal, «Le sanglot sous les rires», *Le sanglot sous les rires,* Montréal, Éditions Albert Lévesque, 1932, 175 p.
20. Marie-Antoinette Grégoire-Coupal, «Tragiques fiançailles», *Le sanglot sous les rires,* Montréal, Éditions Albert Lévesque, 1932, 175 p.
21. Marie-Rose Turcot, *L'homme du jour,* Montréal, Librairie Beauchemin, 1920, 206 p.
22. Marie-Rose Turcot, *Stéphane Dugré,* Montréal, Librairie Beauchemin, 1932, 182 p.

femme constate certaines choses, c'est tout au plus si elle a le droit de les sentir; et tu te cabres lorsque tu m'entends raisonner nos [les femmes] états d'âmes.» Pierrot la condamne sur-le-champ: «Mais tu ne parles plus Rosette, tu écris[23]!» Il la compare à une Américaine, la traite de *miss*, lui jette l'insulte d'être *moderne*. Triste de retrouver en son fiancé un homme de la tradition, Rosette annonce la rupture en faisant sa profession de foi: «Tu me reproches de penser autrement que nos mères, et tu m'en veux de dire que j'aime la vie un peu libérée des ennuis inhérents à notre état social, et de rêver autre chose que de vivre dans un milieu étroit, serré, entouré d'une haute muraille[24] [...]» Rosette sera écrivaine, mais jamais la femme de Pierrot.

Ce genre d'affirmation au grand jour, si timide soit-elle, se trouve rarement dans la nouvelle d'avant 1940. Les revendications voilées sont plus fréquentes. À travers les thèmes du mariage forcé, de la mal mariée ou de la mère éprouvée, on découvre des héroïnes qui osent se mesurer à l'homme et contester l'ordre établi. Le thème principal de telles nouvelles est celui de l'inviolabilité du choix d'un état et d'un mari, car dépendent de ces choix le destin de la femme, son succès matériel et son statut social. L'évocation de la révolte ou de la vengeance de la mal mariée est encore plus rare. À ce titre, le texte le plus intéressant est sans doute «Une maîtresse femme» que Gaëtane de Montreuil incorpore au recueil *Cœur de rose et fleur de sang* (1924)[25]. Émilie Saudoin, «vendue» par sa famille à un Barbe bleue, meurt victime de la brutalité de son mari. Pendant quinze ans de martyre, son bourreau l'avait rouée de coups et l'avait mise littéralement au licou comme une bête. Elle devait assister, impuissante, à de multiples épisodes où son mari brutalisait ses sept enfants. Morte de ses souffrances et tortures, Émilie Saudoin est vengée par son amie d'enfance, Philomène Cardon, qui épouse le veuf pour le traiter comme il avait maltraité sa première épouse.

L'auteure qui cherche à définir son rôle de femme engagée n'a presque jamais recours à la revendication ouverte telle que la pratiquent Madeleine dans «Au bord de la source chantante» ou Gaëtane de Montreuil dans «Une maîtresse femme». Les écrivaines trouvent leur modèle de la femme moderne dans la vision du monde de la bourgeoisie bien-pensante à laquelle elles appartiennent. Le plus souvent, la nouvelliste traduit en matière romanesque l'idéal de la mère-madone que la religion catholique et le programme nationaliste en littérature lui suggèrent. La femme est présentée comme fille à marier, mère, épouse: toujours strictement définie par son rapport à l'homme. Sa puissance d'être est conçue en fonction de la problématique romanesque de l'homme dont elle dépend ou des valeurs idéo-

---

23. MADELEINE, «Au bord de la source chantante», *Le long du chemin,* Montréal, Imprimerie de La Patrie, 1913, p. 183.

24. *Ibid.,* p. 183.

25. Gaëtane de MONTREUIL, «Une maîtresse femme», *Cœur de rose et fleur de sang*, Québec, [s.éd.], 1924, p. [141]-145.

logiques qu'elle incarne — valeurs qui authentifient son rôle subalterne d'éducatrice et d'inspiratrice (la femme, gardienne des valeurs civilisatrices de la collectivité). Édouard Montpetit, dans sa préface au recueil *Le long du chemin*, résume
l'essentiel de ce rôle:

> Dans le mariage, la femme doit être pour l'homme une compagne amie, un
> guide, un soutien, une associée: elle partage ses peines, ses ambitions, ses
> rêves; elle le repose de la vie. Si la crise survient qui menace le foyer; si
> l'homme, un instant détourné, s'échappe des liens qu'il a pourtant choisis, la
> femme trouvera dans la maternité la raison profonde, la force sublime du
> pardon[26].

Cette préface anticipe sans doute le discours de plusieurs nouvelles de Madeleine.
On pense en particulier à «Dernières fleurs», récit dans lequel la narratrice rappelle
à ses lectrices que «La mère est une esclave, et elle bénit la chaîne qui la retient
au berceau [...][27]». Derrière le protocole chaste et sain qui doit régler l'instinct de
la jeune fille à marier et de l'épouse-mère, on découvre un code de respectabilité
basé sur la domination de l'instinct sexuel. Cette respectabilité est un signe d'élection, un *accipio* à l'appel de la race. La bonne société du temps y trouve un
aimable portrait de sa satisfaction et une inspiration toute faite pour son patriotisme qui fait de la femme, éternellement enceinte, l'ange exterminateur de l'ennemi anglo-saxon. Sous l'égide d'une mission providentielle de la race, le partage
des rôles ne fait place qu'aux vaillantes et qu'aux lâches. Madeleine marque ces
dernières au fer rouge en leur réservant l'épithète de *miss*. Les *miss* sont des
femmes sans cœur qui incarnent la modernité et le matérialisme. Tout en faisant
siennes les revendications de Rosette, Anne-Marie Gleason condamne la jeunesse
féminine qui court les conférences de l'Université Laval pour se faire voir et qui
affiche son anglais comme son rouge à lèvres criard. Étourdies, d'instinct aussi
grossier que l'anglais qui sort de leur bouche, les femmes perdues trahissent la
mission rédemptrice de la femme canadienne.

La nouvelle régionaliste

Au moment même où les Canadiens français deviennent une population urbaine,
ils cherchent dans leur histoire et dans leurs antécédents ruraux une particularité
qui les identifieraient tout en les distinguant. Ce recours à la couleur locale traduit
chez les auteurs du terroir et d'autres écrivains régionalistes du premier tiers du

---

26. Édouard MONTPETIT, «Préface» dans MADELEINE, *Le long du chemin,* Montréal, Imprimerie de
La Patrie, 1913.
27. MADELEINE, «Dernières fleurs», *Le long du chemin,* Montréal, Imprimerie de La Patrie, 1913,
p. 107.

XXe siècle un besoin impératif de s'approprier le pays. La littérature régionaliste découle largement du nationalisme que Lionel Groulx et des âmes apparentées sont en train de définir, mais elle s'inspire aussi d'un courant français créé par des prosateurs comme Louis Pergaud et Henri Pourrat. La nouvelle du terroir interprète le social à partir d'une idéologie qui montre le peuple comme dépositaire des valeurs essentielles d'une autarcie immuable: ascendance latine, langue française, vocation rurale et catholicisme, qui confèrent aux Canadiens une supériorité morale. La nouvelle historique qui se rattache à ce mouvement de récupération recherche les origines sacrées de l'épopée de la race française en Amérique et les leçons pour le présent de la confrontation entre la Nouvelle-Angleterre et la Nouvelle-France. Ces sources d'inspiration sont exploitées aussi bien par les poètes que les prosateurs, les conteurs que les nouvellistes. La littérature régionaliste alimente la nouvelle d'Adjutor Rivard (*Chez nous*, 1914), du frère Marie-Victorin (*Récits laurentiens*, 1919), de Jules Tremblay (*Trouées dans les novales*, 1921), de l'abbé Joseph Raîche (*Au creux des sillons*, 1926; *Les dépaysés*, 1929), de Harry Bernard (*La dame blanche*, 1927), de Damase Potvin (*Sur la grand'route*, 1927), et de Clément Marchand (*Courriers des villages*, 1937)[28]. À ces recueils, il faut ajouter des nouvelles d'auteurs féminins, éparpillées dans des revues et des journaux, et les recueils de Gaëtane de Montreuil (*Cœur de rose et fleur de sang*, 1924) et de Blanche Lamontagne-Beauregard (*Récits et légendes*, 1922; *Au fond des bois*, 1931).

La nouvelle du terroir est souvent prétexte à une description en prose poétique. Cette prose, dont le pittoresque et l'authenticité anthropologique viennent rehausser l'envoûtement élégiaque, consacre la particularité campagnarde du Canadien (le rang, le charivari, la criée, etc.), et révèle des portraits types (dont le curé, le bedeau, le cultivateur calculateur, le quêteux au passé tragique). Le vocabulaire joue un rôle déterminatif dans ces récits anecdotiques et ces portraits naïfs qui racontent la vie des humbles. La nouvelle régionaliste est coulée dans un verbe qui ne s'éloigne jamais du conteur et qui cherche son éloquence dans la simplicité et la spécificité des mots du terroir. Entre guillemets ou en italiques, les mots du pays, transcriptions du langage populaire, libèrent des envolées lyriques. Produit d'un atavisme ému, la nouvelle de Damase Potvin ou du frère Marie-Victorin glorifie le travail de la terre et la vie du rang. Écrite par une plume accomplie et

---

28. Adjutor RIVARD, *Chez nous (Récits),* Québec, L'Action sociale catholique, 1914, 145 p.; Frère MARIE-VICTORIN [Conrad Kirouac], *Récits laurentiens*, Montréal, Les Frères des écoles chrétiennes, 1919, 207 p.; Jules TREMBLAY, *Trouées dans les novales*, Ottawa, Imprimerie Beauregard, 1921, 259 p.; Joseph-Fidèle RAÎCHE, *Au creux des sillons. Contes et nouvelles*, Montréal, Éditions Édouard Garand, [1926], 58 p.; *Les dépaysés. Contes et nouvelles,* Montréal, Éditions Édouard Garand, 1929, 94 p.; Harry BERNARD, *La dame blanche*, Montréal, Bibliothèque de l'Action française, 1927, 222 p.; Damase POTVIN, *Sur la grand'route. Nouvelles, contes et croquis*, Québec, [Ernest Tremblay], 1927, 215 p.; Clément MARCHAND, *Courriers des villages*, dans *Les œuvres d'aujourd'hui. Recueil littéraire trimestriel*, n° 1, Montréal, Éditions de l'Action canadienne-française, 1937, 214 p.

inspirée, la nouvelle régionaliste (dont «La corvée des Hamel» et «Ne vends pas la terre» du frère Marie-Victorin; «La courvée» de Damase Potvin; «La bataille de Jérémie» de Harry Bernard) demeure émouvante, même aujourd'hui.

La nouvelle du terroir s'inscrit dans une lignée réaliste, du moins dans sa documentation: l'ambition de l'auteur est de peindre des figures vivantes d'après ses souvenirs ou des modèles contemporains de l'époque historique qu'il choisit. Mais, en définitive, l'ambition d'édifier confère au réel une ordonnance morale qui le transfigure dans un esprit d'idéalisation. On peut observer le phénomène dans la caractérisation du cultivateur, par exemple. Des nouvellistes comme Adjutor Rivard et Damase Potvin brossent un portrait anthropologique authentique du cultivateur. Ils valorisent ainsi certains aspects de la culture du peuple, des aspects intrinsèques à l'identité collective. La nouvelle régionaliste peut vouloir argumenter comme le récit moralisateur qui la précède au XIXᵉ siècle. Chez l'abbé Raîche ou chez Adjutor Rivard, l'intention d'édifier l'emporte sur l'objectivité du documentaliste. Même Damase Potvin ou le frère Marie-Victorin font leur prêche en faveur du sol.

On ne retrouve pas cette sacralisation de la terre dans *Courriers des villages* de Clément Marchand, le recueil d'inspiration régionaliste le plus original. L'écrivain, esthète accompli, restitue des vies sans dissimuler leur sensualité ni la brutalité de leur quotidien. La campagne que Marchand évoque est nourrie d'une truculence qui peut émouvoir même par sa crudité. Les nouvelles les plus accomplies proviennent des rubriques «Histoires doucement gaies» et «Faits divers». L'auteur aborde des thèmes (comme le suicide ou la contrebande de l'alcool) qu'on ne retrouverait pas chez l'abbé Groulx ou chez Adjutor Rivard. Guy Sylvestre parle d'un Maupassant et il y a dans ce rapprochement beaucoup de vrai. La magie de Marchand exprime le bon sens sourd et obscur des Laurentides avec ses facéties bien du pays. Ses caricatures, parce qu'elles sont justes (comme celles de Maupassant), gardent toute leur férocité sans être méchantes. Jules Tremblay, lui aussi, manie un style très personnel, une pensée elliptique parfois. Les nouvelles réunies dans *Trouées dans les novales* sont prétextes pour évoquer les us et coutumes de l'ancien temps dans tout ce qu'ils présentent de pittoresque: la guignolée, la dîme, la vente d'une poule noire. Tout cet attirail et une large dose de morts tragiques, de noyades, d'hallucinés et de miraculeux n'arrivent pas à étouffer un lyrisme de poète qui se manifeste surtout par la description et le vocabulaire recherché. Alphonse Desilets, du *Terroir*, en parlant des mots de Tremblay, les appelait des «souvenirs dont a besoin la génération présente pour sauvegarder les caractères ethniques de la race latine au Canada[29]».

---

29. Alphonse DESILETS, «Bibliographie. *Trouées dans les novales*», *Le Terroir*, vol. 3, nᵒ 2, juin 1922, p. [94].

Rattaché à l'entreprise des écrivains et des écrivaines du terroir, le genre historique devient une œuvre documentaire qui montre les mœurs et les croyances de jadis et qui fait revivre les grands moments de la race. L'histoire ainsi définie devient souvent le ressort même de l'intrigue. Les personnages (les héros et les héroïnes de la Nouvelle-France: Champlain, les jésuites, Jeanne Mance, Marguerite Bourgeoys, Montcalm, Lévis) incarnent le Français triomphant d'avant la Conquête. Les écrivaines qui s'adonnent à la nouvelle historique mettent en repoussoir des rôles de femmes qui ne sont ni épouse, ni mère. Ces modèles d'héroïnes sont parfois des figures de guerrières comme Madeleine de Verchères, mais le plus souvent ce sont des femmes fortes qui, comme Jeanne Mance ou d'autres héroïnes religieuses, fondent une ville ou une institution. En même temps, le genre peut s'avérer pittoresque et dramatique. Plusieurs textes du recueil *Cœur de rose et fleur de sang* de Gaëtane de Montreuil sont typiques de cette veine que les écrivaines privilégient de Laure Conan à Hélène (*Au fil des heures bleues*, 1935[30]).

La nouvelle esthétique

Déjà en 1928, Maurice Hébert constatait qu'«un de ces beaux dimanches, on passera de la terre de nos régionalistes et des archives de nos historiens et de nos historiologues, à cette impalpable et évidente entité: l'âme humaine au Canada[31]». Cette métamorphose se fit attendre le temps d'une génération littéraire, jusqu'aux premiers livres de Gabrielle Roy, d'André Giroux, de Robert Elie. Cependant, dès les années 1920, on peut reconnaître les premières nouvelles de Léo-Paul Desrosiers et de Jean-Charles Harvey parmi les signes avant-coureurs d'un renouvellement. La note dominante d'*Âmes et paysages* (1922), recueil de Desrosiers, reprend des thèmes régionalistes, mais des nouvelles comme «Le rêveur» et «Au bord du lac Bleu» annoncent de nouveaux thèmes que l'auteur développe dans *Le livre des mystères* (1936)[32]. Jean-Charles Harvey (*L'homme qui va*, 1929; *Sébastien Pierre*, 1935)[33], quant à lui, dénonce la tradition à laquelle il substitue une note d'iconoclaste. Ses personnages, aux antipodes du terroir, découvrent la condition universelle de l'absurdité de la vie.

Trois mots, empruntés aux titres des recueils de Léo-Paul Desrosiers, «paysage», «âme» et «mystère», identifient les coordonnées essentielles de la quête

---

30. Hélène [pseudonyme d'Hélène Beauséjour née Brouillette], *Au fil des heures bleues*, Grand'mère, [s.éd.], 1935, 153 p.

31. Maurice Hébert, «Quelques livres de chez nous», *Le Canada français*, vol. 15, n° 6, février 1928, p. 422.

32. Léo-Paul Desrosiers, *Âmes et paysages*, Montréal, Éditions du Devoir, 1922, 183 p.; *Le livre des mystères,* Montréal, Éditions du Devoir, 1936, 175 p.

33. Jean-Charles Harvey, *L'homme qui va. Nouvelles,* Québec, Éditions du Soleil, 1929, 213 p.; *Sébastien Pierre. Nouvelles*, Lévis, Les Éditions du Quotidien, 1935, 226 p.

spirituelle de cet auteur. Celui-ci veut pénétrer jusqu'à l'âme de ses personnages et évoquer sans l'analyser le sens profond de leur déchirement. Le recueil *Âmes et paysages* (1922) comprend neuf récits qui sont en quelque sorte un trait d'union entre la littérature du terroir et la fiction d'analyse que Desrosiers annonce, et qu'imposeront Robert Elie, André Giroux et Gabrielle Roy. Les nouvelles «La petite oie blanche», «Prosper et Graziella», «Marguerite» et «Le charivari» appartiennent à la thématique du régionalisme. Ému, tendre, Desrosiers pratique une forme de pittoresque hautement poétique. À travers le particulier du pays joliettain, il cherche à appréhender l'universel et le beau. On découvre des paysages et des types qui ne se révèlent qu'à l'âme sensible. Dans des morceaux d'anthologie comme «Félicité», Desrosiers s'exprime surtout à travers le vocabulaire d'un mémorialiste poétique.

Par ailleurs, des textes comme «Le rêveur» et «Au bord du lac Bleu» annoncent une nouvelle inspiration, un courant qui deviendra la note dominante du deuxième recueil, *Le livre des mystères*. En écrivant des nouvelles d'analyse psychologique comme «Le rêveur», Desrosiers s'applique surtout à étudier les passions du cœur. L'écrivain opte pour le mystère de l'être; il recherche des motivations qui ne se laissent pas deviner au comportement rituel quotidien, mais qui se cachent dans l'opacité intérieure. Ce moi profond ne peut être appréhendé que par l'âme d'un esthète qui filtre la vie à travers l'art et une optique chrétienne nourrie de communion mystique avec la nature. Desrosiers privilégie le premier temps de l'amour, la recherche de l'âme sœur. La découverte de l'autre prend souvent les dimensions d'un itinéraire religieux où le désir et la joie de découvrir l'autre donnent suite à l'impuissance de se faire aimer. Dans ces affrontements entre *animus* et *anima*, c'est l'homme qui incarne le féminin: une âme hypersensible qui se manifeste par un attachement au passé dans sa vocation d'âpre renoncement. Face à cet homme en exil, la femme, pour peu qu'elle s'éloigne de la modestie et de son rôle traditionnel, incarne la tentation du sensualisme. La jeune héroïne de «Au bord du lac Bleu», par exemple, est une femme sûre d'elle-même, indépendante. Elle représente «une nature débordante et violente» qui fait d'elle «une fiancée désobéissante». Les mâles de Desrosiers sont souvent des personnages asociaux qui cherchent désespérément à communiquer leur solitude et leur hantise du sensualisme. Il leur est impossible d'accepter la chair sans la sublimer en vocation d'oblation. Ce sont des personnages qui ont une tragédie à vivre. Ils l'acceptent avec une résignation stoïque toute chrétienne, ou ils cèdent au soleil, mais au soleil de Satan.

Le livre des mystères (1936) contient des études psychologiques plus complexes. Les comportements qui y sont notés, la réticence de l'autre, la joie imparfaite, la tristesse dans l'élan du désir, sont autant de mystères aux motifs obscurs qu'une observation sensible extrait de l'âme. Le titre d'une des nouvelles, «Incompatibilité», identifie la note dominante d'autres récits, comme «À vingt ans» et

«Artiste». Le personnage principal de ces nouvelles est le silence, qui communique la réticence fruste de l'homme rêveur, l'exil de l'artiste, l'épouvante du contemplatif qui ne peut se marier qu'aux secrets grandioses de la nature. L'âme incomprise égrène un à un les chapelets de joies avortées, d'élans réprimés et d'obscures souffrances. Dans «Artiste», le héros est un être qui ignore le commerce du monde, l'art de la conversation délicate et des jeux de société. Il est l'homme d'une passion, l'art — passion qu'il ne peut partager avec la femme. Ce sont là des tourments de cénobites égarés dans le monde, à la recherche d'une perfection qui ne se trouve (ironiquement) que dans la solitude. D'où la note irrémédiablement tragique de la nature, de l'esprit des lieux, inépuisable comme l'infini du cosmos qui accompagne le passage de l'humain.

Dans ses deux recueils de nouvelles, *L'homme qui va* (1924) et *Sébastien Pierre* (1931), Jean-Charles Harvey révèle une conscience malheureuse et nihiliste. On a parfois comparé ces textes, qui s'apparentent au conte philosophique, aux œuvres d'auteurs comme Montesquieu ou Voltaire. De telles comparaisons ne pourraient être que superficielles. Chez Harvey on ne retrouve pas le débat d'un problème essentiel de la nature ou de l'organisation humaine mais une méditation qui constate des vérités premières: sur la mort irrémédiable, sur l'absence de transcendance et sur l'irrépressible appétit sexuel. Les conclusions de l'auteur sont d'un pessimisme impitoyable; elles ne s'accordent en rien à la foi rationnelle du Siècle des lumières ou à sa certitude de progrès illimité.

Quelques-unes des nouvelles sont des méditations sur l'évolution du genre humain (ou plutôt sur l'absence d'une évolution). On pense tout de suite à «L'homme qui va», la nouvelle qui ouvre le recueil du même nom, à «Hélène du XXVᵉ siècle» et à «La dernière nuit», les deux textes qui lui servent de conclusion. L'homme qui va, éternel pèlerin, c'est Tristan Bonhomme, qui représente une humanité aveugle, sans transcendance, en marche vers un destin inconnu. «La dernière nuit» offre une vision apocalyptique de l'histoire. Malgré des siècles de paix et de progrès, le genre humain ne peut se purger de la convoitise et de la jalousie, deux maux endémiques dont la source est la femme. (On trouve chez Harvey une pensée profondément misogyne qui se révèle dans cette nouvelle, mais aussi dans le traitement du personnage de Mary Curtis [«Sébastien Pierre»], de Kathleen Murphy [«L'étoile»], de Bettie Byrne [«Tu vivras trois cents ans»] et d'Isabeau dans la nouvelle du même nom). Les deux derniers hommes s'épuisent à gagner la couche de la dernière femme. Le vainqueur n'a le temps que de se jeter sur son trophée avant que le froid n'endorme la planète à jamais.

Qu'il anticipe la fin du genre humain ou le dernier moment d'un individu, Harvey souligne l'inéluctabilité et l'absurdité de la mort. Chaque homme dans sa destinée anticipe la fin absolue qui abolira l'histoire. Ce thème, omniprésent dans les deux recueils, nous montre un penseur qui refuse toute transcendance. En attendant le néant, la création est réduite à des besoins viscéraux et à des servitudes universelles: la guerre, la faim, l'abrutissement, l'injustice. L'essentiel de cette vision du monde se trouve dans «Tu vivras trois cents ans», une interprétation de la légende de Faust. Malgré sa fortune, la santé éternelle de son corps de 35 ans, son intelligence de génie, le docteur Parnelle ne peut pas se soustraire à la souffrance ni, éventuellement, à la mort. Ayant ainsi défini l'être humain dans sa misère, Harvey lui réserve quand même une grandeur. Comme Pascal, il croit que l'homme est un roseau pensant. Selon Harvey, c'est cette conscience d'être qui donne une signification à la vie. La poésie stoïque de cette noblesse est évoquée dans «La mort de l'élan».

Les nouvelles qui n'ont pas ces dimensions ontologiques, celles où les personnages sont le plus actualisés, «Sébastien Pierre» et «L'étoile», cultivent le cynisme. Harvey le dirige contre ce qu'il considère l'arrogance de la croyance religieuse et de la foi au progrès que les philosophes substituent à l'idée de Dieu. Par exemple, l'auteur de «Sébastien Pierre» veut souligner le peu qui sépare le gangster du saint. «Sous les flèches d'Éros» (*L'homme qui va*) montre tout le profane de l'amour sacré. Dans «Radiodiffusion sanglante» et «L'étoile» du même recueil, le progrès (l'écran qui saisit à jamais un geste, qui abolit le temps, la distance et la vie secrète; la transmission instantanée de l'image) raffine le tourment des hommes, multiplie les instruments de sa torture. Harvey approfondit une sagesse matérialiste et un hédonisme qui privilégient les plus forts: ceux que la nature, le destin ou la fortune favorisent. À tous ces atouts il ajoute l'essentiel: une sensibilité esthétique raffinée.

Conclusion

À partir du xixᵉ siècle, la nouvelle s'enracine au Canada français en recouvrant maintes ambitions et significations. Le genre, avant l'époque des auteurs régionalistes, évolue dans le sens le plus strict d'avance dans le temps. On trouve des auteurs isolés, non pas une tradition. Le mot *nouvelle* revêt un caractère actualisant avec Harry Bernard ou Gaëtane de Montreuil, mais surtout avec le frère Marie-Victorin, Clément Marchand, Léo-Paul Desrosiers et Jean-Charles Harvey qui en connaissent les clés formelles et qui réussissent à l'investir d'une thématique qui s'inspire à la fois d'un *hic et nunc* et d'une méditation universelle sur la nature humaine. Avec eux, la nouvelle devient un tout signifiant, un signe de l'acclimatation de la littérature à un pays, à une imagination.

LA FRAGMENTATION INFINIE
DES (IM)POSSIBLES:
LA NOUVELLE FANTASTIQUE
ET DE SCIENCE-FICTION QUÉBÉCOISE
DES ORIGINES À 1985

Michel Lord
DÉPARTEMENT D'ÉTUDES FRANÇAISES — UNIVERSITÉ DE TORONTO

Parmi toutes les esthétiques qui ont pu se développer au sein de la pratique nouvellistique québécoise, le fantastique et la science-fiction (SF) se sont taillé une place de choix. Or, cette place, ils ne l'ont pas toujours occupée, car ce n'est que récemment, dans les années 1980, que ces sous-genres fortement liés à la formalisation et à la représentation de l'étrange ou de la nouveauté ont acquis un certain statut institutionnel. Cela est dû à un ensemble de facteurs dont les plus évidents sont sans aucun doute la constitution récente d'un champ spécifique autour de certaines revues (*Solaris, Imagine...*) à partir de 1974, la généralisation de l'enseignement du fantastique et de la SF dans les cégeps, la tenue annuelle d'un congrès (le Boréal) dans les années 1980, la publication de nombreux recueils collectifs et d'anthologies, l'institution d'un Grand Prix de la science-fiction et du fantastique québécois et la formation d'un groupe de recherche, le GRILFIQ, à l'Université Laval, qui a produit deux ouvrages qui illustrent l'ampleur du phénomène[1] et la complexité de la problématique[2].

Cette forme d'institutionnalisation de ces genres n'est donc pas venue d'elle-même. Elle est le fruit d'un long processus et, pour bien comprendre ce phénomène, il faut reconstruire patiemment la filière étrange, en remontant aux origines mêmes de la littérature narrative québécoise, c'est-à-dire jusqu'à la première moitié du XIXe siècle.

---

1. Aurélien BOIVIN, Maurice ÉMOND et Michel LORD, *Bibliographie analytique de la science-fiction et du fantastique québécois (1960-1985)*, Québec, Nuit blanche éditeur, «Cahiers du Centre de recherche en littérature québécoise», 1992, 577 [2] p.

2. Aurélien BOIVIN, Maurice ÉMOND et Michel LORD (dir.), *Les ailleurs imaginaires. Les rapports entre le fantastique et la science-fiction*, Québec, Nuit blanche éditeur, «Cahiers du CRELIQ», 1993, 306 p.

La nouvelle fantastique au XIXe siècle

La question qu'il faut se poser au préalable est la suivante: le fantastique et la SF existent-ils en tant que *nouvelle* au XIXe siècle? Théoriquement, l'on se doit de dégager ce qui dans cette production peut relever de la nouvelle et non du conte. En règle générale, le champ critique a tranché en faveur du conte. Dans son anthologie *Le conte fantastique québécois au XIXe siècle*, Aurélien Boivin classe d'emblée les vingt-cinq textes choisis dans le domaine du conte. Cela pourrait suffire à nous convaincre que là n'est pas notre terrain d'analyse et qu'il faut passer outre. Il reste que le concept de conte est très arbitraire au XIXe siècle et que, bien souvent, on a affaire à des nouvelles. Que l'on pense, par exemple, à ce qu'on a convenu d'appeler «conte» dans le cas des récits narratifs brefs de Maupassant («Le Horla», autant que «Boule de suif», est une nouvelle) et on aura une assez juste idée de l'ampleur du flottement théorique sur cette question au XIXe siècle.

Même si ce n'est pas ici le lieu d'une interrogation de nature théorique sur les genres, il importe tout de même de fixer certains paradigmes formels qui nous permettent de distinguer le conte de la nouvelle. En bref, je dirai que, historiquement, le conte se rattache à la tradition orale et est une forme simple, proche de ce que Jacob Grimm appelle la «poésie de Nature», alors que la nouvelle se construit dans et par l'écriture, et est donc une «poésie d'Art[3]». On comprendra dans ce contexte qu'il y ait relativement peu de nouvelles fantastiques québécoises au XIXe siècle, la plupart des récits se constituant comme des *transcriptions* de récits appartenant à la tradition orale et la relayant, la nouvelle relevant plutôt de l'ordre de la *scription* et de l'invention de la nouveauté.

Une autre des caractéristiques du conte tient au fait que, formellement, le discours ne problématise pas l'étrange ou la croyance au surnaturel, mais impose sa présence dans l'univers de la représentation, sans résistance rationnelle de la part des acteurs mis en discours. Il y a donc au cœur du discours du conte — genre pourtant bavard — des silences qui parlent, pour ainsi dire, et qui sont déterminants dans la spécification du caractère fantastique ou de son absence. Dans le conte, on ne dit pas sa réserve quant à l'étrangeté pour la simple raison que l'étrange fait partie de l'ordre des choses. Il peut déranger un peu, mais on ne remet pas en doute la réalité de son existence. Le diable dans le conte folklorique fait partie de ce qu'un lecteur moderne[4] peut trouver étrange, mais qu'un acteur, intradiégétique donc, ne remet jamais en question. En cela, le conte est proche

---

3. Je m'inspire ici des thèses d'André JOLLES qui, dans *Formes simples*, s'alimente à même «la terminologie de Jacob Grimm» (Paris, Seuil, 1972, p. 183).

4. Dans la détermination de la «fantasticité», il faut toujours prendre soin de distinguer ce qui est externe et ce qui est interne au récit. Pour une discussion plus poussée sur les théories du fantastique, voir Michel LORD, *La logique de l'impossible. Aspects du discours fantastique québécois*, Québec, Nuit blanche éditeur, 1995, 361 p.

parent du mythe, de la légende et du merveilleux, alors que la nouvelle fantastique relève pour une bonne part — et paradoxalement — du réalisme. Elle problématise la relation entre ce qu'Irène Bessière appelle le thétique et le non-thétique[5], le conte se cantonnant pour sa part dans le non-thétique et donc dans la dissolution de la problématique rationnelle du rapport du réel et de l'irréel ou de l'être de raison avec l'étrange ou le surnaturel. Le propre d'un certain type de nouvelle fantastique tient au fait que deux types de discours (*doxa* et *paradoxa* ou diction et contradiction) s'y côtoient en s'entrechoquant, rendant compte de la nature irréductiblement hétéronomique de l'univers, tant verbal que matériel ou immatériel, mis en représentation.

«L'étranger» (1837) de Philippe Aubert de Gaspé fils et «La chasse-galerie» (1891) d'Honoré Beaugrand apparaissent ainsi davantage comme des exemples types de contes fantastiques québécois. Qu'on se rappelle la finale de la scène dramatique entre le diable et le curé dans «L'étranger»: d'un coup de chasuble et de goupillon, le curé fait disparaître le vilain diable, comme par enchantement, à l'ébahissement du bon peuple réuni autour d'eux. On pourrait en dire autant de tous les récits thématisant la figure du loup-garou et autres diables, que l'on retrouve entre autres chez Pamphile Lemay et chez Louis Fréchette, qui n'ont pas fait que du conte. Les légendes amérindiennes, avec leurs manitous et leurs jongleurs bien particuliers, se trouvent quant à elles rapportées sans manifestation de résistance à l'étrange par le père Michel, le narrateur vedette de *Forestiers et voyageurs* (1863) de Joseph-Charles Taché. Au contraire, ce «rapporteur» fidèle va même jusqu'à affirmer en toutes lettres sa croyance dans «Ikès le jongleur»: «Eh bien! moi je vous dis qu'il y a des sorciers, et que nous sommes entourés d'esprits bons et mauvais. [...] À preuve de tout cela, je vais vous raconter ce que j'ai vu et entendu, moi, sur les bords du lac Kidouamkizouik[6].» Dans la même veine, Henri-Raymond Casgrain raconte dans «La jongleuse» (1861) les méfaits d'une Dame aux Glaïeuls des plus étranges. Il faut se rappeler qu'autour de l'abbé Casgrain et de l'École littéraire de Québec, un certain nombre d'écrivains, voulant fonder une littérature nationale d'ici, s'était donné comme mission de récupérer les vieilles légendes populaires[7]. De toute évidence, on cherche à donner l'image d'un univers peuplé d'esprits, dont il ne s'agit surtout pas de nier l'existence. Dans ce contexte,

5. Selon Irène Bessière, le thétique qualifie une catégorie textuelle où l'on pose la réalité de ce qu'on veut représenter, comme dans le fantastique, le non-thétique, une autre catégorie où la réalité n'est pas représentée, comme dans le récit merveilleux. (Voir Irène BESSIÈRE, *Le récit fantastique*, Paris, Librairie Larousse, 1974, p. 36.)

6. Joseph-Charles TACHÉ, «Ikès le jongleur», *Forestiers et voyageurs*, Montréal, Fides, «Collection du Nénuphar», 1946, p. 79.

7. «Le mot d'ordre des *Soirées canadiennes* en 1861 [était]: "Hâtons-nous d'écouter les histoires du peuple avant qu'il ne les ait oubliées."» Citation de Luc Lacourcière rapportée par Aurélien BOIVIN, dans *Le conte fantastique québécois au XIXᵉ siècle*, *op. cit.*, p. 9.

seul le merveilleux chrétien, ou païen, peut fleurir. Non le fantastique, genre de la résistance sceptique autant que de la représentation problématisée d'une certaine croyance.

Cela ne doit pas nous leurrer toutefois, car certains des «contes» de cette période sont bel et bien des nouvelles, c'est-à-dire des faits d'écriture rapportant des phénomènes non pas immémoriaux ou traditionnels, mais actuels, spectaculaires et reliés à la vie contemporaine du narrateur (d'un narrateur campé dans le même espace-temps que le scripteur et représenté comme empreint de scepticisme en regard de l'étrange et du surnaturel).

De tous les écrivains qui ont pratiqué le genre narratif bref au XIXe siècle, Louis Fréchette est sans doute celui qui cristallise le mieux une certaine pratique nouvellistique fantastique. Dans «La maison hantée», l'ensemble des données du récit sont posées de manière absolument hétéronomiques et polémiques. D'abord, le réel représenté, qui correspond à celui du milieu de l'auteur à une époque de sa vie (le collège de Nicolet en 1858), est traversé par une forme d'irréel. Puis le personnel du récit, qui n'a rien de monolithique, demeure irréductiblement divisé jusqu'à la fin: certains acteurs adhèrent à la croyance au surnaturel, d'autres y résistent farouchement[8]. D'ordinaire, dans le conte, le surnaturel s'impose avec force sans résistance, alors que dans la nouvelle fantastique, toujours plus proche du réel et du vraisemblable, il est contesté. On y résiste, dût-on à la fin admettre que l'irréel s'impose avec force. En cela, «La maison hantée» appartient à la catégorie de la nouvelle fantastique.

Ce qui ressort de cette analyse, c'est le caractère non polémique du conte (le fondu des croyances et des discours qui les supportent), alors que la forme est polémique, ironique, critique dans la nouvelle fantastique, même telle qu'elle est parfois pratiquée au XIXe siècle. Elle sert pratiquement d'arme pour tourner en dérision un certain état social. Prenant ses distances par rapport à la *doxa*, le discours chez Fréchette donne des signes de modernité, en cela qu'il articule une résistance au conformisme généralisé et esquisse un début de dialogisme de par la représentation dans l'univers nouvellistique de strates discursives en conflit.

Louis Fréchette et Aubert de Gaspé fils apparaissent toutefois comme des exemples plutôt isolés dans le corpus québécois du XIXe siècle. Il faudra attendre d'avoir traversé de nombreuses décennies avant que l'on puisse assister à la réapparition de la nouvelle fantastique au Québec.

---

8. Le même phénomène se produit à la fin de «L'homme de Labarador» de Philippe AUBERT DE GASPÉ FILS, mais il s'agit plutôt de réactions extradiégétiques, c'est-à-dire situées en dehors du discours légendaire lui-même, autrement dit dans le discours romanesque de *L'influence d'un livre*, dans le discours tenu par des acteurs «réels», mais qui n'ont été qu'auditeurs du conte légendaire.

La nouvelle fantastique au XXe siècle

Dans les premières décennies du XXe siècle, la nouvelle fantastique, selon les recherches et dépouillements actuels, semble disparaître presque complètement. On commence à voir à nouveau percer un mince filet chez Adrienne Choquette à la fin des années 1930 et au début des années 1940. Dans «Le cahier noir» et «La vocation», il est question d'«une force étrangère» qui pousse à faire ou à ne pas faire quelque chose[9]. La décennie 1940-1950, période cruciale pour le développement de la nouvelle québécoise en cela qu'on y observe la fin du régime terroiriste et le début d'une véritable diversification esthétique, est marquée par deux œuvres.

D'abord, modestement, par celle de Ringuet qui, dans *L'héritage* (1946), fait cohabiter le terroir et le fantastique. Une seule œuvre appartient à cette dernière esthétique dans ce recueil, mais elle n'en prend que plus de relief. «Le sacrilège» problématise, en effet, de façon spectaculaire, la relation entre un personnage tout à fait rationnel et un fétiche tahitien dont le toucher provoque la lèpre. Maléfices, raison, magie et exotisme entrent donc par cette porte étroite dans la littérature nouvellistique québécoise.

Encore plus spectaculaire: *Les contes pour un homme seul* (1944) d'Yves Thériault. Pourquoi? En raison de l'amalgame dans les mêmes récits, dans le même tissu textuel, du terroir et de l'étrange. Depuis Albert Laberge et Clément Marchand, le terroirisme avait connu de multiples parodies, mais toujours sur le mode strictement réaliste. Avec Thériault, l'étrange, le surnaturel et le magique font leur entrée dans un univers terrien ou maritime, disons un monde de villageois bien ancrés dans le réel, mais dans un réel à la frontière de l'irréel, comme envahi par le magique et le maléfique. Dans un sens, on touche déjà au réalisme magique[10] chez Thériault, par le biais de ce qui peut être perçu comme une résurgence de l'imaginaire celte, de la Nature enchantée. Ainsi, dans «La fleur qui faisait un son», le village se moque du Troublé, acteur au nom évocateur, qui entend le chant d'une fleur, mais Daumier, «qui n'était pas un pauvre déséquilibré» (Thériault, 1944, p. 18) comme le Troublé, finit pas entendre lui ausssi la fleur chanter. Dans «L'arbre et la source», récit écologique avant l'heure, le bûcheron Alcide reçoit le message, «l'image confuse», d'une source, d'un arbre et d'un «druide»: il subit «cette influence héréditaire venant des forêts gauloises» (Thériault, 1944, p. 185).

---

9. Adrienne CHOQUETTE, *Gerbes liées*, Montréal, Guérin, 1990, p. 316-331. Mais on peut s'interroger sur la pertinence d'inclure ces nouvelles dans le champ fantastique.

10. Le réalisme magique, dominé au XXe siècle par les écrivains latino-américains, peut être défini comme une forme de fantastique où la mise en discours de l'étrange s'effectue au sein d'un univers thétique (réel posé) sans qu'il y ait hétérogénéité absolue du réel et de l'irréel. Autrement dit, le réalisme magique obéit aux lois du thétique et du non-thétique. Dans un certain sens, on pourra arguer que la plupart des contes appartiennent avant la lettre au réalisme magique, mais cette question est ici si complexe qu'elle obligerait à revoir à la fois la théorie du discours, des genres et l'histoire littéraire. Ce travail pourra constituer une autre recherche en soi.

Les années 1950 seront étrangement muettes du côté de la nouvelle fantastique — écrasées par le personnage trop réel de Maurice Duplessis et par le choc post *Refus global*? —, mais les années 1960 seront pour ainsi dire le théâtre d'une poussée remarquable du genre. Sur la lancée de la Révolution tranquille, il se publiera d'ailleurs près d'une centaine de recueils de nouvelles fantastiques et de science-fiction de 1960 à 1985.

La coupure est donc radicale vers 1960 et correspond tout à fait aux multiples ruptures politiques, culturelles et sociales que le Québec vit à ce moment-là. L'analyse, quant à elle, devient d'autant plus difficile que les manières et les courants semblent se multiplier presque au même rythme que les œuvres. Il faut garder en mémoire que certains auteurs — parmi les meilleurs — exploitent la diversité des possibles narratifs et fantastiques ou science-fictionnels, et brouillent presque à dessein l'entreprise de classification. La plupart d'entre eux d'ailleurs ne prisent guère qu'on les range dans une catégorie, celle-ci dût-elle être aussi large que le fantastique, car ce qui compte au premier chef pour eux, c'est l'écriture.

Même si cela est tentant, je crois qu'il est préférable de ne pas trop chercher à faire entrer à tout prix les œuvres dans des cases étanches où, par exemple, il y aurait trois embranchements formels principaux servant à structurer les parcours narratifs: *(1)* le fantastique canonique; *(2)* le réalisme magique (ou maléfique); *(3)* l'écriture expérimentale. Ce faisant, l'entreprise prendrait une tournure trop mécanique et restreindrait la portée des œuvres. Cela ne veut pas dire que ces courants formels n'existent pas, mais que, bien souvent, il y a dans les œuvres un mélange de magique, de canonique et d'expérimentation. Rares, en effet, sont les auteurs qui ne sont pas un peu tentés par ce que Guy Scarpetta appelle «l'impureté», un des principes de la postmodernité, ou par la déconstruction scripturaire, par la recherche d'une nouvelle diction narrative.

Est-il possible dans ce contexte d'exclure du corpus de la nouvelle fantastique le grand fantastiqueur qu'est Jacques Ferron? Oui, car il a pratiqué d'abord et avant tout le conte. En ce sens d'ailleurs, son œuvre dans son versant irréaliste a beaucoup plus à voir avec une certaine forme de merveilleux que de fantastique. On pourra arguer que certains de ses contes ou de ses romans relèvent du réalisme magique. Reste que ce ne sont pas des nouvelles, et Jean Marcel a parfaitement raison d'affirmer que «toute l'œuvre de Ferron peut être logée à l'enseigne du conte, en dépit des rubriques "romans" et "théâtre" sous lesquelles les éditeurs ont fait paraître plusieurs de ses écrits[11]». Ferron d'ailleurs se définissait lui-même comme le dernier représentant de la tradition orale et le premier de la transposition écrite. Il y a donc des survivances tenaces dans le discours fantastique québécois, bien que, dans le cas de Ferron, l'on soit de toute évidence résolument dans le

---

11. Jean MARCEL, *Jacques Ferron malgré lui*, Montréal, Parti pris, «Frères chasseurs», 1978, p. 53.

domaine de l'écrit ou, à tout le moins, en présence d'une forte déformation de l'oralité et d'une présence tout aussi forte de l'écrivain Ferron.

Mais si l'on cherche à cerner le phénomène nouvellistique fantastique, c'est du côté des André Carpentier, André Berthiaume, Claudette Charbonneau-Tissot (qui signe sous le pseudonyme d'Aude depuis 1985), Louis-Philippe Hébert, Gilles Pellerin qu'il faut aller. Ils ont tous commencé à publier dans les années 1970 et construisent toujours une œuvre qui ne cesse de se diversifier et de se complexifier.

Il faut dire — pour ne pas passer sous silence ce qui s'est fait dans les années 1960 — que les années de la Révolution tranquille (en gros 1960 à 1966 ou 1968) ont permis la (re)mise en place de l'assiette fantastique: Yves Thériault continue d'en produire, mais avec parcimonie, en saupoudrant dans ses recueils quelques récits à la limite de l'étrange, du fantastique et du merveilleux. Il y a, par ailleurs, des écrivains qui ne font qu'une ou deux percées dans le genre: Andrée Maillet (*Le lendemain n'est pas sans amour*), Jean Hamelin (*Nouvelles singulières*) et Jean Tétreau (*Volupté de l'amour ou de la mort*).

Les exemples les plus probants sont fournis par Claude Mathieu, et aussi par Michel Tremblay dont l'œuvre fantastique est tombée dans l'oubli, éclipsée par le succès de son théâtre et de ses romans. Il faut dire que Tremblay a, en 1966, avec ses *Contes pour buveurs attardés* (qui sont pour la plupart des nouvelles et non des contes) de la difficulté à camoufler ses influences: Lovecraft et la tradition nouvellière fantastique anglo-saxonne affleurent souvent presque à la surface du texte. Cela ne veut pas dire que l'œuvre soit sans valeur, mais qu'elle montre de manière très évidente les rouages d'une écriture en formation. L'entreprise demeure toutefois trop peu novatrice pour faire école.

Claude Mathieu, lui, s'il ne fera pas école[12], marquera le genre de sa griffe par la publication de *La mort exquise* (1965). Dans la préface de la réédition de 1989, Gilles Archambault trouve les mots les plus justes pour décrire l'homme, l'œuvre et son contexte historique: «Claude Mathieu était un écrivain de grande qualité qui avait choisi de se taire. Il y avait du Mandiargues et du Borges dans sa manière. Je serais heureux qu'on le lise pour s'apercevoir une fois de plus que l'histoire littéraire est parfois une comédie des erreurs et des omissions. Un écrivain de haut vol vivait parmi nous[13].» Trois éléments sont à retenir de ces remar-

---

12. Il fera presque école, à rebours, car Gilles Pellerin, lui-même grand défenseur de la nouvelle et du fantastique, rééditera *La mort exquise* à L'Instant même, une maison qui se consacre à la nouvelle et à son renouvellement. Ce recueil est le seul à être réédité par L'Instant même, ce qui lui confère un statut d'autorité (d'auctorité). Il est perçu à la fin des années 1980 comme une œuvre prestigieuse. La publication de deux des nouvelles de Mathieu dans *L'anthologie de la nouvelle et du conte fantastiques québécois au XXᵉ siècle*, de Maurice ÉMOND, a sans doute contribué à la réhabilitation de Mathieu.

13. Gilles ARCHAMBAULT, «Un ami», préface à *La Mort exquise. Nouvelles*, Québec, L'Instant même, 1989, p. 9.

ques: une filiation, une qualité, puis le néant. Archambault voit juste en reliant l'œuvre fantastique de Mathieu au surréalisme français et au réalisme magique latino-américain. Dans ce sens, en s'abreuvant à deux des plus grands courants d'écriture du XXe siècle, Mathieu renouvelle le discours fantastique québécois. Cela ne veut pas dire qu'il imite, comme Tremblay pouvait décalquer d'assez près Lovecraft dans ses *Contes*... Mathieu, qui n'en était pas à ses premières armes, a la trempe de l'écrivain de qualité dans *La mort exquise*. Il n'obéit pas à la dictée d'un autre, mais s'affirme par sa propre écriture, sa diction et son invention propres, même si de toute évidence il participe d'une tradition littéraire bien palpable. Il est difficile dans ce contexte d'expliquer que son œuvre soit passée inaperçue, reléguée dans le néant de l'histoire littéraire pendant un quart de siècle. Peut-être faut-il se rappeler que ces années-là étaient celles, triomphantes, de Parti pris, du joual et des grandes batailles politiques et populaires. *La mort exquise* est quant à lui un recueil écrit dans une langue exquise et qui paraît situé à des lieues des enjeux socio-historiques de l'heure. Les formes et les thèmes qui y sont exploités préfigurent plutôt ce qui sera l'apanage des décennies subséquentes: une écriture de la subjectivité ancrée dans l'irréductible étrangeté du Moi par rapport au réel. Pas étonnant que le double y soit thématisé jusqu'à l'obsession. En ce sens, il y a du Maupassant aussi chez Mathieu, celui du «Horla», mais d'un «hors-là» qu'on serait devenu ou qu'on s'apprêterait à (re)devenir avec joie. La différence, chez Mathieu, c'est que Maupassant rejoint Borges, que l'horreur se fait parfois exquise, paradoxalement sublime comme dans la nouvelle éponyme, où le savant Hermann Klock est avalé par une fleur carnivore, alors qu'il continue à y tenir un discours rationnel, mais de plus en plus dilué, le tout finissant par «ressemble[r] à une masse d'harmonie en route pour le gouffre noir, pour l'entrée de la Terre-Mer où grondent les sèves millénaires» (Mathieu, 1964, p. 18-19). Dans «Le pèlerin de Bithynie», le même principe téléologique prévaut, le professeur de religions anciennes, Mark Cecil Black, découvrant — d'abord avec stupéfaction et horreur puis avec joie — au terme d'un parcours extrêmement rigoureux sa propre stèle funéraire marquée de son nom latin, Marcus Cecilius Niger, plantée en territoire romain quelque deux mille ans plus tôt. La déesse Cybèle, à laquelle il vouait un culte alors, revient d'ailleurs le chercher. Toute raison commune apparemment abandonnée, le professeur Black/Niger entre «dans la mer en chantant».

Ces exemples suffisent à montrer que Mathieu chantait *à côté* de ce qui était la mode dans les années 1960, sans pour autant que l'on puisse taxer son œuvre de *para*littéraire. Bien au contraire. Il y a que le fantastique n'avait pas encore acquis droit de cité au même titre que le réalisme et que l'œuvre a pu dérouter.

Tout cela va changer radicalement dans les années 1970.

L'émergence d'un courant fantastique

Signe des temps, c'est André Berthiaume qui inaugurera ce qui apparaît comme une nouvelle manière fantastique au Québec, avec *Contretemps* (1971) de même que Louis-Philippe Hébert, avec *Récits des temps ordinaires* (1972). Ces deux titres apparaissent comme des révélateurs directs (Contre*temps*) et indirects ou ironiques (... *temps* ordinaires). Ces recueils ne prennent pas, en effet, la mesure du temps ni ne cherchent à cerner l'ordinaire de la chose, du moins dans leur versant fantastique. Tout y est extraordinaire, de l'invention à la diction. Dans «Ludovic» (Berthiaume, 1971), par exemple, un garçon peint des paysages, des objets et des êtres, dont son père, qui éclatent et disparaissent comme des bulles de savon. Sa vie suit un cours accéléré, plein d'intensité, il rencontre son double et est témoin de toutes sortes d'événements tous plus extraordinaires les uns que les autres. Le récit bouscule l'histoire (comme peut-être les Québécois avaient été bousculés par l'Histoire, de la Révolution tranquille à la Crise d'octobre 1970).

Louis-Philippe Hébert va encore plus loin dans la déconstruction narrative dans *Récits des temps ordinaires*. À tel point que même les narrateurs ne s'y retrouvent plus dans ce monde-là, comme dans «L'homme aux deux jambes de bois», qui tenait «des propos si incohérents qu'il était impossible de dire avec justesse si sa confession [...] reprenait à la suite une divagation laissée en plan ailleurs» (L.-P. Hébert, 1972, p. 23). Dans ce contexte discursif, le récit formalise la totale problématisation du monde. Le texte se fait hystérique, qui renvoie à une forme de paranoïa collective. Dans «La paix dans les familles nombreuses», des objets s'animent et dévorent des gens et se mettent à les attaquer:

> Une vie à devenir fou à force de surveiller du coin de l'œil, lors d'une discussion sérieuse, une lampe ou un cendrier, de craindre leurs manifestations imprévisibles, tel semble être le sort de ceux qui s'inquiètent d'une présence dans leur salon, et qui s'interrogent encore, ne pouvant se convaincre que le propre du bois, des métaux, des tissus, quand on les assemble d'une certaine manière, est de se nourrir de chair humaine, ou si tel phénomène est dû aux monstres qui les habitent [...]. L'hystérie collective atteint une vigueur jamais vue avec les premiers meubles carnivores. (L.-P. Hébert, 1972, p. 125-126)

On le voit à ces quelques exemples, le réel existe, mais il fuit de toutes parts, les objets s'animent et dévorent ceux qui les ont conçus. Ce thème, qui rejoint dans un sens celui de Frankenstein, le monstre qui s'attaque à son maître, va plus loin puisque dans cet univers tout est contaminé. On atteint donc, non pas de manière généralisée, mais dans certains textes révélateurs du début des années 1970, à une prolifération des (im)possibles à laquelle tente de correspondre la fragmentation de plus en plus grande du discours chez Hébert et Berthiaume. À la limite, on touche au non-sens, à l'expression de ce qui se donne d'ailleurs comme l'énonciation de l'absence de signification du monde éclaté. Comme on le retrouvera quelques années plus tard dans *Manuscrit trouvé dans une valise* (1979), «les mots n'ont pas de sens» (L.-P. Hébert, 1979, p. 9). C'est que, mis en relation, les mots hébertiens sont saturés de sens contradictoires. Cela place les notions de thétique et de non-thétique à un niveau fort problématique, car sont posés comme à égalité l'irréalité de la réalité et la réalité de l'irréalité. Voilà bien ce qu'on peut difficilement définir comme un fantastique traditionnel, même si les éléments d'étrangeté et de questionnement s'y retrouvent. Il s'agit plutôt de textualisations hétéronomiques proliférantes bien plus que de récits au sens canonique, mais qui rajeunissent et renouvellent en profondeur le genre nouvellistique autant que le fantastique (et la SF d'ailleurs).

L'entreprise de construction/déconstruction se continue pendant cette décennie avec deux écrivains des plus importants dans le genre. La même année, en 1974, Jacques Brossard donne *Le Métamorfaux* et Claudette Charbonneau-Tissot, *Contes pour hydrocéphales adultes*. Ce dernier recueil, malgré son titre, ne contient pas de contes, mais des nouvelles. Des plus étranges — du type psychopathologique —, mais sans rapport aucun avec ce qu'on est convenu d'appeler le conte. Autant que Berthiaume et Hébert, Charbonneau-Tissot et Brossard s'inscrivent dans un courant éminemment scripturaire, au sens où le discours et le récit prennent le devant de la scène, si je puis dire, avant l'histoire ou l'anecdote. Ce qui domine, en effet, chez Brossard et chez Charbonneau-Tissot, c'est l'*écriture* qui s'affirme comme porteuse de la fantasticité. Il y a également du baroque dans les circonvolutions narratives du «Cristal de mer» (Brossard, 1974), où le narrateur écrit et agit sous l'emprise d'une boule de cristal qui contient la perfection de l'onde: miroirs, reflets, rêve, écriture se trouvent irrémédiablement (con)fondus; de même y en a-t-il dans «Les petits trains» (Charbonneau-Tissot, 1974), où la narratrice écrit, transcrit plutôt — d'où le lointain rapport à l'oralité —, sur les murs de sa maison des paroles qui lui sont dictées par une voix qui sourd du fond d'elle-même, autre sujet/objet d'autoréflexion scripturaire, où le discours distille par fragments des moments de la pensée torturée d'une femme aux prises avec la réalité et l'irréalité. Mais ce qu'il y a de remarquable chez Charbonneau-Tissot, c'est que le référent ne sert que de point d'appui à un discours qui ne cherche rien de moins qu'à se déployer dans un univers où l'imaginaire, le fictionnel, l'irréel sont littéralement réifiés par l'écriture. Cela prend forme de manière patente dans la nouvelle éponyme de *La contrainte* (1976), où la narratrice tient tous les rôles thématiques et formels, du scripteur au narrateur en passant par l'acteur. Et c'est dans ce monde, qui ne tient en place que par l'écriture, que se déploient les activités les plus importantes. Dans un sens, se profile ici une Alice «scriptrice» qui franchit les miroirs, mais sur le mode fantastique plutôt que merveilleux. Car il ne s'agit pas chez Charbonneau-Tissot de représentations «mirabilisantes», mais de la problématisation de l'ensemble de l'expérience humaine dans sa relation avec l'être et l'activité créatrice.

Si l'on en juge par l'histoire littéraire que l'on est déjà en mesure de rédiger à un peu moins d'un lustre de la fin de ce siècle, l'on peut dire que les autres écrivains qui dominent le champ fantastique bref de 1978 à 1985 sont André Berthiaume, qui publie *Le mot pour vivre* (1978) et surtout *Incidents de frontière* (Grand Prix de la science-fiction et du fantastique québécois, 1984), André Carpentier, avec *Rue Saint-Denis* (1978) et *Du pain des oiseaux* (1983), et Gilles Pellerin, *Les sporadiques aventures de Guillaume Untel* (1982).

C'est à rebours que l'œuvre de Pellerin prend toute son importance, car il a mérité depuis ce temps le Grand Prix de la science-fiction et du fantastique québécois en 1988 avec *Ni le lieu ni l'heure*, et continué de ne publier que des recueils de nouvelles. Il a même fondé une maison d'édition, L'Instant même, qui, si elle ne se consacre pas exclusivement au fantastique, publie surtout de la nouvelle. Grand défenseur du genre narratif bref, Pellerin pratique dans son premier recueil de nouvelles, *Les sporadiques aventures...*, le genre très bref, marqué par de fulgurantes traversées de signes des plus étranges. Des traversées marquées au coin de la permutation, comme pour cet homme qui, dans «L'embarquement pour Cythère», prend à Beauport un autobus affichant Cythère et conduit par un certain nautonnier Charon qui amorce une descente vers l'Achéron. Il ne s'agit pas ici de trouver les mots justes pour dire la réalité, mais de glisser vers les espaces imaginaires à quoi renvoient les mots qui surgissent dans une «réalité» des plus incertaines. Réalité et vérité entrent dans le même moule ou absence de moule chez Pellerin, et c'est sans doute pour faire sentir cette idée qu'il a inclus au beau milieu de son recueil une nouvelle intitulée «Trop longue histoire de la vérité» qui ne contient pas un mot de plus après ce paratexte. Silence donc. La brièveté dans son essence même, sinon dans sa forme, même invisible. À l'inverse, l'Histoire peut parler à travers le discours nouvellistique et prendre forme fantastique. Ainsi, dans «Ce soir à l'opéra», les personnages bibliques du *Salomé* de Richard Strauss et d'Oscar Wilde semblent s'animer réellement, mais dans la salle, alors que, sur scène, un spectateur moderne se donne bien malgré lui en spectacle. Et Iokanaan de crier en tant que spectateur: «Honte! Barbarie! Décadence!» (Pellerin, 1982, p. 135), sous les mouvements de l'orchestre. Chez Pellerin, le silence des contemporains et le bruit de l'Histoire et de l'Art s'entrechoquent, provoquant de manière originale l'hétérodoxie productrice de l'effet fantastique. Chacune de ses nouvelles prend la forme d'un petit tableau de genre, mais qui transforme l'ancien en moderne et vice versa.

D'une manière radicalement différente, cette tendance se retrouve chez André Carpentier, l'autre grand défenseur de la nouvelle avec Pellerin. Pour mémoire, je rappelle qu'il a codirigé avec Marie José Thériault un numéro spécial sur le fantastique à *La Nouvelle Barre du jour*, en 1980, et plusieurs collectifs aux

Quinze, dont un sur le fantastique (1983) et un autre sur la SF (1985). Premier président du Grand Prix de la science-fiction et du fantastique québécois et membre du collectif d'*XYZ. La revue de la nouvelle*, il est sans aucun doute une des personnalités clés à créer des ponts entre les genres brefs et les champs du fantastique et de la SF.

L'œuvre d'André Carpentier, qui n'est pas que fantastique ni brève (il a publié deux romans), est néanmoins dominée par le fantastique bref. Pendant la période qui nous intéresse, il est un des premiers, avec Daniel Sernine et Michel Bélil, à rassembler dans ses recueils uniquement des nouvelles fantastiques.

Rue Saint-Denis, qui a déjà eu les honneurs d'une réédition, était même marquée du paratexte «*contes* fantastiques» dans la première édition. Pourtant, comme pour les autres cas contemporains dont j'ai parlé, il s'agit bien de *nouvelles* fantastiques. Dans la deuxième édition, toute indication paratextuelle générique disparaît de la page de titre, mais pour être exhibée en page quatre de couverture, où l'on parle de «présence *magique* dans la *réalité*» et de «*nouvelles* [qui] mélangent les voix et les manières de "*fantastiques*" façons[14]». En fait, de Carpentier, on peut dire qu'il est celui qui syncrétise ou, pourrait-on dire, «syncristallise» à merveille un ensemble de phénomènes littéraires liés à la vie du texte fantastique moderne. D'abord, c'est chez lui que le réalisme magique paraît de la manière la plus forte, en ce sens que dans ses nouvelles, la magie s'infiltre de partout. La Surnature s'impose avec une force qui ressemble en tout point à la force de la Nature elle-même: donc, point de démons ou de loups-garous, mais des êtres de ce monde-ci, dotés toutefois de pouvoirs incommensurables. Il y a par ailleurs cette particularité, qui rend la chose encore plus vraisemblable, sinon ironique, que ces êtres-là ne contrôlent pas tout à fait leur pouvoir supérieur qui, de ce fait, se retourne parfois contre eux. Ainsi, dans «Le mage Pichu, maître de magie», Pichu est un bien petit maître en dépit de son formidable pouvoir, car il finit par être victime de sa propre puissance, qui le tue. D'autres personnages parviennent, quant à eux, à détourner la fatalité qu'un sorcier ou un puissant charlatan a fait fondre sur eux. Dans «Les sept rêves et la réalité de Perrine Blanc», c'est bien ce qui se passe: Perrine, plongée dans son passé lointain — quasi intra-utérin — grâce aux pouvoirs onirologiques de son associé, le Prince du Sommeil, paraît renaître dans la mort lorsqu'elle touche magiquement et oniriquement au moment de sa conception.

La magie est plus positive, même si elle est aussi dévastatrice dans le deuxième recueil de Carpentier, *Du pain des oiseaux*, qui contient l'exemple spectaculaire, dans «Le vol de Ti-Oiseau», d'un sorcier amérindien qui parvient à

---

14. C'est moi qui souligne. De toute évidence, l'éditeur s'est inspiré librement des propos que je tiens dans l'introduction de cette deuxième édition de *Rue Saint-Denis*.

venger un crime en se servant d'une fraction de seconde au cours de laquelle l'acteur éponyme, Ti-Oiseau, pense en mal de son agresseur et ami qui l'a trahi.

Cela ne signifie pas que le magique circule librement et sans entraves comme dans les contes et les légendes. Le magique s'infiltre, mais dans la réalité, c'est-à-dire dans ce qui est donné comme représentation de la vie quotidienne et souvent même historiquement datée. Dans cette réalité, les acteurs sont dotés de tous les mécanismes rationnels qui les font réagir d'abord fortement à l'intrusion et à la présence persistante de l'étrange. D'où l'idée que l'on a affaire à des nouvelles fantastiques et non à des contes, même si au terme du parcours, l'impensable, l'improbable ou le magique finissent par s'imposer avec force, comme dans tout récit fantastique. «La Bouquinerie d'Outre-Temps» (*Rue Saint-Denis*) est peut-être la nouvelle la plus forte de l'œuvre de Carpentier dans ce contexte. Luc Guindon, historien du xixe siècle et écrivain vivant dans le Montréal de 1978, s'intéresse à l'œuvre de son grand-père, écrivain d'anticipation, ayant fréquenté la mystérieuse Bouquinerie d'Outre-Temps à la fin du xixe siècle. À la faveur de circonstances extraordinaires, le passé remonte dans le présent ou le présent se fond dans le passé, et Luc Guindon reprend contact avec la matérialité même du Montréal du xixe siècle. Après nombre de questionnements et de résistances rationnelles, bien normaux chez un historien, Luc Guindon se rend compte qu'il est (re)devenu son propre grand-père, et que c'est donc lui qui va écrire des histoires d'anticipation, qui pour lui n'en seront pas puisqu'il les aura vécues au xxe siècle. On le voit, l'écriture ici, comme un ouroboros, se mord la queue. La forme s'apparente légèrement au voyage dans le temps, même s'il ne s'agit pas ici de SF, mais bien de fantastique. Néanmoins, cela montre un peu comment Carpentier aime mélanger les voix de manière fantastique et comment il joue sur les frontières esthétiques.

La nouvelle de science-fiction

La SF est elle-même un genre qui touche à plusieurs frontières, tellement que certains voudraient la (dé)classer hors frontières, sous l'appellation paralittérature. Mais l'on sait aujourd'hui que si la SF contient des œuvres de qualité médiocre, elle est également formée d'un corps de textes de grande qualité, au Québec comme à l'étranger.

Historiquement, le genre commence d'être pratiqué au Québec comme partout ailleurs avant l'invention du mot science-fiction au début du xxe siècle, même si les textes sont encore plus rares que dans le domaine fantastique. En revanche, on en retrouve un exemple extrêmement tôt, avec «Mon voyage à la Lune» de Napoléon Aubin[15], paru dans *Le Fantasque* du 9 juillet au 1er octobre 1839, texte

---

15. Qui se rappelait Savinien de Cyrano de Bergerac et son *Histoire comique des États et Empires de la Lune* (1657).

qui est donc contemporain de «L'étranger» de son ami Philippe Aubert de Gaspé fils. Puis, rien d'autre pendant tout le XIXe siècle, sinon du côté du roman, si l'on veut bien considérer le roman d'anticipation politique *Pour la patrie* (1895) de Jules-Paul Tardivel comme de la SF. Il y aura bien aussi une dizaine de romans apparentés à l'utopie (donc à l'une des formes de la SF) de 1916 à 1946[16], mais une bien maigre moisson de nouvelles de SF. C'est l'équivalent du filet, en plus mince, de textes fantastiques de la période d'avant 1960.

En fait, dans le genre bref de cette période, n'ont été repérées à ce jour que des nouvelles grosso modo classables dans la SF chez Jean-Charles Harvey, dans *L'homme qui va...* (1929), et chez François Hertel, dans *Mondes chimériques* (1940). Les nouvelles les plus exemplaires de Harvey portent d'ailleurs des titres éloquents: «Tu vivras trois cents ans», «Hélène du XXVe siècle» et «La dernière nuit», qui clôt le recueil. Campées dans un futur proche ou lointain, ces nouvelles problématisent les rapports de l'homme à une certaine science, bien dangereuse, qui permet de connaître la jouvence quasi éternelle («Tu vivras...») ou, sur un mode pessimiste, de réactualiser l'histoire ancienne, voire mythique, en une sorte de transposition en condensé de *L'Iliade* au XXVe siècle («Hélène...»). Pire encore, sur le mode cataclysmique, «La dernière nuit» illustre la fin de l'humanité. En une nouvelle de cinq pages, Harvey cristallise dès la première phrase la tragédie humaine: «Cent mille ans après la révolte de Gengli, qui marqua l'établissement définitif de la paix universelle, la race humaine périt comme l'herbe des champs sous les gelées d'automne» («La dernière nuit», p. 155).

Comme par hasard, quelque onze ans plus tard, Hertel problématisera encore la science et l'Histoire dans le recueil *Mondes chimériques* (1940). Dans «L'âme à nu», un savant parvient à faire fonctionner sa machine à lire les pensées, mais il devient fou après avoir constaté qu'«il n'est pas bon de connaître la pensée des hommes» (p. 110). La science peut donc signifier danger si elle se met à vouloir s'immiscer dans la vie du cerveau d'autrui. On imagine les prolongements de la pensée de Hertel, sous-entendue ici: l'Inquisition contemporaine pourrait être dévastatrice si elle se dotait d'armes capables de pénétrer dans la tête des gens. Pour un contestataire comme Hertel, la seule idée de la science mise au service du pouvoir pouvait représenter une menace terrifiante, lui qui s'est exilé pour fuir le conformisme de l'époque. Pourtant, il continue de rêver d'un monde meilleur. Ainsi, dans «Lepic et l'histoire hypothétique», il s'intéresse non pas à l'anticipation, mais à ce qu'on a convenu d'appeler l'uchronie, c'est-à-dire l'Histoire telle qu'elle aurait pu se produire si d'autres circonstances avaient rendu la chose possible. L'exemple le plus connu de ce type de nouvelle dans la SF américaine est *L'homme du Haut-Château* (1962) de Philip K. Dick, qui se déroule dans une

---

16. Voir l'introduction de mon *Anthologie de la science-fiction québécoise contemporaine*, «Une science-fiction en devenir», Montréal, BQ, «Littérature», 1988, p. 7-25.

Californie dominée par les Japonais après la Seconde Guerre mondiale. Chez Hertel, dont l'œuvre (qui n'a à ma connaissance aucun rapport direct avec la SF américaine) vient bien avant celle de Dick, Charles Lepic raconte ce qui aurait pu se passer si Montcalm avait gagné la bataille des plaines d'Abraham. L'Amérique serait française, avec tout ce que cela représente de fascinant pour les francophones. À une époque où le terroirisme est encore vivace et où le psychologisme torturé de *La Relève* se pratique avec force, il est étonnant d'entendre une voix intéressée surtout à ce qui aurait pu être si les événements avaient été différents. C'est que Hertel n'était pas un auteur comme les autres. Dans un sens, son œuvre s'apparente bien plus à celles des philosophes du XVIIIe siècle, des Voltaire et des Diderot, appelés à dialoguer avec le possible et l'impossible, le réel et l'irréel, à contester surtout le réel par de grands détours imaginaires. Sans doute trop en avant de son temps, l'œuvre d'Hertel n'engendre aucun courant.

Lorsque la SF émergera, comme le fantastique, dans les années 1960, mais pour rester cette fois, ce sera sur le mode de la catastrophe. Dès 1962, Yves Thériault, écrivain souvent précurseur de grands mouvements, inaugure la série SF par la publication de *Si la bombe m'était contée*. «Akua Nuten (Le vent du Sud)» donne le ton au recueil, en offrant la double représentation d'univers ou d'idéologies en conflit: d'un côté, les Blancs mettent en marche ce qui semble être la Troisième Guerre mondiale, et de l'autre, un Indien observe ces gens du Sud s'autodétruire et détruire du même coup la Terre. Le reste du recueil est composé de petites histoires, de fragments narratifs qui illustrent les effets dévastateurs de l'atomisation du monde. À Paris, à Moscou, à New York autant qu'à Montréal, «le monde éclate» littéralement (comme, sur le mode réaliste, l'ancien univers de référence québécois éclate pendant la Révolution tranquille).

Les nouvelles de SF demeurent toutefois extrêmement rares dans les années 1960. Dans un certain sens, c'est un peu Jean Simard qui sert de tête de pont entre Thériault et les écrivains de la décennie suivante. En effet, dans *Treize récits*, un recueil composite, on trouve deux nouvelles apparentées à la SF. L'une d'elles, «Un abri», se range dans la catégorie catastrophique et postcatastrophique: un homme construit un abri atomique pour sa famille, mais, après l'explosion, découragé, il tue les siens et se suicide. L'autre, «Un âge d'or», participe de l'anticipation et de l'anti-utopie: le Québec est dirigé par un triumvirat d'extrême-droite, qui impose ordre et discipline, mais qui suspend les libertés individuelles. De facture traditionnelle, ces récits valent pour leur rareté générique et pour ce qu'elles annoncent non pas dans la réalité, mais dans la production fictionnelle.

Il est temps de mentionner ici l'importance d'un phénomène éditorial et social sans lequel la SF n'aurait pu acquérir la visibilité qu'elle a maintenant. Pendant plus d'une décennie, les œuvres paraissent au compte-gouttes, mais, en 1974, la fondation de la revue *Requiem* (qui deviendra *Solaris* en 1979) donne une poussée à la production en permettant modestement à de jeunes écrivains de faire leurs premières armes dans le domaine de la fiction. Il faut dire que cette revue promeut aussi le fantastique, mais que la SF s'y taille la première place. Une des caractéristiques de cette revue est d'ailleurs de se rattacher à la tradition améri-caine du *fanzine* (le maga*zine* des *fan*atiques) de SF. C'est ainsi qu'il se crée effectivement un milieu de SF, d'où sortent presque naturellement écrivains, édi-teurs, critiques, chercheurs, puis professeurs qui se mettent à la production et à l'enseignement de la SF. Bref, un sous-champ spécialisé s'organise peu à peu de manière autonome, avec ses congrès Boréal annuels, son Grand Prix, ses revues, ses collectifs et collections... Tout cela, en grande partie, grâce à Norbert Spehner, fondateur de *Requiem/Solaris*, professeur de SF et créateur de deux collections spécialisées en fantastique et en SF aux Éditions Le Préambule. Dans *Aurores boréales 1*, Spehner collige d'ailleurs dix des meilleures nouvelles parues dans *Solaris*.

Ce dernier phénomène, «l'anthologisation» de la SF, comme du fantastique, de même que la prolifération des recueils collectifs, de plus en plus fréquents à partir de la fin des années 1970, participe évidemment à la structuration non seulement du corpus non réaliste, mais tout autant du corpus narratif bref. Sans compter que c'est souvent justement la production en revue (encouragée davantage encore à partir de 1979 par la fondation de la revue *Imagine...*, consacrée exclu-sivement à la SF) ou la commande textuelle qui obligent de plus en plus les écrivains à produire du texte bref. Plus qu'ailleurs, on sollicite la production, on encourage le faire bref, la «nouvellisation» pour ainsi dire de la littérature.

C'est ainsi que, en ce qui concerne le genre narratif bref de SF, sont nés les Jean-Pierre April, Élisabeth Vonarburg, Daniel Sernine et Esther Rochon, qui sont quatre des figures dominantes du champ SF bref. Certes, il ne faut pas oublier de mentionner Louis-Philippe Hébert[17] et Jacques Brossard[18], qui dans les années 1970, produisent de la nouvelle SF en privilégiant une modernité des plus déca-pantes. Mais c'est chez les premiers que l'on trouve une première génération d'écrivains qui se consacrent principalement et massivement à la production de SF et, pour beaucoup, au genre narratif bref.

Un des écrivains les plus imaginatifs — et des plus méconnus — du Québec, Jean-Pierre April suit un parcours exemplaire: il commence par publier des nou-velles dans *Requiem/Solaris*, puis dans *Imagine...*, dont il devient membre du collectif avant de faire paraître son premier recueil de nouvelles, *La machine à explorer la fiction*, dans la toute nouvelle collection du Préambule, «Chroniques du futur». Dans ce recueil, comme dans l'ensemble de son œuvre, April exploite le champ des possibles science-fictionnels sans se cantonner dans une seule thé-

---

17. Louis-Philippe Hébert, *La manufacture de machines*, Montréal, Quinze, 1976, 143 p.
18. Jacques Brossard donne quelques nouvelles de SF dans *Le Métamorfaux* (1974). Depuis, il publie une immense fresque romanesque science-fictionnelle, intitulée *L'oiseau de feu*, qui comportera cinq tomes, dont quatre sont déjà parus.

matique ni une seule manière. Son œuvre est protéiforme, et je l'ai moi-même qualifiée de «chocs baroques[19]», car s'y rencontrent de manière éminemment conflictuelle toutes sortes de composantes individuelles et sociales. Tout cela s'entrechoque en des formes très baroques fondées sur l'excès et le choc des contraires.

Sa production a justement pu prendre des formes aussi diverses grâce à la pratique du genre bref, qui permet le jeu esthétique et formel varié. Il demeure qu'une problématique se dégage de la trentaine de nouvelles de SF qu'il a publiées entre 1976 et 1985. Dans l'esprit (et non selon la lettre) d'un des grands de la SF, Philip K. Dick — autant que du courant postmoderne —, April cherche à montrer que le réel n'est souvent qu'un simulacre, mais aussi que certaines instances du pouvoir institutionnel cherchent à imposer ce simulacre comme si c'était la réalité. Le monde des apparences domine, cache le monde des réalités. Par là, April se fait critique de son temps par le détour de représentations du futur qui, souvent, ne sont autres que des extrapolations d'aspects du monde actuel. C'est pour cela que ses textes parlent souvent d'écrans, de machines à explorer la réalité ou la fiction, machines qui camouflent le jeu de l'exploitation de l'homme par l'homme. Sa vision du monde est forcément pessimiste, mais aussi très critique et satirique.

Ce que montrent presque toutes ses nouvelles, c'est l'écart qui existe entre la totalité du monde et la perception que l'individu a de ce monde. Dans un sens, la diction narrative cherche à rendre compte de la fragmentation de l'univers perceptuel, mais aussi de la mainmise non pas uniquement d'êtres, mais d'instruments de pouvoir, de machines (matérielles ou idéologiques) qui sont devenues des facteurs de machinations universelles servant à assujettir l'humain.

Dans «L'éternel président» d'April (*TéléToTaliTé*, 1984), le pouvoir est bel et bien incarné, mais il n'est représenté que par une image de président, un simulacre, une façade éternellement renouvelée et qui sert à faire perdurer un ordre honni qui suscite des révoltes vite réprimées par l'ordre policier.

La nouvelle éponyme du recueil *TéléToTaliTé* exploite un peu la même problématique, mais dans un cadre différent. À l'ère de la télévision tridimensionnelle et de la télé-directe, les dirigeants du réseau *Neworld* mettent en place un «programme» qui simule un mélange de révolte, de mysticisme et de nouveauté, qui paraît l'œuvre de pirates, mais qui n'est qu'un stratagème visant à mieux contrôler le public captif. «TéléToTaliTé» critique donc l'empire des médias, comme «L'éternel président» critique le pouvoir dictatorial. C'est toujours contre l'horizon du totalitarisme que le discours aprilien prend forme.

April va encore plus loin dans une série de textes où les ordinateurs tiennent pour ainsi dire la fonction de chronotope, d'*ancrage* spatio-temporel *à la dérive*. La figure oxymoronique d'ancrage/dérive n'est pas gratuite ici: elle sert à montrer

---

19. Appelé à rédiger une préface à une anthologie de nouvelles d'April dans BQ (1991), j'ai suggéré le titre de *Chocs baroques*, qui a été accepté d'emblée.

le choc des contraires chez April ou l'inversion des valeurs. «Coma 123, automatexte» en est un bel exemple. S'y déploient une certaine vie (ça bouge, ça pense, ça conteste) dans une certaine mort (le «coma» de l'acteur), une forme de réalité dans une forme d'irréalité (de réalité numérique informatisée) ou vice versa. Par fragments, l'acteur principal appréhende graduellement la «vérité», si tant est qu'il est possible de parler d'une telle chose chez April. Dans ce monde, tout est double, y compris la projection numérisée de l'auteur, Yan Malter (Moi l'*alter ego* de Jean), une figure de Jean-Pierre April, simulacre de lui-même, apparaissant même dans la finale de la nouvelle, mais toujours dans la mémoire de l'ordinateur, du texte automatisé ou autogénéré. Il se tient dans cette nouvelle des discours d'une extrême richesse sur la littérature, son enseignement et sa production, sur l'identité humaine et l'identité québécoise, sur la création, sur le monde tel qu'il erre dans un futur proche, dramatiquement semblable au nôtre. Ça dit ultimement la fin de la Terre, la fin de la littérature, mais aussi l'espoir. Espoir qui gît dans le défaut de la machine. Car c'est là que se trouve le salut chez April: dans une entreprise de scepticisme intégral à l'égard de tout, de la TéléToTaliTé que les pouvoirs cherchent à imposer à l'homme. Le «message» contenu dans le discours bref et fulgurant des nouvelles d'April apparaît ainsi autant ou plus dans la forme que dans le fond: la réalité est devenue kaléidoscopique, incertaine tant elle est multiple, éclatée par mille écrans (régis toutefois par quelques réseaux, totalitaires autant que vides, comme les écrans télévisuels, les simulacres de cet univers), et dire cette «réalité» consiste à faire éclater en morceaux le discours narratif ou la perception par le truchement de laquelle passe le récit.

Suivant un parcours sensiblement différent de celui de Jean-Pierre April, Élisabeth Vonarburg a commencé à écrire, par un curieux hasard, comme lui, en décembre 1976, dans le même numéro (13) de *Requiem/Solaris*, revue à laquelle elle est restée attachée et dont elle est devenue directrice pendant des années. Auteure d'une vingtaine de nouvelles de bonne longueur, dont plus de la moitié ont été réunies dans ses deux recueils, *L'œil de la nuit* (1980), premier titre de la collection «Chroniques du futur» du Préambule, et *Janus* (1984), paru dans la prestigieuse collection «Présence du futur» de chez Denoël (Paris), Vonarburg pratique une écriture de la subjectivité ou une forme qui colle à la perspective d'un personnage. Les nouvelles de Vonarburg ont donc toujours un peu cette allure du récit psychologique ou subjectif, qui en fait paraître le discours très «réaliste», alors que l'univers qui y est représenté est situé dans un futur éloigné et que les acteurs y voyagent sur de grandes distances à travers l'Espace intersidéral ou parallèle et le Temps. C'est sans doute ce qui explique que des critiques comme Gilles Marcotte aient succombé aux charmes de son écriture. À propos de *Janus*, ce dernier y allait d'un dithyrambe enthousiaste: «Elle [Vonarburg] est un vérita-ble écrivain, douée d'un sens poétique certain. Et elle ne s'intéresse pas d'abord aux prouesses que permettront à l'homme les techniques de demain, mais à ce qui lui arrive à lui-même, aux problèmes proprement humains qui le suivent dans cet univers (pour nous) fantastique[20].»

Cela n'empêche pas l'œuvre de Vonarburg d'être éminemment science-fictionnelle, en ce sens que «l'humanisme» opère à même ce que Darko Suvin appelle le *novum*[21], la création d'un univers radicalement différent de celui propre à l'environnement de l'auteur. Mais ce qui provoque un effet de réel couplé à l'effet *novum* chez Vonarburg, c'est — en plus de l'écriture presque charnelle, sensuelle du discours qui est le plus souvent un discours de pensée — un certain nombre de procédés ou d'inventions tout à fait science-fictionnels. Les personnages, par exemple, s'interrogent et partent à la recherche de mondes nouveaux, mais en se servant d'une technologie de pointe, dans «Le pont du froid» (*L'œil de la nuit*) et «Le nœud» (*L'œil de la nuit* et *Janus*). L'aventure provoque d'ailleurs des phénomènes connexes très étranges puisque la Voyageuse, dans ces nouvelles, rencontre son double. À la suite de la résurgence de cette variation sur le mythe de Narcisse, on voit naître dans l'œuvre de Vonarburg une constellation de textes qui problématisent le rapport à soi et, bien évidemment, à autrui (l'Autre qui est *en soi* ou qui est véritablement *différent* de soi, dans l'Ailleurs), l'altérité, la rencontre conflictuelle ou harmonieuse avec l'Autre étant un des supports majeurs de toute la SF. Ainsi, dans «L'oiseau de cendres», un poète, fasciné, rencontre sur la planète Pyréïa des gens qui peuvent créer par la seule force de leur pensée des formes qui représentent leurs mythes. Dans «L'œil de la nuit», un «Rêveur» voit des univers parallèles et ressent télépathiquement les émotions des gens qui y vivent. Un jour, cet ailleurs perçu en rêve rejoint sa réalité. Le voyage ou la quête peut donc être à double sens chez Vonarburg, l'un allant vers autrui ou l'ailleurs venant à soi, parfois par le truchement des rêves. Janus, figure du double par excellence, et le Rêve règnent en maître dans son œuvre.

Bien qu'elle ait commencé à publier en 1964[22], Esther Rochon n'avait fait paraître qu'une douzaine de nouvelles éparses en 1985[23]. Elle a tout de même participé à la fondation de la revue *Imagine...* en 1979, mérité deux fois le Grand Prix de la science-fiction et du fantastique québécois et collaboré à des périodiques aussi divers que *La Nouvelle Barre du jour*, *Solaris*, *Pour ta belle gueule d'ahuri*, *Le Devoir* ainsi qu'aux principaux collectifs[24] de SF parus dans la période qui nous

---

20. Gilles MARCOTTE, «La science-fiction venue de Chicoutimi», *L'Actualité*, avril 1985, p. 140.

21. Darko SUVIN, *Pour une poétique de la science-fiction*, Montréal, Les Presses de l'Université du Québec, 1977.

22. Esther ROCHON, «L'initiateur et les étrangers», qui parut d'abord dans un journal de collège, *Marie-Françoise*, décembre 1964, sous le nom d'Esther BLACKBURN, puis dans *Imagine...*, n° 38, février 1987, p. 102-109.

23. Elle est aussi connue comme romancière.

24. *Les années-lumière* (VLB, 1983); *Espaces imaginaires I* (Les Imaginoïdes, 1983); *Espaces imaginaires III* (Les Imaginoïdes, 1985); *Aurores boréales 2* (Le Préambule, 1985); et *Dix nouvelles de science-fiction* (Les Quinze, 1985).

intéresse. Son activité n'a donc été mince qu'en apparence, l'écrivaine étant sollicitée de toutes parts et son œuvre s'affirmant comme absolument centrale dans la production québécoise, même avant 1985, bien que ce soit après cette période qu'elle soit apparue comme une des figures dominantes de la SF québécoise.

Les titres eux-mêmes des nouvelles de Rochon sont éloquents: «L'escalier», «Le traversier», «Le labyrinthe», «L'enclave», «Au fond des yeux», «Le piège à souvenirs» traduisent bien cette idée de la quête incessante dont sont animés ses personnages. En un sens moins baroque qu'April, aussi limpide que Vonarburg, mais différemment, son écriture paraît d'une grande simplicité. Mais cette apparente simplicité sert à mieux mettre en valeur les complexités d'un discours qui finit par prendre non seulement la thématique, mais la forme, d'un labyrinthe, d'une traversée des signes multiples qui forment la trame du «réel», des réels plutôt, qui sont multiples et qui ont tous droit de cité dans le discours d'Esther Rochon. Car ce qui frappe, en effet, quand on aborde ses nouvelles, c'est la cohabitation relativement harmonieuse des discours, l'absence de monologisme, même si la forme du discours intérieur y règne en maître. Les personnages paraissent souvent seuls, isolés, mais ils sont toujours en quête de communication, en quête du «centre», à la recherche du sens ou des sens possibles à donner au monde. «Le labyrinthe» (*Les années-lumière*) est ainsi constitué de trois «parcours», qui sont autant des parcours spatiaux, intérieurs et extérieurs, que des discours de parcours dans lesquels trois narratrices racontent à tour de rôle les méandres de leur pensée en quête du centre.

Plus que chez d'autres nouvellistes québécois, il y a chez Rochon une pratique de la fragmentation du discours de soi et du discours «social», et ce qu'il y a de particulier, c'est qu'aucun fragment ne domine l'autre, chaque parcelle discursive étant aussi importante que les autres et aucune n'écrasant l'autre, au contraire de ce qui semble se passer chez April, par exemple. C'est dire que l'anecdote importe moins que la parole elle-même, car ce qui se donne en représentation, c'est moins un enchaînement d'actions, comme dans le récit de SF traditionnel, qu'une série constituée de pensée(s) en acte, l'action étant bien plus un acte de langage qu'autre chose. Ce qui ne veut pas dire qu'il n'y a pas d'histoire, mais qu'elle doit être reconstituée à coup de reconstruction des fragments par le travail de lecture. L'œuvre de Rochon exige du lecteur une qualité d'attention exceptionnelle, et elle est un bon exemple de la difficulté qu'il y a à reconstituer ce que Marc Angenot appelle le «paradigme absent». C'est que la narration s'enracine le plus souvent d'entrée de jeu dans la tête d'un acteur qui ne livre que par bribes les indices de l'univers (science-fictionnel pour le lecteur, mais naturel pour l'acteur) dans lequel il existe. «Le piège à souvenirs» (*Dix nouvelles de science-fiction*) est un bon exemple de ce type d'errance des voix, qui prennent tour à tour la parole en donnant par fragments quelques éléments du paradigme socio-historique dans lequel baigne cette histoire de déportation de tout un peuple vers le Sud.

Tout se passe comme si la migration des êtres, leur longue quête de vérité, devait se refléter dans la forme de la nouvelle qui épouse de près chez Rochon un contenu des plus incertains, aléatoire, et dont les acteurs ont de la difficulté à refaire la trame même de l'intérieur. Serait-ce là un cas de figure qui illustre en grande partie la problématique de l'être contemporain foncièrement décentré, fragmenté, défait, mais en quête d'équilibre en cette fin de XXe siècle?

La fragmentation infinie

De manières diverses et autant que les réalistes, les nouvellistes non réalistes trouvent ainsi à dire leur époque, à travers les (in)certitudes et les tâtonnements des multiples discours qui s'y entrelacent. Déjà au XIXe siècle, le discours commence à montrer des écarts entre les croyances ou les positions discursives, ce qui inquiétera les tenants d'une idéologie unitaire. Est-ce la mainmise d'une critique dominée par un clergé qui voyait à sauvegarder l'unité du discours totalitaire qui a provoqué l'éclipse momentanée du fantastique bref? On peut le croire ou le supposer, d'autant plus qu'il aurait pu proliférer dans les périodiques. Toujours est-il qu'il a pratiquement disparu de 1900 à 1960 et que c'est à la faveur de la chute du régime traditionnel, de l'ouverture des Québécois au monde et de la multiplication des lieux de publication qu'il est réapparu. En raison de ce foisonnement, les variétés thématiques et formelles tant du fantastique que de la SF sont étonnantes. Il ressort de tous ces textes une forte tendance toutefois: l'aspect critique et problématique du discours nouvellistique fantastique et de SF. De par sa fulgurance, effet de sa brièveté, la nouvelle non réaliste fait paraître le réel double, instable et contestable, tiré tantôt vers des lieux horribles, étranges ou parfois même admirables, tantôt vers des univers hautement improbables (le fantastique) ou éventuellement probables (la SF).

Il ne faut donc pas croire que la nouvelle non réaliste sert de refuge, d'échappatoire, qu'elle éloigne du monde. Elle en prend plutôt la mesure en s'en distanciant et en proposant d'autres modèles possibles de rapport à la réalité. Car c'est bien toujours de réalité qu'il s'agit, mais également d'invention, de dérives et d'atomisation de l'univers. Avec les mêmes ressources que celles que l'on trouve dans le roman et dans l'esthétique réaliste, la nouvelle fantastique et de SF pervertit toutes les catégories, mine les assurances que produit l'effet romanesque d'étalement dans la durée, court-circuite les procédés de narration en produisant avec intensité des effets dérangeants de friction du réel et de l'irréel ou de projection dans des Espaces et des Temps hypothétiques, purement potentiels. Mais que fait la nouvelle réaliste sinon chercher à produire autant d'effet avec les seules ressources du réalisme?

Il ne s'agit pas de réduire la portée du réalisme ou d'exagérer celle du non-réalisme: ce qui se dégage de l'étude de la nouvelle, toutes esthétiques confondues, depuis d'ailleurs les origines du genre au XVIe siècle, à l'époque de la Renaissance c'est son besoin d'extraordinaire et de nouveauté. Exactement comme pour le fantastique et la science-fiction. Il y a là convergence inespérée pour les créateurs autant que pour le public lecteur, et c'est peut-être ce qui explique son essor au Québec depuis les débuts de la Révolution tranquille, à une époque où on a justement un appétit forcené pour la nouveauté, l'étrange, le magique, le surnaturel, l'ange du bizarre. Et c'est dans cet esprit qu'il faudrait relire certains recueils dont je n'ai pu parler: *L'étranger au ballon rouge* (1981) de Jean-Yves Soucy, *La louve-garou* (1982) de Claire Dé et Anne Dandurand, *Nuits blanches* (1981) de Pierre Karch, *Quand vient la nuit* (1983) et *Le vieil homme et l'espace* (1981) de Daniel Sernine, *Propos d'un vieux radoteur* (1982) de Négovan Rajik, *Dans la démesure du possible* (1983) de Normand Rousseau, *Le mangeur de livres* (1978) de Michel Bélil ou *La cérémonie* (1978) de Marie José Thériault.

À ceux-là et aux autres recueils qui forment comme un cortège de signes renvoyant aux fantasmes les plus exacerbés de notre temps, il faut ajouter les œuvres dont j'ai parlé et qui représentent une sorte de kaléidoscope de mondes imaginaires.

ALBERT LABERGE.
UNE ESTHÉTIQUE DU GROTESQUE

François Gallays
UNIVERSITÉ D'OTTAWA

En 1955, Albert Laberge, dans un texte d'importance majeure, formule son mode de création ou ce qu'on pourrait aussi nommer son esthétique:

> Écrire des contes, c'est entrer de plain-pied dans la vie. Le récit doit être l'image des événements ou de l'existence des gens. Il y a un drame dans chaque maison, une tragédie derrière chaque porte. C'est à l'écrivain de deviner ou d'imaginer ce qu'ils peuvent être, une silhouette d'homme ou de femme dans la rue, la physionomie d'une demeure, une remarque entendue dans le tramway peuvent être le point de départ d'une histoire qui sera le reflet de la vie[1].

Pour Laberge, écrire un conte constitue donc aussi un moyen d'accéder à la vie, au réel. Loin d'être un moyen d'évasion, ou une manière de substitution ou de négation, comme il a pu l'être pour les tenants d'un certain romantisme, le récit constitue plutôt un moyen de connaissance ou, mieux, d'appréhension de la vie. Toutefois, cette saisie repose moins sur la stylisation du réel que, dans un premier temps du moins, sur sa reproduction fidèle, son image, son reflet. L'auteur reprend ici une des lois canoniques fondamentales du réalisme: l'art doit mimer la vie.

Les modalités de la mimesis proposées par Laberge s'écartent néanmoins de ces mêmes lois, dans la mesure où elles sont présentées comme une émanation de l'imagination de l'auteur: «Il y a un drame dans chaque maison, une tragédie derrière chaque porte. C'est à l'écrivain de deviner ou d'imaginer ce qu'ils peuvent être [...]» Il y a loin entre cette démarche, qui fait la part belle à la subjectivité de l'auteur, à ses dons de créativité, et celle qui se fonde sur les dons d'observation, essentiels pour les théoriciens du réalisme et du naturalisme, qui voient dans le réel plus que le point de départ de la création artistique: selon eux, il en est le déjà-là qu'elle doit imiter, reproduire fidèlement.

Ainsi, dans ce texte, Laberge concilie ce qui, théoriquement du moins, semble difficilement conciliable. Au regard objectif du réalisme canonique, grâce

---

1. Albert LABERGE, «Réflexions», dans *Hymnes à la terre*, Montréal, Édition privée, 1955, p. 74. Ce texte a été abondamment cité.

auquel les frontières entre l'objet et le sujet sont rigoureusement tracées, sinon toujours respectées, Laberge substitue le regard intérieur, nourri par l'imagination, donc forcément empreint de subjectivité et de partialité. Mais, en même temps, il soutient que le regard intérieur doit fonctionner comme un miroir dressé devant le réel. On le voit, l'esthétique de Laberge revêt ici l'apparence d'un paradoxe. Cependant, une incohérence d'ordre théorique ne saurait de nécessité en entraîner une dans l'œuvre constituée. Le monde qu'érige Laberge, celui qu'il imagine, s'ancre tout de même dans des univers qui lui sont familiers: l'ignorance et la misère ne sont pas rares chez les paysans de son époque, tout comme les conditions sordides de vie et la dégradation morale sont des afflictions dont souffre une part du sous-prolétariat des villes.

Lorsque Gérard Tougas déplore, dans son *Histoire de la littérature canadienne-française*[2], le noircissement excessif de la réalité dans l'œuvre de Laberge, il se place, lui aussi, dans la perspective de l'esthétique réaliste, car la réserve qu'il formule implique que la valeur d'une œuvre se juge en fonction de la justesse de sa représentation du réel. Ainsi, Tougas accorde une valeur universelle à un principe esthétique dont la portée est toutefois limitée. Dans la «Préface» à son *Anthologie d'Albert Laberge*, Gérard Bessette tente, en empruntant des voies parfois assez tortueuses, d'exonérer l'auteur de *La Scouine* du blâme que lui adresse Tougas. Ce faisant, Bessette donne à la fois raison et tort à ce dernier: «[...] le noircissement ou l'avilissement de la réalité, qui constitue sans doute un défaut dans *La Scouine*, peut devenir au contraire une qualité dans les nouvelles de Laberge[3]».

Ce partage, au demeurant assez étonnant, prend appui sur une distinction que propose Albert Thibaudet[4] entre le roman et la nouvelle, selon laquelle le premier dispose d'une plus grande liberté par rapport au temps, tandis que la seconde, au contraire, est soumise à des contraintes temporelles. Et Bessette de conclure: «Entre la nouvelle et le roman il existe une différence de longueur qui équivaut à une différence de nature[5].» Cette «différence de nature» est au centre de son argumentation qui — bien qu'à regret — donne raison à Tougas à propos de *La Scouine*. Le «noircissement» y crée, selon lui, un problème de vraisemblance qui

---

2. «L'œuvre entière de Laberge, qui se prolonge, toujours semblable à son point de départ, jusqu'à nous, a malheureusement le même défaut que le roman canadien au XIXᵉ siècle: elle obéit à une mécanique. Le roman en noir et le roman en rose peuvent être également gratuits.» (Gérard Tougas, *Histoire de la littérature canadienne-française*, Paris, PUF, 1960, p. 156-157) Ce texte constitue le point de départ d'une réflexion sur la création romanesque et nouvellistique chez Laberge par Gérard Bessette dans ses préfaces aux deux éditions de son *Anthologie d'Albert Laberge*, Montréal, Cercle du livre de France, 1962 et 1972.

3. Gérard Bessette, «Préface», dans *Anthologie d'Albert Laberge*, 2ᵉ édition, Montréal, CLF, 1972, p. XVIII.

4. Albert Thibaudet, *Réflexions sur le roman*, Paris, Gallimard, 1938, p. 186. Cité par Bessette dans sa «Préface», p. XVII-XVIII.

5. Gérard Bessette, *loc. cit.*

entrave l'empathie du lecteur envers les personnages mis en scène. Car, pour être vraisemblable, ajoute Bessette, il faut que le roman se situe non loin du juste milieu, respecte les normes de la société:

> [...] il m'a toujours semblé qu'un des grands critères de la valeur d'un roman, c'est la charge d'humanité qu'il contient: c'est la vie de ses personnages. Et si les personnages s'éloignent très sensiblement de la commune humanité [...] il devient difficile [...] pour le lecteur d'empathiser [*sic*] avec eux, d'entrer dans leur monde ou même de s'y intéresser passionnément[6].

Par contre, concernant la nouvelle, Bessette abandonne l'argument de l'empathie, sacrifie la «charge d'humanité» et préconise une voie inspirée par la forme même du genre. Brève, la nouvelle doit, pour capter son lecteur, frapper vite et fort: ainsi, dit-il, «[...] le noircissement ou l'avilissement de la réalité [...] peut devenir [...] une qualité dans les nouvelles de Laberge[7]». En outre, parce qu'elle ne présente que des cas particuliers, la nouvelle n'a pas à «doser savamment les incidents tristes et joyeux de sa trame[8]». Du coup, la vraisemblance, première caractéristique du roman, devient bien secondaire dans la nouvelle. Selon la remarque qu'il fait à propos du contenu de certaines nouvelles, il s'en faudrait de peu que la vraisemblance n'en grève la valeur:

> [...] les malheurs successifs [...], la multiplication des calamités [...] peuvent indisposer le lecteur uniquement préoccupé de vraisemblance, de plausibilité[9].

Si nous avons bien suivi le raisonnement de Bessette, le lecteur de roman qui chercherait vraisemblance et plausibilité dans le roman serait un bon lecteur de roman, puisque c'est ce lecteur que le roman doit chercher à satisfaire, tandis que le lecteur de nouvelles ayant les mêmes exigences serait un mauvais lecteur de nouvelles...

Quelle que soit la cohérence de l'argumentation de Bessette, elle représente l'immense avantage de libérer à tout le moins les nouvelles, sinon toute l'œuvre de Laberge, du carcan du mimétisme, en les situant dans un au-delà du vraisemblable et du plausible. Du même coup, par implication, son texte laisse entendre qu'en dépit de ses affirmations, Laberge obéit, de fait, à une esthétique qui n'est pas de nature réaliste ou naturaliste. Non seulement ses nouvelles ne se conforment-elles pas au réel, mais leur véritable valeur réside justement dans le fait qu'elles proposent un «hyperréel» subjectif, largement tributaire de son imaginaire.

---

6. *Loc. cit.*
7. *Loc. cit.*
8. *Loc. cit.*
9. Gérard BESSETTE, «Préface», *loc. cit.*, p. XIX.

Sans vouloir abandonner totalement les étiquettes du réalisme et du naturalisme — car il est évident que l'auteur participe à ces esthétiques par certains
aspects de son œuvre —, nous pensons qu'il est non moins évident qu'elles ne
suffisent pas à rendre compte d'une bonne part de sa production nouvellistique.
Une scène comme celle qui suit, par exemple, extraite de la nouvelle *Sur le gibet*,
dépasse les esthétiques classiques du xixᵉ siècle, pour rejoindre d'autres formes
plus anciennes:

> Ah! elle est rancunière en diable la Société. Elle ne pardonne pas. Vous
> pensez qu'après avoir été pendu devant plus de cent témoins que c'était fini.
> La Justice, elle, ne s'arrête pas là. Il fallait établir la cause de la mort. Alors,
> l'on a transporté le cadavre dans une petite chambre où le médecin devait
> pratiquer l'autopsie. À ce moment, l'un des membres du jury spécial, un
> sadique, s'est jeté sur le corps encore chaud et il a ouvert le pantalon pour
> voir si c'était bien vrai, comme on le dit, que les pendus éjaculent, lorsque
> l'épine dorsale se brise. C'était vrai. Les yeux luisants, le sadique s'en frottait
> les mains avec ce jus et il pelotait comme avec amour, avec frénésie, l'organe
> du mort pour s'assurer s'il ne restait pas une goutte de sperme. Alors, le
> médecin et le shérif, indignés, révoltés, sont intervenus. L'ignoble sadique
> bien malheureux alors, a dû cesser son manège[10].

La scène conjugue une action hautement dramatique — la pendaison —, dont la
gravité et la solennité inspirent angoisse et fascination, et un geste des plus cho-
quants et scandaleux. Si repoussant soit-il, ce geste s'inscrit néanmoins dans le
grand mythe fondamental, très vivant chez les primitifs, selon lequel la mort donne
la vie. Plus encore, le rapport étroit établi par le texte entre la pendaison et
l'onction des mains rejoint l'ancienne croyance selon laquelle l'ingestion des or-
ganes vitaux d'un ennemi courageux assurait la transmission de ses vertus guerrières. Par ailleurs, pour le lecteur, ce geste n'est peut-être pas dépourvu d'un
certain comique, tant la distance est grande entre la gravité de la scène et l'apparente frivolité de la question à laquelle le personnage cherche une réponse: la
strangulation provoque-t-elle, oui ou non, l'éjaculation? C'est cette conjugaison de
l'horreur et du comique, considérée comme une des caractéristiques fondamentales
du grotesque, qui autorise une relecture de l'œuvre, libérée du modèle réaliste ou
naturaliste.

Diversement défini par la critique, le grotesque se laisse décrire comme le
produit d'une tension maintenue entre des forces ou des instances contraires: d'une
part le sérieux, le sublime, le sacré et, d'autre part, l'obscène, le trivial, le morbide,
le sordide, l'excrémentiel, dont la mise en rapport est simultanément génératrice
de comique, de répulsion, d'horreur. Cette définition/description rejoint celle

---

10. «Sur le gibet», *Scènes de chaque jour*, Montréal, Édition privée, 1942, p. 218.

qu'offre Geoffrey Galt Harpham dans son ouvrage *On the Grotesque*: «*Grotesque is always a civil war of attraction/repulsion*[11].» Le texte que Laberge a mis en exergue de la nouvelle éponyme du recueil *Le destin des hommes* illustre, dans son ironique définition du bonheur, le type de tension des contraires qui est au principe de l'esthétique de l'auteur:

> Le bonheur, c'est lorsqu'on est fatigué, une brève halte sous de grands ormes ombreux, mais le sol est couvert de larges bouses de vaches; c'est lorsqu'on a soif, un gobelet d'eau fraîche et limpide, mais à la surface du puits, flotte le corps gonflé d'un chien noyé[12].

La mise en scène simultanée de la félicité entrevue et sa brutale négation, exemplifie le principe antinomique qui est à la base du grotesque. En outre, cette même construction aux propositions rigoureusement parallèles, qui établit un étroit rapport d'identité entre le stercoraire et le cadavérique, met en relief une des grandes constantes du grotesque labergien: le jumelage de la merde et de la mort.

Selon Mikhaïl Bakhtine, le grotesque est au fondement même du carnavalesque. Toutefois, s'il est vrai que le carnavalesque se base effectivement sur le grotesque, il est non moins évident que toutes les formes du grotesque n'aboutissent pas nécessairement au carnavalesque, et Bakhtine le souligne amplement dans son texte en distinguant le réalisme grotesque – qui est source du carnavalesque — du grotesque romantique:

> Le grotesque, rattaché à la culture populaire, rapproche le monde de l'homme, lui fait prendre corps, l'apparente par l'intermédiaire du corps à la vie corporelle (à la différence de l'appropriation romantique, abstraite et spirituelle). Dans le grotesque romantique les images de la vie matérielle et corporelle [...] perdent presque entièrement leur signification régénératrice et se transforment en «vie inférieure[13]».

Toujours selon Bakhtine, depuis le Moyen Âge et la Renaissance, le grotesque se définit moins en fonction d'une vision collective du monde que selon les caractéristiques d'une esthétique personnelle: «Le grotesque sert à présent à exprimer une vision du monde subjective et individuelle, très éloignée de la vision populaire et carnavalesque des siècles précédents[14] [...].»

Toutefois, quelques pages plus loin, en soulignant un regain du grotesque au XXe siècle, il reconnaît que certains auteurs contemporains ont renoué avec le réalisme grotesque du Moyen Âge et de la Renaissance:

---

11. Geoffrey Galt HARPHAM, *On the Grotesque*, Princeton, Princeton University Press, 1982, p. 9.
12. «Le destin des hommes», *Le destin des hommes*, Montréal, Édition privée, 1950, p. 52.
13. Mikhaïl BAKHTINE, *L'œuvre de François Rabelais*, Paris, Gallimard, «Tel», p. 48.
14. *Ibid.*, p. 46.

[...] en gros, on peut en dégager deux lignes principales. La première, c'est le grotesque *moderniste* [...]. Ce grotesque reprend [...] les traditions du grotesque romantique [...] La seconde ligne est le grotesque *réaliste* (Thomas Mann, Bertolt Brecht, Pablo Neruda, etc.) qui reprend les traditions du réalisme grotesque et de la culture populaire, et parfois reflète aussi l'influence directe des formes carnavelesques (Pablo Neruda)[15].

S'il s'avère que le grotesque de Laberge est effectivement l'expression d'une esthétique personnelle, il n'empêche que dans une nouvelle au moins, «La veillée au mort[16]», il emprunte plusieurs traits au grotesque carnavalesque de Rabelais: la présence simultanée de la mort et du débordement vital, la fête, des excès de tous ordres, une bataille, des grossièretés et des injures. Et dans une brève scène, la présence conjointe d'un nouveau-né, de l'excrémentiel, de la mort et de la trivialité réunit les deux forces majeures du carnavalesque: la force libératrice et la force génératrice. Apercevant Valentine Houle, une «grosse blonde ragoûtante», donnant le sein à son dernier-né, Claude Barsolais, «vieux garçon de quarante ans qui courait après tous les jupons», s'approche d'elle, lui déclare tout de go qu'il aimerait bien changer de place avec le nourrisson et, au même moment, ajustant le geste à la parole, lui saisit le sein. La réaction est vive et immédiate:

> Un cri indigné:
> — Cré effronté!
> Et flac.
> D'un mouvement rapide, Valentine se penchant de côté, avait saisi la couche souillée qui gisait à côté de sa chaise et l'avait lancée en pleine figure de Claude[17].

Cependant, et quelles que soient les caractéristiques qui rattachent cette nouvelle à la tradition carnavalesque, il lui manque, selon nous, un de ses traits essentiels, à savoir la participation de l'énonciation. Chez Rabelais, l'exubérance de l'expression linguistique, produite pour une bonne part grâce à la présence de néologismes, de répétitions, d'hyperboles et d'exagérations, crée un lien de solidarité avec les personnages mis en scène. Or rien de tel dans «La veillée au mort» de Laberge où le ton modéré et les expressions et le vocabulaire mesurés créent l'impression que l'énonciation se tient à distance de la frénésie carnavalesque générale. Mais plutôt que de distanciation, il serait sans doute plus juste d'évoquer la notion de dissociation, car celle-ci s'explicite au début et, avec une légère variante, à la fin de la nouvelle lorsque le narrateur précise: «Ceci se passait à

---

15. *Ibid.*, p. 55.
16. «La malade», *Visages de la vie et de la mort*, Montréal, Édition privée, 1936, p. 228-257.
17. «La veillée au mort», dans *Visages de la vie et de la mort*, Montréal, Édition privée, p. 248.

Allumettes, le village le plus ignorant, le plus fanatique et le plus ivrogne des neuf provinces du Canada[18].» Certes, on pourrait considérer cette petite remarque, placée aux deux extrémités de la nouvelle, comme une forme ironique de précaution oratoire. Toutefois, jamais, à l'exception de «La rouille», dans les nouvelles de Laberge, le narrateur ne se montre solidaire des paysans ou des pauvres quels qu'ils soient.

L'absence de solidarité du narrateur envers ses personnages, la dissociation de la narration par rapport aux valeurs énoncées autorisent à penser que le grotesque des nouvelles, à l'exception de celui qui s'inscrit dans «La veillée au mort», se plaît à souligner avec insistance la déchéance des pauvres et des vieux comme l'avilissement des déshérités. Pour cette raison, le grotesque chez Laberge débouche, sauf exception, non pas sur le carnavalesque, qui possède selon Bakhtine un pouvoir régénérateur, mais seulement sur la dégradation. Exemplaire est à cet égard la description que fait Laberge du lendemain d'une fête de bureau dans «Mame Pouliche», et qu'il a intitulée «La journée de la Grande Saleté».

> La première fois que mame Pouliche était arrivée pour faire le ménage le lendemain d'une de ces soirées, elle était restée stupéfaite, dégoûtée devant ce qu'elle avait trouvé. Seigneur Jésus! jamais de sa vie, elle n'avait vu une pareille saleté. Ces gens-là avaient mangé et bu comme des pourceaux et ils avaient rejeté ce qu'ils n'avaient pu digérer. Les latrines étaient dans un état repoussant. L'on avait vomi non seulement dans les bassins des cabinets, mais sur le siège. Même les murs étaient éclaboussés. Et l'on respirait là une odeur forte, surie, qui faisait lever le cœur. Dans certains bureaux privés, les crachoirs étaient remplis de dégobillis, d'autres d'urine. Réellement, il semblait que l'on s'était efforcé de faire toutes les saletés possibles. Maintenant, il lui fallait nettoyer tout cela. Alors, avec la vadrouille, les seaux, les brosses, elle et son assistante avaient travaillé une partie de l'avant-midi, avaient passé des heures à enlever ces ordures[19].

La fin de cette nouvelle, qui coïncide avec la mort du personnage, illustre deux types de rapprochement de nature scandaleuse qu'affectionne Laberge: d'une part, la mort et l'excrément et, d'autre part, l'ingestion et la déjection: «Elle gisait là, morte, mame Pouliche, morte à la tâche, sa vieille tête grise et sa figure grise baignant dans l'eau sale, dans le jus du crachoir, un bout de cigare à côté de la bouche[20]...»

De cette dernière scène, on peut en rapprocher une autre, extraite de «La malade» du recueil *Visages de la vie et de la mort*, dans laquelle une vieille femme

---

18. *Ibid.*, p. 258.
19. «Mame Pouliche», dans *La fin du voyage*, Montréal, Édition privée, 1942, p. 165.
20. *Ibid.*, p. 172.

malade à qui l'on vient d'administrer un remède est ainsi présentée: «Le liquide brunâtre teignit la lèvre inférieure et dégoulina sur le menton. Puis la vieille pencha un peu la tête du côté et, avec une grimace, bava sur le couvre-pieds le peu de liquide qu'elle avait dans la bouche[21].» La description du liquide, qui s'écoule et souille telle une sanie excrémentielle la lèvre et le couvre-lit, le rapprochement entre les orifices buccal et anal provoquent chez le lecteur un sentiment de dégoût que ne vient tempérer aucun élément comique. Le texte manifeste en outre de la complaisance, sinon une certaine jouissance, à décrire les vieux corps dégradés par la maladie et la misère.

On est loin, très loin, aux antipodes même, de la représentation du «corps cosmique» de la tradition carnavalesque qui, selon Bakhtine:

> [...] représente et incarne tout l'univers matériel et corporel, compris comme le bas absolu, comme un principe absorbant et donnant le jour, comme une tombe et un sein corporels, comme un champ que l'on a ensemencé et où les nouvelles pousses arrivent à maturité[22].

Le corps chez Laberge est le corps usé et difforme des durs labeurs et des métiers éreintants, le corps vendu et souillé de la prostitution, bref, le corps malade et maudit de la Chute. De fait, c'est bien une vision chrétienne du corps que propose Laberge. Avec, cependant, une différence majeure: c'est qu'aucun lien ne le rattache jamais à la valeur rédemptrice du corps du Christ ressuscité. En outre, sur ces corps, Laberge pose un regard qui n'a rien de bienveillant. Au contraire. Les seuls corps qui trouvent crédit à ses yeux sont les corps bourgeois: celui du docteur Casimir de la nouvelle «La malade» et ceux de l'avocat Delphis Jarsais, de sa femme et de ses enfants, dans «Lorsque revient le printemps[23]». Le corps et la tenue vestimentaire du médecin proclament la bonne chère et respirent l'aisance matérielle: «Le docteur Casimir gros et court, les cheveux grisonnants[24]»; «Le docteur Casimir dépose sur une chaise sa sacoche en cuir noir, son bonnet en loutre et son capot de chat[25] [...]». À cette description, le texte oppose presque immédiatement le corps malade de Caroline Bardas: «Toujours la même vieille figure, maigre, brave, ridée et édentée sur l'oreiller sale[26].» Quelques lignes plus loin, le texte reprend la description de ce même corps en insistant sur sa déchéance: «[...] il mit à nu un bras décharné, à la peau flasque, flétrie [...], enfonça son aiguille dans cet épiderme cadavérique[27]». En outre, comme le docteur Casimir

---

21. «La malade», dans *Visages de la vie et de la mort*, *op. cit.*, p. 167.
22. M. BAHKTINE, *L'œuvre de François Rabelais*, *op. cit.*, p. 36.
23. *La fin du voyage*, *op. cit.*, p. 342-381.
24. «La malade», *op. cit.*, p. 164.
25. *Ibid.*, p. 168.
26. *Loc. cit.*
27. *Loc. cit.*

revient plusieurs fois voir la malade et que celle-ci finit par guérir, le narrateur ne témoigne de sympathie que pour le premier.

Dans «Lorsque revient le printemps», on observe le même jeu de contraste entre les membres de la petite famille de l'avocat Jarsais, dont les traits physiques et moraux sont décrits en termes laudatifs et chaleureux, et les membres de la famille de journaliers, leurs nouveaux voisins à la campagne, qui sont décrits en termes des plus accablants:

> Une demi-heure plus tard, l'homme réapparaissait accompagné d'une fille mal vêtue, mal peignée et apparemment pas très propre. Avec cela, l'air bestial, stupide, franchement laide, bien pénible à voir.
>
> [...]
>
> C'était réellement un couple bien assorti que monsieur et madame Jarsais. Un bel homme élégant, poli, courtois, distingué, et elle, une gentille petite femme, aimable, souriante, vraiment charmante[28].

Qu'une catastrophe se soit abattue sur la petite famille de l'avocat Jarsais dès qu'elle s'est installée à la campagne et suite aux rapports qu'elle a noués avec ses voisins, voilà ce qui signale avec encore plus de relief et de netteté le mode de distribution des valeurs que privilégie le narrateur.

On le voit, le grotesque dans l'œuvre de Laberge s'oppose radicalement au réalisme grotesque de Rabelais qui rabaisse les grands du monde, humilie les arrogants et châtie les présomptueux. Avec la misère noire, le délabrement physique et la déchéance morale, le putride, le morbide et la mort qui le caractérisent, le grotesque de Laberge bascule souvent dans ce que Julia Kristeva dans son ouvrage *Pouvoirs de l'horreur*[29] a nommé l'abject, l'abjection. Le doublet, toujours présent dans l'étude de Kristeva, témoigne sans doute d'une volonté de distinguer le caractère duel d'une réalité au sujet de laquelle la tradition a entretenu une certaine ambiguïté. Mais la distinction ne va pas de soi. Si l'abjection est vite cernée: «cette torsade faite d'affects et de pensées[30]», l'abject se révèle fluide, retors, réfractaire à la définition simple, voire à toute définition[31]. Or, malgré les

---

28. *La fin du voyage*, *op. cit.*, p. 346.

29. Julia KRISTEVA, *Pouvoirs de l'horreur*, Paris, Éditions du Seuil, 1980, 241 p.

30. *Ibid.*, p. 19.

31. Par la négation réitérée, disant ce que l'abject n'est pas, le texte de Kristeva, pour circonscrire la signification de ce terme, fait appel au particulier, à l'abstraction et au paradoxe:

> L'abject n'est pas un ob-jet (*sic*) en face de moi que je nomme ou que j'imagine. [...] De l'objet, l'abject n'a qu'une qualité — celle de s'opposer à *je*. [...] *L'abject*, objet chu, est radicalement exclu et me tire vers là où le sens s'effondre. [...] Surgissement massif et abrupt d'une étrangeté qui, si elle a pu m'être familière dans une vie opaque et oubliée, me harcèle maintenant comme radicalement séparée, répugnante. [...] Un poids de non-sens qui n'a rien d'insignifiant et qui m'écrase. À la limite de l'inexistence et de l'hallucination, d'une réalité qui, si je la reconnais, m'annihile.

difficultés que présente la discrimination entre ces deux termes, il nous semble néanmoins essentiel que soit maintenu, à côté du substantif, l'adjectif substantivé, car ce dernier permet de séparer la cause des effets. De plus, ce qui importe, l'existence des deux termes facilite le passage du Sujet à la littérature car, dans la mesure où une œuvre est productrice d'abjection, il est loisible de la considérer comme homologue de l'abject. Julia Kristeva l'autorise lorsqu'elle suggère qu'avec la littérature qui se confronte à l'abject «s'accomplit une traversée des catégories dichotomiques du Pur et de l'Impur, de l'Interdit et du Péché, de la Morale et de l'Immoral[32]». Jusqu'à quel point, doit-on se demander, ces propos sont-ils pertinents pour ce qui est de l'œuvre de Laberge? À première vue, l'on serait tenté d'avancer qu'ils sont d'une grande pertinence, car Laberge se nourrit de l'abject, s'en repaît, s'y installe et s'y vautre. Et que, par conséquent, la transgression des frontières semble totale. Un doute subsiste, cependant, car il y a dans son œuvre une présence massive du destin qui, sans se revêtir des traits divins, emprunte néanmoins à Dieu son pouvoir immense et arbitraire.

Et en sa qualité d'acteur, le destin joue un rôle à ce point majeur qu'on peut le considérer comme une manière de *deus ex machina*; c'est à lui que l'auteur confie très (trop) souvent le rôle d'agent pour faire progresser l'action ou pour y mettre fin. De dégradation en dégradation, l'action aboutit infailliblement à la mort, ou à ses prolégomènes: l'esseulement, la solitude, la vieillesse, l'infirmité, la maladie.

Ses textes mettent en scène des personnages entièrement subjugués par des forces qui finissent par les anéantir. Comme si, dans cet univers, l'effacement de Dieu n'avait entraîné que la perte de sa dimension providentielle et maintenu intacte sous le masque du destin sa transcendance, mais tronquée, réduite à une force despotique et vengeresse, telle une divinité archaïque et barbare. Dès lors, la

---

Cet exclu, cette étrangeté, cette frontière, qui n'est pas «je», mais qui n'est pas, non plus, un objet, dépend justement de cette instance du sujet où se rencontrent, se fusionnent le Dedans et le Dehors qu'est le Surmoi. C'est ce qu'affirme Kristeva dans une formule lapidaire: «À chaque moi son objet, à chaque surmoi son abject.»

La distinction que propose Kristeva entre l'abject et l'abjection, qui reposerait sur une relation de causalité, ne semble pas toujours aisée à maintenir, du moins si l'on en juge par les précisions supplémentaires qu'elle apporte au sujet de la nature de ces deux termes:

[L'abject] ressource le moi aux limites abominables dont, pour être, le moi s'est détaché — il le ressource au non-moi, à la pulsion, à la mort. L'abjection est une résurrection qui passe par la mort (du moi). C'est une alchimie qui transforme la pulsion de mort en sursaut de vie, de nouvelle signifiance.

Si les deux premières assertions maintiennent la distinction entre les deux termes, la troisième proposition remet toutefois en cause cette distinction en conférant à l'abjection une fonction identique à celle qu'assume l'abject: «ressourcer le moi à la pulsion, à la mort» et «transformer la pulsion de mort en sursaut de vie» ont la même valeur sémantique.

32. Julia KRISTEVA, *op. cit.*, p. 23.

vie ne peut emprunter que l'allure d'une chute, car les êtres qui peuplent l'œuvre de Laberge, privés du secours de la Providence comme des moyens spirituels et intellectuels pour pallier cette absence, sont condamnés aux rôles de victime ou de bourreau. Ils ne sont pas pour autant réduits au rang des bêtes. Ce sont bel et bien des êtres humains, mais souvent dépossédés des vertus théologales sur lesquelles les religions ont fondé la vie sociale. Par ailleurs, et malgré cette ingérence un peu trop constante du destin, Laberge, grâce à la mise en scène de gestes ou d'actions transgressives, s'est obstiné à abattre les cloisons érigées par les instances surmoïques de son époque, en particulier l'Église catholique et son enseignement moral étroit. Et pour ce faire, il a exploité dans son œuvre l'*envers* de la parole édifiante qui avait investi tous les discours de son époque, y inclus le discours romanesque.

On pourrait, bien sûr, expliquer ces traits par ses lectures, de Maupassant par exemple, et son penchant pour le réalisme. Sans vouloir nier l'influence que Maupassant et son discours «réaliste» ont pu exercer sur sa production littéraire, il nous paraît plus probant, toutefois, d'envisager l'hypothèse que c'est le discours édifiant de l'époque qui aurait paradoxalement exercé l'influence décisive sur son orientation esthétique et sur son discours littéraire. Car c'est en s'opposant à ce discours, en exploitant ce qu'il conviendrait d'appeler ses interdits qu'il a érigé son œuvre. Explorant et violant à la fois les tabous de son temps — qui sont toujours d'abord de l'ordre du discours —, transgressant les limites, passant outre à l'interdit, Laberge, dans ses nouvelles et dans son unique roman, aura mis au jour et exploité le discours personnel et privé que le discours dominant confinait au secret. De cette manière, il aura fait accéder à l'existence publique une part du réel jusque-là enfermée dans la parole «maudite» du confessionnal.

Par contre, l'influence que cette œuvre exerça sur la littérature de son époque fut nulle, car elle est demeurée très largement inconnue: d'une part, elle subit, dès ses débuts, la condamnation ecclésiastique et, d'autre part, chaque œuvre connut un tirage très faible, en édition privée. Ainsi, en se démarquant très fortement de la production qui lui est contemporaine, elle n'eut aucune incidence sur son évolution. Nous sommes donc devant une œuvre potentiellement scandaleuse, mais qui ne provoqua aucun scandale. Très largement ignorée par ses lecteurs contemporains, elle n'en revêt pas moins, du point de vue historique, une importance majeure.

Rédigés et publiés de façon quasi clandestine, entre 1918 et 1952, son roman et ses nouvelles, faisant figures d'augures, annoncent l'émergence imminente d'une littérature libérée de la tutelle cléricale de l'Église. Rétrospectivement, on peut considérer l'œuvre de Laberge comme une forme transitoire, en rupture de ban avec les valeurs que véhiculent les œuvres qui lui sont contemporaines, et en consonance avec l'esprit, sinon la lettre, qui animera la littérature produite après 1960. C'est cette tension entre deux systèmes de valeurs qui permet de rattacher

son œuvre à l'esthétique grotesque. Celle-ci, annonciatrice d'un nouveau paradigme impliquant rupture et transgression, suggère aussi la présence simultanée
d'un univers répudié et d'un second à peine envisagé. La confrontation de ces
deux univers confère à l'œuvre de Laberge son ambivalence fondamentale.

Grotesque et abjecte, cette œuvre, malgré ce qu'en put dire Laberge lui-
même, renoue, au-delà du réalisme et du naturalisme, avec un mode de littérature
dont les origines remontent à l'Antiquité grecque et qui, depuis cette époque, n'a
jamais cessé de combattre les contraintes de la Loi.

RÉGIMES DE NARRATION
DANS LES NOUVELLES DE GABRIELLE ROY:
ENTRE LE RÉCIT ET L'ESSAI

Robert Vigneault
UNIVERSITÉ D'OTTAWA

> Ah, que les récits avaient le don de rassembler les gens, se dit
> Eveline. Dès qu'on remue un souvenir de sa vie, par là même on
> entraîne les autres à en faire autant. Et peu à peu le cercle rassemblé
> autour du conteur finit par être immense, immense.
>
> Gabrielle ROY,
> *De quoi t'ennuies-tu, Eveline?*[1]

André Belleau a discerné dans l'essai certains traits de la narrativité: «Il y a dans
l'essai une histoire, je dirais même une intrigue, au sens que l'on donne à ces mots
quand on parle de l'histoire ou de l'intrigue d'un roman et d'une nouvelle[2].»
Belleau voit les «idées» de l'essai «[se conduire] au fond tels les personnages de
la fiction [...]»: «je parierais, ajoute-t-il, qu'à la fin, il existe des idées gagnantes
et des idées perdantes[3]». Beau cas d'hybridité des formes littéraires.

Je voudrais en proposer un autre, agissant en sens contraire, c'est-à-dire
l'intervention de l'essai dans le récit, plus précisément dans les nouvelles de
Gabrielle Roy. Cette recherche formelle n'est pas de pure forme; elle porte signification: elle permet de comprendre, en définitive, pourquoi le lecteur se sent
tellement interpellé par ces textes.

Selon Lukács, l'œuvre littéraire a besoin de l'essai dans la mesure où ce
dernier délivre et rend manifeste une intelligibilité qui, sans lui, resterait enclose
dans l'œuvre. À ce que je me permets de désigner plus précisément comme l'*essai
critique* il confie ainsi une fonction majeure, celle de faire passer le texte littéraire
pour ainsi dire de la puissance à l'acte, eût dit Aristote, en révélant et même en
faisant resplendir un sens qui autrement pourrait rester latent ou virtuel. Lukács se
faisait certes une très haute idée de l'essayiste ou du critique, indissociables selon

---

1. Gabrielle ROY, *De quoi t'ennuies-tu, Eveline?* suivi de *Ely! Ely! Ely!*, Montréal, Boréal, 1988,
p. 41-42.

2. André BELLEAU, «Petite essayistique», dans *Surprendre les voix*, Montréal, Boréal, 1986, p. 86.

3. *Ibid.*

lui. L'œuvre est opaque à elle-même, comme enfermée dans le monde sensible et la vie empirique. Elle a besoin d'accéder au monde intelligible de l'Idée. Bien sûr, la perspective de Lukács, à l'époque de *L'âme et les formes*[4], est résolument platonicienne et néo-kantienne: dans un autre texte, consacré à Rudolf Kassner, l'essayiste ou le critique devient même le «platonicien». En transposant la problématique idéaliste de Lukács dans celle de la phénoménologie de Bachelard, on pourrait dire que l'essayiste permet à l'œuvre littéraire d'atteindre son accomplissement; à travers les lectures-écritures auxquelles donne lieu l'essai critique, l'œuvre parvient à la plénitude du *retentissement*, pour reprendre un mot clé de la poétique bachelardienne. Pour sa part, Genette verrait dans la «critique intersubjective» de l'essai (ou de ce qu'il appelle, lui, la «critique littéraire») un type de compréhension du texte que Ricœur a qualifié, après d'autres, d'«herméneutique»; elle correspondrait à une «reprise» ou à une «recréation intérieur» du sens[5]. Cette démarche de l'essai critique, Jacques Brault l'a admirablement décrite dans *Chemin faisant*: «[...] un peu comme un musicien ou un comédien, j'interprète le texte, je le joue sur moi, en moi[6]...».

Or serait-ce le pli de l'essayiste, l'habitude de lire des essais plutôt que des récits? Il m'a semblé, depuis que j'ai entrepris la relecture des nouvelles de Gabrielle Roy, que je suis en train de lire aussi une manière de grand essai, pas une réflexion ordonnée ou systématique mais le retour des mêmes questions sur *la détresse et l'enchantement* de la vie. Non que ces nouvelles n'obéissent pas aux lois du genre: intrigue, personnages, espace-temps, voix et perspective narratives, etc., mais tout cela mis en place, on tombe vite en arrêt devant la question essentielle de la vie et de la mort; c'est un saisissement sans cesse renouvelé devant ces mystères, une rêverie ininterrompue à laquelle participent intensément les personnages, et même la nature: «ce mirage d'eau libre[7]», «[la] songerie primitive» de «l'immense plateau sombre[8]», «le grand pays étalé qui [appelle] au voyage[9]». Le texte transcende fréquemment l'univers du récit pour déboucher, dans le style de l'essai, sur une méditation existentielle exprimant tantôt l'émerveillement ou l'étonnement devant l'expérience vécue, tantôt aussi le questionnement insistant suscité par les réalités les plus simples de la vie. Les plus simples, façon de parler: ce sont aussi les plus insondables, toutes ces interrogations qu'on n'en finit plus de ressasser au sujet de ses père et mère, de la terre et de la langue natales, de ses

----

4. Georges LUKÁCS, *L'âme et les formes*, traduit de l'allemand par Guy Haarscher, notes introductives et postface par Guy Haarscher, Paris, Gallimard, NRF, «Bibliothèque de philosophie», 1974, 353 p.

5. Gérard GENETTE, «Structuralisme et critique littéraire», dans *Figures: essais*, Paris, Seuil, «Tel quel», 1966, p. 145-170.

6. Jacques BRAULT, *Chemin faisant. Essais*, Montréal, La Presse, «Échanges», 1975, p. 58.

7. Gabrielle ROY, *La route d'Altamont*, Montréal, Éditions HMH, «L'Arbre», vol. 10, 1966, p. 99.

8. *Ibid.*, p. 215.

9. *Ibid.*, p. 83.

grands-parents, surtout lorsque, comme ici, ils incarnent des instances opposées: l'aventureux grand-père, en mal de voyage, d'inconnu; la grand-mère sédentaire, si attachée à ses «petites collines» du Québec, mais condamnée à suivre son «trotteur» de mari; la mère, ambivalente dirait-on avec l'âge, si l'on en croit *La route d'Altamont*, mais qui, somme toute, comme en témoignera *De quoi t'ennuies-tu, Eveline?*, appartient plutôt au parti du grand-père avec ses désirs inassouvis d'évasion; enfin, influencée sans doute par tout ce beau monde, Christine, elle aussi possédée par l'instinct du voyage, cherchant au fond son identité, associant cette quête à l'écriture, elle-même départ, distance prise par rapport aux lieux de l'enfance, pour pouvoir enfin apprivoiser l'aventure humaine grâce à la magie des mots. Bref, comme la basse continue de tous ces textes, s'écrit un grand essai sur le sens de la vie et de la mort, mené par une narratrice extrêmement présente à ses récits, voire envahissante; qui donc ne se contente pas de narrer mais se laisse aller à librement discourir sur le récit, une voix, celle de l'écrivain, réussissant parfois à coïncider avec celle de l'enfant, mais surimposant toujours au point de vue de la petite les façons de voir de l'adulte, et même, une fois au moins, dans «La voix des étangs», s'imposant étrangement à l'adolescente Christine, sur le ton d'un «commandement» irrésistible.

Insistons sur cette manière de raconter que je qualifierais de contrepoint narratif. Au premier niveau, la voix narrative réagit devant l'immédiateté de l'événement avec toute la spontanéité, la fraîcheur, la peur ou l'émerveillement de l'enfance. À cette ligne mélodique s'en superpose une autre, réfléchie, expérimentée, sage, qui fait écho aux intuitions de l'enfant, qui les fait accéder, en les amplifiant, à la plénitude de la conscience. Il s'agit d'une technique narrative particulièrement efficace qui permet de transgresser les limites de l'intimité homodiégétique et d'atteindre à une certaine omniscience. Ce contrepoint narratif instaure une dialectique constante entre le narré et le retentissement existentiel de ce narré. Ou encore, pour m'exprimer selon les catégories de Lukács, il se produit un glissement depuis la *vie* (ou *une* vie concrète, empirique) vers *la* vie (c'est-à-dire la vie *en soi*, la vie essentielle). Autrement dit, de la sphère du *récit* on sera passé à celle de l'*essai*. Ce dédoublement de la perspective narrative — le dessin mélodique d'une vision adulte se superposant à celui de la perception enfantine — inaugure donc une forme-sens qui vient se jouer de nos classifications génériques, celle d'un récit gratifié, par le truchement de ces harmoniques essayistes, d'une interprétation continue, ou de ce que Genette désignait comme «reprise» ou «recréation intérieure» du sens[10]. Au total, c'est cette voix narrative, enrichie de toutes ces harmoniques, qui donne à ces nouvelles leur timbre unique.

Le lecteur des nouvelles de Gabrielle Roy se voit donc fréquemment interpeller par des phrases à tournure interrogative ou exclamative; ou encore par des

---

10. Gérard GENETTE, *loc. cit.*

affirmations catégoriques, aussi péremptoires que des maximes ou des sentences; mais parfois aussi par des énoncés empreints d'incertitude, modalisés par des «peut-être», des «sans doute», des «j'imagine», ou par un usage hypothétique du verbe «devoir». Ces appels insistants au lecteur s'accompagnent d'une sortie du temps de la narration en direction de cette permanence ou de ce présent éthique caractéristiques du discours de l'essai, soustrait par sa nature même au destin qui est la force motrice de tout récit. En définitive, l'histoire n'est plus la finalité de la nouvelle: le récit se résorbe dans le discours ou dans la méditation sur un thème.

Mais cette plénitude dans l'écriture du récit, qu'on reconnaîtra clairement dans *Rue Deschambault*, *La route d'Altamont*, *Ces enfants de ma vie*, n'a pas toujours été atteinte par l'auteure. En effet, dans l'œuvre nouvellière que Gabrielle Roy a poursuivie tout au long de sa carrière d'écrivain, le mode d'énonciation a varié substantiellement et, avec lui, le régime de narration: il est essentiel de tenir compte de ces choix formels pour décrire correctement une technique d'écriture délicatement nuancée dont l'étude permet de comprendre un peu mieux l'emprise que cette œuvre a sur les lecteurs. Je distinguerai donc, dans ces nouvelles, deux types d'énonciation: *(1)* l'énonciation objective (ou historique); *(2)* l'énonciation subjective. En se référant aux recherches théoriques du narratologue Gérard Genette, on dira que le premier commande un régime de narration hétérodiégétique et une vision omnisciente. Les nouvelles relevant de ce type d'énonciation sont «La Petite Poule d'eau», «Trois nouvelles esquimaudes», «Un jardin au bout du monde» (la nouvelle éponyme du recueil), «Où iras-tu Sam Lee Wong?», «La vallée Houdou», «De quoi t'ennuies-tu, Eveline?». En contrepartie, le deuxième mode d'énonciation, l'énonciation subjective, qui postule une narration homodiégétique et une vision intime, m'est apparu, au cours de cette recherche, comme celui que tend à privilégier cette auteure si engagée dans son propos, celui qu'elle adopterait spontanément si elle pouvait s'affranchir de certaines contraintes narratives. Ce mode d'énonciation subjective subsume trois régimes de narration. Dans le premier, dont je n'ai trouvé qu'une occurrence, le narrateur-*je* est un personnage témoin, plus ou moins passif: il s'agit de la nouvelle intitulée «Un vagabond frappe à notre porte». Dans le deuxième, on aurait affaire, par hypothèse, à des nouvelles autobiographiques, celles de *Cet été qui chantait*, et donc à un certain recoupement de l'instance narratrice et du personnage principal avec la personne de l'auteure Gabrielle Roy. Enfin, dans le troisième régime de narration relevant de l'énonciation subjective, narratrice et personnage principal coïncident. Cette dernière approche narrative, soit celle de *Rue Deschambault*, *La route d'Altamont*, *Ces enfants de ma vie*, *Ely! Ely! Ely!* — où les traces autobiographiques sont voilées par la fiction — me paraît être celle qui réussit le mieux à Gabrielle Roy, pleinement à l'aise ici, *racontant* des histoires (comme elle aime le faire, à l'exemple d'Eveline), mais aussi assumant pleinement l'interprétation de ces récits, à l'instar de l'essayiste de Lukács.

Énonciation objective (ou historique)

Puisque l'auteure et l'éditeur (Beauchemin) de *La Petite Poule d'eau*[11] ont tous deux qualifié cette œuvre de «roman», et que, selon François Ricard, celle-ci «n'a rien d'un simple recueil de nouvelles[12]», il faut bien que je me justifie quelque peu de considérer les trois textes de ce livre comme des nouvelles. Partons du titre: par analogie avec *Rue Deschambault*, lieu de résidence de l'auteur, à Saint-Boniface, le lieu-dit de la Petite Poule d'eau est un espace géographique réel où l'auteur a vécu, d'après *Fragiles lumières de la terre*[13], une expérience d'enseignement. En ce sens, *La Petite Poule d'eau* se situe dans la lignée de ces nouvelles apparentées par leur couleur autobiographique parmi lesquelles on doit inclure, outre *Rue Deschambault, Ces enfants de ma vie, La route d'Altamont, Ely! Ely! Ely!*. D'autre part, en dépit de certaines récurrences du décor et des personnages dans les trois récits, on a bien ici trois histoires ou intrigues autonomes comportant chacune son affabulation distincte, son (ou ses) personnage majeur, son espace propre. L'*affabulation*, d'abord: «Les vacances de Luzina» titre d'humoristique façon le voyage aller-retour de Luzina Tousignant à Sainte-Rose-du-Lac où elle va «acheter» son «bébé» annuel (ou presque). «L'école de la Petite Poule d'eau» raconte l'aventure de l'instruction des enfants sur leur île de La Petite Poule d'eau. La nouvelle intitulée «Le capucin de Toutes-Aides» accompagne le globe-trotter qu'est le père Joseph-Marie dans sa «tournée de six ou sept semaines» (p. 168) au pays cosmopolite des lacs du Manitoba. Les *personnages*: c'est la mère, incontestablement, dans «Les vacances de Luzina», qui est l'héroïne (le terme est presque juste ici!) du voyage aller-retour à Sainte-Rose-du-Lac. Dans un contexte tout à fait différent, celui de «L'école de la Petite Poule d'eau», c'est encore Luzina qui assume le rôle de centre de permanence, de tradition («mère-poule», oserais-je dire), mais qui suscite aussi paradoxalement la contestation de son petit univers en attirant sur l'île les personnages des institutrices et de l'instituteur: ceux-ci vont semer la fascination pour l'ailleurs et provoquer finalement le départ des enfants. Enfin, dans «Le capucin de Toutes-Aides», toute l'intrigue est centrée sur le protagoniste, le père Joseph-Marie, les Tousignant ne réapparaissant dans les derniers chapitres que pour remplir un rôle secondaire. L'*espace*, enfin, est différemment circonscrit dans les trois nouvelles: depuis l'île de la Petite Poule d'eau jusqu'au village de Sainte-Rose-du-Lac, dans la première; l'île de La Petite Poule d'eau dans la seconde; le pays des lacs du nord du Manitoba dans la troisième. Un tel découpage de la matière littéraire en nouvelles n'est d'ailleurs pas innocent: il constitue une

---

11. Gabrielle ROY, *La Petite Poule d'eau*, Montréal, Beauchemin, 1950, 272 p. Désormais, je renverrai par le numéro de page aux ouvrages de Gabrielle Roy.

12. François RICARD, «La Petite Poule d'eau», *Dictionnaire des œuvres littéraires du Québec*, III, Montréal, Fides, 1982, p. 752.

13. Gabrielle ROY, *Fragiles lumières de la terre*, Montréal, Stanké, «Québec 10/10», 1982, p. 113.

forme-sens dont je soulignerai l'importance lorsqu'il sera question de *Rue Deschambault*. Disons, pour l'instant, que ce choix générique permet à la narratrice d'ouvrir et de clore à son gré une histoire, d'intervenir au besoin, bref d'avoir la haute main sur le récit. Tandis que, dans les expansions d'un roman, l'écrivain s'abandonne, prend du temps et des risques...

Énonciation objective, ai-je dit: on retrouve pour l'essentiel, dans *La Petite Poule d'eau*, un récit à la troisième personne mené par une narratrice omnisciente. Mais on notera aussi une infraction, légère à première vue, au régime de narration. Le décor de la première nouvelle est mis en place par un *je*, au présent de l'indicatif, qui ne se gêne pas pour intervenir avec spontanéité: «Mais j'allais oublier [...]» (p. 11), et pour conclure sur un ton catégorique: «Et c'est absolument tout ce qu'il y a au Portage-des-Prés. Rien ne ressemble davantage au fin fond du bout du monde.» (p. 12) Après quoi le récit démarre dans le style traditionnel de l'énonciation objective. Cette dérogation au régime de narration est significative déjà: elle signale ce qui deviendra plus palpable dans d'autres nouvelles, à savoir que cette narratrice n'est pas vraiment étrangère ou extérieure à l'histoire, comme le voudrait la froide terminologie narrative, mais au contraire préoccupée par ce qui se passe, et même, on le verra, chargée d'empathie à l'égard de ses personnages, comme un *je* obligé par les contraintes narratives de se muer en *il* mais conservant son droit de regard, son penchant pour l'intervention intime. On en verra certes des exemples plus convaincants ci-après, mais voici déjà, dès les premières nouvelles de Gabrielle Roy, une narratrice très présente à l'histoire qu'elle raconte, fût-ce à la troisième personne; qui ne saurait se contenter de ses fonctions de narration et de régie du texte, mais qui multipliera éventuellement les commentaires, allant jusqu'à assumer une fonction essayiste. Sur ce point, la narratrice de *La Petite Poule d'eau* reste plus discrète encore qu'on puisse relever, par exemple, un passage comme celui-ci, insolite prolongement du récit vers le destin de l'écriture:

> C'était la lettre de la maîtresse, [mademoiselle Côté] d'une belle calligraphie absolument droite et sans ratures, qui, lui révélant la perfection que pouvait atteindre une lettre dans la forme et dans le fond, accablait Luzina. Désormais elle ne serait plus tout à fait heureuse en écrivant. Mais le sort en était jeté. Luzina l'avait fixé pour toujours dès le moment où elle avait fait appel à l'instruction. Sa destinée serait maintenant d'écrire. D'écrire sans fin. D'écrire jusqu'au bout de ses jours. (p. 66)

Je retrouve la même technique narrative, mais beaucoup plus étoffée, dans «Un jardin au bout du monde» (la nouvelle éponyme)[14]. Ici, le premier chapitre est

---

14. Gabrielle ROY, «Un jardin au bout du monde», dans *Un jardin au bout du monde*, Montréal, Beauchemin, 1975, p. 153-217.

entièrement écrit à la première personne et révèle en profondeur l'état d'âme de la narratrice au moment où elle s'apprête à raconter l'histoire de Maria Martha Yaramko: elle éprouve une «étrange curiosité» (p. 155) ou plutôt une «tristesse de l'esprit» (p. 155), assorties d'un goût de la solitude et d'un doute lancinant sur le bien-fondé de l'écriture. C'est dans ce contexte énonciatif particulier que ce *je* va se métamorphoser en narratrice à la troisième personne: «Voici donc son histoire telle que, petit à petit, j'appris à la connaître» (p. 156). Déjà le court avant-propos du recueil *Un jardin au bout du monde* exprimait l'intense fascination éprouvée par l'auteure pour le personnage de Martha:

> [elle] leva vers moi le visage pour me suivre d'un long regard perplexe et suppliant que je n'ai cessé de revoir et qui n'a cessé, pendant des années, jusqu'à ce que j'obtempère, de me demander ce que tous nous demandons peut-être du fond de notre silence: Raconte ma vie. (p. 8)

On comprend alors avec quelle complicité, quelle tendresse, quelle admiration elle accompagnera cette femme étonnante qui a su peupler sa solitude en vivant dans l'amitié des fleurs. Le commentaire qui suit nous conduit, depuis le récit, jusqu'au seuil de l'essai:

> Avais-je auparavant vu des fleurs? En ai-je vraiment vues depuis? C'est peut-être seulement sur cette route déserte de Volhyn que j'ai été pleinement pénétrée du mystère que sont en ce monde les fleurs. (p. 156)

Dès le début, la vision omnisciente est particulièrement marquée dans «Où iras-tu Sam Lee Wong[15]?»: «Il existait alors au Canada une bien cruelle loi régissant l'entrée au pays d'immigrants chinois. [...] Plus tard la loi devait s'humaniser[16].» (p. 86) Le contrepoint ou dédoublement de la perspective, trait caractéristique de *Rue Deschambault*, par exemple, n'est pas possible ici puisqu'il s'agit de narration à la troisième personne. En revanche, l'intimité du protagoniste, Sam Lee Wong, est dévoilée avec cette tendresse unique qu'a toujours éprouvée Gabrielle Roy pour ses personnages, et d'autant plus accentuée que la vie semble souvent s'acharner contre eux. Par bonheur, ici, se dressent à l'horizon les «petites collines», figures d'espérance dans l'immense plaine déserte. Dans l'univers imaginaire de Gabrielle Roy, ces *petites collines* constituent, avec l'image de la *plaine*, un thème majeur: leur souvenir a toujours hanté la narratrice et sa mère ainsi que les Doukhobors de «La vallée Houdou[17]»; dans la longue nouvelle intitulée «De

---

15. Gabrielle ROY, «Où iras-tu Sam Lee Wong?», dans *Un jardin au bout du monde*, *op. cit.*, p. 59-130.

16. Voir aussi *ibid.*, p. 72: «Quand Sam Lee Wong apprendrait l'histoire de la masure, il lui trouverait encore plus d'attrait [...]», etc.

17. Gabrielle ROY, «La vallée Houdou», dans *Un jardin au bout du monde*, *op. cit.*, p. 131-149.

la truite dans l'eau glacée», on verra qu'elles polarisent même le désir amoureux. Même si le régime de narration reste le même — objectif et détaché, en principe — du début à la fin d'«Où iras-tu Sam Lee Wong?», on remarque, dans l'avant-propos d'*Un jardin au bout du monde*, combien la narratrice, une fois de plus, est restée attachée à ce personnage:

> «Où iras-tu Sam Lee Wong?» fut longtemps laissé à l'état d'ébauche, pour ainsi dire abandonné en cours de route, et le serait sans doute resté sans la curieuse insistance du Chinois à se rappeler à mon souvenir [...] (p. 8)

Et on admirera peut-être, comme moi, la fin, aussi belle qu'inattendue, que l'auteure a imaginée pour conclure cette émouvante histoire.

Dernier exemple d'énonciation dite «objective»: le très beau récit *De quoi t'ennuies-tu, Eveline?*[18], texte publié en 1982, mais écrit au début des années 1960, et que, pour cette raison, l'éditeur situe dans le «cycle» de *Rue Deschambault* et *La route d'Altamont*: si elle est juste par rapport au contenu du texte, cette classification, toutefois, ne prend pas en compte la forme d'un régime de narration forcément plus distancié que celui des nouvelles plus personnelles de ce «cycle» d'écriture. Accordons cependant qu'au début la narratrice, une fois de plus, se laisse clairement identifier: «Dans sa vieillesse [...] maman eut une aventure.» (p. 11) Ou encore, quand elle relate que la mère «s'assit pour nous écrire à chacun une lettre» (p. 15), la narratrice s'affiche clairement comme faisant partie du groupe des enfants d'Eveline. Mais elle va ensuite s'effacer pour jouer son rôle de narratrice hétérodiégétique: elle ne se réfère plus alors qu'à «Eveline» ou encore à «son mari» ou «Édouard» pour désigner respectivement sa mère et son père. Ce type de narration impose une certaine distance qui sera abolie dans les nouvelles plus personnelles; il rend impossible le contrepoint narratif qui fait l'originalité de *Rue Deschambault*, par exemple. Et pourtant, la protagoniste de «De quoi t'ennuies-tu, Eveline?» est un personnage si contagieux, elle a tellement marqué la narratrice que cette dernière ne peut s'empêcher de ressentir et de laisser transparaître une vive empathie à son endroit. Témoin cette simple anecdote, parmi bien d'autres. Eveline hésite à montrer le télégramme de son frère Majorique à une certaine Mme Leduc, «cette étrangère» assise à côté d'elle dans l'autobus: «Mais en était-ce vraiment une? Pour Eveline, dans la vie, il y avait si peu d'étrangers, car spontanément elle était amie des êtres.» (p. 20) De la part de Gabrielle Roy peut-on imaginer plus beau compliment? En fait, le personnage de sa mère inspire tellement la narratrice qu'elle en devient volontiers loquace et que son discours, par son caractère généralisant, hante souvent les parages de l'essai. Voici une réflexion attribuée à Eveline sur la confiance en la bonté des humains:

---

18. Gabrielle Roy, «De quoi t'ennuies-tu, Eveline?», dans *De quoi t'ennuies-tu, Eveline?* suivi de *Ely! Ely! Ely!*, Montréal, Éditions du Boréal, 1988, p. 9-95.

> Le plus beau du voyage, de tous les voyages peut-être, pense-t-elle, ce ne sont pas les sites, les paysages, si nouveaux soient-ils, mais bien l'éternelle ressemblance des hommes, sous tous les cieux, avec leur bonté, leur douceur si touchante. De plus en plus elle avait le sentiment que les humains, que presque tous les humains, au fond, sont nos amis, pourvu qu'on leur en laisse la chance, qu'on se remette entre leurs mains et qu'on leur laisse voir le moindre signe d'amitié. (p. 34)

Et j'ai le goût de citer, tout à fait dans le même sens, un autre commentaire qui évoque spontanément, lui aussi, le style réflexif de l'essai:

> [...] celui-ci [l'émoi d'Eveline] lui était venu de voir à quel point la vie est incomparablement douce et comme l'on ne se doute pas assez, jamais assez, de l'extraordinaire bonté du cœur humain. (p. 47)

«De quoi t'ennuies-tu, Eveline?» est une nouvelle importante parce qu'elle manifeste d'une manière particulièrement explicite ce besoin qu'éprouve la narratrice d'intervenir, de prolonger le commentaire dans le sens d'un certain humanisme. C'est l'auteure elle-même qui est habitée, on le sait, par cet humanisme d'une rare générosité qu'on retrouve non seulement dans des essais comme ceux de *Fragiles lumières de la terre*[19], mais aussi dans tous ses récits. François Ricard a excellemment résumé cette pensée, ou mieux, dirais-je, ce propos *didactique* (Gabrielle Roy a-t-elle jamais cessé, au fond, d'enseigner?):

> [...] une vision du monde et une attitude morale inspirées de la foi la plus haute en l'homme, ainsi qu'un désir ardent et jamais assouvi de communication, d'échange, de fraternité[20].

Énonciation subjective

Cette tendance à la maîtrise du propos que trahissent à maintes reprises les interventions d'un *je* au seuil de certains récits à la troisième personne, bref, ce goût de prendre la parole ne se réalise pleinement que dans l'énonciation subjective. C'est au sein d'une narration homodiégétique où la vision est d'emblée intérieure que le propos de la narratrice régienne pourra se déployer en toute liberté. Pourtant, même lorsque le *je* est à la barre du texte, certaines contraintes narratives peuvent créer des obstacles au plein épanouissement de l'écriture. Toutes les nouvelles en question ont en commun d'être à saveur sinon à teneur autobiographique: on verra qu'il n'est pas toujours facile de trouver le ton juste lorsqu'on s'engage sur les traces de l'autobiographie. J'ai distingué plus haut trois formes de

---

19. *Op. cit.*, voir note 13.
20. François RICARD, «Note», dans Gabrielle ROY, *Fragiles lumières de la terre, op. cit.*, p. 11.

narration à la première personne sur lesquelles je vais maintenant revenir, exemples à l'appui.

Une précision de l'auteure, dans l'avant-propos d'*Un jardin au bout du monde*, nous permet de rattacher «Un vagabond frappe à notre porte[21]» à l'époque sinon au style de *Rue Deschambault*. On y reconnaît la couleur autobiographique et, cette fois, à la différence de «De quoi t'ennuies-tu, Eveline?», la narration à la première personne. Mais des dissemblances capitales obligent à distinguer cette nouvelle de celles qui relèvent du «cycle» de *Rue Deschambault* et *La route d'Altamont*. Le nom de la protagoniste est Ghislaine Trudeau, ce qui suffit pour la mettre radicalement à distance du personnage de Christine, devenu si familier — et si cher — au lecteur de *Rue Deschambault* et *La route d'Altamont*. Mais surtout, dans «Un vagabond frappe à notre porte», le *je*-narrateur me paraît un simple personnage témoin, plutôt passif, qui s'efface presque complètement devant la figure centrale du «vagabond». En définitive, cette forme énonciative s'avère très différente de celle de *Rue Deschambault* ou de *La route d'Altamont* où, on le verra, le *je* se fait envahissant, passionnément impliqué souvent dans l'affabulation et allant jusqu'au bout de l'expression de soi. À l'occasion, toutefois, dans «Un vagabond frappe à notre porte» — mais sont en cause alors des personnages clés de ces nouvelles —, on note une certaine émotion chez la narratrice, qui admire le geste finale de la *mère* («une chose si simple, si ravissante», p. 58) et qui est touchée surtout par la détresse du *père*: «Dans les yeux de mon père on vit revenir le manque d'amour dans lequel si longtemps il avait dû vivre[22].» (p. 55-56)

Pourtant un tel effacement du *je* est un cas unique, à ma connaissance, dans les nouvelles de Gabrielle Roy. En revanche, le *je* occupe carrément l'avant-scène dans une deuxième forme d'énonciation subjective fondée, cette fois, sur ce que Philippe Lejeune a qualifié de «pacte autobiographique[23]». Il s'agit ici du recueil intitulé *Cet été qui chantait*[24]. Le «pacte» en question postule que, dans le cas de ces nouvelles d'inspiration autobiographique, les instances *auteur-narrateur-personnage* coïncident. Or il me semble qu'il ne saurait y avoir, s'agît-il d'autobiographie, une parfaite congruence entre *auteur* et *narrateur*.

> L'auteur est une personne concrète, qui existe ou qui a existé; le narrateur est un rôle que l'auteur s'invente et qu'il joue, le temps de faire son récit, de raconter son histoire[25].

---

21. Gabrielle ROY, «Un vagabond frappe à notre porte», dans *Un jardin au bout du monde, op. cit.*, p. 7, 11-58.

22. Autres exemples d'analyses plus approfondies de l'attitude du père: p. 12, 14, 23-24.

23. Philippe LEJEUNE, *L'autobiographie en France*, Paris, Armand Collin, 1971, 272 p.

24. Gabrielle ROY, *Cet été qui chantait*, Montréal, Stanké, «Québec 10/10», 1979, 204 p.

25. J.-L. DUMORTIER et Fr. PLAZANET, *Pour lire le récit*, Paris-Gembloux, Duculot, 1980, p. 111. Cité par Michel PAQUIN et Roger RENY, *La lecture du roman*, Belœil, Éditions La Lignée, 1984, p. 88.

Ce «rôle» constitue une instance nouvelle, imaginaire, dont les virtualités imprévisibles restent inconnues de l'auteur lui-même. À plus forte raison le *personnage* est-il lui aussi une créature de l'imagination et, oserais-je affirmer, même dans le cadre d'une autobiographie qui tire une «personne concrète» de sa banale contingence et lui assigne un destin particulier, parfois grandiose, allant jusqu'à lui conférer une stature aussi fictive qu'un portrait de Vélasquez.

Cela dit, le «pacte autobiographique» peut s'avérer une limite gênante dans la mesure où l'auteure se sent tenue à une certaine fidélité au modèle choisi. C'est ce qui explique à mes yeux la faiblesse de la plupart des nouvelles de *Cet été qui chantait*. L'auteure y est trop liée à un certain vécu, moins libre de se laisser aller à la fiction, comme si la *nouvelliste* ici était à la remorque de l'*écrivaine*, c'est-à-dire une auteure réputée, ayant entrepris de raconter sa vie quotidienne dans le Charlevoix, au milieu de ses amis et voisins. Milan Kundera, dans *L'art du roman*, a recours à une distinction du même ordre à propos de Tolstoï entre l'«écrivain», un auteur de tendance moralisatrice, et le «romancier» gratifié d'une «sagesse suprapersonnelle», comme affranchi de ses fâcheuses limites[26]. Dans *Cet été qui chantait*, les nouvelles me paraissent entravées par l'intervention de l'auteure qui donne souvent dans l'artifice littéraire et dans une morale de lieux communs. Trop accusée, la proximité du vécu aura inhibé la nouvelliste: les personnages étant aussi les dédicataires du livre, force est de plaire, de faire bonne impression...

Mais un autre problème se pose, relatif au contenu cette fois. *Cet été qui chantait* nous introduit dans un monde de pur *enchantement* évoquant quelque *Cantique du frère Soleil*. Or, le *je*, projeté par Gabrielle Roy dans cet Éden où bêtes et plantes discourent familièrement avec les humains, me semble gêné aux entournures: les nouvelles ne sont pas alors naïves, avec ce que cela suppose de naturel et de simplicité, elles ont au contraire un petit air fabriqué. Au fond, Gabrielle Roy n'a pas l'âme franciscaine: l'*enchantement* ne lui suffit pas, elle a besoin pour écrire du sentiment d'une certaine *détresse*. *Cet été qui chantait* est plein de fausses notes; l'auteure n'a pas trouvé le ton.

Sauf exceptions. «L'enfant morte» me semble une très belle nouvelle qui, comme *Ces enfants de ma vie* et «L'école de la Petite Poule d'eau», pourrait relever du «cycle» des textes relatifs à l'expérience de l'enseignement, toujours si inspirante pour cette auteure. Celle-ci, d'ailleurs, n'a-t-elle pas eu le sentiment que ce texte était, pour ainsi dire, hors-cadre dans *Cet été qui chantait*? «Pourquoi donc le souvenir de l'enfant morte, tout à coup est-il venu me rejoindre en plein milieu de l'été qui chante?» (p. 179) «Les Îles» sont l'objet d'une hantise profonde: comme la *plaine*, la *route*, les *petites collines*, elles font partie de cet univers imaginaire qui n'en finit plus de solliciter la narratrice: «Je n'ai jamais tant désiré aller quelque part que dans ces petites îles, Berthe.» (p. 195) Enfin, une

---

26. Milan KUNDERA, *L'art du roman*, Paris, Gallimard, 1986, p. 192.

autre hantise, aussi forte, s'exprime dans «Le jour où Martine descendit au fleuve»: l'attrait irrésistible de cette plaine liquide, avec l'immensité de ses «espaces ouverts»: «Si je pouvais encore une fois au moins dans ma vie descendre au fleuve!» (p. 148)

Nonobstant ces quelques nouvelles où la voix narrative a recouvré sa justesse, *Cet été qui chantait* fait globalement figure, à mes yeux, d'accident de parcours. En revanche, dans *Ces enfants de ma vie*[27], non seulement Gabrielle Roy se révèle-t-elle en pleine possession de ses moyens mais, avec une nouvelle comme «De la truite dans l'eau glacée», elle atteint même le sommet de sa forme nouvellière.

Le titre même de *Ces enfants de ma vie* laisserait entendre qu'on s'engage encore dans des textes à dominante autobiographique. Pourtant, la fiction dévore ici la réalité; l'écriture vient mettre en question la rectitude bien-pensante qui affleurait dans *Cet été qui chantait*; pour tout dire, l'auteure est prise de court par la nouvelliste. Certes, la protagoniste est bien, à l'instar de l'auteure, une institutrice, mais qui garde heureusement la distance de l'anonymat, ménageant ainsi la liberté du personnage. De plus, l'itinéraire professionnel suivi par la narratrice est fictif et même à l'opposé de celui qu'a réellement parcouru l'auteure:

> [...] dans les quatre premiers récits, elle enseigne dans une école de la ville d'où elle passe, dans les deux derniers, à une école de village aux confins de la plaine, avant, à la fin du recueil, de rentrer à la ville par le train[28].

L'ordre de présentation confère ainsi au recueil une composition qui bouleverse l'exactitude biographique au profit d'un autre impératif, d'ordre structural: réserver pour la fin un texte aussi redoutable que fascinant, «De la truite dans l'eau glacée», que, pour ma part, je considère comme la nouvelle la plus puissante (et la plus dérangeante) de Gabrielle Roy.

Il s'agit ici, tout compte fait, d'un troisième régime de narration subjective, celui qui gouverne aussi *Rue Deschambault* et *La route d'Altamont*, où les traces autobiographiques sont voilées par la fiction, et qui me paraît, dans l'ensemble des nouvelles, la manière narrative qui réussit le mieux à Gabrielle Roy: libérée du carcan d'un vécu trop factuel, la narratrice accède à la pleine expression de son propos qui inclut alors le contrepoint narratif dont j'ai fait état au début de cet essai ainsi que le prolongement essayiste qui en assure le retentissement. En effet, l'écriture, dans *Ces enfants de ma vie*, se dialectise constamment entre l'enthousiasme rafraîchissant d'une maîtresse d'école débutante (dix-huit ans!) et le présent souvent désenchanté de la narratrice: «Qu'est-ce que nous attendons tous,

27. Gabrille ROY, *Ces enfants de ma vie*, Montréal, Stanké, «Québec 10/10», 1983, 212 p.
28. Jean-Pierre BOUCHER, *Le recueil de nouvelles. Études sur un genre littéraire dit mineur*, Montréal, Fides, 1992, p. 104.

perpétuellement déçus, toujours prêts à recommencer?» (p. 34) Autre exemple, dans «L'alouette», d'un commentaire insistant de la narratrice, qui culmine dans l'énonciation essayiste. Le lecteur doit subir l'intolérable spectacle, dans un hospice, de «la vie qui dit son dernier mot» (p. 52), aboutissant à l'expression d'une décapante ironie:

> Et sans doute y avait-il des indemnes, si de n'être qu'irrémédiablement fripés, ridés, rétrécis, érodés par quelque procédé d'une inimaginable férocité, représentait ici la bonne fortune. (p. 53)

Suit, au présent, le questionnement essayiste, désespérant ici:

> Où donc la vieillesse est-elle le plus atroce? Quand on y est comme ces gens de l'hospice? Ou vue du lointain, depuis la tendre jeunesse qui voudrait mourir à ce spectacle? (p. 53)

Une des images fondatrices des nouvelles de Gabrielle Roy, celle de la *plaine*, devient, dans *Ces enfants de ma vie*, un leitmotiv obsédant. Au début de «La maison gardée» se trahit en clair l'ambivalence qui fait de cette image, par les questions qu'elle ne finit plus de susciter, un véritable catalyseur d'écriture. Depuis sa petite école de campagne sise entre deux mondes, la narratrice cherche à se situer dans son espace existentiel. Côté village, c'est la détresse, la laideur, la médiocrité. Côté plaine, au contraire, «[...] à pleins flots l'espoir me revenait; il me semblait faire face à l'avenir, et cet avenir brillait de la lumière la plus attirante qu'il m'a jamais été accordé de surprendre dans ma vie» (p. 93-94). Plus loin, cependant, alors qu'elle s'est elle-même engagée sur la route avec les enfants, la plaine se mue en «cette espèce de gouffre sans limite où plongeaient [les] petits chaque soir» (p. 102), et la «joie» lumineuse si souvent ressentie devant l'étalement infini de la plaine est obscurcie par un moment de «gravité»: «[Celle-ci] me venait peut-être du pressentiment d'une tristesse cachée au loin dans l'avenir comme cela m'est arrivé maintes fois dans ma vie.» (p. 102) Et, tout naturellement, ce commentaire narratif sur l'ambivalence de la plaine va s'accompagner d'une maxime essayiste: «Les déserts, la mer, la vaste plaine, l'éternité, attirent peut-être surtout, vus des rivages.» (p. 102)

Si la forme de *Ces enfants de ma vie* donne libre carrière à cette plénitude narrative qui caractérise aussi, on le verra, *Rue Deschambault*, le contenu de ces nouvelles y est sans doute pour beaucoup. De toute son âme la narratrice s'est vouée à son beau métier d'institutrice, déjà si heureusement mis en valeur dans «L'école de la Petite Poule d'eau». Cette expérience d'une forme de maternité spirituelle lui paraît plus comblante que la «misère féminine» (p. 119) des grossesses: quoique le démonstratif du titre *Ces enfants...* instaure une certaine distance entre la narratrice et les enfants, le possessif de *ma vie*, en revanche, les ramène au cœur même de son existence. Tout réussit à cette jeune éducatrice éminemment

douée; en dépit de nombreux obstacles, la narratrice finit toujours par sortir gagnante de ses expériences pédagogiques; elle se donne systématiquement le beau
rôle: ne parvient-elle pas à apprivoiser, avec un admirable savoir-faire, et au vu et
au su de tous, les petits Demetrioff rebelles (et jusqu'à Demetrioff père), ce
qu'aucun de ses collègues n'avait pu obtenir...

Mais si tout ici finit bien, en un sens, ce ne sera pas toujours de la façon
convenue. Le mandat d'une institutrice consiste, en principe, à initier les enfants
au savoir et à la vie: la narratrice pouvait-elle prévoir qu'elle recevrait elle-
même une irrésistible leçon de choses? C'est pourtant ce qui se passe dans «De
la truite dans l'eau glacée» où, pour une fois, elle ne sort pas gagnante sur toute
la ligne; où, au contraire, elle est bel et bien prise au piège de l'amour, en dépit
des détours et rationalisations de son discours pour affirmer sa maîtrise de la
situation et détourner l'épisode à son avantage: paradoxalement, c'est le plus beau
récit du livre, le plus long aussi (83 pages), le plus irritant à certains égards par
les subterfuges d'une rectitude bien-pensante qui évite d'appeler les choses par
leur nom. Par bonheur, les bonnes intentions arrivent mal à dissimuler la belle
folie d'une passion qui emporte littéralement l'écriture. L'auteure est prise de
court par la nouvelliste qui s'aventure jusqu'où elle ne voulait pas aller, entraî-
née par une ardente déraison... En fait, cette fois-ci, c'est le texte seul qui sort
gagnant!

Ce chef-d'œuvre mériterait d'être étudié en détail: force est de m'en tenir à
quelques observations. Qu'une institutrice de dix-huit ans, «jolie à ravir» (p. 172),
soit l'objet d'un transfert amoureux de la part d'un élève de quatorze ans, particulièrement mûr pour son âge, et qu'elle aussi, de son côté, tombe amoureuse de
lui: rien là, ma foi, que de très humain. L'histoire a tout le panache d'un romantique coup de foudre: Médéric a surgi dans la vie de la narratrice comme ce jeune
cavalier monté sur un cheval blanc qui, sa noire crinière ondulant au vent, galope
dans la plaine... (On se croirait dans un de ces romans qu'affectionnait Emma
Bovary.) Si inoubliable pour la narratrice est cette vision de Médéric — comme
la révélation d'un premier amour! —, qu'elle resurgit spontanément dans une autre
nouvelle, «L'alouette», évoquée par le petit Nil à la voix miraculeuse: «[...] il
chantait le doux pays perdu de sa mère qu'elle lui avait donné à garder, sa prairie,
ses arbres, un cavalier seul s'avançant au loin dans la plaine» (p. 56). L'institutrice
éprouve un attrait irrésistible pour Médéric: goût de s'asseoir près de lui, de lui
parler les yeux dans les yeux, avec une fois même les genoux qui se frôlent... Le
paysage lui-même se laisse prendre au feu de la passion: «une ligne basse de
buissons embrasés des couleurs de l'automne semblait brûler» (p. 143). Un étrange
jeu de la séduction les absorbe de plus en plus complètement, Médéric et elle,
comme s'ils fussent seuls et que le reste de la classe n'existât plus. Avec quelle
force images et mots trahissent la passion de l'institutrice, «livrée à la mélancolie»
(p. 148), perdue dans sa rêverie, cédant au vertige de la plaine qui l'aspire puis-

samment vers l'interdit: «Ce grand feu bas qui continuait à brûler au bord du ciel me jetait à présent dans un état d'insoumission.» (p. 147)

Suivra, effectivement, la transgression imaginaire, le voyage initiatique avec Médéric — enfin seuls! — vers les fameuses petites collines qu'on retrouve ici, avec la plaine, chargées de connotations érotiques. Après l'ascension ardue des collines — cette *épreuve* exigée par le mythe —, voici enfin, depuis le sommet, la vision inoubliable de la plaine: véritable découverte du monde, transmuée par l'amour, où la narration extatique se prolonge dans le présent de l'écriture et la réflexion essayiste:

> Comment en oublierais-je la vision? Encore aujourd'hui, pour en accueillir le souvenir, mon âme s'élargit d'aise et de bonheur. Qu'y a-t-il dans le spectacle que l'on obtient d'une certaine hauteur pour tant nous satisfaire? Est-ce d'avoir peiné pour le conquérir qui lui donne du prix? Je ne le sais toujours pas. Tout ce que je tiens pour sûr, c'est que je n'ai jamais si bien vu la plaine, son ampleur, sa noble tristesse, sa beauté transfigurée, que ce matin-là, en selle à côté de Médéric, nos deux chevaux tête contre tête. (p. 156-157)

Le secret de cette vision «transfigurée» de la plaine, c'est l'amour, que, même après tant d'années, la narratrice n'arrive pas à nommer sinon par la médiation de ces deux braves chevaux... Toutefois, ce ravissement n'exclut pas toute lucidité: «[Médéric] m'épiait passionnément, n'ayant cessé de me contempler qui contemplais la plaine» (p. 157). Comment la narratrice l'eût-elle su si elle n'avait été avertie par son propre désir? Mais il était écrit que, chez Gabrielle Roy, le mot et la chose resteront toujours l'objet d'un tabou:

> Il me revient [...] maintenant que les instants de pure confiance que j'ai connus dans ma vie ont tous été liés à cette sorte d'imprécision heureuse que nous avons eu le bonheur de connaître, Médéric et moi, du haut de l'étroit plateau aménagé en belvédère au faîte des collines. (p. 158)

En clair, il s'agit bien d'*amour*, mais il fallait, pour que cette passion puisse être écrite, qu'elle fût ainsi médiatisée par le paysage exaltant, et donc vécue dans «cette sorte d'imprécision heureuse» qui permît d'y toucher sans danger, en «pure confiance». Ce mode rassurant d'écriture, qui puise d'ailleurs dans un imaginaire d'une saisissante beauté, donnera même accès à l'union amoureuse, médiatisée cette fois par les truites dans l'eau glacée — d'un érotisme transparent, presque à découvert, où l'écriture régienne se relâche étonnamment de sa prudence habituelle.

Impossible de ne pas faire mention, dans le même sens, de l'extraordinaire voyage en berline où Médéric et l'institutrice, pourtant assaillis par une tempête aux accents wagnériens, éprouvent un étrange bonheur:

> Et nous nous sommes regardés, Médéric et moi, dans la demi-obscurité de la
> berline, les yeux luisants de l'heureuse surexcitation de nous voir livrés
> ensemble à la passion grondante du ciel et de la terre. (p. 168)

C'est au mythe que l'on atteint ici, lorsque les amoureux, comprenant qu'ils sont
«perdus», accueillent cette constatation comme un dénouement heureux: la narratrice rêve qu'on retrouvera, «la tourmente passée, deux pures statues, les cheveux
et les cils poudrés de frimas, intacts et beaux!» (p. 181).

Pour bien comprendre la remarquable intensité de cette nouvelle ainsi que le
discours volubile, inspiré, complexe aussi de la narratrice, on doit s'aviser, comme
je l'ai déjà mentionné, que l'amour physique, le désir sont, dans l'œuvre de
Gabrielle Roy, marqués d'une forte négativité. Je pense à *Bonheur d'occasion*, à
La rivière sans repos, à *Alexandre Chenevert*. La seule manière de faire passer «le
grand sujet gênant» effleuré dans *Alexandre Chenevert*[29], c'est de ménager des
circonstances (bien) dites atténuantes ou encore des truchements symboliques;
c'est ce qui se produit dans «La tempête» (Rue Deschambault) et surtout dans ce
récit d'une rare perfection littéraire qu'est «De la truite dans l'eau glacée». Même
alors, le discours de la narratrice a recours à toutes les rationalisations et les
déplacements possibles pour éluder la vérité des sentiments. «Retranchée dans (sa)
fonction» (p. 201), celle-ci va s'efforcer d'assumer une pose vertueuse lorsque
Médéric revient, après une longue absence:

> Je retournai pourtant m'asseoir à mon pupitre, me disposant à l'accueillir
> avec des marques de plaisir tempérées par la dignité de mon rôle. Mon cœur
> n'en cessait pas moins de se débattre. (p. 197)

L'ambiguïté persiste: en s'étonnant, dirait-on, de ne point vouloir renoncer à l'emprise qu'elle a eue sur son élève, l'institutrice va s'attribuer une vocation sublime:
«Mais qu'est-ce donc à la fin que je désirais sinon d'être adorée à distance comme
une bonne étoile qui guide à travers la vie, enfant que j'étais moi-même!» (p. 210)
C'est le plus loin que la narratrice puisse aller vers la lucidité sans faire l'aveu
d'un amour qui, ayant franchi la frontière du désir, est irrémédiablement frappé
d'interdit.

Pour terminer, j'insisterai sur une dernière manifestation de ce troisième
régime narratif de l'énonciation subjective: *Rue Deschambault* et *La route d'Altamont*[30]. Je situe ces recueils au sommet de la technique narrative qu'a pratiquée
avec le plus de bonheur Gabrielle Roy car, fussent-ils à saveur sinon à teneur
autobiographique, ils relèvent décidément de la fiction. La protagoniste s'appelle

---

29. Gabrielle ROY, *Alexandre Chenevert*, Montréal, Beauchemin, 1954, p. 155.
30. Gabrielle ROY, *Rue Deschambault*, Montréal, Stanké, «Québec 10/10», 1980; *La route
d'Altamont*, *op. cit.*, note 7.

Christine, ce qui déjà la situe en marge de la réalité biographique. De plus, *Rue Deschambault* comporte un avertissement de l'auteure que la critique doit prendre en compte: «Certaines circonstances de ce récit ont été prises dans la réalité; mais les personnages et presque tout ce qui leur arrive sont jeux de l'imagination.» (p. 6)

Au moment où j'écris ceci, à quelques mètres du lac Équerre, près de La Minerve, je tombe sur un passage de *La route d'Altamont* où la petite Christine est émerveillée elle aussi par la vue d'un lac, le grand lac Winnipeg. «Je n'en revenais pas. En suis-je jamais revenue au reste? Et revient-on jamais, au fond, d'un grand lac?» (p. 116-117) En trois phrases on a glissé du point de vue de l'enfance à celui de l'adulte puis à l'énonciation essayiste. À plusieurs reprises, la narratrice adulte va faire écho à ce bonheur intense, dans une sorte d'arrêt contemplatif. «Tu es bien?» demande monsieur Saint-Hilaire, «ce vieil enfant» (p. 96), à la petite Christine absorbée dans la contemplation du lac Winnipeg.

> Ah, sans doute l'étais-je comme jamais encore je ne l'avais été, mais justement cette joie inconnue était comme trop grande, elle me tenait suprêmement étonnée. Par la suite, j'ai appris évidemment que c'est le propre même de la joie, ce ravissement dans l'étonnement, ce sentiment d'une révélation à la fois si simple, si naturelle et si grande pourtant que l'on ne sait trop qu'en dire, sinon: «Ah, c'est donc cela!» (p. 116)

La narratrice, on le voit, assume la pleine conscience du récit, à l'instar (à la place!) de cet essayiste ou critique dont parle Lukács. Plus loin, d'ailleurs, pendant que dorment le vieillard et l'enfant, c'est encore la narratrice adulte qui littéralement *veille* et tient des propos de sagesse existentielle qui vont bien au-delà de l'entendement des protagonistes, des paroles d'essayiste à l'accent pascalien: «Oh, que cet univers est donc étrange où nous devons vivre, petites créatures hantées par trop d'infini!» (p. 146). Plus loin encore, dans «Le déménagement», autre nouvelle de *La route d'Altamont*, le discours de l'essai donne ou mieux impose d'emblée à l'histoire un certain ton:

> J'ai toujours pensé du cœur humain qu'il est un peu comme la mer, sujet aux marées, que la joie y monte en un flux progressif avec son chant de vagues, de bonheur, de félicité, mais qu'ensuite, lorsque se retire la haute mer, elle laisse apparaître à nos yeux une désolation infinie. Ainsi en fut-il ce jour-là de moi. (p. 179)

Transportons-nous dans un véritable univers de «désolation infinie» que l'auteure, avec une prudence instinctive, aura préféré aménager dans le cadre d'une nouvelle plutôt que dans celui d'un roman, car il est loisible à la nouvelliste d'ouvrir et de clore à son gré un texte qui courrait trop de risques dans les libres expansions d'un roman: je pense à «Petite misère» et à «Alicia», dans *Rue*

Deschambault. Le début de «Petite Misère» est marqué par une grande tension entre le père et sa fille. A-t-on idée de surnommer une enfant «Petite Misère»! Ce texte est violent. Les premières lignes expriment le désaveu intérieur du père par l'enfant, en des termes d'une rare agressivité: «Ah non! je ne suis pas misère. Jamais je ne serai comme toi!» (p. 37) Mais le second désaveu — celui de l'enfant par le père — est plus violent encore: une véritable gifle verbale.

> Son visage agité, ce jour-là, m'avait paru terrifiant. Il me menaçait de sa main levée; mais, incapable de se décider à me frapper, il me jeta comme un reproche éternel:
> — Ah! pourquoi ai-je eu des enfants, moi! (p. 37-38)

À l'intolérable tension de cette situation initiale fera pendant une situation terminale qui n'a rien du *happy end* qu'eût représenté la réconciliation du vieil homme et de sa Petite Misère. Non, la tension est toujours vive à la fin, mais il y aura eu, malgré tout, une certaine rencontre de ces deux êtres à la «bien triste fête» de l'indigeste repas final, chacun des deux ayant consenti à faire quelques pas en direction de l'autre. Mais, surtout, suite à l'intuition chez la Petite du lourd chagrin paternel, il s'est produit comme un dépassement ou un approfondissement de la tension, exprimé d'inoubliable façon dans la chute de cette nouvelle: «[...] et, plus tard, quand il vint m'apporter un remède, il y avait sur son visage une telle douleur que, parfois, je l'imagine immortelle» (p. 45).

Le contrepoint narratif joue ici à plein. Certes, on assiste aux réactions primaires de l'enfant face à cet intolérable déni de paternité: c'est la fuite au grenier et l'instinct suicidaire du «visage collé au plancher». Mais la narratrice sage ou, pour ainsi dire, l'essayiste de service, veille plus que jamais au grain, et elle a fort à faire pour débusquer le sens! Il y a tous ces passages qui cherchent à comprendre (à excuser) la conduite du père:

> J'ai compris plus tard que craignant sans cesse pour nous le moindre et le pire des malheurs, il aurait voulu tôt nous mettre en garde contre une trop grande aspiration au bonheur. (p. 37)

Ou encore, ces réflexions sur la psychologie enfantine:

> Les parents peuvent croire que de telles paroles, bien au-delà de l'entendement des enfants, ne leur font pas de mal; mais parce qu'elles ne sont qu'à moitié intelligibles pour eux, les enfants les creusent et s'en font un tourment. (p. 38)

Mais surtout il y a l'admirable commentaire de la fin: réverbération et grandissement du sens à la hauteur d'un mythe éternel de la détresse: «[...] il y avait sur son visage une telle douleur que, parfois, je l'imagine immortelle» (p. 45). Affranchie de la temporalité, l'énonciation essayiste fait éclater les limites d'une époque révolue.

Piété et pitié filiales ne sont plus au rendez-vous dans «Alicia» où le dédoublement narratif sert d'autres fins. D'entrée de jeu, au présent de l'écriture, la narratrice y va d'une confidence lourde de sens: «Il faut bien que je raconte aussi l'histoire d'Alicia; sans doute est-ce celle qui a le plus fortement marqué ma vie; mais comme il m'en coûte!...» (p. 165) (Plus que jamais, le découpage en nouvelles répond à un instinct de sécurité face à l'univers risqué de l'enfance...) La démence croissante de sa sœur bien-aimée — «notre Alicia aux grands yeux bleu sombre» — inquiète et parfois terrifie la Petite. Mais on ne parle pas de ces choses-là, n'est-ce pas, surtout pas devant les enfants! Le ressentiment de la narratrice, jadis assujettie à cette rectitude bien-pensante, se donne vraiment libre carrière en prenant pour cible le monde des adultes, ces *ils* stigmatisés par l'italique vengeresse, et dont l'anonymat permet d'inclure les parents tout en les occultant:

> Ils (je veux dire les adultes) me protégeaient de la vérité. Ils me disaient qu'Alicia n'avait rien. Est-ce cela l'enfance: à force de mensonges, être tenue dans un monde à l'écart? (p. 166)

On aura remarqué, au présent éthique, le commentaire essayiste avec sa portée généralisante. Jusqu'à la fin le dédoublement narratif va souligner amèrement le mensonge des adultes, en des termes qui débordent largement le destin d'Alicia et la perception d'une enfant. Révoltée, la narratrice s'est muée en conscience essayiste du récit:

> Elle est morte quelques mois plus tard. *Ils* l'ont enterrée comme on enterre tous les gens, qu'ils soient morts le jour de leur mort ou longtemps avant, à cause de la vie peut-être... Quelle différence peut-il y avoir là?... Et pourquoi ont-ils dit d'Alicia que Dieu... en venant la chercher... lui avait fait une grâce?... (p. 180)

S'il est relativement facile de distinguer l'adulte et l'enfant dans «Petite misère» et dans «Alicia», on assiste, dans «La Voix des étangs», à une curieuse et très significative fusion des perspectives narratives: celle de l'adolescente est prise en charge par celle de la narratrice écrivaine, ce qui confère à cette dernière, en dépit du *je* de la narration homodiégétique, l'attribut d'une omniscience:

> Il me semblait que j'étais à la fois dans le grenier et, tout au loin, dans la solitude de l'avenir; et que, de là-bas, si loin engagée je me montrais à moi-même le chemin, je m'appelais et me disais: «Oui, viens, c'est par ici qu'il faut passer...» (p. 244)

Plus étonnant encore, les deux Christine sont identiques au point d'avoir la même apparence physique, de porter le même vêtement!

> Or, cette autre moi-même qui dans l'avenir m'invitait à l'atteindre, cette autre moi-même, ô douceur de l'ignorance! était vêtue comme je l'étais ce soir d'un blouson de serge bleu marine à grand col matelot, elle avait le même jeune visage un peu pensif, appuyé au creux d'une main, et n'avait pas vieilli. (p. 245)

Tout se passe donc, dans «La voix des étangs», comme si c'était la Christine de l'avenir qui, depuis le présent de l'écriture, attirait vers elle la Christine adolescente! Cette étonnante manipulation du temps a la vertu de rendre manifeste l'irrésistible destin de l'écrivain, «commandement», en effet, plutôt que «don», comme l'a si bien pressenti la mère de Christine. À cette remémoration douce-amère de la vocation à l'écriture fera écho, dans un présent intemporel, une affirmation essayiste très appuyée sur la profonde communion humaine réalisée par l'écriture:

> J'avais été l'enfant qui lit en cachette de tous, et à présent je voulais être moi-même ce livre chéri, cette vie des pages entre les mains d'un être anonyme, femme, enfant, compagnon que je retiendrais à moi quelques heures. Y a-t-il possession qui vaille celle-là? Y a-t-il un silence plus amical, une entente plus parfaite? (p. 245)

Conclusion

Au cours de sa pratique des divers registres de la nouvelle, Gabrielle Roy a découvert ce que j'ai appelé le contrepoint narratif. Autrement dit, elle a créé une forme-sens qui efface, pour ainsi dire, les limites de nos catégories génériques en les amenant à se dialectiser, si bien que j'ai pu proposer de lire, dans la plupart des nouvelles relevant de l'énonciation subjective, une forme d'essai, toujours à suivre, sur la détresse et l'enchantement de la vie. La narratrice régienne m'a paru alors assumer elle-même cette fonction de conscience critique du récit que Lukács, dans *L'âme et les formes*, avait confiée à l'essayiste. C'est elle qui joue ce rôle dans son commentaire de l'affabulation, dans la façon qu'elle a de répercuter et d'amplifier l'histoire, de lui conférer une profondeur et une portée qui l'inscrivent dans la permanence extra-temporelle de l'essai. Grâce à ces observations essayistes, à cette puissante accentuation du sens, les nouvelles de Gabrielle Roy atteignent à une plénitude; elles sont complètes; elles se suffisent à elles-mêmes. J'ai attribué cet effet de sens à une forme d'hybridité textuelle où l'essai s'insinue dans le récit et vient l'enrichir de son pouvoir illuminant. Dès lors on s'explique que ces récits soient si contagieux: menés par une narratrice habitée par un intense

questionnement existentiel, ils interpellent vivement lecteurs et lectrices, ils susci-
tent chez eux une audience passionnée. Dans ces nouvelles, on lit bien sûr une
histoire mais, du même coup, grâce au *retentissement* provoqué par cette dialectique particulière du récit et de l'essai, on est constamment invité à une dérangeante prise de conscience.

IDENTITÉ / ALTÉRITÉ:
LES NOUVELLES D'ANNE HÉBERT

Neil B. Bishop
MEMORIAL UNIVERSITY OF NEWFOUNDLAND

Nouvelle éponyme célèbrissime que ce «Torrent» qui ouvrait la première édition du recueil paru en 1950, et que la critique n'a cessé d'aborder fort fructueusement[1]. Mais l'œuvre d'Anne Hébert comporte aussi, moins mises en lumière, les autres nouvelles du *Torrent*: «L'ange de Dominique», «La robe corail», «Le printemps de Catherine», «La maison de l'Esplanade», «Un grand mariage» et «La mort de Stella». Enfin, méconnues: *La canne à pêche* (film ONF, 1959), «Shannon», «Un dimanche à la campagne» et «Le silence» (parues en revue en 1960, 1966 et 1971 respectivement)[2].

---

1. Alexandre AMPRIMOZ, «Sémiotique de la segmentation d'un texte narratif: "La mort de Stella" d'Anne Hébert», *Présence francophone*, nº 19, automne 1979, p. 97-105; Jean-Pierre BOUCHER, «Nouvelle éponyme en ouverture: *Le torrent* d'Anne Hébert», dans *Le recueil de nouvelles. Études sur un genre littéraire dit mineur*, Montréal, Fides, 1992, p. 25-37; Robert HARVEY, «Kamouraska *d'Anne Hébert: une écriture de la passion suivi de Pour un nouveau* Torrent», Montréal, Hurtubise HMH, «Cahiers du Québec collection Littérature», 1982, p. 129-184; Laure HESBOIS, «Schéma actantiel d'un pseudo-récit: "Le torrent" d'Anne Hébert», *Voix et images*, vol. 13, nº 1, automne 1987, p. 104-114; Gilles HOUDE, «Les symboles et la structure mythique du *Torrent*», *La Barre du jour*, nº 20, octobre-décembre 1968, p. 22-46; nº 21, septembre-octobre 1969, p. 26-88; René JUÉRY, «Récit et discours de "La robe corail"», dans R. JUÉRY et S.A. THÉRIAULT, *Approches structurales de textes*, Hull, Asticou, 1980, p. 127-232; Pierre Hervé LEMIEUX, «La symbolique du "Torrent" d'Anne Hébert», *Revue de l'Université d'Ottawa*, vol. 43, nº 1, janvier-mars 1973, p. 114-127; Gilles MARCOTTE, «*Le torrent* d'Anne Hébert», *Le Devoir*, 25 mars 1950, p. 60; Gilles MARCOTTE, «Réédition d'un grand livre: *Le torrent*, d'Anne Hébert», *La Presse*, 18 janvier 1964, p. 6; Constantina MITCHELL, «La symbolique de la surdité dans "Le torrent" d'Anne Hébert», *Québec Studies*, nº 8, 1989, p. 65-72; Max ROY, «*Le torrent*, recueil de nouvelles d'Anne HÉBERT», dans *Dictionnaire des œuvres littéraires du Québec*, sous la direction de Maurice LEMIRE, t. III, *1940-1959*, Montréal, Fides, 1982, p. 1007-1011; Lucille ROY-HEWITSON, «Anne Hébert: "Le torrent" ou l'intégration au cosmos», *The French Review*, nº 53, 1980, p. 826-833; Catherine RUBINGER, «Actualité de deux contes-témoins: "Le torrent" d'Anne Hébert et "Un jardin au bout du monde" de Gabrielle Roy», *Présence francophone*, nº 20, printemps 1980, p. 121-126; Delbert W. RUSSELL, *Anne Hébert*, Boston, Twayne, «Twayne's World Authors» nº 684, p. 15-31, 47; Pierre-Louis VAILLANCOURT, «Sémiologie d'un ange, étude de "L'ange de Dominique" d'Anne Hébert», *Voix et images*, vol. V, nº 2, 1980, p. 353-363.

2. Sur les éditions du recueil et la publication de certaines nouvelles en revue, voir Max ROY (ci-dessus note 1). Nos références renvoient à la plus récente édition: Anne HÉBERT, *Le torrent*, introduction de Robert Harvey, Montréal, Bibliothèque québécoise, 1989. Les autres textes d'Anne Hébert que nous étudierons ici sont *La canne à pêche* (film de Fernand Dansereau, Office national du film du Canada,

Pourquoi ce double glissement hébertien: de la nouvelle au roman, et du Québec à la France? L'avant-dernière nouvelle, «Un dimanche à la campagne», date de 1966, l'année même de l'installation d'Anne Hébert à Paris; ensuite, le flux romanesque semble avoir remplacé la production nouvellistique. Hormis «Le silence», toutes les nouvelles ont été d'abord publiées au Québec, tous les romans l'ont été en France. La répartition des lieux de rédaction des textes est sans doute assez semblable. En outre, la période de chevauchement entre les deux pays de résidence (1954-1966) correspond largement à l'époque du chevauchement entre les deux genres: seul le premier roman — *Les chambres de bois* (1958) — précède «Un dimanche à la campagne». Bref: la nouvelle appartiendrait à la période de résidence québécoise d'Anne Hébert, alors que ses romans dateraient de sa vie française (mais ils restent, sauf exception, intensément québécois par leurs thèmes et leurs cadres fictifs, cadres renvoyant même plus explicitement au Québec, le plus souvent, que ceux des nouvelles).

Coïncidence, cette co-incidence entre le glissement de la nouvelle au roman et le changement de pays? *Identité, altérité*: leur dialogue, leur dialectique sont sûrement liés à ce double glissement géographico-générique, biographico-littéraire que nous ne pouvons ici qu'effleurer. Mais heureusement — car ce sont au premier chef les textes qui nous intéressent — c'est bien aussi cette dialectique qui relie les unes aux autres les nouvelles d'Anne Hébert.

> — Le monde n'est pas beau, François. Il ne faut pas y toucher. Renonces-y tout de suite, généreusement. Ne t'attarde pas. Fais ce que l'on te demande, sans regarder alentour. Tu es mon fils. Tu me continues. (T, p. 26)

L'interdiction de toucher au monde, dans ces phrases du «Torrent», est mutilante, car normalement, c'est par le contact contrastant avec ce qui l'entoure, dont surtout sa mère, que le sujet construit son identité. Les propos de Claudine interdisent à François et l'un et l'autre. Pourtant, se découvrir grâce à la découverte de l'autre fut l'objet de la première tentative de François de se libérer des diktats maternels:

> Ce désir que j'avais augmentait de jour en jour et me pesait comme une nostalgie. Voir de près et en détail une figure humaine. Je cherchais à examiner ma mère à la dérobée; mais, presque toujours, elle se retournait vivement vers moi et je perdais courage.
>
> Je résolus d'aller à la rencontre d'un visage d'homme, n'osant espérer un enfant et me promettant de fuir si c'était une femme (T, p. 22).

1959); «Shannon», *Châtelaine*, vol. 1, n° 1, octobre 1960, p. 34-35, 77-80, 82-85; «Un dimanche à la campagne», *Châtelaine*, vol. 7, n° 9, septembre 1966, p. 38-39, 125-151; «Le silence», *Le Figaro littéraire*, n° 1285, 4-10 janvier 1971, p. 23-25. Sigles: T = *Le torrent*, CP = *La canne à pêche*, SH = «Shannon», DC = «Un dimanche à la campagne», LS = «Le silence».

La problématique de l'identité conditionnera tout le reste de la nouvelle. Amica résiste farouchement aux tentatives de François de la soumettre à sa volonté, elle demeure irréductiblement l'*autre*, d'où un rapport condamné au conflictuel — car François s'est introjecté l'ordre maternel et a donc fait sienne cette règle: autrui n'est tolérable que s'il renonce à son altérité même, comme François a fini par devenir Claudine. Fusion mère-fils que n'a pu empêcher le meurtre de Claudine lors du déchaînement de la révolte de François.

Toutefois, François passe toujours plus de temps dans la nature. Est-ce qu'il progresse vers la découverte d'une identité propre, grâce à la découverte contrastante du monde qui l'entoure? Hélas! il restera incapable d'opérer cette démarcation, car la nature l'a envahi:

> [...] j'entendais en moi le torrent exister, notre maison aussi et tout le domaine. Je ne possédais pas le monde, mais [...] une partie du monde me possédait. Le domaine d'eau, de montagnes et d'antres bas venait de poser sur moi sa touche souveraine. (T, p. 32)

Après la mort de Claudine, la fusion entre François et la nature s'accusera:

> [...] je suis identifié au paysage. Livré à la nature. Je me sens devenir un arbre ou une motte de terre. La seule chose qui me sépare de l'arbre ou de la motte, c'est l'angoisse. [...]
>
> La pluie, le vent, le trèfle, les feuilles sont devenus des éléments de ma vie. Des membres réels de mon corps. Je participe d'eux plus que de moi-même. (T, p. 38)

La fusion finale surgira en fin de nouvelle, quand François, ayant imaginé («en moi», «dans les chutes») la destruction de la maison maternelle dans le torrent mais aussi la permanence de sa mère et de son autorité en lui, décide de s'y «perdre» (T, p. 56). D'ailleurs, le texte fait de la nature un lieu féminin/maternel, vu la prédominance de l'«eau sous toutes ses formes, depuis les calmes ruisseaux jusqu'à l'agitation du torrent» (T, p. 22). François n'aura jamais réussi à se trouver comme sujet autonome doté de son identité propre, malgré sa courageuse révolte contre le projet maternel de le transformer en prêtre, malgré même son matricide.

L'héroïne de «L'ange de Dominique» se révolte contre l'identité que le réel lui impose en la confinant dans un fauteuil roulant, et cherche à se construire une identité autre, un être qui saurait danser, voler. Rêve qui prend la forme du jeune Ysa qui persuadera Dominique qu'elle peut danser, et qu'elle suivra jusqu'à en mourir. Comme dans «Le torrent», un personnage impose sa volonté à un autre (même si Ysa est pur produit de l'imagination de Dominique, car elle est dès lors subjuguée, puis tuée, par l'autre-en-elle):

> Tout d'un coup elle a la conscience aiguë de se trouver dans le rayonnement

> immédiat et physique d'Ysa [...] sous la puissance directe de ses yeux. Cette
> attraction l'entoure, la pénètre avec une telle force qu'elle semble émaner de
> son centre vital à elle, Dominique. Ysa vit. Il possède Dominique et la meut
> comme sa propre vie. (T, p. 79)

La tentative par Dominique de conquérir sa propre identité, tout comme la révolte
de François, s'achève dans la mort.

Dans «La robe corail», l'identité imposée inflige toujours son étau: «Trico-
tez! Vous êtes au monde pour cela» dira sa patronne à Émilie (T, p. 91). Mais
Émilie rencontre un homme, «grand gars de retour des chantiers» (T, p. 84), et
voudra revêtir une identité d'amoureuse:

> Dans la chambre sans glace, en imagination, Émilie scrute son visage. Elle
> s'interroge, s'inquiète, et soudain l'image claire d'un autre visage la console,
> telle une apparition de saint: Gabriel, revenant des chantiers, la peau brûlée,
> les yeux luisants comme des rivières délivrées après la débâcle du printemps.
> (T, p. 85)

Après une nuit de fusion amoureuse, elle souhaite se coller encore à ce rêve
devenu fugace réalité — mais «Gabriel a remis son makina. Il paraît soucieux,
pressé de rentrer. [...] Il ne la porte plus dans ses bras [...]» (T, p. 89). Émilie «ne
se sent pas le courage de continuer sa tâche asséchée — ni de tricoter un autre
rêve» (T, p. 91). Rien d'étonnant à cela: loin de se définir par contraste avec
l'autre, elle a cherché la fusion, restant ainsi un être relatif plutôt qu'un sujet
autonome. La fin de cette nouvelle pose de façon explicite la problématique de
l'identité:

> Émilie a beau vouloir s'anéantir, en elle ne peut s'effacer cette rencontre
> avec son âme, alors qu'elle s'est aperçue qu'elle pleurait.
>
> Le travail n'a pu tuer le loisir du cœur. Émilie garde encore intactes en
> elle l'attente, et la foi au miracle.
>
> Alors, un jour, elle a senti que son âme se tenait toute tranquille. Émilie
> s'est aperçue qu'elle priait. (T, p. 91-92)

Ce passage affirme qu'Émilie s'est «retrouvée», a trouvé son identité («son âme»)
grâce à la rencontre avec l'autre. Mais quels sont dès lors l'objet de «l'attente» et
du «miracle»? Cette nouvelle — un des plus anciens textes publiés d'Anne Hébert
— relève d'une confuse conformité avec l'idéologie clérico-conservatrice du
Québec traditionnel. «Conformité», car la libération du sujet dépendrait de l'action
d'on ne sait quelle grâce, d'un miracle extérieur au sujet. «Confuse», car «La robe
corail» présente pourtant Émilie comme ayant raison de chercher à sortir de sa
sujétion pour connaître le bonheur.

Savoureuse est la juxtaposition de «La robe corail» et du «Printemps de

Catherine». Émilie et Catherine paraissent sœurs à bien des égards: même morne vie de travail (de tricot pour Émilie, de couture pour Catherine), même sujétion, même espoir d'une vie autre. Toutefois, ces personnages-sœurs diffèrent aussi au point de faire du «Printemps de Catherine» l'antonyme de «La robe corail». Si Émilie espère doucement, et fait le doux travail de la laine dans l'espoir que Gabriel la remarquera, si, à la fin de la nouvelle, elle est en pleine conformité avec l'idéologie régnante, Catherine, par contre, couchera avec un très jeune soldat, pour ensuite lui enfoncer un couteau dans la gorge:

> [...] il ne me verra pas, dégrisé. Je n'entendrai pas le son de son rire humilié, quand il m'apercevra et constatera sa méprise. Il ne saura pas qu'il a étreint la Puce à la tête de mort, la risée et le dédain de tous. (T, p. 105)

Catherine a non pas une prière mais un cri de révolte intérieur, anti-prière parodique: «Délivrez-moi de mon pain quotidien! Que je touche au mal, puisque c'est la seule brèche par laquelle je puisse atteindre la vie!» (T, p. 99)

Catherine tue dans un acte de révolte contre son identité imposée, mais la conséquence en est le maintien de son exclusion à tout jamais de toute grâce: «Dans cet œil bleu qui se fige pour toujours, un instant elle a vu luire je ne sais quelle enfance, jardin d'où elle demeure à tout jamais chassée» (T, p. 105). Cet «à jamais chassée» signale une opposition fondamentale entre «La robe corail» et «Le printemps de Catherine». «La robe corail» (1938) appartient encore à la mouvance chrétienne: la grâce, le salut y sont encore possibles, Dieu est dans son ciel, prêt à exaucer la prière. Dans «Le printemps de Catherine» (1946-1947), contrairement au dogme chrétien, nulle possibilité de pardon, ni donc de retour en grâce, ne semble s'offrir à la protagoniste. Ce contraste entre les deux nouvelles signifie que le passage de l'une à l'autre relève du partage des eaux, d'une nouvelle vision du monde: le problème de définir son identité s'en complexifie...

«La maison de l'Esplanade» introduit le puissant thème hébertien de l'opposition entre riches et pauvres, entre les haute et basse villes de Québec. Univers différent de celui des nouvelles précédentes: le cadre spatial est une vraie ville; le cadre social prédominant — une vieille bourgeoisie bien campée parmi ses meubles, ses certitudes et son (auto)suffisance — affleurait à peine dans les nouvelles précédentes par le biais de madame Pichon qui, dans «Le printemps de Catherine»,

> a fait poser des housses sur tous ses fauteuils. Ensuite, après le départ de sa bonne, elle a elle-même distribué, d'une façon précise et sans précipitation, la naphtaline, là où il le fallait. (T, p. 95)

Milieu social qui accède au premier plan dans «La maison de l'Esplanade». L'opposition identité-altérité se manifeste en raison du comportement de Charles de Bichette qui, ayant «voulu se mésallier avec une fille de la Basse-Ville», a été «déshérité» par son père (T, p. 116) au profit de sa sœur célibataire Stéphanie-

Hortense-Sophie de Bichette. Charles, dont la noblesse d'âme n'est pas le point fort (comme en témoigne son unique objet du désir: que sa sœur meure pour que lui hérite), appartient tout de même à cette catégorie de personnages hébertiens par excellence, celle des transgresseurs et des marginaux (tantôt marginaux parce que transgresseurs — c'est le cas de Charles; tantôt transgresseurs parce que marginalisés par la société qui les entoure — c'est le cas de Catherine dans son printemps sanguinaire, et de François-le-matricide).

Charles a transgressé l'ordre patriarcal et, pour avoir voulu exercer librement sa sexualité avec la femme de son choix, s'est vu amputé de la fortune familiale comme du rôle de chef de famille. Rôle dévolu à deux femmes: à sa sœur Stéphanie, directement; et indirectement, à la servante Géraldine. Celle-ci est l'enthousiaste défenseur de l'ordre social traditionnel. Elle éprouve pour Charles et pour tout habitant de la Basse-Ville (dont elle est pourtant vraisemblablement originaire) un mépris aigu. Géraldine trouve une vive satisfaction à son (apparente) inversion de statut qui fait d'elle celle qui octroie l'identité bourgeoise ou qui inflige l'altérité et donc l'exclusion sociales:

> Monsieur Charles a voulu se mésallier avec une fille de la Basse-Ville... Monsieur son père l'a déshérité, et, moi, j'ai fermé sa chambre comme on ferme celle des morts. [...] moi, je veux lui faire sentir que je jouis de son humiliation, moi, la servante. Je sais qu'il est pauvre et que c'est sa punition pour avoir désobéi à monsieur de Bichette. [...] Gueux, va! (T, p. 116)

Illusion de pouvoir qui aboutit au fantasme de la revanche totale sur cette famille (et métonymiquement sur cette classe): «Et Géraldine veillait, en rêvant que la mort avait clos toutes les portes de la vieille demeure.» (T, p. 120) Revanche? Fusion plutôt, puisque Géraldine se rêve ainsi une identité autre, de bourgeoise absolue — ou est-ce du bourgeois, du *pater familias* bourgeois dont elle a hérité une partie du pouvoir? En témoigne cette clé (d'un évident symbolisme phallique) avec laquelle elle a pour ainsi dire châtré Charles, le privant à la fois de sa chambre et de sa fonction paternelle.

Altérité, identité se heurtent encore ici. Géraldine, autre (domestique) par rapport à ses maîtres, s'identifie à cet autrui, veut s'y fusionner au point de s'identifier au maître-Père. Pour atteindre l'identité qu'elle désire, elle deviendrait l'autre, tant socialement que sexuellement. Rêverie donc d'une *identité altérante*, d'une *altérité identitaire*. Charles, par contre, en transgressant, en se marginalisant, est malgré lui devenu l'autre socio-sexuel; il ne rêve que de réintégrer le royaume du même (de l'identité bourgeoise).

«Un grand mariage» conjugue plusieurs formes de l'opposition identité-altérité, car au conflit sexuel et aux luttes entre identité bourgeoise et altérité non bourgeoise, ou encore entre Haute-Ville et Basse-Ville de «La maison de l'Esplanade», s'ajoute un choc «racial».

Dans «Un grand mariage», le personnage d'Augustin Berthelot, originaire de la Basse-Ville de Québec, ayant réussi au «Grand Nord», revient à Québec en 1890 pour revêtir une identité nouvelle de bourgeois de la Haute-Ville, d'autant plus qu'il y épouse une jeune fille à particule — consécration de la réussite pour les bourgeois du XIXᵉ siècle —, Marie-Louise de Lachevrotière. Il oublie un peu trop facilement qu'au Grand Nord, il a abandonné Délia, une métisse qu'il avait épousée à la façon du pays en promettant de régler leur situation selon les lois de l'Église quand un prêtre serait disponible.

Oubli facilité par le souvenir social d'une enfance passée en Basse-Ville, rue Sous-le-Cap. Et certes, Augustin est décidé à ne pas retomber socialement. Mais dès le début de la nouvelle, ce personnage présente une attitude ambiguë envers sa classe d'origine (et donc envers sa classe d'adoption). Attitude de rejet d'une part:

> Ni père, ni mère, ni frères, ni sœurs, ni oncles, ni tantes, ni amis, ni aucuns petits cousins, pouvant le trahir, cachés là parmi les gamins de la Basse-Ville venus pour admirer un aussi grand mariage. (T, p. 121)

Mais Augustin voudrait voir un de ces gamins se révolter contre l'ordre bourgeois:

> Un instant, le regard d'Augustin s'attarda sur le groupe d'enfants malingres que le suisse venait de disperser et qui détalaient, comme une volée de moineaux chassés à coups de pierre. «Qu'un seul d'entre eux refuse de fuir et s'arrête sur la place pour narguer le suisse, et il sera sauvé, et je le bénirai dans mon cœur», pensa Augustin. (T, p. 122)

L'espoir d'Augustin de voir l'un des enfants narguer l'ordre bourgeois manifeste l'ambiguïté de son propre parcours. Il sait bien qu'il constitue un élément hétérogène dans son milieu d'adoption, et que son adoption/appartenance relève de l'invasion (dont la bonne bourgeoisie ne tardera guère à se venger par l'intermédiaire de Marie-Louise qui infligera à Augustin un rejet affectif et sexuel allié au mépris).

Le prévisible prévaut: les meilleurs efforts d'Augustin, comme du chanoine (dont le comportement constitue la première de ces charges hébertiennes contre l'Église et la religion qui atteindront leur apogée dans le poème «Et le jour fut» et dans le roman *Les enfants du Sabbat*) ne réussissent pas à convaincre Délia de rentrer au Grand Nord. Résolue à «vivre là où elle le désirait, dans le rayonnement même de cet homme qui l'avait détruite» (T, p. 146), Délia devient domestique au domicile d'Augustin où celui-ci ne tarde pas à (re)faire d'elle sa maîtresse. La famille coulera des jours heureux, promise à un avenir toujours plus brillant. Seule Délia souffrira, puisqu'en devenant la maîtresse d'un homme marié, la métisse s'estimera indigne de communier «de crainte de commettre une imposture vis-à-vis de ce Dieu qui l'avait abandonnée» (T, p. 149).

Success story à la québécoise donc, «Un grand mariage» affirme que l'ascension socio-économique du *peuple* canadien-français est possible, ascension que cette nouvelle présente toutefois comme devant entraîner une chute morale. Il s'agit là d'une vision du commerce conforme à l'idéologie clérico-traditionnelle qui a longtemps valorisé l'agriculture comme seule industrie sans danger pour l'âme et la vocation spirituelle des Canadiens français.

La particularité d'«Un grand mariage» découle de sa présentation des rapports entre le soi et l'autre. La vieille bourgeoisie francophone de la vieille capitale constitue le *soi*. Dès lors, Augustin, fils du peuple, est l'*autre* social; mais, ethniquement, il relève du soi. Le milieu social prédominant accepte de le coopter: n'offre-t-il pas (nonobstant et même grâce à son énergique apprentissage de l'anglais, T, p. 138) l'espoir d'une reconquête canadienne-française de l'économie québécoise puisque, d'abord employé du conquérant britannique (la Compagnie de la Baie d'Hudson, puis la «Holt Howard and Co» à Québec), Augustin finit par «s'établir à son compte, dans une élégante boutique de la rue de la Fabrique» (T, p. 147)? La nouvelle thématise ailleurs la résistance de la bourgeoisie francophone de Québec aux pressions concurrentielles de l'envahisseur britannique (T, p. 127-128, 132). Le demi-autre (autre social, même ethnique) réussit à revaloriser le soi (bourgeoisie canadienne-française) face à l'autre (ethnique) britannique. «Un grand mariage» (1962) exprime en quelque sorte le rêve de la bourgeoisie québécoise francophone de la Révolution tranquille.

Délia représente l'autre social et ethnique, voire «racial». Son sort dans cette nouvelle est de devenir la servante humiliée du «nouveau riche» canadien-français. Mais «Un grand mariage» présente une vision critique tant du sort de Délia que de la bourgeoisie de Québec et de l'ascension d'Augustin. Cette nouvelle valorise son héroïne en lui conférant une supériorité morale sur tous les autres personnages y compris le chanoine. Lorsque Délia, au moment où Augustin vient la prendre dans sa chambre de bonne, enlève pour toujours «la médaille de Notre-Dame qu'elle n'avait jamais quittée» (T, p. 146-147), médaille sur laquelle Augustin avait autrefois promis de régulariser leur situation, elle commet, en même temps que l'adultère, un acte d'authenticité chrétienne, comme elle le fera chaque fois qu'elle refusera de communier. Toutefois, si «Un grand mariage» semble passablement mimétique du Québec depuis la Révolution tranquille par son évocation des rapports entre francophones et anglophones, Délia, dont la nouvelle souligne surtout l'indianité (même si elle est de souche européenne aussi), se situe, par sa codépendance et sa soumission, son acceptation de se laisser prendre/avoir sans recevoir en retour autre chose que sa subsistance, à l'opposé des revendications des peuples autochtones et métis des années 1980 et 1990. Mais justement, les ennuis de Délia viennent de ce qu'elle est non seulement biologiquement mais culturellement métisse; ou même, plutôt «blanche» culturellement, imbue d'une religion qui lui prêche la soumission plutôt que la révolte. «Un grand mariage» aide à comprendre pourquoi bien des autochtones aujourd'hui mettent en cause l'éducation qu'ils ont naguère subie dans les écoles religieuses tant catholiques que protestantes.

Le conflit clé dans «La mort de Stella» oppose encore une fois identité et altérité. Rien d'étonnant à cela: rappelons combien cette opposition caractérise les autres nouvelles du recueil. Ironiquement, le personnage maternel qu'est Stella est tout à fait sombre; la seule lueur, entrevue seulement, quasi inchoative d'une «étoile» («Stella»), encore toute jeune mais néanmoins fort prometteuse, c'est Marie, sa fille.

«La mort de Stella» se concentre sur une seule classe sociale, les déshérités. Cette nouvelle lie explicitement la révolte de Marie à celle de la classe ouvrière:

> L'impatience subite de Marie a toujours effrayé Stella, croyant y discerner le signe même de ce monde redoutable et révolté dont parfois quelques ouvriers de rencontre s'entretenaient avec Étienne. Cette petite est trop prompte, trop fière aussi. Un jour, n'a-t-elle pas crié, la voix pleine de défi, tout contre le visage de sa mère: «Moi, je veux pas vivre comme une bête! Tu m'entends, Stella Gauvin? Je veux pas vivre comme une bête. Moi, je veux pas! Je peux pas!» (T, p. 165)

Marie refuse la fusion identitaire avec la mère, que Claudine Perrault, dans «Le torrent», réussit à imposer à son fils François. En rattachant la révolte de Marie à celle de «quelques ouvriers», «La mort de Stella» fait entrevoir la possibilité que l'accès à une identité de réussite, au lieu d'être réservée à un seul individu comme dans «Un grand mariage», puisse toucher toute cette classe de défavorisés. Mais rien n'est moins sûr, après tout: la nouvelle se clôt sur Marie, debout sur le seuil d'une porte ouverte, devant une campagne à la «beauté odorante»; mais Marie penche son visage vers le bébé qu'elle tient dans ses bras et qui «grimace en rêve sous une averse salée» (T, p. 171). Ce couple «Marie et enfant» revêt, sous l'effet de la dernière phrase, des perspectives bien sombres.

Notre analyse du recueil *Le torrent* a mis en relief combien il est marqué par une véhémente dialectique entre identité et altérité. Dans la nouvelle éponyme, François ne réussit jamais à s'établir comme «autre», mais reste englué dans l'identité maternelle. Le personnage de Dominique perd la vie à force d'une identification excessive avec l'autre qu'est Ysa, même si celui-ci n'est que la manifestation fantasmée de l'autre en elle, l'autre qu'elle voudrait être. Dans «La robe corail», Émilie est rejetée par l'autre, que ce soit son amant bûcheron ou sa patronne esclavagiste, et condamnée ainsi à rester prisonnière d'une identité dévalorisante imposée par autrui. La protagoniste du «Printemps de Catherine» est elle aussi prisonnière à jamais de l'image qu'autrui n'a cessé de lui imposer en lui criant qu'elle était d'une laideur d'«avorton» (T, p. 98). Quant à Charles, il perd son droit à l'identité bourgeoise et se voit condamné à rester «autre» socialement, exclu de la maison de l'Esplanade comme du rôle de *pater familias*. Le parcours d'Augustin est l'inverse de celui de Charles: parti de la Basse-Ville, il parvient jusqu'à la Haute, et à la «haute société». Identité d'arriviste que la nouvelle présente toutefois comme irrémédiablement pourrie, car conquise à force de bassesse morale. Délia, pathétiquement asservie à l'identité de cet autre qu'est Augustin, ne peut conquérir une identité propre à elle, et ne parvient même pas à rejeter ce premier outil de la privation d'une identité qu'a été la religion des Blancs (Délia est la seule, au contraire, à respecter vraiment cette religion).

Les protagonistes (le plus souvent féminins) sont prisonniers d'une identité négative — une altérité — imposée par un autrui hostile. Le conflit altérité-identité peut revêtir diverses formes: sociale, sexuelle, ethno-raciale. Si notre analyse a mis l'accent sur la dialectique sociale, il est clair que les nouvelles du *Torrent* opposent souvent entre eux personnages masculins et féminins: Claudine/Amica contre François, Stéphanie de Bichette/Géraldine contre Charles, Délia/Marie-Louise contre Augustin, Émilie contre son bûcheron, Catherine contre ses clients, puis son soldat. Les facteurs ethno-raciaux sont au premier plan dans «Un grand mariage», mais sont implicitement présents dans «La maison de l'Esplanade», tant par l'onomastique des personnages que par cette «maison» qui date du régime français.

Des quatre autres nouvelles d'Anne Hébert, «Shannon» met l'accent sur la dialectique identité-altérité tant sexuelle qu'ethnique, et «Un dimanche à la campagne» évoque cette problématique en termes sociaux, sexuels et ethniques, alors que *La canne à pêche* tend à proposer une solution aux trois problématiques, et que «Le silence» rêve d'une réconciliation entre identité et altérité.

«Shannon» est le nom d'une campagne «au bord de la rivière Jacques Cartier, en retrait de tout village, là où quelques Irlandais solitaires s'étaient établis à bonne distance les uns des autres» (SH, p. 77). Or, à Shannon, l'héroïne et son amie sont d'abord reçues — fort fraîchement — par une vieille dame qui ne leur parlera qu'anglais et qui a transformé le nom de sa fille Mary Audet en «Mary O'Dell» (SH, p. 84). Voilà qui rappelle le spectre de l'assimilation qui ronge l'imaginaire québécois. Si le Québec est un pays dans un pays, à l'intérieur même du Québec il y a des «pays», un surtout, représenté ici par l'espace et par une population anglophones, où les Québécois francophones, pourtant majoritaires au Québec, peuvent se retrouver minoritaires: ce sont l'héroïne et son amie qui doivent s'adapter à la langue de la minorité anglophone lors de leur arrivée à la maison Grogan. Fort d'une altérité triomphante, l'autre impose son identité linguistico-culturelle.

L'ambiguïté de l'image de la femme se manifeste aussi dans «Shannon». La femme âgée et sa fille Mary, celle-ci épouse de Pat Grogan et elle-même déjà mère de sept enfants, apparaissent dans l'ensemble comme personnages négatifs. Cette négativité féminine s'accuse lorsque apparaît Pat Grogan lui-même:

> Derrière lui la famille de Pat Grogan semblait mécontente. De la jeune
> femme aux enfants, en passant par la grand-mère, une sorte d'hostilité s'éta-
> blissait, comme une conspiration de gynécée contre l'homme imprudent, trop
> empressé à accueillir des étrangers. (SH, p. 78)

En effet, Pat Grogan se montre fort aimable envers les deux voyageuses, leur
parlant français et promettant d'aller à la rescousse de leur voiture embourbée,
amabilité qui met en relief la négativité de la vieille femme et de sa fille.

Toutefois, on découvre progressivement pourquoi Grogan manque sans cesse
à sa parole: Grogan boit. Ce sera la grand-mère qui reviendra du village en portant
«un sac très lourd sur son épaule» (SH, p. 82) pour nourrir toute la famille. Ainsi,
l'image de la femme, contrairement à celle de l'homme, se transforme dans le sens
mélioratif.

La fin de la nouvelle travaille à nouveau l'image des deux sexes et des
rapports entre eux. L'héroïne et son amie, au cours d'une promenade, feront une
découverte inattendue:

> Au pied d'un vieux mélèze encore dénudé, les fines aiguilles dorées étaient
> mêlées aux aiguilles de pin, en un grand remue-ménage, comme si le sol
> venait d'être occupé par des campeurs. Dans cet éclaboussement de couleurs,
> une note plus vive, un petit foulard vert à pastilles blanches que j'aurais bien
> juré avoir vu au cou de Mary Grogan. [...] En arrivant près de la maison nous
> aperçûmes, nous précédant de quelques pas dans le sentier, un couple
> d'amoureux serrés l'un contre l'autre, débraillés, tout seuls au monde. [...]
> Une certaine chevelure fauve s'allumant, pareille à une torche, à chaque
> rayon de soleil entre les arbres, ne pouvait nous tromper sur l'identité de la
> femme. [...] Pat et Mary [...] tout élan, toute éloquence en eux réduits à une
> seule expression, celle d'une éclatante et fragile vérité: la joie d'être ensem-
> ble, raccordés. (SH, p. 84)

Ce passage pourrait traduire l'accession des Grogan à un bonheur de couple fondé
sur l'amour et sur l'égalité, bonheur d'une relation amoureuse d'égal à égal, vraiment «ensemble». Apparences trompeuses, comme le confirmeront fortement les
dernières images du couple:

> Mary à genoux devant son mari était en train de lui enlever ses bottes.[...]
> Nous ne reconnaissions d'elle que la masse de ses cheveux pressés contre les
> genoux de l'homme. [...] Mary ayant pris le petit dans ses bras [...] Pat
> rappela sa femme presque aussitôt. Mary accourut très vite [...] l'air véhé-
> mente et déterminée d'une chatte rousse qui a décidé de sevrer ses petits,
> tandis que la voix mâle appelle à nouveau dans son cœur, comme celle du
> maître de sa vie. (SH, p. 85)

Mary (qui constitue une première version d'Élisabeth d'Aulnières par sa chevelure fauve, ses velléités de révolte, son rêve de trouver le bonheur avec un homme autre que son mari, sa sensualité, son animalité, et enfin sa reddition «terminale» à l'homme), Mary donc finit par oublier exploitation, malheur, révolte pour se rallier corps et âme au rôle de servante soumise à son «mâle». Cela ne surprend pas vraiment car Mary, même révoltée, n'envisageait une amélioration de sa situation que grâce à l'homme:

> «Ah que je suis mal mariée! Il faut que ça finisse! J'ai bien envie de le planter là avec sa marmaille et de faire ma vie ailleurs, avec un autre gars. Le malheur c'est que j'ai sept enfants! [...] Je vas [sic] le planter là! J'en trouverai bien un autre qui voudra de moi pour le meilleur et pour le pire...»
>   Tout en parlant Mary s'était mise à ressembler curieusement à son mari. (SH, p. 83-84)

Cette fusion qu'annonce la dernière phrase, la femme perdant son identité pour se fondre dans celle de son mari, annonce la soumission finale de la femme agenouillée qui enlève les bottes de son mari et court vers lui dès que la convoque la «voix mâle», «celle du maître de sa vie». Si Mary domine ethniquement, du haut de son altérité d'anglophone, les deux Canadiennes françaises, elle ne réussit pas, en tant que femme, à se constituer en sujet autonome doté d'une identité propre.

La manifestation sexuelle de la dialectique entre l'identité et l'altérité s'exprime éloquemment dans la nouvelle «Un dimanche à la campagne»: ce sont trois hommes — le père de la jeune fille, le soupirant et son père — qui discutent pour savoir si le premier donnera sa fille au deuxième; la mère de la fille est présente mais exclue de la discussion; la jeune fille elle-même attend dans une cabane à bateaux que les trois «mâles» décident de son sort. Toute perspective d'une identité féminine indépendante est écartée: la jeune Céline Tremblay ne sera que madame Zoël Painchaud.

Mais c'est particulièrement la problématique socio-ethnique qu'approfondit «Un dimanche à la campagne» où la rupture entre le Canada d'aujourd'hui et la Nouvelle-France/France («vieux pays») d'autrefois, comme celle qui sépare les classes sociales, est comblée grâce à l'heureuse conclusion des négociations nuptiales entre les deux familles. L'identité dont rêve souvent l'œuvre hébertienne a une composante nationale qui appelle à abolir les frontières de l'espace et du temps afin de remplacer altérité par identité. Abolir les frontières du temps, remonter à l'expérience de la Nouvelle-France, c'est par là même abolir les frontières géographiques en réintégrant une époque où France et Nouvelle-France ne constituaient que deux composantes d'un même royaume.

Cette nouvelle développe le thème bien hébertien de la remontée à la surface et à la conscience d'un refoulé atavique qui concernera d'abord les origines sociales, et ensuite les origines nationales ou ethniques (françaises). Le principal personnage masculin, professeur d'université et avocat, pense d'abord à son futur gendre avec mépris pour ce paysan:

> Ce grand niais. Son rire agricole. Sa dent en or. Je suis sûr qu'il a une dent en or. L'arrière-ban de la société. Vaches, cochons, couvées. Quel fumier. Les bêtes qu'on engraisse. Qu'on égorge. Qu'on saigne. La terre. Noire, grasse. Qui s'attache aux vêtements et aux chaussures. (DC, p. 127)

Et qui s'attache aussi, aurait pu ajouter ce personnage, aux lignées comme aux psychés, car ce «professeur de droit international à Laval. Études à Columbia et à Paris», poursuit ainsi sa rêverie sur la terre: «Le fin fond du passé qui nous saute au visage. Aïe! Surtout ne pas réveiller ma grand-mère. Son odeur aigre de petite vieille jamais lavée.» (DC, p. 127) Le glissement involontaire vers le passé est déjà bien entamé, et se centre sur un personnage marqué tant socialement (paysanne) que sexuellement (personnage féminin de la grand-mère). Bien entendu, si l'on poussait assez loin l'évocation du passé familial d'Antoine Tremblay, on aboutirait à des habitants de la Nouvelle comme de la Vieille France. Remontée temporelle et généalogique qui ne manque pas de se produire, et d'abord à l'aide de ce trait culturel qui signale le plus manifestement les ascendances des Québécois: la langue, un français bien paysan. Quand le père du futur gendre prendra la parole, la réaction ne tardera pas: «Cette voix assourdie, râpeuse. Antoine l'a reconnue tout de suite. On parle ainsi quelque part en lui. Dans une campagne reniée du bas du fleuve.» (DC, p. 142)

Ce reniement se mue en aveu quasi fier dans l'euphorie de l'accord entre les deux familles sur ce mariage qui assurera la *pérennité des deux* et donc *du peuple dont elles font partie*:

> La séance est terminée. [...] Mon Dieu! quelle partie! Match nul. Tous champions. Tous vainqueurs. Antoine et Zoël [le futur gendre] se serrent la main en bons sportifs. Encore un peu Antoine avouerait sa grand-mère. [...] Pour que les Painchaud sachent à quoi s'en tenir. Elle mangeait avec son couteau, ma grand-mère. Elle ne savait ni lire ni écrire. Elle était rude et tendre à la fois. Une maîtresse femme. Une grande Ève royale dans un paradis féroce. Je l'aimais. Je la respectais. Bah! Pourquoi faire tant de manières. Tous parents. Tous frères. Tous paysans dans l'âme. La même source de terre et d'eau mélangée. Clôturée comme un jardin. Contre les Iroquois et les Anglais. Même Louise [épouse d'Antoine], si elle s'en donnait la peine, pourrait remonter jusque là. En cherchant bien dans les vieux pays... (DC, p. 151)

Dans «Un dimanche à la campagne», la paysannerie française et donc, métonymiquement, la France se cachent sous la surface toute québécoise du texte: «En cherchant bien dans les vieux pays». Nulle opposition ici entre paysan et bourgeois, entre «Français» et «Québécois», entre «Québec» et «France», mais bien plutôt fusion en une seule et même identité transsociale, transatlantique et transhistorique, un même peuple répandu dans ce qu'Antoine appelle ailleurs dans la nouvelle «les deux continents» (DC, p. 128). Identité dressée contre l'altérité non française («les Iroquois et les Anglais»). La femme regagne du statut dans cette rêverie, puisque le sens d'identité d'Antoine Tremblay lui vient du souvenir de sa grand-mère, et les ancêtres des «vieux pays» sont évoqués en fonction de son épouse Louise.

La canne à pêche porte la mention «d'après un conte de Anne Hébert», et la documentation de l'ONF attribue le commentaire et le scénario à notre auteure: le texte littéraire n'a donc rien de secondaire par rapport aux autres aspects du film, au contraire. Une jeune métisse de condition modeste passe une journée à la campagne où elle emporte la canne à pêche que lui a donnée son père amérindien. Ce père, son épouse canadienne-française et les autres enfants restent à la maison, en ville. Au retour de la jeune fille, son père d'habitude peu loquace retrouve une parole abondante pour évoquer amoureusement la nature, processus libérateur né du retour de son «sang» (en la personne de sa fille) dans l'univers euphorisant du monde naturel. Cette montée de la parole est remarquablement homologue de l'arrivée de/à la parole — beau leitmotiv hébertien — évoquée dans «Poésie, solitude rompue», dans *Mystère de la parole* et dans *Les chambres de bois*. D'autre part, la narratrice conclut ainsi:

> Je crois même que ce soir-là j'emportai dans mes songes l'étrange impression que la terre entière, avec ses campagnes, ses bois et ses eaux, serait un jour à ma disposition et que mon père me la donnerait en guise d'héritage. (CP, p. 3)

Or, fait capital, la narratrice-héroïne elle-même résume en sa personne les deux «races», l'amérindienne et la canadienne-française. Si elle est d'ascendance canadienne-française par sa mère (qui redoute et rejette la campagne et la nature, tout l'univers extra-urbain), elle est amérindienne par son père. Son statut amérindien est d'ailleurs souligné par le fait qu'«on» l'appelle «la Sauvage» (dans le manuscrit; dans le film, cet «on», ce sont d'autres enfants qui traitent l'héroïne de «sauvagesse») pour la «faire enrager», geste agressif qui accuse son altérité. Toutefois, pour l'imaginaire lisant, cette narratrice, qui manie à merveille la prose poétique de langue française, est surtout francophone. Le caractère francophone de la narratrice s'affirme tant par sa narration en français que par les allusions quasi métalinguistiques qui soulignent l'emploi du code linguistique français: «Je crus entendre le mot "robe" et "coton bleu" et "coudre", "coudre" qui revenait souvent.» (CP, p. 1)

La canne à pêche offre ainsi à trois problèmes étroitement liés une solution d'ordre euphorique, fût-elle illusoire. La triple problématique, c'est d'abord l'altérité collective des Canadiens français, altérité devenue leur spécificité, leur identité même. C'est, ensuite, l'exil des Amérindiens par ces mêmes Canadiens français qui les ont traités en autres et leur ont pris la majeure partie de leurs terres; c'est, enfin, le problème de trouver une justification morale à cette mainmise territoriale. La solution qu'offre *La canne à pêche* à ce faisceau de problèmes réside dans le rapport de parenté *à la fois biologique et tellurique entre héros amérindien et héroïne métisse*; et réside aussi en la fin heureuse (entrevue) du texte. Si ce «conte» insiste sur l'indianité du père, il tend bien à présenter l'héroïne-narratrice comme canadienne-française (marquée par l'influence de sa mère au point de partager initialement le malaise de celle-ci face à la campagne), coupée de l'univers du père... jusqu'à ce qu'elle entre dans le genre de rapport fusionnel, magique avec la terre qui la ramène dans l'univers du père et donc de la «terre paternelle» dont elle s'imagine l'héritière désormais légitime. Un peuple francophone se rêve comme relève légitime d'un peuple ancestral amérindien sur cette terre Québec «avec ses campagnes, ses bois et ses eaux» — légitime, car attaché à cette terre du même amour magiquement intense et fusionnel. Ainsi *La canne à pêche* résout-il les problèmes de l'altérité (non-appartenance) des Canadiens français dans cette terre d'Amérique et de la légitimité de leur prise de possession du territoire. Quant au problème de l'exil des Amérindiens par les Canadiens français, il trouve ici une triple «solution»: d'une part, dans le lien biologique entre père amérindien et fille francophone; d'autre part, dans la transmission au peuple/fille d'une valeur amérindienne fondamentale, le rapport amoureux fusionnel avec la terre et la nature; et enfin, par l'accession du père naguère muet à l'euphorie et à la parole (française, certes...).

Bref, dans cette rêverie hébertienne, le *jus terræ* se trouve renforcé par le *jus sanguinis*, mais à condition que le sang amérindien, qui a largement enrichi le patrimoine génétique canadien-français, se traduise, chez les Québécois francophones, par un rapport au sol/terre/nature plus proche du modèle amérindien.

La solution au problème des rapports entre ces deux groupes, que propose *La canne à pêche*, représente un progrès par rapport à la prise de possession du Nouveau Monde par les explorateurs européens au nom de leurs rois, sous prétexte de l'appartenance chrétienne de ceux-ci. Cependant, cette solution proposée en 1959 paraît bien insatisfaisante dans les années 1990: loin de se voir restaurer leur existence autonome, leur dignité et des terres dont ils n'auraient jamais dû être privés, loin même de bénéficier d'une compensation adéquate, les Amérindiens, tels que représentés par le personnage du père dans *La canne à pêche*, se trouvent évacués de l'Histoire et surtout de l'avenir, ce dernier devant appartenir au peuple/fille, peuple différent, même si le texte insiste sur sa continuité avec les Amérindiens sous forme de liens tant biologiques qu'axiologiques. L'imaginaire canadien-français, dans *La canne à pêche*, ne rejette plus les Amérindiens dans une altérité exilante; mais en s'attribuant une identité qui englobe — et gobe — la leur, il prive les Amérindiens de tout statut de sujet autonome, de toute identité. En outre, si certaines nouvelles hébertiennes comportent des personnages de Métis, elles taisent les différences de condition sociale entre Amérindiens et Métis, qui, dans l'univers référentiel, sont bien réelles, les Métis y subissant souvent une double exclusion, rejetés tant par les Amérindiens que par les Blancs pour se retrouver dans un *no man's land* ethno-racial, social, législatif et administratif.

«Le silence» est la seule nouvelle qui ne renvoie pas au Québec, la seule où Anne Hébert ait en quelque sorte masqué son identité québécoise pour écrire comme si elle était une auteure française mettant en texte des personnages français pour raconter une histoire française ayant la France pour cadre. Troc de l'identité contre l'altérité: par là, «Le silence» est d'un intérêt considérable pour l'étude de la dialectique identité/altérité dans le corpus nouvellistique hébertien. «Le silence» présente un protagoniste masculin d'un certain âge qui, dans le train Paris-Nice, est frappé par l'altérité irréductible — voire l'hostilité — des voyageurs. Cette hostilité se manifeste d'abord et surtout par le silence qui règne dans le compartiment et qui désole le personnage principal, mué en narrateur pour écrire son rêve de solidarité:

> Je voudrais pouvoir prévenir ces gens du danger qui nous menace tous. Je voudrais pouvoir les appeler. Un par un. Les supplier de me répondre. Il suffirait sans doute d'une parole, d'un geste, d'un seul sourire, pour que nous soyons sauvés tous ensemble. Ces bouches cousues. Ces regards aveugles. Nous sommes prisonniers du silence. (LS, p. 24)

Passage frappant par l'accent qu'il met sur l'identité individuelle — «Un par un» — comme sur la nécessité de surmonter l'hostilité que cette identité individuelle inflige à chacun et chacune, les emprisonnant dans l'altérité aliénante et la solitude.

Ce personnage, Michel, ne tarde pas à se souvenir de sa jeunesse marquée par un séjour dans une prison allemande. Pendant ce séjour, il avait réussi à communiquer avec le prisonnier de la cellule voisine, à l'aide d'un tuyau souterrain qui passait sous le mur séparant les deux cellules. Les deux identités-altérités ne risquaient guère de disparaître, dans de telles circonstances! Mais grâce à la parole, ce maintien de l'identité-altérité de chacun des deux prisonniers s'est mué non pas en solitude, mais en solidarité. L'autre prisonnier quitte sa cellule avant le protagoniste, et celui-ci, après la guerre, tente sans succès pendant vingt ans de le retrouver. Mais en descendant du train à Nice, Michel entend un homme, monté dans le train à Lyon, offrir à une demoiselle de l'aider avec sa valise. Le protagoniste reconnaît la voix, les deux hommes se redécouvrent: «Le silence, de nouveau franchi, est ouvert comme une parole», pour citer la dernière phrase de la nouvelle.

Ce résumé permet de mesurer l'intérêt du «Silence» pour l'étude de la dialectique identité/altérité. L'identité individuelle, cette nouvelle l'aura signalé, par définition implique l'altérité: l'individu se définit en tant que personne «autre». Si certaines nouvelles démontraient le danger de laisser son identité disparaître au profit de l'altérité de l'autre, «Le silence» signale les dangers d'une identité repliée sur elle-même comme une forteresse aux murs hérissés de tessons (c'est précisément au moyen d'un tesson que le protagoniste emprisonné songe à se suicider, jusqu'à ce que l'autre l'en dissuade). Surtout, «Le silence» souligne la possibilité de maintenir l'individualité comme altérité mutuelle mais non conflictuelle: bien au contraire, comme altérité mutuellement solidaire. Et, bien sûr, cette réussite a lieu grâce à la parole qui a — littéralement — le dernier mot.

«Le silence» est donc l'une des expressions les plus fortes, dans l'œuvre hébertienne, de la conciliation heureuse entre les deux principes si souvent opposés que sont l'identité et l'altérité. Or nul doute que cette parole conciliante est une métaphore de la parole littéraire. Cette nouvelle exprime ainsi, à l'instar du célèbre manifeste hébertien «Poésie, solitude rompue» et de certains poèmes de *Mystère de la parole*, une foi en la capacité de la littérature d'améliorer la condition humaine en réduisant la solitude grâce à la solidarité. Dans l'optique du «Silence», la parole littéraire saura affirmer l'identité et permettre à celle-ci de conserver son altérité sans succomber au rouleau compresseur de l'altérité d'un autre, ni se muer en altérité impérialiste, dévoreuse des identités-altérités d'autrui.

Vivace, la dialectique identité altérité ne cesse, dans les nouvelles d'Anne Hébert, de se constituer en principe dynamisant, matrice motrice d'une intense activité textuelle en vue de concilier — souvent mais non toujours avec succès — le même et l'autre, le rêve et le réel, le Québec francophone et l'Amérique, l'homme et la femme.

PROFILS DE MONTRÉAL
CHEZ ANDRÉE MAILLET

Michel Biron
UNIVERSITÉ D'OTTAWA

Andrée Maillet occupe une place fort discrète dans l'histoire des lettres québécoises. Si discrète que son œuvre n'a guère été commentée jusqu'à aujourd'hui que sous la forme de comptes rendus ponctuels. Cet écrivain, «l'un des plus mal connus de notre littérature récente[1]», n'a pas encore suscité de véritable lecture, malgré le nombre, la diversité et, disons-le tout de suite, l'originalité de ses textes. Journaliste comme Gabrielle Roy, André Major et de nombreux auteurs québécois d'hier à aujourd'hui, Andrée Maillet se fait pourtant remarquer à trente et un ans par un premier roman audacieux, intitulé *Profil de l'orignal*[2], qui ne correspond à aucun genre précis, sorte de fantaisie narrative qui évoqua pour tel critique le surréalisme[3]. Ce «profil» n'aura toutefois pas de suite immédiate et l'auteure, à l'instar d'un Gaston Miron ou d'un Paul-Marie Lapointe, ne publiera rien d'autre durant la Grande Noirceur, dirigeant alors activement la revue *Amérique française*. Indépendantiste engagée dans l'action politique, elle participera ensuite avec ferveur à la Révolution tranquille, notamment par le biais du Rassemblement pour l'indépendance nationale (RIN). Cette période sera aussi la plus féconde sur le plan littéraire: en l'espace de cinq ans, de 1963 à 1967, elle publiera quatre recueils de contes, récits ou nouvelles, trois textes poétiques, un roman et deux courtes pièces de théâtre. La décennie suivante semblera prolonger cette lancée, avec cinq romans successifs parus de 1971 à 1977 en plus de quelques textes disséminés dans des revues de l'époque, mais le souffle manquera et, malgré l'annonce de romans additionnels, Andrée Maillet retombera ensuite dans un silence qui rappellera celui des années 1950. Elle recevra, en 1990, le prix Athanase-David pour l'ensemble de son œuvre.

---

1. François RICARD, «Préface», dans Andrée MAILLET, *Les remparts de Québec*, nouvelle édition, Montréal, L'Hexagone, 1977, p. 10.
2. Andrée MAILLET, *Profil de l'orignal*, Montréal, Amérique française, 1952, 218 p. Le roman sera réédité à l'Hexagone en 1974 (puis en 1990), avec une préface de Gilles Marcotte.
3. Roger DUHAMEL, «Un profil surréaliste», *Action universitaire*, janvier 1954, p. 75.

En apparence, la carrière d'Andrée Maillet respecte la courbe de l'Histoire: émergeant dans la foulée de 1948[4], elle s'éclipse ensuite pendant onze ans pour réapparaître avec force à la faveur de la Révolution tranquille et, par la suite, poursuivre son œuvre plus laborieusement jusqu'à l'élection du Parti québécois, qui coïncide précisément avec son interruption. Mais il suffit de lire ses textes pour révoquer en doute l'adéquation trop parfaite entre l'œuvre et la société qui l'encadre. C'est que l'œuvre a quelque chose d'insaisissable dans son projet général, sans cesse relancée dans des directions qui la dispersent, la transforment au lieu de la rassembler. Plus encore, elle glisse entre les mains de ceux qui l'attendent avec le plus de conviction idéologique, comme si son inscription révolutionnaire était toujours en deçà de ce qu'on espérait d'elle. Qu'y a-t-il de commun entre *Nouvelles montréalaises* et les grands textes de la Révolution tranquille, les *Prochain épisode*, *L'avalée des avalés* ou — la comparaison devient alors presque incongrue — les récits de *Parti pris*? Chacun de ces textes se reconnaît aujourd'hui à sa part de révolte, thématisée ou non, et appartient manifestement à son époque. Il arrive certes aussi, chez Andrée Maillet, que l'on rencontre de tels textes où l'insertion dans le milieu socio-historique est explicite, par exemple à la fin de *Nouvelles montréalaises*, dans le dialogue de deux intellectuels sur le statut de la littérature au pays. Mais ces incursions du côté du destin national sont superficielles et ne constituent pas l'essentiel de son entreprise littéraire. Au contraire, il y a une sorte d'obstination du détail tout au long de celle-ci, laquelle ne s'exprime jamais aussi bien que dans les textes fragmentés, limités à quelque chose de fugace et de fragile, impossibles à concilier avec quelque vision panoramique du monde, donc forcément en retrait du discours totalisant de la Révolution tranquille.

À cette singularité des thèmes idéologiques s'ajoutent des particularités de construction. Même en regard des libertés formelles nombreuses que se donnent la plupart des écrivains québécois contemporains, l'évolution formelle d'Andrée Maillet ne cesse d'étonner. La désinvolture des formes y est si grande et si constante que la critique s'y perd et, sauf exception[5], n'en suit les développements que de loin et avec une sorte d'étourdissement. S'il n'est pas extraordinaire de retrouver chez un même auteur des contes, des récits, des nouvelles, des romans, de la

---

4. On n'oublie pas, cela dit, les premiers contes publiés dès 1944, remarqués à l'époque par René Chopin dans *Le Devoir*. Mais, du conte pour enfants au roman «avant-gardiste», il y a, aux yeux de l'institution littéraire, toute la différence du monde.

5. Seul Gilles Marcotte a recensé et commenté de manière suivie la plupart des œuvres d'Andrée Maillet. Préfacier de la réédition de *Profil de l'orignal*, *op. cit.*, il a écrit récemment, en parlant du roman québécois de 1960 à 1985, que «l'écrivain le plus négligé de cette période est peut-être Andrée Maillet, auteur d'une œuvre si variée qu'elle semble avoir donné le tournis à la critique» («Le roman de 1960 à 1985», dans *Le roman contemporain au Québec (1960-1985)*, Montréal, Fides, «Archives des lettres canadiennes», t. VIII, 1992, p. 51).

poésie, du théâtre, voire des scénarios de film (on arriverait à un compte assez semblable chez Roch Carrier ou Anne Hébert), il reste que la plupart des écrivains trouvent un jour leur(s) genre(s) de prédilection; Andrée Maillet, non. Les concepts de roman ou de recueil (de nouvelles, de poésie) n'y sont jamais vraiment respectés — ils n'y sont pas vraiment contredits non plus. De *Profil de l'orignal* aux *Lettres au surhomme*[6], un critique résolu découvrirait sans doute quelques constantes: une certaine régularité de la phrase, un ton précis et elliptique à la fois, un goût cultivé du portrait; mais tout ceci apparaît sous des dehors un peu trop légers, comme exempts de prétention et refusant à l'avance l'unité formelle d'une œuvre tendue vers l'inachèvement.

Un rapide survol des principales œuvres suffit à donner la mesure de cette incertitude générique. *Profil de l'orignal* est un roman, mais on aurait énormément de peine à le comparer à un autre roman de l'époque, voire à quelque roman que ce soit si ce n'est à un courant peu pratiqué au Québec, qu'on appelle le réalisme magique[7]. *Les Montréalais*[8] commence aussi à la manière d'un roman mais se termine comme un recueil de nouvelles. *Le lendemain n'est pas sans amour*[9] contient des «contes et récits», du fantastique et du réalisme. Les *Nouvelles montréalaises*[10] n'en sont pas vraiment selon Laurent Mailhot[11], malgré le titre et ce que dit l'auteur en avant-propos[12]. *Le paradigme de l'idole*, dédié à la mémoire de Marilyn Monroe, a pour sous-titre: *Essai-poème de phénoménologie*[13]. Le roman intitulé *Les remparts de Québec*[14] revient sans cesse au même événement de départ et se divise en seize variations sur le thème de la liberté. Les deux romans suivants, *Le bois pourri* et *Le doux mal*[15], sont dialogués presque d'un bout

6. Andrée MAILLET, *Lettres au surhomme*, vol. 1, Montréal, La Presse, 1976, 221 p.; Andrée MAILLET, *Le miroir de Salomé. Lettres au surhomme*, vol. 2, Montréal, La Presse, 1977, 234 p.

7. Issu de la veine fantastique, ce courant romanesque a eu dans certaines régions d'Europe, notamment en Belgique et en Italie, un succès considérable. S'il est plus que douteux qu'André Maillet ait jamais eu connaissance du *realismo magico* de Massimo Bontempelli, il n'est pas impossible qu'elle ait lu l'un ou l'autre des romans de Franz Hellens, auteur de quelques récits aux allures surréalistes et de *Réalités fantastiques*, paru chez Gallimard en 1931.

8. *Les Montréalais*, Montréal, Éditions du Jour, «Les romanciers du Jour», 1963, 149 p.

9. *Le lendemain n'est pas sans amour. Contes et récits*, Montréal, Beauchemin, 1963, 209 p.

10. *Nouvelles montréalaises*, Montréal, Beauchemin, 1966, 132 p.

11. «*Nouvelles montréalaises* n'est pas un titre de journal, ni un type de citadines émancipées; ce ne sont pas non plus des nouvelles, mais des ébauches, des coups de crayons gras.» (Laurent MAILHOT, *La Littérature québécoise*, Paris, PUF, «Que sais-je?», 1974, p. 90)

12. «Ces nouvelles ont été écrites de 1952 à 1958.» (Andrée Maillet, *Nouvelles montréalaises*, Montréal, Beauchemin, 1966, p. 4)

13. *Le paradigme de l'idole. Essai-poème de phénoménologie*, Montréal, Amérique française, 1964, 59 p.

14. *Les remparts de Québec*, Montréal, Éditions du Jour, «Les romanciers du Jour», 1964, 185 p.

15. *Le bois pourri*, Montréal, L'Actuelle, 1971, 134 p.; *Le doux mal*, Montréal, L'Actuelle, 1972, 206 p.

à l'autre, à la limite de l'échange théâtral. *À la mémoire d'un héros*[16] s'avance le plus loin sur le terrain du roman véritable, mais il sera relayé par deux romans épistolaires. Bref, de quelque manière qu'on l'aborde, l'œuvre d'Andrée Maillet semble toujours vouloir se réinventer, recommencer à zéro sous une forme mixte et neuve, fort mal disposée pour tout ce qui concerne la discipline du genre.

Profils inachevés

Le hasard veut que ce soit par le biais de la nouvelle que cette œuvre fasse ici l'objet d'une première étude un peu élaborée. Or c'est là un concours de circonstances assez heureux dans la mesure où, de tous les genres et sous-genres pratiqués par Andrée Maillet, la nouvelle paraît le plus central et le plus conforme à son parti pris de l'inachèvement. On objectera que les romans sont plus nombreux et embrassent toute la carrière de l'auteur. Mais, ainsi qu'on l'a suggéré ci-dessus, il s'agit presque toujours d'un roman qui dérape hors de son propre code, tantôt vers le dialogue théâtral, tantôt vers le discours épistolaire. Le plus célèbre de ses titres, *Les remparts de Québec*, n'échappe pas à ce constat: le monde extérieur, si essentiel pour le roman traditionnel, est brusquement aboli par l'événement qui ouvre le texte et qui, ressassé au début de chacun des chapitres suivants, sert d'emblème à tout le reste. «Hier, dans la nuit du vingt-six au vingt-sept juillet, je me suis promenée toute nue dans les Plaines d'Abraham.» Dépouillée de ses vêtements, libérée, l'instant d'une révolte, de ce qui l'enveloppe et la socialise, l'héroïne se remémore ses expériences passées tout en éprouvant l'ivresse soudaine et magnifique de cette évasion hors d'elle-même, hors de son monde — au lieu même qui, plus que tout autre, en symbolise la fatalité historique. Or tout cela ne dure pas: le récit se déploie dans l'interstice ouvert par ce geste prodigieux d'une adolescente, mais il n'y aura pas de conséquence, à peine un léger suspens que le récit se charge de lever dès le septième chapitre: «Mais au premier son d'un moteur, j'ai passé rapidement ma robe et plongé dans l'obscurité de ces arbres dont j'oublie le nom[17].» Le temps se referme sur ce bref intervalle, quelques minutes autour de deux heures du matin, précise le texte, qui insiste pour dire au lecteur que cette «folie» fut passagère. Ainsi, il n'y a vraiment rien à raconter hors de cet instant d'égarement et tout le roman se déroule plutôt sous la forme de digressions plus ou moins longues, unifiées par ce seul point de vue où s'exprime toute la révolte de la jeune héroïne et d'une certaine jeunesse montée comme elle aux remparts de la nation.

Un roman qui ne dure pas, n'est-ce pas d'une certaine manière une définition acceptable de la nouvelle? Elle n'est pas entièrement satisfaisante, certes, surtout

---

16. *À la mémoire d'un héros*, Montréal, La Presse, «Écrivains des deux mondes», 1975, 164 p.
17. *Les remparts de Québec*, *op. cit.*, p. 92.

parce que cette définition simplifiée ne tient compte que d'un aspect d'un genre popularisé au siècle dernier, dans la foulée du roman réaliste bien que le prenant souvent à revers. Mais cet aspect est essentiel dans la mesure où la nouvelle moderne est née avec l'accélération des formes de vie et subit, dès sa genèse, les nombreuses transformations consécutives à l'essor de la presse, durant la seconde moitié du XIXᵉ siècle. Les portraits ou «profils» d'Andrée Maillet s'apparentent plus probablement aux «fantaisies» de toutes sortes que publiaient les journaux parisiens qu'aux canons du roman réaliste. Dans une étude sur les *Romanciers français de l'instantané au XIXᵉ siècle*, Jacques Dubois cite de nombreux textes parus dans la presse, signés par Banville, les frères Goncourt et plusieurs autres, qui misent précisément sur cette «tendance à l'instantané[18]». Qu'il s'agisse de contes, de nouvelles ou d'autres formes brèves, peu importe; dans chacun des cas, on invente une forme qui rejette la durée romanesque et lui préfère la fulgurance d'instants détachés les uns des autres et portés au récit sous leur allure décousue, rebelle à toute continuité. C'est le temps subjectif qui s'impose alors au récit et qui commande un nouveau rythme et un nouveau système narratif, capables de rendre compte de la durée intime saisie dans le désordre de son mouvement.

Andrée Maillet n'écrit cependant ni à cette époque de transition ni dans ces lieux d'expérimentation littéraire. Dans le milieu intellectuel qui est le sien, écrire «de profil» plutôt que «de face» a de tout autres significations sociales. Son orignal surgit en 1952 sur le terrain naguère occupé par des héros d'une autre trempe, des défricheurs et des cultivateurs. L'essentiel de cet animal étrange, sorti des bois et non de la terre, ne se trouve plus, comme dans l'ancien roman du terroir, dans la profondeur et la plénitude de la vie prise comme totalité physique et morale, mais dans une vision latérale et résolument incomplète. Si l'on y ajoute le panache de l'animal, on aura une idée de la hauteur conférée à ce nouveau héros, qui ne cesse de renaître sous diverses identités, monstre sylvestre et urbain à la fois, installé depuis lors dans l'univers symbolique du pays[19].

Le temps du récit, dès *Profil de l'orignal*, est celui du fragment plutôt que du progrès continu ou de l'ordre cyclique. Faut-il s'étonner que l'on passe assez abruptement, malgré le silence d'une décennie, de l'orignal à la grande ville moderne qu'est Montréal, du faux roman à de véritables esquisses, profils, ébauches et autres aperçus que l'on rangera, par commodité ou par défaut, dans la catégorie des nouvelles? Ce passage de l'orignal aux Montréalais, en réalité, ne

---

18. Jacques DUBOIS, *Romanciers français de l'instantané au XIXᵉ siècle*, Bruxelles, Palais des Académies, Académie royale de langue et de littérature françaises, 1963, p. 175-206.

19. Comme le fait remarquer Gilles Marcotte dans sa préface à ce roman, il y a d'autres orignaux fameux dans la littérature québécoise moderne: celui de «La marche à l'amour» de Gaston Miron, celui de *La charge de l'orignal épormyable* de Claude Gauvreau, auxquels s'ajoute *L'élan d'Amérique* d'André Langevin (Cercle du Livre de France, 1972, 239 p.).

surprend qu'à moitié puisque Montréal était déjà présente en plusieurs endroits du premier roman. Mais c'était la ville plastique, fascinante par ses aspects extérieurs, par l'excès de vie contenu dans le luxe de ses composantes architecturales. Suivons Juan l'Esbrouffe, alias Paul Bar, qui vient d'assassiner en douce sa compagne et observe la ville, boulevard Saint-Laurent:

> [...] La ville. Montréal et ses chars, ses rails, sa montagne affaissée comme un éléphant à genoux, son Oratoire, son Université, ses églises fécondes, ses docks, élévateurs, quais, son port altier et ses maisons closes; sa croix, son ciel verdâtre.
>
> La ville n'en dormit pas moins cette nuit-là, et le lendemain, elle poursuivit systématique et probe, l'illicoïdalisation de ses escaliers, œuvre pour laquelle on la loue dans le monde entier[20].

La ville s'imagine ici sous la forme d'une énumération de ses parties: ses chars, ses rails et jusqu'au cliché obligé de ses escaliers extérieurs. Rien ne structure l'énumération, rien ne la limite: elle se passe de verbe — c'est-à-dire de toute forme d'action et d'insertion dans une durée. La ville dort, quels que soient les événements qui s'y racontent, s'agirait-il d'un meurtre.

De ce type de description fixe et froide, on passera ensuite à ces descriptions plus animées dans les nouvelles des années 1960. *Les Montréalais* s'ouvre sur l'arrivée d'un homme dans ce qu'on apprendra plus loin être un club plus ou moins clandestin du centre-ville. C'est cet individu que le lecteur suit du regard et non plus la ville matérielle. Conformément au titre, ce sont donc les habitants de Montréal, plutôt que la ville elle-même, qui intéressent le récit. Chacune des nouvelles confirme ce déplacement de la ville réifiée à la ville humaine: «Les conspirateurs», «Mœurs amoureuses de cinq Montréalais», «Portrait de Mrs. Lynch» et «La vue», qui ne brise qu'en apparence la série des titres puisqu'il s'agit de la vue et de la vision d'une famille anglophone fortunée, logée dans Westmount, sur le flanc de la montagne. Aux identités successives de Paul Bar se substitue ici la succession des «points de vue» de personnages qui ont pour seule caractéristique commune d'appartenir à la même ville. Montréal, au sens propre comme au figuré, est leur «lieu commun».

La première nouvelle de ce recueil suggère une intrigue, un projet de conspiration que l'incipit feint de renforcer. On se croirait dans une réunion annonciatrice de quelque complot grave. Cinq hommes, âgés entre vingt-sept et trente-sept ans, sont assis quelque part dans un sous-sol inconfortable où l'on sert de l'alcool. Ils sont membres du comité exécutif de la LACF, mais ne s'entendent pas sur la signification des lettres: il s'agit pour l'un de la Ligue des athées canadiens-

---

20. *Profil de l'orignal, op. cit*, p. 34-35.

français, pour un autre de la Ligue d'action canadienne-française, pour un troisième de la Liberté d'action des chrétiens fondamentaux. Ce dernier, d'origine française, lance soudain à la tablée quelque chose comme un cri de ralliement: «Patriotes! dit-il, ça y est. Tout est paré pour jeudi. Mes gars sont alignés pour l'offensive[21].» Avec grandiloquence, il explique en quoi consiste l'affaire: il s'agit de rassembler les troupes pour crier d'une seule voix, un peu partout dans l'Université catholique de Montréal, du bureau du recteur jusqu'aux cabinets, que «Dieu n'existe pas». Malheureusement pour lui, la réaction des autres «conspirateurs» est plus que tiède, si bien que la conversation dévie tout naturellement vers des sujets qui se prêtent moins à l'offensive et mieux à la discussion: la patrie, le peuple, les femmes.

En conséquence, l'intrigue, au lieu de se nouer, se défait dès les premières mesures et nos cinq conspirateurs se transforment rapidement en cinq aimables citoyens, partageant des vues inoffensives sur tout et sur rien. Quelques pages plus loin, le narrateur semble éprouver quelque agacement devant la tournure de son récit, enlisé dans le bavardage de ses personnages:

> Ils poursuivent leur discussion avec un manque d'entrain causé par la sécheresse de leurs gosiers. Ils s'interrogent et se répondent automatiquement parce qu'ils se sont réunis pour ça.
>
> Pendant ce temps, il se passe dans la ville des événements capitaux[22].

Nous y voilà donc, pense le lecteur, au seuil de l'action annoncée, laquelle aura d'autant plus de relief qu'elle surgit en contrepoint des banalités échangées par les premiers protagonistes. Fausse piste encore: après quatre paragraphes où sont révélés, tour à tour, l'agonie du révérend père Racette, âgé de quatre-vingt-dix-sept ans, le début de l'accouchement d'une certaine Mrs. Koproch, les efforts artistiques de sœur Marie-Jeanne à l'Académie Sainte-Monique d'Amherst, la promenade de Freddy Barton sur la Main et la mort annoncée d'Edith Favesham, le récit s'interrompt à nouveau et reprend les choses là où il les avait laissées, dans le sous-sol où sont encore réunis les cinq «conspirateurs». Il suivra une nouvelle tangente un peu plus loin, à l'arrivée d'une demoiselle qu'ira courtiser Ivanovski, le plus dégourdi des cinq hommes. Mais il n'en retombera que plus lourdement sur le discours programmé de ceux-ci. À onze heures, il se fait tard, chacun rentre chez soi, sauf Ivanovski.

«Ah! Certes, nous ne sommes pas au pays du gigantesque, dit Jean-Loup. L'*Hénaurme* flaubertien nous intimide[23].» C'est le Français qui parle, celui qui mesure la situation de Montréal à l'échelle de la grande tradition européenne, celle

---

21. *Les Montréalais*, *op. cit.*, p. 12.
22. *Ibid.*, p. 21.
23. *Ibid.*, p. 28.

du réalisme, celle de Paris, celle aussi du XIXᵉ siècle. Ses idées de grandeur et de conspiration n'ont aucun succès auprès de Philéas Beauregard, père de six enfants, syndicaliste et bon catholique quoique anti-clérical. Tout le recueil confirme le jugement porté par Jean-Loup: pas de gigantesque ici, pas «d'événement», rien que des «profils», des «coups d'œil», des «points de vue». La nouvelle prend le contrepied d'un roman qui verrait en Montréal une «cité extravagante» (comme dans *Profil d'orignal*, voir *supra*), à la manière de *Bonheur d'occasion* de Gabrielle Roy ou encore d'un roman publié au début du siècle, *Le débutant* d'Arsène Bessette[24]. *Les Montréalais* font mine de se lancer dans une aventure romanesque, mais sapent les intrigues à mesure qu'elles se présentent et conduisent à une sorte de sur-place narratif. Chaque nouvelle et chaque partie de nouvelle propose un tableau qui se juxtapose au précédent sans y être enchaîné par quelque action progressive, malgré la réapparition, dans le long chapitre consacré aux «Mœurs montréalaises de cinq Montréalais», des cinq «Conspirateurs». Bien que ces protagonistes occupent presque tout le livre, ils n'accèdent pas au statut de héros; au contraire, ils sont semblables aux personnages qui surgissent à la fin du recueil, dans trois vignettes qui annoncent, mieux que le reste, la suite de cette entreprise narrative.

Encore faut-il se méfier, chez Andrée Maillet, du mot «suite»: les nouvelles des *Montréalais* ont, selon son propre aveu, été écrites après celles qui seront publiés en 1966 sous le titre *Nouvelles montréalaises*[25]. À la lumière de ce témoignage, on apprend qu'elle souhaitait élargir la perspective et s'éloigner des miniatures au style elliptique en composant les nouvelles plus amples des *Montréalais*, même si ce recueil s'achève sur de telles esquisses. Les *Nouvelles montréalaises*, confie l'auteure à Gilles Marcotte, décrivaient «l'état psychologique de Montréal, en petit et très humblement[26]». La référence à «l'hénaurme» flaubertien viendra donc plus tard, inspirée, peut-on penser, par une sorte de «désir d'énormité» (cette fois sans orthographe péjorative) propre à la Révolution tranquille. Mais la force de séduction associée à la petitesse et à l'humilité du regard excluait-elle vraiment toute idée de grandeur? Si chaque point de vue n'est en lui-même qu'un fragment minuscule de la ville, leur multiplicité finit par faire nombre. Si Montréal peut abriter tant de regards distincts, étrangers les uns aux autres, c'est qu'il s'agit peut-être d'une grande ville comparable à d'autres métropoles. Les dates de composi-

---

24. Arsène BESSETTE, *Le débutant. Roman de mœurs du journalisme et de la politique dans la province de Québec*, Saint-Jean (Montréal), Compagnie de publication «Le Canada français», 1914, 257 p.

25. «Les nouvelles de ce recueil avaient été écrites après les *Nouvelles montréalaises*, mais Andrée Maillet décida de les publier d'abord parce qu'elles lui paraissaient plus "sensationnelles", qu'elles indiquaient le changement d'atmosphère survenu dans la province de Québec depuis la mort de Duplessis.» (Gilles MARCOTTE, «Andrée Maillet, Montréalaise», *La Presse*, 22 janvier 1966)

26. *Ibid.*

tion précisées par la nouvelliste n'importent donc pas beaucoup, d'un point de vue sociocritique: *Nouvelles montréalaises* parle bien à et de la Révolution tranquille. S'il en fallait une preuve matérielle, qu'il suffise de mentionner la stratégie éditoriale adoptée en 1966: d'emblée le livre paraît en format de poche, tiré à dix mille exemplaires.

Fragments d'une comédie humaine

À la différence des *Montréalais* et du *Lendemain n'est pas sans amour*[27], *Nouvelles montréalaises* se présente comme un ensemble relativement homogène: sauf le dernier texte, «Le promeneur de Montréal», ce sont de courtes nouvelles marquées par une unité d'action, de temps et de lieu d'autant plus grande que le récit est extrêmement concentré. Avant d'entrer dans ce recueil, le lecteur de 1966 ne peut pas ne pas s'arrêter d'abord à la page de couverture: «Nouvelles montréalaises», écrit en caractères majuscules rouges, s'affiche en haut de la page exactement comme le titre d'un journal. Il exploite manifestement les deux sens du substantif «nouvelles», le littéraire et le journalistique. Juste en dessous apparaît la référence du «journal»: vol. 1, n° 1, 135 pages, 1.00, Montréal, janvier 1966. La littérature se donne ainsi l'apparence de l'actualité, parfaitement accordée à son temps et à sa ville. Puis, séparé du bloc-référence par un trait, un texte est placé sur deux colonnes par analogie avec la page du journal. Il s'agit d'une des nouvelles du recueil, intitulée «L'écœurant», effacée cependant en plusieurs endroits comme pour lui donner un air prématurément vieilli, dégradée par un usage malpropre semblable à celui que l'on réserve au quotidien, lu dans la cuisine plutôt qu'au salon. Le nom de l'auteur, Andrée Maillet, en rouge et en majuscules comme le titre, se trouve en bas de la seconde colonne comme s'il signait non pas le livre mais l'article. Tout en bas, seuls le nom de l'éditeur et l'inscription du prix du volume (identique au prix du journal indiqué en haut de la page) reviennent exclusivement à l'objet-livre.

La confusion entre le journal et le livre n'a rien d'extraordinaire en littérature: depuis qu'ils coexistent, ils n'ont cessé de se mesurer l'un à l'autre, le plus souvent pour condamner la contamination du noble par le trivial, mais de temps à autre pour subvertir le prestige du littéraire en le rabattant sur le discours commun du quotidien ou de l'hebdomadaire. Là c'est Mallarmé se méfiant de «l'universel reportage», ici c'est le surréalisme collant bout à bout des extraits de journaux. Au Québec toutefois, le clivage entre ces deux univers discursifs n'a jamais été aussi radical qu'en Europe, peut-être parce que le métier de journaliste fut

---

27. Ce recueil, comme le roman *Les remparts de Québec*, reste en arrière-plan de cette étude, même si les deux textes doivent beaucoup à la structure fragmentée de la nouvelle. Le fait qu'il est composé de contes et de récits plutôt que de nouvelles proprement dites justifie ce choix.

longtemps une pépinière d'écrivains, peut-être en partie aussi pour la raison qu'en donne le flâneur de la fin des *Nouvelles montréalaises*: «Entre le peuple et l'écrivain il n'y a pas d'antagonisme, pas de dialogue non plus, pas de liens; et le peuple s'en va à la débâcle, sans voix, sans plus rien qui l'attache aux rives[28].» Cette absence de liens ne concerne pas seulement l'écrivain et le peuple: ce sont tous les personnages qui sont soustraits à la logique du dialogue, à l'échange social. Ce qui rapproche le livre du journal ne tient pas ici à la seule trivialité des discours, mais à la juxtaposition des récits, qui les dégage de toute cohérence générale, exactement comme le sont les nouvelles jetées au gré de l'actualité sur la page du journal. D'une nouvelle à l'autre, il n'y a pas plus de progrès que d'un fait divers à un autre.

À l'inverse du journal cependant, les nouvelles d'Andrée Maillet ne reposent pas sur l'expression de la nouveauté; au contraire, les scènes se construisent de préférence autour d'un événement de très faible envergure, parfois simplement à partir d'un croquis, d'une action routinière, comme un passage dans un autobus de la ville. Quelques traits de crayon suffisent pour camper les personnages qui, tous à des degrés divers, représentent la vie urbaine. Le paragraphe qui ouvre la première nouvelle brosse le tableau général de tout le recueil:

> À midi, la circulation s'intensifie: les véhicules se suivent de près, les camions rouges, les taxis jaune et noir des vétérans, les autos de toutes marques, les autobus qui s'arrêtent en glissant et grinçant; on a du mal à traverser la rue Sherbrooke entre l'avenue Atwater et l'avenue Victoria; plus à l'est, n'en parlons pas, elle est bloquée[29].

Agitée dans tous les sens, la ville est d'abord un espace où l'on circule vite; le marcheur n'a pas sa place au milieu des véhicules de tous genres et, à l'inverse de ceux-ci, il est condamné à l'arrêt, impuissant à traverser la ville. Montréal ne lui est accessible que dans les limites de son quartier et son aventure se ramène la plupart du temps à un lieu fixe, la taverne, chez le boucher, le couvent, le logis familial, etc.

Bien que le spectre sociologique balayé par toutes ces nouvelles soit très varié, l'impression générale est qu'on ne traverse pas d'un lieu à l'autre, sauf lorsqu'on est enfant pour voir de plus près «le petit riche» qui habite en haut de la rue. De même qu'on ne passe pas d'un quartier à un autre, les frontières sociologiques sont respectées. On ne se déracine pas volontiers dans l'univers de ces *Nouvelles* et, si l'on peut parler de cosmopolitisme à propos de l'ensemble du recueil, il reste résolument extérieur à toute idée de dérive et de rencontre. Le seul personnage qui circule un tant soit peu, «le promeneur de Montréal», est un tou-

---

28. *Nouvelles montréalaises*, *op. cit.*, p. 131.
29. *Ibid.*, p. 9.

riste égaré boulevard Saint-Laurent avant de suivre deux jeunes hommes discutant de littérature. En dehors de cette nouvelle, la ville ne se laisse pas traverser: on y est attaché, parfois avec une énorme fierté comme le grand-père de la nouvelle finale des *Montréalais* qui refuse tout net de s'en aller dans le Sud:

> Puisque vous vous inquiétez de mon opinion, ma chère, je vous dirai que je me trouve bien au sommet de cette ville qui m'appartient un peu, que nous sommes un petit nombre à posséder; que mon univers tout entier tient entre la rue Saint-Jacques et ce coin de la montagne; que je ne suis plus curieux des autres gens, des autres lieux si importants, si puissants ou si beaux qu'ils puissent être[30].

Ce sentiment de propriété ne se retrouve pas chez les personnages des *Nouvelles montréalaises*, qui se recrutent, on s'en doute, ailleurs que parmi le petit nombre des «pères de la Cité[31]». Mais chez les autres, chez les «locataires de la ville», le domicile est bien davantage qu'un lieu de passage: pour l'une des rares fois dans la littérature québécoise, Montréal ne se représente ni comme lieu de perdition ni comme espace de transition, mais comme un ancrage géographique, un lieu d'appartenance.

Toutes les nouvelles ne suggèrent pas cette lecture et il est assez évident que «L'écœurant», dans la nouvelle du même titre, n'a guère de chez-soi dans la ville, confiné à une chambre qu'il loue vingt-cinq sous par jour, «une cellule sans fenêtre[32]» où, étalé sur son lit après avoir vomi plusieurs fois, il imagine un instant quelque vieillard bienveillant disposé à l'écouter, à le connaître, puis s'endort sur de sombres pensées, «écœurant de naissance[33]». Mais l'«Écœurant», semblable au «Cassé» de Jacques Renaud (1964) ou au «Cabochon» d'André Major (1964), ne serait nulle part chez lui, ni à Montréal ni ailleurs. En outre, il n'imagine aucun dehors à la ville: il appartient à celle-ci, par défaut sans doute, mais par une nécessité qui ne se préoccupe pas de causes extérieures: le malheur est là depuis toujours, depuis la naissance, avec, pour seule rémission, d'inexplicables sursauts d'espoir.

À rebours d'une littérature qui se cherche des identités, on ne s'exile pas plus qu'on ne fonde un pays dans les nouvelles d'Andrée Maillet. Si l'espace montréalais sert de point de référence à l'ensemble du recueil, ce n'est pas à titre de territoire à inventer pour l'avenir, mais comme surface riche d'expériences humaines contrastées. La ville se passe ici de profondeur, de valeur mythique: on y vit, on agit en elle, mais on n'y pense guère. Le sujet montréalais n'est pas soumis à

---

30. *Les Montréalais*, *op. cit.*, p. 141.
31. *Ibid.*
32. *Nouvelles montréalaises*, *op. cit.*, p. 44.
33. *Ibid.*, p. 46.

un questionnement identitaire comparable à celui qui hante les personnages d'Hubert Aquin ou de Jacques Godbout. Son appartenance à la ville relève de l'évidence et n'appelle aucun examen de conscience. Le quotidien fournit son lot de menus drames personnels sans qu'il soit nécessaire de faire intervenir les tragédies intérieures, d'où une impression trompeuse de superficialité ou de transparence.

Chacun des mini-drames racontés dans ces nouvelles se produit *en situation*, c'est-à-dire dans une conjoncture sociale brièvement mais solidement exposée, après quoi la vie reprend ses droits, la ville retrouve son mouvement habituel. Il est remarquable que tous les protagonistes, sans exception, portent un nom (même l'«Écœurant», qui s'appelle «Simon»): la ville n'est jamais anonyme, quoique les individus s'y trouvent le plus souvent isolés les uns des autres. Plus encore, la plupart des personnages ont une identité sociale précise qui les caractérise plutôt qu'elle ne les détermine. Dans certains cas, il est vrai, c'est carrément la fonction sociale qui décide du reste, comme dans la nouvelle intitulée «Chez le boucher», qui commence ainsi:

> Monsieur Cantin s'est retiré des affaires avec un gros diamant au doigt, un autre plus gros monté en épingle et beaucoup, beaucoup d'argent.
> Il ne va plus à la messe qu'en Cadillac.
> Il vient rarement faire son tour, sauf au temps des Fêtes où il tient à choisir lui-même *son* dinde. Pour les employés il est toujours le *boss*.
> Son fils qui lui succède a hérité de sa corpulence. Est-ce un gage de succès? Il semble que tous les bons bouchers soient obèses. Alcide Cantin, fils de Roméo, n'est pas une exception. Il a de plus le teint fort en couleur, le cheveu gommé, l'œil gouailleur[34].

Alcide Cantin, boucher fils de boucher, obèse comme tous les bons bouchers, n'a donc rien d'une exception: il a le physique et le moral de l'emploi et rien dans son univers n'excède la définition de son rôle, sauf peut-être Anita, la petite employée qui lui résiste et prétend devenir un jour une bourgeoise. Ce seul accroc au monde clos de la nouvelle n'est pas par hasard le fruit d'une fille au prénom étranger: nous sommes bien à Montréal.

Dans une nouvelle qui se passe entièrement au téléphone, «Ici, Léon Duranceau», c'est encore le nom qui prime le reste. Mais ce nom se cherche désespérément un titre, en l'occurrence la fonction de scripteur pour la télévision. Léon Duranceau téléphone à gauche et à droite, à l'agence de M. Plantin puis à celle de Mme Martin, essaie en vain d'organiser une rencontre avec un réalisateur de Radio-Canada, se réclame en pure perte de quelques connaissances bien placées et, au

---

34. *Ibid.*, p. 67.

terme d'efforts et de mensonges de plus en plus pitoyables, rappelle sa mère pour la prévenir qu'il rentrera finalement pour souper... La nouvelle est circulaire, dérisoire, à la limite de l'insignifiance, à l'image du personnage qu'elle met en scène.

«Dans l'autobus», le point de vue alterne d'un passager à l'autre, mais, somme toute, c'est l'autobus entier qui partage une égale misère, celle qui oblige tout le monde à se trouver précisément là. «Ce n'est pas tant le malheur qui rend la vie pénible que toutes ces misères de tous les jours qu'il faut endurer, jour après jour, sans répit, sans espoir autre que vieillir, encore que la vieillesse ne mette pas toujours un terme[35]...» Soudain, au cœur de ces lamentations, une dame a l'idée de céder son siège à un homme obèse et l'aurait fait si elle n'avait craint de l'humilier en public en faisant passer sa lourde taille pour quelque infirmité honteuse. La nouvelle n'en dit pas plus et s'interrompt lorsque descend la dame dont la générosité — au moins virtuelle — disparaît comme elle est apparue, sans laisser de traces.

Strictement parlant, il ne s'est donc rien passé dans cette nouvelle, mais la simple possibilité du geste de la dame suffit à créer une chute, à susciter quelque espoir. Ce sont de tels instants magiques, impalpables mais dûment enregistrés par le texte, qui structurent chacune des nouvelles. On parlerait volontiers à leur propos de «tropismes», au sens que donnait à ce mot Nathalie Sarraute: «phénomènes psychologiques à la fois violents et microscopiques, drames rapides, liés au corps, qu'il appartient au romancier de chercher à transcrire, alors que nous n'en avons d'ordinaire qu'une perception fugace, subliminale[36]». Sur une ligne continue qui correspond plus ou moins à l'axe d'une rue comme la rue Sherbrooke sur laquelle s'ouvre le recueil, chaque nouvelle effectue une modulation presque insensible, monte ou descend le temps d'une étincelle, arrache à leur évanescence des gestes virtuels et de faux événements. L'exemple le plus saisissant de tropisme, qui est un état en deçà du discours, une «sous-conversation» comme le disait Sarraute, est le silence soudain qui s'installe à la toute fin de la nouvelle intitulée «La mère et la fille»:

> La mère hocha la tête d'un air compréhensif; elle n'aurait rien su répondre. Son regard s'égarait sur les choses familières pour revenir ensuite se poser sur sa fille, sans insister, sur sa fille qui était là, ce soir, près d'elle, presque dans son giron, et qui lui parlait sans haine[37].

---

35. *Ibid.*, p. 33.
36. Marc ANGENOT, *Glossaire pratique de la critique contemporaine*, Montréal, Hurtubise HMH, 1979, p. 214.
37. *Nouvelles montréalaises, op. cit.*, p. 26.

L'absence de haine, comme la simple pensée d'un geste généreux dans l'autre nouvelle, ouvrent un espace indicible dans un monde dont il est dit par ailleurs qu'il est saturé de discours — ceux des journaux, des politiciens ou des illuminés.

Tel est en effet l'enjeu constant de ces nouvelles, qui évacuent les péripéties au profit d'une tension créée à même les langages de la ville. Du début à la fin, il n'est pratiquement de conflit que d'ordre discursif, dans le choc plus ou moins violent des signes. Ainsi, la colère du père de Réjane, dans la nouvelle d'ouverture intitulée «Pleure, pleure...», quoique suscitée par la décision inattendue de son futur gendre de rompre les fiançailles, contient d'autres colères amalgamées: fidèle lecteur du *Devoir*, il ressent confusément cet affront inexpliqué au travers du ressentiment diffus qu'il éprouve à chaque fois qu'il lit quelque nouvel exemple d'injustice faite aux Canadiens français. Le récit de sa fille l'émeut, mais absorbé par le récit plus ancien de la nation:

> Il a beau porter attention au récit de Réjane, il ne peut se libérer de tous ces titres en caractères gras qui assaillent sa pensée et ses sentiments. Il a l'esprit englué dans son journal favori, *Le Devoir*, le seul journal qui pense, eh oui, le moins lu de tous, naturellement[38].

C'est la voix du père qui se fait entendre ici, en style indirect libre, cité par le narrateur mais sans les marques habituelles du discours rapporté. Ce procédé, fréquent tout au long du recueil, n'induit pas seulement la pensée d'un personnage donné dans la narration, car la formule employée par ce dernier n'a rien d'original ni de personnel: c'est une pensée toute faite, un cliché de société, plus précisément le stéréotype d'un groupe — celui des intellectuels — pour qui la valeur d'un journal est inversement proportionnelle à sa popularité. Le même procédé est utilisé pour la mère, dont la sympathie mièvre et excessive devient un cliché psychologique qui donne son titre à la nouvelle. À la fin, la fille se laisse en effet aller à ses larmes, mais celles-ci ne sont plus liées à l'événement lui-même, qui ne l'émeut pas outre-mesure, mais aux discours convenus et insincères de ses parents, avec qui elle se voit maintenant vivre pour encore longtemps, peut-être pour toujours...

Dans «La fête», organisée à l'occasion de Noël au profit de petites filles pauvres grâce à quelque œuvre de bienfaisance, l'archevêque et un adjoint du maire prononcent tour à tour un discours de circonstance. Le premier se contente de quelques exhortations concises et appréciées, puis s'éclipse. Le second improvise un laborieux panégyrique des organisatrices et parvient à peine à dissimuler son mépris pour le reste de son auditoire:

---

38. *Ibid.*, p. 15.

Ces demoiselles de bonnes familles, de grandes familles, sont allées vous sortir de vos taudis pour vous amener ici, dans ce local qui leur a été prêté par un particulier bienf... heu... généreux, pour vous organiser une Fête de Noël comme vos parents n'en ont jamais vue, comme vous autres, vous n'en avez jamais vue, et comme je pense bien, vous n'en verrez jamais d'autres[39].

Un léger froid traverse la salle, mais les pauvres filles n'ont cure de ces bêtises, absorbées par le repas et les cadeaux à venir; les organisatrices, de leur côté, se contentent de rire du politicien.

Tous les personnages ne manifestent cependant pas une telle sérénité face à la solitude et à l'incompréhension, comme en témoigne l'histoire de Coralie, une veuve désargentée. Initiée au monde de «La divine Euthymie» par une vieille amie revue par hasard, Coralie assiste à une puis à plusieurs réunions du «Cercle de Croyants», dont le principe de base tient à la puissance salvatrice du sourire. Malgré son scepticisme initial, Coralie accepte de parler de sa situation aux «Intimes» et se prend au jeu au point de leur reprocher de ne pas l'aider suffisamment: «Est-ce que vous savez combien c'est pesant, la solitude dont on ne veut pas? Le silence d'un million huit cent mille êtres humains, est-ce que vous savez comme il est écrasant? J'ai la tête vide, j'ai le cœur vide... Qui va m'aider?[40]» Par dépit, pour échapper à la solitude de la ville, Coralie se résout enfin à sourire à cette curieuse société, «des êtres humains malgré tout[41]».

* * *

De discours en discours, il ressort finalement qu'il n'en est guère qui soit manifestement supérieur aux autres, qui résiste mieux que d'autres à la trivialisation des rumeurs et à la pétrification des clichés. Tous, de quelque partie de la ville qu'ils soient, relèvent du commun, du banal, du dérisoire. Les voix les plus diverses se superposent, s'entremêlent sans pour autant se confondre tout à fait, laissant chaque sujet à sa place, avec tout au plus une présence un peu accrue, une sorte de conscience soudaine des autres: la dame de l'autobus épouse un instant le malheur de l'homme obèse; entre la mère et sa fille, il n'y a tout à coup plus de haine; Réjane saisit brusquement tout le malheur de sa situation, «entourée» désormais de ses parents; Simon, «l'écœurant», éprouve un bref moment le désir d'autrui, le besoin de se voir à travers le regard d'un vieillard qui connaîtrait son nom. Chacun de ces instants ouvre le monde à une réalité d'un autre ordre, impossible à soutenir dans la durée, mais sensible déjà, articulée à une vision du monde qui n'est plus la simple addition ou reproduction des discours de la ville.

---

39. *Ibid.*, p. 36-37.
40. *Ibid.*, p. 91.
41. *Ibid.*, p. 93.

L'intensité de ces moments euphoriques ou dysphoriques n'est aussi forte que parce qu'ils surgissent en fin de nouvelles, décrits de façon laconique par le narrateur, qui semble chaque fois se retirer subrepticement. S'ils se manifestent surtout à travers des silences, c'est que la conscience des autres suppose paradoxalement la suspension de toute communication verbale, l'abolition de toute forme de discours. Dans la nouvelle «Le petit riche», des gamins se moquent d'un garçon de bonne famille qu'ils revoient sans cesse à la fenêtre de sa maison, jusqu'à ce qu'ils s'aperçoivent de son infirmité; le soir de Noël, ils lui offrent le spectacle de leur amitié, sous forme de bonhommes de neige et de chants improvisés, sous les applaudissements frénétiques et muets du «petit riche». Des instants pareils ne durent ni ne se répètent, mais ils créent une brèche dans l'univers déterminé de la ville, ils permettent de couper une fois à travers la circulation dense de la rue Sherbrooke et d'aller voir comment ça se passe de l'autre côté de la rue.

Rien de tout ceci n'est naïf, même si l'on devine souvent un arrière-fond de merveilleux dans les textes d'Andrée Maillet. Ces instants ne trouvent à s'exprimer que dans le cirque de la comédie humaine, et toujours sous la forme de fragments, de détails qui précéderaient en quelque sorte le tableau général de la société et s'y substitueraient au bout du compte. Montréal, disent ces textes, cela n'existe pas, sauf comme lieu de discours, perpétuellement transformable en tant que tel, carrefour de sens et de contresens, espace de prédilection du libéralisme et de l'individu, mais aussi de la solitude et des mini-sociétés, du ridicule et du tragique. Le sujet n'est pas plus libre par rapport à sa ville qu'il ne l'est pas rapport au langage: l'un comme l'autre l'empêchent d'agir à sa guise et lui imposent une vitesse, un horizon de valeurs, certaines idées. L'instant de liberté qu'il parvient de temps à autre à imaginer n'a rien d'une utopie et n'existe qu'à peine, courte vibration d'un silence encore plein des bruits confus de la ville, de la voix indistincte des autres. Les nouvelles d'Andrée Maillet reconnaissent tout cela, et de manière peut-être plus aiguë que certains récits en apparence plus engagés dans la Révolution tranquille.

MADELEINE FERRON
ET L'ÉCRITURE MINIMALISTE

Estelle Dansereau
UNIVERSITÉ DE CALGARY

> Je préfère le détail lyrique d'un événement à l'analyse de son ensemble. Je prends plaisir à observer les bêtes et les hommes. Parmi ces derniers, j'en suis venue avec le temps à repérer facilement les êtres authentiques, les seuls que j'admire.
>
> Madeleine FERRON
> *Un singulier amour*, p. 132

S'il était possible de caractériser l'œuvre d'un écrivain par un trope, je choisirais la litote dans le cas de Madeleine Ferron. Ses écrits comme ses collaborations de tous genres[1] visent l'essentiel de la vie et de la culture sans pourtant faire un grand éclat. Ses contes et nouvelles racontent des histoires ordinaires, sans prétention, inscrites dans un contexte socio-historique identifiable et d'une référentialité peu problématique. Des récits d'un style dense offrant «des descriptions fictives de la réalité», des observations aiguës d'instants précis de la vie et de l'expérience[2]. Par leur concision et leur netteté, les contes et les nouvelles de Madeleine Ferron invitent à une lecture rapidement saisie, ne s'embarrassant d'aucune opacité sémiotique ou référentielle importune. Et la critique l'en a félicitée: Ferron présente, pour la plupart, des vies posées «hors du drame[3]»; «l'écriture se déroule avec retenue, presque avec pudeur[4]»; Ferron «écrit simplement, cherche la clarté, la transparence de l'expression[5]»; elle «a compris que l'art de la nouvelle, [c'est] de faire vite en sorte que le sujet s'épuise de lui-même[6]». La discrétion et l'extrême concentration des récits ferroniens posent un défi particulier à une critique voulant

---

1. Un aperçu rapide dans la notice biographique précédant le résumé de Gilles DE LA FONTAINE de *Cœur de sucre* en donne les contributions notables (*Dictionnaire des œuvres littéraires du Québec*, t. IV, *1960-1969*, Montréal, Fides, 1984, p. 184).

2. Marie-Josée DES RIVIÈRES, *Châtelaine et la littérature (1960-1975)*, Montréal, L'Hexagone, 1992, p. 225.

3. Réjean BEAUDOIN, «Trois nouvellistes», *Liberté*, n° 178, 1988, p. 87.

4. Régis NORMANDEAU, «Différents parcours de la nouvelle», *Voix et images*, n° 45, 1990, p. 456.

5. Claude SABOURIN, «De Madeleine Ferron», *Lettres québécoises*, n° 49, 1988, p. 43.

6. Jean-Éthier BLAIS, «*Nouvelles montréalaises* d'Andrée Maillet et *Cœur de sucre* de Madeleine Ferron», *Le Devoir*, vol. 57, n° 53, mars 1966, p. 12.

découvrir les caractéristiques de leur encodage. Malheureusement, c'est une étude d'ensemble qui n'a pas encore été faite, les commentaires publiés se limitant presque exclusivement à des recensions, à l'exception des articles de Jean-Pierre Boucher[7] et de Sheldon P. Zitner[8].

Née en 1922, sœur de Jacques et de Marcelle, Madeleine Ferron semble s'être tenue à l'écart des mouvements et tendances littéraires de son époque. Éloignée peut-être des centres littéraires pour avoir longtemps habité la Beauce avec son mari, le juge Robert Cliche, elle passe définitivement au rang des écrivains de métier à partir de 1970. Si l'on en croit les références «autobiographiques» dans ses récits, il semblerait que l'écriture a été pour elle d'abord retardée par «l'élevage des enfants[9]», par la lutte «pour satisfaire à toutes les exigences» d'un foyer traditionnel (HE, p. 17). Introduite au monde littéraire en 1966 avec la publication d'un roman, *La fin des loups-garous*, et d'un recueil de contes, *Cœur de sucre*, elle fait paraître par la suite un deuxième roman, *Le baron écarlate*, suivi d'un troisième en 1983, *Sur le chemin de Craig*, puis deux ouvrages d'histoire en collaboration avec Robert Cliche, *Quand le peuple fait la loi* et *Les Beaucerons, ces insoumis*, quatre recueils de nouvelles, *Le chemin des dames*, *Histoires édifiantes*, *Un singulier amour* et *Le Grand Théâtre*, et en 1993 une chronique de famille, *Adrienne*[10]. Ces titres représentent vingt-trois ans d'écriture dont la contribution la plus importante demeure probablement les nouvelles et contes[11].

Dans des récits dépassant rarement quinze pages, Madeleine Ferron capte de multiples moments accessoires: par bribes-éclairs, elle saisit les diverses facettes de l'existence, véhiculées d'abord par les fragments du quotidien ancré dans sa Beauce adoptive, puis s'étendant progressivement à une collectivité moins explicitement locale. Aucun sujet n'est exclu, pas plus le banal que l'épique. Les grands

7. Jean-Pierre BOUCHER, «Les voies de l'émancipation féminine: *Le chemin des dames* de Madeleine Ferron», dans *Le recueil de nouvelles*, Montréal, Fides, 1992, p. 91-101.

8. Sheldon P. ZITNER, «Economies of Scale: Madeleine Ferron's "Le Peuplement de la terre"», *Studies in Canadian Literature*, vol. 3, n° 2, 1978, p. 247-254.

9. Madeleine FERRON, *Histoires édifiantes*, Montréal, La Presse, 1981, p. 16. Le sigle suivant paraissant entre parenthèses dans le texte sera utilisé pour désigner ce recueil: HE. Voir la note 10 pour les sigles renvoyant aux recueils de nouvelles.

10. *La fin des loups-garous*, Montréal, HMH, 1966; *Cœur de sucre. Contes*, Montréal, HMH, 1966 (CS); *Le baron écarlate*, Montréal, Hurtubise HMH, 1971; *Sur le chemin Craig*, Montréal/Paris, Stanké, 1983; *Quand le peuple fait la loi. La loi populaire à Saint-Joseph de Beauce*, Montréal, Hurtubise HMH, 1972; *Les Beaucerons, ces insoumis. Petite histoire de la Beauce 1735-1867*, Montréal, Hurtubise HMH, 1974; *Le chemin des dames. Nouvelles*, Montréal, La Presse, 1977 (CD); *Histoires édifiantes. Nouvelles*, Montréal, La Presse, 1981 (HE); *Un singulier amour. Nouvelles*, Montréal, Boréal Express, 1987 (SA); *Le Grand Théâtre et autres nouvelles*, Montréal, Boréal, 1989 (GT); *Adrienne*, Montréal, Boréal, 1993. Certaines nouvelles ont parues dans *Châtelaine*, *L'Information médicale et paramédicale* et *Liberté* entre 1967 et 1979. Deux autres au moins sont restées inédites.

11. Le corpus des nouvelles et contes comprend environ 75 récits.

moments de la vie (l'amour, le mariage, la mort) comme les petits (le quotidien anodin, les engagements, les contraintes), les émotions (la déception, la colère, le désir), les débats intérieurs de la conscience comme de l'imaginaire et de la mémoire. Ses histoires racontent l'infinie variété des expériences définissant la vie de la femme, certes, mais elles exposent tout autant les devoirs, les contraintes et les orgueils mesquins du monde masculin. Figurant au premier plan thématique, l'interaction entre les humains, toujours colorée d'un désir d'indépendance ou d'émancipation personnelle, se dégage de chaque récit. Même dans les textes de fiction coule un mince filet autobiographique qui les relie à la vie de l'auteure, à sa chère Beauce et, surtout, à l'inépuisable expérience des femmes; les portraits esquissés de femmes, qu'elles soient célibataires, mariées ou veuves, jeunes, d'âge moyen ou vieilles, se rejoignent dans les joies et les peines de la condition humaine. La passion de Madeleine Ferron pour la nature, l'histoire locale et la vie simple, éloignée des grandes villes et du monde moderne, ainsi que sa très grande lucidité face au cœur humain semblent enracinées dans un lieu et dans une époque révolus. Malgré cela, un grand nombre de ses nouvelles sont contemporaines de cette période de réclamation des droits de la femme, d'une production littéraire féministe radicale, toutes tendances auxquelles elle ne semble pas avoir participé, ouvertement du moins, mais qui sont néanmoins en complément de sa vision émancipatrice.

On ne s'étonnera pas que ses récits de portée discrète, qui n'abordent pas explicitement les épisodes dramatiques de l'époque, ne soient pas plus célèbres. Madeleine Ferron n'a jamais été une écrivaine à la mode. Nonobstant une certaine marginalisation, elle semble avoir gagné l'attention de la critique journalistique et s'être mérité des commentaires élogieux. Il faut se demander alors pourquoi plusieurs recensions de ses recueils commencent par regretter que son œuvre soit méconnue. Serait-ce dû à son éloignement géographique des centres littéraires, aux genres dépréciés qu'elle pratique ou à la nature même de l'œuvre tout en fragments, en bribes évocatrices? Les commentaires allèguent qu'il s'agit d'un art minimaliste: «Les textes [...] mettent en scène de petites infractions au quotidien, des égratignures de l'ordre des choses[12].» Réjean Beaudoin, auteur de plusieurs recensions perspicaces et subtiles de l'œuvre de Ferron, exprime la réserve la plus répandue: «La nouvelliste [...] semble s'être imposé pour règle la proscription de tout effet et l'interdiction de tout commerce avec une écriture autre que strictement référentielle[13].» Et pourtant, l'objet de cette remarque est de vanter la finesse et la délicatesse de la touche de Ferron, des qualités solidaires du lyrisme plutôt que du mimétisme:

---

12. Régis NORMANDEAU, *op. cit.*, p. 456-458.

13. Il fait cette observation dans un compte rendu pourtant assez élogieux du recueil de nouvelles *Un singulier amour*. (Réjean BEAUDOIN, «Trois nouvellistes», *loc. cit*, p. 87)

Les personnages glissent sur la page, en route vers un destin aussi discret que possible, ils ne vont pas capter ni retenir l'attention par une force qui les marquerait distinctement, ils passent exactement comme tout ce qui nous arrive, sans grand heurt, trahissant tout au plus la tristesse ou la joie[14]...

Ces textes qui valorisent l'introspection lucide, le portrait lyrique, la narration discrète méritent-ils d'être lus? La question posée peut sembler vaine, et il vaudrait mieux viser à comprendre ce qui se cache derrière une écriture aussi lisse. Pour percer la «surface étale» de cette prose «transparente», le lecteur doit, selon Beaudoin, découvrir une brèche: «Et si [le récit court] emprunte si souvent la forme banale du quotidien, c'est pour y débusquer la présence d'une question sous la trivialité apparente et sans ombre[15].» La critique antérieure semble avoir également prévu un tel procédé de décodage: au sujet de *Cœur de sucre*, Gilles de la Fontaine note que «la justesse de l'expression» se joint à «la finesse de la satire»: «Se trouve aussi, associé à ce plaisir [de conter], comme une de ses composantes les plus constantes, celui de dévoiler, avec une indulgente malice, l'usure et la faiblesse de certaines vérités jadis obligatoirement et communément reçues[16].» Si ces critiques mettent l'accent sur ce qui est voilé, suggéré, aucun n'établit pourtant d'analogie entre les récits ferronniens et la prose lyrique[17], forme littéraire qui s'apparente à la poésie.

«La nouvelle mise sur la densité[18]», déclare André Berthiaume, nouvelliste lui-même et lecteur attentif des récits des autres. Cette caractéristique n'en fait pas pour autant un poème. Alors comment parler d'un récit qui masque son fonctionnement derrière des sous-entendus à peine perceptibles à moins de procéder à une analyse systématique de ses moyens. Après tout ce qui a été écrit sur la nouvelle, il me semble encore pertinent de revenir à Edgar Allan Poe et à son concept de l'effet unique, basé sur une perspective unifiante rattachant toutes les parties et tous les éléments à la production de cet effet[19]. La lecture critique vise à la manifestation de cet effet, afin de pouvoir mettre à nu, si elles y sont, les contradic-

---

14. *Loc. cit.*

15. *Loc. cit.*

16. Gilles DE LA FONTAINE, dans *Dictionnaire des œuvres littéraires du Québec*, *op. cit.*, p. 185 et 184.

17. Décrite par Eileen Baldeshwiler, cette fiction se caractérise par une économie de moyens, un ordre achronologique, l'importance des images et des nuances, des états d'âme plutôt que de l'action, et une grande intensité émotive. (Susan LOHAFER, *Coming to Terms with the Short Story*, Baton Rouge et Londres, Louisiana State University Press, 1983, p. 19-20)

18. «Notes sur un genre présumé mineur», *Nouvelle Barre du jour*, n° 74, 1979, p. 40. André Berthiaume est l'auteur de nombreux recueils de nouvelles ainsi que de plusieurs essais sur le genre.

19. Une variante de ce même principe est énoncée par Daniel BEAUDOIN et Francis FAVREAU dans leur article «La nouvelle? Qu'est-ce que c'est?» (*XYZ*, n° 22, 1990, p. 81), lorsqu'ils affirment que «la nouvelle est un texte continuellement tendu vers sa fin et que cette tension même structure à la fois la langue (la syntaxe) et l'organisation des contenus».

tions à l'intérieur du récit. Pour tâcher d'identifier certaines stratégies de lecture, j'ai eu recours aux travaux de Susan Sniader Lanser dans lesquels elle propose une méthode s'inspirant de la critique féministe et de la narratologie[20]. Elle avance que l'acte même de narrer met en jeu les rapports sociaux, si bien que l'étude de la voix narrative permet de les dévoiler et de les comprendre. Selon Lanser, une voix féminine représente le site de tensions idéologiques rendues manifestes dans la pratique textuelle[21]. Elle examine le rapport entre cette voix et une autorité discursive, toujours mises en relation avec les événements narrés, pour faire trois distinctions importantes: un narrateur hétérodiégétique externe aux événements non seulement qui joue le rôle de les représenter mais qui se permet parfois de les commenter, un narrateur autodiégétique qui établit un rapport étroit, pas toujours évident, entre l'instance narrative et les événements et, enfin, une voix communautaire, laissant entendre une voix collective (celle-ci peut être produite par la forme du singulier, je ou elle/il, la forme du nous ou d'une séquence de voix), qui se manifeste grâce à des pratiques textuelles distinctes[22]. Les procédés narratifs ne peuvent pas être dissociés du sujet des récits et leur effet subversif marquant des points de tension n'est perceptible que lorsqu'ils sont reliés. C'est bien ce que suggère Patrick Coleman[23], lorsqu'il encourage la pratique d'une lecture des récits qui cernerait les modalités de la voix narrative afin de comprendre le(s) système(s) d'encodage, et Réjean Beaudoin quand il affirme que: «[C]es portraits, ces tableaux valent souvent plus par le point de vue que par leur consistance propre qui sert par contre de support (sinon même de prétexte) à la rapidité d'une évocation[24].» La lecture des récits ferroniens entreprise ici profite des commentaires de la critique qui suggère qu'afin de décoder l'art subtil de Madeleine Ferron, il faut exposer les contradictions dissimulées et observer l'importance de la voix narrative dans l'histoire racontée afin de mettre en évidence le positionnement des narrateurs, leurs rapports avec les narrataires et avec les événements.

---

20. Susan SNIADER LANSER, «Toward a Feminist Narratology», *Style*, vol. 20, n° 3, 1986, p. 341-363; et *Fictions of Authority: Women Writers and Narrative Voice*, Ithaca et Londres, Cornell University Press, 1992. Mieke BAL, dans sa quête d'une «critique socialement pertinente», propose aussi la conjoncture d'une méthode sémiotique (la narratologie) et d'une orientation mimétique (le féminisme) dans *Femmes imaginaires: l'Ancien Testament au risque d'une narratologie critique*, Montréal, Hurtubise HMH, 1985, p. 8-17.

21. Susan SNIADER LANSER, *Fictions of Authority*, op. cit., p. 5.

22. *Ibid.*, p. 21.

23. Patrick COLEMAN, «L'évolution de la nouvelle au Québec», *XYZ*, n° 10, 1987, p. 69.

24. Réjean BEAUDOIN, «Histoires édifiantes», dans *Livres et auteurs québécois 1981*, Québec, Presses de l'Université Laval, 1982, p. 49.

Cœur de sucre

Classés parmi les contes, les récits de ce recueil se rapprochent, pour ce qui est des voix et des sujets, de la nouvelle[25], bien que certains manifestent quelques-unes des caractéristiques de l'oralité. Or la différence entre conte et nouvelle étant de plus en plus embrouillée, je ne tenterai pas dans mon étude de les distinguer. Comme le suggère le titre du recueil de Ferron, les événements se déroulent sur un fond d'histoire locale, de croyances, de mœurs et de traditions partagées. Il ne s'agit pas d'incidents anodins mais plutôt de cas individuels qui évoquent les expériences d'une collectivité. Sheldon Zitner l'a bien démontré dans son étude du «Peuplement de la terre[26]», conte qui saisit, par son discours et sa focalisation, l'universel dans le particulier et l'influence du milieu dans les expériences indivi-duelles. Ces dernières sont très variées: l'éveil à la sensualité («Cœur de sucre», «La chouette»), à la maternité («La maladie»); la hantise de la mort («La jarre», «L'incroyable terminus»); la fragilité des croyances à la fidélité («Le don de Dieu»), à la charité («Les termites», «Le pardon refusé»), à la pudeur («La ren-trée»), à l'individualisme («Le peuplement de la terre»). Associées au village traditionnellement bien catholique, les vicissitudes dans ces récits sont vécues comme un spectacle, fournissant à la collectivité le texte de la vie.

Cette spécularisation accorde aux récits des connotations dissimulées dont je vais discuter dans trois récits particulièrement mémorables: «Le don de Dieu», «La rentrée» et «Les animaux, nos frères». Chacun de ces textes, très bref et contenant une énigme, ressortit à l'anecdote. Faisant peut-être allusion à la brièveté de ses contes, Madeleine Ferron prête à la narratrice de «La jarre» des observations qui pourraient autant se référer à son style:

> J'aime les gens qui meurent avec une discrète rapidité, qui ferment leur grand livre en effeuillant à peine les dernières pages. Le «happy end» étant impos-sible, l'épilogue y gagne toujours à être très court. Trop long, il fausse toutes les dimensions et nos souvenirs risquent fort de rester accrochés aux théâtra-les péripéties de la dernière maladie. (CS p. 19)

Ce sont des récits qui courent à leur fin et qui laissent le lecteur réfléchissant à l'énigme, à moins qu'il ait prêté attention aux stratégies narratives qui exercent sur l'histoire une influence déterminante.

«La rentrée» raconte moins l'histoire des jeunes filles retournant au pension-nat que l'inquiétude, le malaise provoqués par cet espace. La phrase liminaire suggère les contraintes associées au couvent: «La rue du Parloir est étroite et

---

    25. Gilles DE LA FONTAINE les qualifie de nouvelles (*Dictionnaire des œuvres littéraires*, *op. cit.*, p. 184).

    26. Sheldon ZITNER, *Studies in Canadian Literature*, *op. cit.*, p. 247.

tortueuse.» (p. 73) Il suffit d'un regard jeté sur le couvent pour que la narratrice soit rassurée quant à la pérennité des mœurs traditionnelles, car on y a fait à peine «quelques concessions aux exigences du siècle» (p. 73). Au moyen de ses descriptions sobres de la rentrée, la narratrice laisse entendre à un narrataire externe qu'elle apprécie les valeurs incarnées par le pensionnat: «Sobre et pur de lignes, je le trouve beau» (p. 73) et «C'est réconfortant, cette certitude ainsi acquise, que la cour est ouverte par le haut, que le vase n'est pas clos. Et nos jeunes filles reçoivent la même protection, qui leur donne, quand elles retrouvent la liberté, un air de biche effarouchée que je trouve charmant» (p. 73-74). Symboles de régie, les murs du couvent représentent implicitement les valeurs désirées par la narratrice. Dans son rôle d'observatrice, celle-ci se sert du pronom personnel *je*, et souligne ainsi l'orientation spéculaire de sa narration des événements, mais dès le moment où l'«intruse» pénètre les murs protecteurs pour bouleverser l'ordre établi, la narratrice s'allie par contre, grâce à l'emploi du *nous*, aux autres mères. Cette solidarité confirme leur position idéologique et les situe par rapport aux autres groupes. Jouant leur rôle prédéterminé, les mères («les dignes, les gantées, les chapeautées») sont soudainement démasquées devant les religieuses par l'arrivée d'une femme en déshabillé de plage. Par l'observation: «Insolite, elle passa déshabillée de toutes les conventions», la narratrice joue sur l'ambiguïté du mot *déshabillée* pour ponctuer la fin de l'imposture des mères qui, elles aussi, l'été, se défont des contraintes symbolisées par le pensionnat. Typique de l'art minimaliste de Madeleine Ferron, un acte de révolte s'accomplit par une entrée désinvolte dans un lieu clos. Rupture subversive, certes, ce geste dresse comme un éclair les partis pris: les jeunes filles restent soumises aux règlements derrière «la porte grillée», les religieuses assurent leur pouvoir («[...] du haut de leur lucarne blanche, malicieusement continuaient de sourire» p. 77); les mères, démasquées momentanément, résistent derrière leurs costumes mais s'inquiètent de ce que l'imposture soit crevée pour toujours. La scission est marquée par les paroles de la narratrice: d'abord, «*nous* en étions là, *assemblées*», puis l'intruse «*fendait* le groupe des *parents* et *élèves*» (p. 75; c'est moi qui souligne). La clôture rapide du conte laisse en suspens les conséquences de cet éclatement, mais le sourire malicieux des religieuses suscite un malaise irrésolu. Bien que le conflit idéologique entre une époque révolue et le monde moderne soit au centre de ce micro-récit, c'est plutôt l'ambivalence envers ces deux mondes, incarnée dans la perspective de la narratrice, que vise Ferron.

Les deux autres contes, «Le don de Dieu» et «Les animaux, nos frères», se présentent comme autant d'observations d'une collectivité. Cette impression initiale se produit dans le premier récit grâce à la position du narrateur-observateur, qui reste à l'extérieur des événements racontés comme s'il s'agissait d'une production théâtrale. Le procès du faux-guérisseur, possesseur du don de Dieu (son sexe), se déroule devant un auditoire en appétit de scandale: «L'audience était ouverte.

Le rideau allait se lever. [...] L'assistance, le souffle suspendu, ne bougeait plus»
(p. 27-28). Tous les personnages jouent un rôle: «[L]e juge se drapait de majesté,
les avocats piaffaient d'impatience [...], Victor Langelier, l'accusé, promenait sur
la foule un regard hautain et méprisant.» (p. 27) Rien de moins que l'ordre établi
est ici en cause et l'assistance, qui comprend les maris trompés, est intéressée.
Comme l'histoire est narrée à partir de cette conscience collective, la brèche inévitable vient de la voix narrative, qui enchâsse dans le récit du procès des commentaires dissidents, parfois d'un ton persifleur: «La femme résiste mal à un
surcroît d'ouvrage s'il lui faut l'accomplir dans la solitude. [...] elle a tôt fait de
se découvrir une petite maladie qu'elle entretient, dorlote, qui lui tient bientôt lieu
de distraction.» (p. 28) «On a beau être nerveux, on ne monte tout de même pas
dans un lit avec une paire de "claques".» (p. 32) C'est une voix qui se distancie
de la collectivité par l'impression qu'elle donne de sanctionner les tromperies de
l'accusé et de se moquer de la rectitude collective.

Dans «Les animaux, nos frères», c'est la description du curé dans sa chaire
qui crée ce même effet de théâtre: «Il était long, gris, avait l'aspect tragique [...]. Ce
comportement théâtral et ce silence inquiétant créèrent vite un "suspens" de qualité. L'auditoire s'agita [...], puis s'immobilisa, attentif.» (p. 165) Les descriptions
du narrateur-observateur étranger aux événements soulignent l'aspect spectaculaire de la déclamation furibonde du curé (p. 166). La présence d'une communauté
assumant le rôle de focalisateur est encore plus clairement soulignée dans ce conte.
Les descriptions renvoient à un univers divisé: «C'était un de ces dimanches doux
et soyeux» (p. 166); le verbe *regarder* surgit dans le discours du narrateur à des
moments décisifs: «Ils se regardaient tous les deux fixement» (p. 168); «Elle allait
telle une somnambule, insensible aux regards» (p. 170). Si les yeux du village
entier observent le scandale de l'adultère et de la cohabitation, c'est à l'aune de
l'idéologie homogène et stable de ce groupe que les comportements sont mesurés:

> Solidaires des péchés de leur sexe, les femmes, toujours coupables, baissè-
> rent la tête. Sous le regard polisson des garçons, les jeunes filles troublées
> devinrent toutes roses. Et les hommes, gagnants comme toujours, ne purent
> réprimer un sourire victorieux: un adultère conspué ne peut que renforcer les
> liens sacrés qui attachent la femme au mariage. (p. 167)

Cet extrait mêle le descriptif et l'évaluatif en forme de verdict, ce dernier impliquant une conscience qui parle au nom de l'hégémonie culturelle. L'acte des
amants non seulement déculpabilise la paroisse entière («tous blancs comme
l'agneau du printemps», p. 167) mais établit des positions idéologiques opposées:
«En péchant publiquement, Irène Caron avait absous toute la paroisse. [...] Pour
un village de mille habitants, un bouc émissaire, un seul, suffit.» (p. 167) Ce bouc
émissaire, c'est la femme, toujours coupable. Le curé zélé, ayant fini par demander
à ses paroissiens de faire jeûner les animaux (châtiment impuissant pour dire le

moins!), sombre dans le ridicule et facilite ainsi l'ironie. Mais c'est surtout par leur refus de se reconnaître coupables que les amants choquent les bienséances: «La confession est là pour entretenir l'illusion.» (p. 170) La vision ironique d'un narrateur hétérodiégétique qui soulève les illogismes de la religion, mais surtout d'un curé qui valorise les apparences et son propre pouvoir sur ses paroissiens, fait écho au conflit moral qui se joue sur le plan événementiel.

Les conflits idéologiques et l'ironie se perçoivent dans ces contes à la lumière des attitudes qu'adoptent les narrateurs par rapports aux événements racontés. L'ironie surtout, forme contestaire non marquée dans le discours, résulte de situations ou de perceptions conflictuelles qui, ouvrant des brèches dans les récits, permettent plusieurs interprétations. C'est ainsi que Madeleine Ferron remet en question la société traditionnelle québécoise et dépeint, dans des récits énigmatiques, les multiples contradictions que nous vivons tous.

Le chemin des dames

Chacune des quinze nouvelles de ce recueil se développe autour d'un aspect de l'existence féminine. Y figurent les émancipées qui *maîtrisent* leur destin: la veuve d'Albert qui fonce dans les affaires («Ce sexe équivoque»), Mme Breton qui est collaboratrice de son mari («Les étranges méprises»), Mlle Bellerose qui devient la première femme à être promue inspecteur aux Caisses populaires («L'avancement»), et Mazalie Côté qui reconnaît et assume ses désirs sexuels («L'interminable partie de cartes»); les dégourdies qui viennent à bout de circonstances contraignantes: Catherine qui réclame «sa part» de son mari et l'investit sagement («L'affranchie»), Mlle Parent qui élargit le champ de sa culture («La Rolls-Royce de madame Clark»), une mère qui a recours à la ruse pour se libérer («La tricheuse»). Mais il y a aussi les timides, les femmes prisonnières des exigences sociales ou familiales traditionnelles («L'orgueilleuse», «Les Parques», «Le ballon») et les victimes («L'Auberge de la tranche mince», «L'indiscret canotier»). Ferron ne discrimine pas les personnages jeunes et les plus âgés: la vierge des «Parques», la jeune épouse de «L'initiation», les septuagénaires du «Ballon» et de «La tricheuse». Cette grande diversité de situations se transmet par l'entremise de narratrices qui adoptent une variété de voix narratives leur permettant ainsi de faire valoir les choix dont dispose la femme moderne. Étant donné le thème principal qu'il développe, ce recueil a, selon moi, des résonances intertextuelles très différentes de celles que propose Jean-Pierre Boucher[27]. Je pense à Christine de Pizan dans *La cité des dames*[28], œuvre du XVe siècle qui, tout en réfutant les préjugés de son époque envers les femmes, raconte des centaines d'histoires de femmes. À sa

---

27. Jean-Pierre BOUCHER, *Le recueil de nouvelles*, *op. cit.*, p. 91-92.
28. Christine DE PIZAN, *La cité des dames*, Paris, Stock/Moyen Âge, 1987.

manière, le recueil de Ferron propose aussi un éventail de vies que connaissent les femmes de milieux divers.

L'actualité des questions sociales qu'illustrent ces nouvelles suscite l'intérêt, certes, mais porter attention aux voix narratives et à leur effet sur l'histoire permet d'en saisir la dimension particulière. En considérant l'ensemble des nouvelles dans ce recueil, on remarque que la narration extradiégétique, marquant un récit dans lequel le narrateur ne joue aucun rôle sauf celui d'observer et de rapporter, l'emporte sur la narration intradiégétique. Normalement, nous pourrions nous attendre à ce que Ferron privilégie la voix plus personnelle et ce, afin de mieux représenter les dilemmes universels des femmes. Tel n'est pas le cas cependant, car elle exploite toutes les possibilités de la voix narrative, y inclus la voix hétérodiégétique qui, nous le rappelle la narratologie, peut créer l'illusion que le discours du narrateur s'adresse directement au lecteur et, en réduisant ainsi la distance entre eux, l'associe de façon plus immédiate au récit.

La rétrospection, provoquée par la mort d'un ancien ami, sert de prétexte à la nouvelle «Le ballon», dans laquelle la narratrice septuagénaire se rappelle son premier amour, un amour interdit. Elle laisse glisser dans son discours rétrospectif des allusions aux devoirs familiaux (p. 9) et aux contraintes sociales (p. 16) qui l'ont dérobée à ses désirs et l'ont condamnée à une vie sans histoires. Toutefois, est-il assuré de connaître la cause réelle de cette vie claustrée? S'étant toujours limitée à «ce minuscule pays qui [la] sécurise», la narratrice s'est enfermée dans le monde d'une époque antérieure alors que «des familles semblables [formaient] un noyau homogène, rassurant et exclusif» (p. 8). L'Italie et Pietro ne représentent pas pour elle un espace autre mais un pays qui se superpose au sien avec «ses lois, ses coutumes, son autonomie» (p. 9). Comme les outardes migratoires (p. 11), Pietro et les immigrants, le chemin de fer auquel ils travaillent et les lettres de Pietro constituent cette passerelle entre temps et espace à laquelle avait renoncé la narratrice. Depuis le départ de Pietro pour l'Italie, elle n'aspire qu'à l'évasion verticale, représentée par la montgolfière: «Je laisserai la vie en suivant la trajectoire illusoire d'un ballon» (p. 21); «Je m'envolerai, me volatiliserai pour aller me constituer dans l'infini» (p. 9). L'aspiration à l'ascension, clairement énoncée dans le récit, dissimule cependant une tendance contraire, un renoncement assez catégorique à la vie. Cette narratrice, autrefois si passionnée, s'est fermée aux sentiments et se dit indifférente à la mort de Pietro. La vérité de ses sentiments apparaît seulement deux fois dans cette nouvelle: lorsqu'elle paraît manifester de l'indifférence à la première lettre de Pietro (p. 20-21) et qu'elle reçoit la lettre annonçant sa mort:

> Je confirmai l'indiscrétion du commis en inclinant la tête en direction des jeunes filles qui me regardaient maintenant avec étonnement et gravité. J'en ressentis aussitôt une impression délicieuse. La fidélité d'un homme devient facilement pour une femme synonyme de victoire. (p. 10)

Dans cette réflexion s'insèrent quarante ans de désir refoulé, transposé en abnégation, la seule issue possible autrefois pour la femme délaissée. Cynisme ou ironie? Peu importe, car les deux représentent un malaise refoulé qui refait surface dans le récit et donne à l'histoire que raconte la narratrice une dimension tragique.

La nouvelle «La tricheuse» prend la forme d'un récit épistolaire, genre appartenant au domaine privé selon les critères de Lanser[29], même s'il s'agit d'une fiction, car son destinataire, fictif bien sûr ici, détermine comment seront révélés les faits. Dans cette nouvelle, une mère confesse à son fils sa ruse pour échapper aux obligations familiales et pour obtenir une chambre à elle seule, elle qui avait dès un très jeune âge assumé les dures tâches qui incombaient traditionnellement à la femme. Pendant vingt-deux ans, elle feint la maladie: «Maintenant, camouflée derrière ma folie, je peux voir la vie, l'écouter. Ses voix sont multiples. Je choisis celles qui font écho en moi.» (p. 51) Le désespoir implicite dans cette échappatoire révèle au lecteur le besoin urgent de liberté chez la mère et l'ampleur de son asservissement. En implorant son fils de garder son secret, la narratrice suggère dans quelle mesure sa duperie est subversive. Marie-Josée des Rivières affirme que «c'est là un récit assez subversif et interrogateur, qui prône le choix d'avoir ou non des enfants, d'aller ou non à l'église et de travailler ou non comme une forcenée[30]».

Mais comment le récit effectue-t-il cette mise en question? D'abord dans la situation de ruse, moyen excessif, désespéré d'échapper aux tribulations de la condition féminine. Mais surtout, Madeleine Ferron crée une situation ironique dans cette nouvelle en accordant à sa narratrice la capacité de découvrir les merveilles de la vie quotidienne: «Surtout maintenant que j'ai le temps de réfléchir et m'accorde le plaisir d'écrire.» (p. 44) «C'est avec tes enfants que j'ai retrouvé la sensibilité, le don de m'émouvoir. Chaque matin quand Rita m'apportait le dernier-né, je sentais s'éveiller de nouveau mon âme.» (p. 52) Il en résulte une critique sévère d'une société qui peut rabaisser et asservir ainsi les femmes. Et si cette lettre était une offrande qu'une mère présentait à son fils sur son lit de mort — «Tu m'amènes le curé» (p. 44) —, ne serait-ce pas là le geste le plus magnifique? Vue ainsi, la lettre devient le moyen par lequel le fils peut apprendre qu'après une vie abrutissante sa mère a posé un geste d'humanité, épargnant ainsi au fils de pénibles regrets. Ce dernier geste de générosité de la part de la mère confère à sa ruse «égoïste» le sens inverse. Ainsi se fait entendre, grâce à la voix narrative, un autre aspect de l'intrigue.

Un récit à double tranchant, «La Rolls-Royce de madame Clark» raconte à la fois l'initiation de la narratrice Mlle Parent, tout en suggérant, à travers le symbole de la Rolls, le côté factice de ses manières mondaines. Encadrant la nouvelle,

29. Susan S. LANSER, «Toward a Feminist Narratology», loc. cit., p. 352-354.

30. Marie-Josée DES RIVIÈRES, Châtelaine, op. cit., p. 284-285.

la phrase «Tommy, we go´out with the Rolls this afternoon» représente le goût pour le théâtre d'une jeune femme n'ayant jamais oublié ses humiliations passées (p. 79, 81). Comme compagne de Mme Clark, Mlle Parent doit participer aux ruses cruelles de sa maîtresse:

> Je devais assister aux réceptions, il va de soi, afin d'être en mesure, le lendemain, de faire les commentaires appropriés. Par la surenchère de nos méchancetés, nous atteignions vite à un état de volupté un peu pervers. Je m'associais à ces jeux avec une facilité surprenante qui n'allait pas sans éveiller en moi quelques remords. (p. 83)

Sous les paroles inquiètes de la narratrice se dissimule une complaisance dans la méchanceté nouvellement acquise. Déjà, dans le récit qu'elle fait de son départ de Saint-Thècle, la narratrice révèle une supercherie fort suspecte qu'elle tourne à son avantage: «La beauté comme le succès est souvent perçue comme une bravade ou une menace.» (p. 80) Plus d'une fois déjà, le lecteur s'est avisé de l'arrogance de Mlle Parent et n'est donc pas sourd à cette phrase: «Je retrouvais intacte l'amertume de la campagnarde que j'avais été.» (p. 79) Par son récit, elle met au jour le pénible sentiment d'infériorité provenant de ses origines, lequel commande ses choix: «Je suis née à Saint-Thècle de Dorchester. Déjà le citadin profite de ce détail pour s'octroyer une supériorité» (p. 80), lance-t-elle à un narrataire imaginaire. Celle qui rentre dans son village en Rolls-Royce à la fin du récit est mondaine, certes, mais acerbe et méfiante aussi. Cette fin reste ironique par le fait qu'elle souligne les périls des milieux urbains.

Parmi les voix narratives distinctes à l'œuvre dans ce recueil, celle qui dit *vous* dans «Ce sexe équivoque» mérite d'être soulignée. Choix extrêmement rare comme positionnement dans la narration, le *vous*, probablement un singulier de politesse[31], introduit une focalisation difficile à cerner mais qui pourrait être reconstruite ainsi: le narrateur raconte au propriétaire d'un salon funéraire l'émancipation d'une jeune veuve, histoire dans laquelle ce personnage a joué un rôle de témoin important. Le contexte social n'est pas suffisamment bien délimité dans la nouvelle pour que le lecteur puisse comprendre la raison de ce choix de voix narrative. Il est concevable d'y voir un redoublement: incrédule devant la suite des événements et, se sentant intimidé, le propriétaire se raconte peut-être l'émancipation extraordinaire qui s'est jouée, avec toute sa théâtralité, dans son salon funéraire. En fondant ainsi dans une seule ces deux instances, Ferron crée un rapport étroit entre narrateur et narrataire, produisant un effet d'immédiateté, si bien que la nouvelle se lit soit comme un récit hypothétique, soit comme un récit produit par l'imaginaire.

---

31. Dominique MAINGUENEAU, *L'énonciation en linguistique française*, Paris, Hachette, 1991, p. 22-23.

Parmi les nouvelles à narrateur hétérodiégétique, «L'indiscret canotier» s'impose par son choix heureux de voix narrative. Connaissant évidemment bien la région, la narratrice se trouve parmi les témoins à une enquête du coroner faisant suite à un accident qui a causé la mort de deux personnes. Elle rapporte les détails saillants de la supercherie répétée de M. Héroux, détails exposés à l'enquête et jugés par l'assistance. À la fin de la nouvelle, le «bruit sourd d'un corps qui choit sur le plancher» et le «canotier de paille noire qui roule dans l'allée en sautant à chaque tour comme un cerceau brisé» (p. 145) sont les seuls indices d'un tout autre drame qui s'est déroulé dans la salle — celui de Mme Héroux, la femme trompée, oubliée et qui, ironiquement, donne au récit son titre. Le village entier, y compris la narratrice, était si épris de cette histoire licencieuse qu'il reste aveugle au vrai drame. Seul le canotier en incarne le souvenir.

Ce recueil regroupe des nouvelles assez homogènes sur le plan thématique qui ont toutes comme fonction de rendre manifeste la diversité de l'expérience féminine. Madeleine Ferron continue d'être fidèle à cette démarche annoncée dans les premiers récits. L'éventail des situations représentées dans *Le chemin des dames*, avec un regard ironique, rejoint l'action revendicatrice de l'auteure sur le plan social. Néanmoins, dans son rôle de nouvelliste, Ferron ne peint que les nuances de cette expérience féminine.

Histoires édifiantes

Unifiées par un préambule fonctionnant comme cadre, les neuf nouvelles du recueil *Histoires édifiantes* renvoient à «des instants de plénitude qui se gravent [...] de façon définitive» (HE, p. 9). Le préambule tente de référer ces nouvelles à la réalité vécue en attribuant les incidents narrés à l'auteure, à la Beauce et au souvenir tout en soulignant leur qualité esthétique: «[Les histoires] n'étaient qu'ébauchées. Je les ai terminées et polies comme je l'aurais fait d'objets que je veux rendre au musée de la région où je les ai trouvés» (p. 20). Les nouvelles de ce recueil se distinguent des récits antérieurs par un style hautement poli, dense et varié, par une grande subtilité dans la présentation des défaillances humaines et du fondement idéologique des institutions du pays, fournissant une riche matière au regard ironique de l'auteure. L'importance accordée à l'ironie est évidente par le titre où le syntagme «histoires édifiantes» annonce en premier lieu des histoires qui élèveront l'esprit et qui porteront à la vertu. Or la lecture de ces récits confirme que Madeleine Ferron donne un sens ironique à ce titre, car chacune des nouvelles est particulièrement révélatrice de l'hypocrisie discrète des gens et, parfois, de toute une communauté. Ainsi, après avoir «toléré» pendant de nombreuses années un étrange ménage à trois (justifié comme «l'anticonformisme propre aux miséreux»), dans «un village où la tradition a encore force de loi» (p. 27), les villageois de «L'écharde» souscrivent à la persécution du trio marginalisé après que la modernisation du village eut transformé le taudis en «provocation», car il rappelait la pauvreté. La narratrice, associée elle aussi à la destruction honteuse qui s'ensuivit, témoigne du refus collectif d'assumer la responsabilité de la tragédie (p. 30).

Cet aboutissement est particulièrement piquant quand on se rappelle que le préambule à ce recueil renvoie à une réalité explicitement énoncée. L'ambivalence au centre des situations présentées dans les nouvelles les transforme en œuvres littéraires fort accomplies. Un trope non marqué dans le discours, l'ironie, est produit ici par la juxtaposition d'un détail incongru à une situation qui le contredit ou qui renverse son sens: «L'ironie n'est donc pas dans les discours, ni dans les dialogues des personnages, mais dans leur comportement, leurs actions, et les situations qui en résultent[32].» Ce procédé peut être également révélateur pour notre connaissance de la narratrice des récits qui, elle aussi, se situe par rapport à sa narration. Par exemple, la création de situations conflictuelles peut être un moyen pour elle de se disculper de toute responsabilité pour la suite des événements et, donc, de se tenir à l'écart de la collectivité. Perçue dans son sens inverse, la narration, prenant la forme d'une confession, d'un aveu, peut devenir elle-même l'acte qui la disculpera.

Bien que l'ironie expose souvent les faiblesses humaines et tende vers la critique satirique, elle peut également révéler la force et l'héroïsme de l'individu. C'est le cas du «Luthier». Quand tout, le congédiement, l'amputation, conspire à mettre fin à la création artistique de Jean-Baptiste, c'est alors que l'esprit humain est victorieux. La narration hétérodiégétique emprunte le ton juste et nécessaire pour rendre les modulations intérieures de la conscience de Jean-Baptiste, musicien inspiré qui, après avoir perdu deux doigts, se transforme en artisan d'instruments musicaux. Cette voix, distante ici, est capable de saisir dans une description succincte et ironique l'attitude rancunière du petit village («Les plus vieux tolérèrent que leur frère fût musicien comme ils supportaient que leur père fût fainéant et grognon», p. 44) tout comme son idéologie («Cette stérilité, qu'il imputait à sa femme, il va de soi, était ressentie comme une injustice et un affront», p. 44). S'attendant à ce que, après l'essai de son violoncelle par Pablo Casals, «l'instrument atteigne l'ultime perfection» (p. 40) comme s'il s'agissait d'un moment magique, Jean-Baptiste entend Casals prononcer ces paroles laconiques, «vous n'avez plus qu'à continuer» (p. 50), qui lui révèlent non seulement la qualité exquise de son instrument mais la possibilité de continuer à exercer son talent artistique. Cette réalisation rend plus ambigus les sanglots de l'artiste, signe de victoire mais peut-être aussi de soulagement à mesure qu'il se rend compte jusqu'à quel point il s'était trompé sur sa propre personne. Il n'avait jamais cessé d'être artiste.

---

32. Anne SRABIAN DE FABRY, «Gabrielle Roy et Flaubert», *Présence francophone*, n° 11, 1975, p. 91.

L'ironie fournit la clé du décodage des nouvelles «L'infâme complicité» et «Une simple mais inacceptable histoire d'amour». Dans la première nouvelle, la structure chiasmique représentant la prise de conscience de Sophie et de son amie, la narratrice, se manifeste dès les premières pages. Plutôt laconique dans son discours sur le comportement humain, Sophie devient, suite à un grave accident de voiture, volubile et naïve au sujet de l'amour qui existe entre elle et son mari. C'est à ce moment que le rapport entre Sophie et la narratrice se renverse: alors que, pendant vingt ans, cette dernière a profité du tempérament de Sophie pour exercer sur elle un certain despotisme, elle se voit, après l'accident, jouer le rôle de protectrice. Et ce rôle se transforme en «odieuse complicité» quand la narratrice découvre que le mari trompe Sophie «avec désinvolture et fatuité» (p. 156). Ironiquement, grâce à cette prise de conscience, Sophie peut continuer à exercer à son tour son despotisme sur la narratrice et à provoquer son mutisme. Le glissement dans cette nouvelle d'un état des choses à un autre est assez typique de la structure de la nouvelle ferronienne de cette période et des suivantes. L'art de Ferron consiste à capter le changement perpétuel qui est ce qu'il y a de plus foncièrement humain.

Dans «Une simple mais inacceptable histoire d'amour», l'ironie naît du conflit entre les injonctions de l'Église catholique contre le suicide — auxquelles adhère évidemment le village entier — et la complicité qui se développe pour éviter le verdict de suicide alors que tout conspire à le confirmer. En racontant l'histoire de l'amour tragique d'Ange-Aimé et sa conclusion, la narratrice dénonce l'hypocrisie générale: «Quand on ne peut éviter [que le suicide] ne s'étale dans toute sa flagrante insolence on lui trouve une cause qui aussitôt l'annule.» (p. 126) Ainsi «les us et coutumes sécurisants parce qu'immuables» (p. 131) restent intacts. La narratrice cependant refuse de partager le soulagement général et entreprend son récit afin de se moquer d'une dissimulation de la réalité préméditée de façon aussi flagrante. Son intention est confirmée dès la première page de la nouvelle. L'annonce formelle du verdict est suivie de cette affirmation de la narratrice: «Voilà, l'affaire était bâclée à la satisfaction générale.» (p. 125) Le choc créé par le verbe familier *bâcler* clairement attribuable à la narratrice, souligne le caractère conflictuel des deux tendances. Témoin insoumis, la narratrice entraîne le lecteur à entrevoir la possibilité «d'aller un jour [...] fleurir une tombe délaissée» dans «l'enclos exigu» (p. 125). La dénonciation de l'idéologie dominante caractérise la voix de la satire dans cette nouvelle.

La maturité et l'expérience tant de la vie que de l'écriture aboutissent à des nouvelles plus finement travaillées, concises et d'un lyrisme dépouillé. Madeleine Ferron manifeste dans ce recueil un raffinement dans la vision et l'expression qui représente l'apogée de son art.

Un singulier amour et *Le Grand Théâtre*

Vingt-six nouvelles, introspectives pour la plupart, qui racontent le cours banal de la vie — un rêve, un passager de train, une sortie sur l'Esplanade, un déménagement, une fête de famille, une visite — transformé en lyrisme par la narratrice. Quoique la perspective ironique demeure la manière centrale mise au jour par une lecture attentive des nouvelles, la structure essentiellement métaphorique du poème commande certains de ces derniers textes. L'extrait, cité en épigraphe à cet article, exprime à mon avis l'essentiel de la nouvelle ferronienne: «Je préfère le détail lyrique d'un événement à l'analyse de son ensemble.» (p. 132) De petits traits, insolites mais lourds de signification, composent des descriptions qui peuvent servir de présage à l'histoire. Ainsi «La dame en gris», récit imprégné des normes traditionnelles de la légende, commence par la description d'un paysage prophétique: «L'éclipse partielle du soleil ajoute une note étrange et imprévue à l'extravagance de notre voyage.» (p. 7) La légende racontée dans le récit enchâssé débordant dans le récit enchâssant permet à la narratrice de vivre «le frôlement d'une épaisse jupe en laine» (p. 22) et de réaliser le présage de la phrase liminaire. Si subtil devient l'effet produit, si conjectural est parfois l'objet de ces nouvelles, qu'on a reproché à Ferron de ne plus rejoindre que le strictement référentiel[33]. L'idée directrice de ces recueils semble être une nostalgie de l'innocence et de la simplicité de jadis. Dans «Les vendeurs du temple», le titre à connotations bibliques, en établissant une analogie entre Gonzague et la figure du Christ, prédispose le lecteur à reconnaître la validité de l'acte illicite de Gonzague. Le contraste entre les «douces sensations, les élans de tendresse de son enfance» (p. 103-104), et la laideur et la brutalité du monde moderne est ce qui déclenche la riposte de Gonzague: incapable de trouver les mots pour crier sa rage, il fonce avec sa Jeep dans un centre commercial, qu'il considère comme un outrage au bon goût et à la beauté, et encourt ainsi une peine de prison (p. 111). Le heurt entre un idéal nostalgique et la dure réalité des menottes manifeste que toute protestation est muselée quand le principe capitaliste est menacé. Cette fois, la voix narrative, qui n'effectue aucune intervention explicite, permet au lecteur d'accéder directement aux événements dans le rôle de narrataire et de s'allier à la cause de Gonzague. «Le déménagement» et «Pages de journal» captent les détails anodins d'un des bouleversements de la vie — le déménagement — surtout quand il est provoqué par une perte quelconque. Irène Bellerose ainsi que la mémorialiste de «Pages de journal» vivent leur dérangement en s'examinant et en observant autour d'elles. C'est surtout par ces signes externes («un immense arbre nu», les «pièces vides») que la narratrice marque les moments intenses de deux vies qui «dériv[ent] vers un destin nouveau» (p. 129) tout en chérissant leurs souvenirs.

---

33. Réjean BEAUDOIN, «Trois nouvellistes», *loc. cit.*, p. 87.

La nouvelle éponyme, «Un singulier amour», fait écho à l'ironie présente dans le recueil précédent. Faisant preuve de beaucoup de sensibilité tout en évitant le cliché, la narratrice raconte son amour filial et sa joie de retrouver sa belle-mère après une quête de trente ans. Sa trajectoire la mène d'une part à une meilleure connaissance de soi: «On s'aperçoit qu'on a développé des aptitudes nouvelles, qu'on est devenu l'archiviste de ses souvenirs, le préposé à l'entretien de son cœur qui a pris des allures de charnier» (p. 175), mais aussi à la découverte que chacun se fabrique sa propre version d'une réalité commune. Le récit d'une femme dans la cinquantaine qui apprend cette leçon est très émouvant. Encore une fois, Madeleine Ferron montre que le souvenir donne lieu, avec le temps, à une idéalisation sujette à des retouches interminables.

Les femmes d'âge mûr qui peuplent les nouvelles du recueil *Le Grand Théâtre* vivent des moments plus terre à terre. De fait, les narratrices en sont elles-mêmes conscientes: après une scène humiliante où la maîtresse de son amant vient solliciter ce dernier, la narratrice de la nouvelle «Moi, je m'appelle Hortense» conclut que la médiocrité de sa vie lui apparaissait enfin (p. 19), tandis que la narratrice de la nouvelle éponyme s'exclame, après avoir lu l'interpellation bien connue de Claude Péloquin:

> Finie l'immortalité! Je me retrouvais avec une destinée toute courte, rétrécie de partout, et j'étais bouleversée de constater qu'effectivement j'étais écœurée de mourir. Par tranches successives, amputées des êtres qui m'étaient chers, tronquées des rêves où se canalise la vie. (p. 26-27)

Plus mondaines, plus cyniques aussi à l'égard de la nature humaine, plus habituées aux déceptions quotidiennes, ces femmes jettent sur leurs souvenirs un œil sévère.

Le renversement de situations reste un des procédés clés de ce recueil comme des autres: Zacharie-le-tueur est réellement un sauveteur («Zacharie-le-tueur»); Constance qui vole les écrits d'un ami par convoitise ne découvre que des gribouillages («La façon»); arrivée à l'âge mûr, Thérèse sombre dans l'alcoolisme, maladie contre laquelle elle avait lutté avec son père («La longue nuit»); Irène, après avoir pris plaisir à regarder vivre sa sœur Victoria, doit assister à sa mort («Et Victoria dépose sa coupe»). Dans plusieurs nouvelles, les chagrins de la vie sont abordés de façon stoïque par une narratrice-observatrice plus âgée: dans «Par la fenêtre», la narratrice observe les signes externes des contradictions vécues par la famille voisine; dans «La fête de famille I», Irène, une femme âgée et grand-mère, se contente de constater les rancunes suscitées par les souvenirs, «les divergences d'opinion, de croyance et de mentalité parmi tous ces adultes d'âge moyen» (p. 42). Elle apprend également que les souvenirs ne sont pas figés une fois pour toutes, qu'ils sont mobiles et parfois capricieux: «Des conversations anciennes reviennent à la surface, chargées d'intentions nouvelles.» (p. 52) Enfin, dans «La fête de famille II», la désagrégation est complète[34].

Très différente est la reconstruction du souvenir dans la nouvelle «Le parapluie rose avec une bordure mauve». En conséquence d'une commotion cérébrale, «Elle», vieille dame sans nom, a perdu tous ses souvenirs sauf un: le parapluie rose avec une bordure mauve, qui «symbolise cette jeunesse dont elle rassemble, avec tant de difficultés, les éléments épars» (p. 144). Ne pouvant retrouver le parapluie qu'elle réclame à la narratrice, elle lui fait, avec force détails, le récit de «son retour aux lieux de l'enfance» dans lequel revient comme un leitmotiv le parapluie. En un dernier geste d'amitié, la narratrice crée l'illusion d'un parapluie pour que «Elle» ressaisisse symboliquement son souvenir.

Dans ses deux derniers recueils de nouvelles, Madeleine Ferron limite encore sa thématique, et réduit à l'essentiel un style déjà épuré. Les instances narratives emploient des focalisateurs plus sédentaires, tendant vers l'autoréflexion et privilégiant la mémoire. Le lecteur constate, surtout dans les nouvelles du *Grand Théâtre*, que la narration est empreinte de sagesse et d'attendrissement, sans que disparaissent pour autant l'humour et l'ironie. Ferron fait appel aux événements les plus anodins pour évoquer soit des moments de crise, soit des moments de perfection. Dans ses derniers recueils, ce n'est plus le déroulement des événements qui produit l'intrigue mais les remous de la conscience ou de la mémoire. Au cours de sa carrière de nouvelliste, Madeleine Ferron a créé des voix très nuancées qui toutes disent derrière le quotidien fragmenté le surgissement perturbateur des souvenirs, mais aussi la quête d'une émancipation de l'esprit.

---

34. Le souvenir dans toutes ses modalités est un des thèmes principaux des nouvelles de Ferron et mériterait bien qu'on lui consacre une étude.

MARCEL GODIN:
DES NOUVELLES DE L'INDIFFÉRENT

Dominique Perron
UNIVERSITÉ DE CALGARY

En dépit d'une abondante production de romans et de nouvelles[1], Marcel Godin est un auteur dont le rayonnement est resté relativement discret dans l'institution littéraire québécoise depuis les années 1960. Compte tenu de la variété et de la quantité des activités littéraires de Godin, dans le journalisme, au théâtre, à la radio-télévision et dans l'édition, en sus de ses textes de fiction, nous ne croyons pas que cet effacement ait été le résultat d'une volonté déterminée de la part de l'écrivain. D'ailleurs, comme le montre clairement le cas de Réjean Ducharme, par exemple, il n'y a pas de relation de cause à effet entre un désir personnel d'anonymat chez l'auteur et l'impact de son œuvre dans un milieu donné[2].

On peut néanmoins penser que, comme tout individu qui écrit, donc qui exprime un désir de communication, Godin a certainement souhaité être davantage entendu et commenté, et que l'exiguïté de l'espace littéraire qui lui est assigné au Québec[3], du moins pour l'instant, doit trouver ses raisons dans de multiples et simultanés facteurs. Or il apparaît ici fructueux de procéder d'abord à l'identification de ces facteurs qui ont relégué Godin à cette place mineure si l'on veut bien insérer, en la présentant, cette œuvre spécifique dans l'ensemble du paysage littéraire québécois contemporain. Il semble aussi pertinent d'identifier ces facteurs, parce qu'ils sont d'abord étroitement reliés aux thématiques propres aux fictions et aux textes de Godin, qui seront l'objet central de cette étude. Mais notre entreprise se révèle délicate, car ce travail aboutit aussi au constat de ce qui est très près d'un semi-échec de tout le projet littéraire d'un homme qui, nous n'en doutons pas, a pourtant placé très haut l'écriture et la tâche de l'écrivain. C'est par le biais d'un éclairage dirigé sur la pratique de la nouvelle que l'on pourra procéder à l'évaluation globale de cette aventure littéraire singulière, dans la mesure où la

---

1. À l'automne 1992, son sixième roman, *Les chemins de la lune*, paraissait chez VLB éditeur.
2. Comme le souligne François Gallays: «On peut affirmer qu'un romancier fait partie de l'institution littéraire dès que ses romans sont recensés, discutés, examinés et étudiés par les diverses instances du monde littéraire.» («Les jeunes romanciers», dans *Le roman contemporain au Québec*, Montréal, Fides, 1992, p. 485)
3. Cela, en dépit de l'attribution du prix David à Godin en 1985.

nouvelle, dans l'œuvre de Godin, renferme de façon concentrée toutes les particularités discursives et narratives caractérisant l'ensemble de cette œuvre.

La critique ne saurait trop apprécier le fait que la publication successive des
trois recueils de nouvelles de Godin coïncide assez exactement avec trois étapes
marquantes dans l'étude du développement des courants littéraires québécois.
Ainsi *La cruauté des faibles*[4] a paru en 1961, peu de temps après la date charnière
de 1960 si abondamment commentée[5] dans toutes les perspectives d'analyses
soucieuses d'établir des repères historiques précis à ces développements. Le second recueil, *Confettis*[6], publié en 1976, pourrait s'inscrire, avec quelques précau-
tions cependant, dans ce qu'on a désigné comme étant «la perspective générale de
l'éclatement culturel au Québec[7]». Enfin, le plus récent, *Après l'Éden*[8], datant de
1986, fait irruption au sein de multiples tendances de la production romanesque
québécoise, où cet éclatement déjà manifeste s'accentue et s'affirme en plusieurs
directions.

Le postmodernisme qui déjà cède le pas à un nouveau réalisme urbain, le
texte «migrant», postréférendaire, postféministe, où les romans sont encore domi-
nés par la réflexivité de l'intertextualité, passera selon toute attente de la revendication à la dénonciation sociale[9]. Cette chronologie particulière à la parution des
recueils de nouvelles de Marcel Godin, s'insérant presque idéalement dans les
périodisations de l'évolution littéraire québécoise, permet d'aborder, dans un premier temps, chaque recueil dans la perspective de cette évolution. Dès lors, nous
aurons peut-être ici un instrument parmi d'autres, qui permettra de mesurer en
quoi Marcel Godin est demeuré à la périphérie, injustement à certains égards, de
l'ensemble des auteurs de nouvelles les plus marquants au Québec.

La cruauté des faibles: coup d'essai, coup de maître

On ne peut que partager l'étonnement de Gilles Archambault[10] qui nous rappelle
que *La cruauté des faibles* avait reçu un accueil fort mitigé de la critique, accueil
qu'il qualifie à vrai dire d'éreintement. Pourtant, plus de trente ans après la parution du recueil[11], Archambault affirme qu'il le recommanderait sans ambages à un

---

4. *La cruauté des faibles*, Montréal, Éditions du Jour, 1961, 125 p.
5. Pour une étude détaillée et articulée de cette périodisation particulière, on lira avec profit le
premier chapitre du livre de Josef KWATERKO, *Le roman québécois de 1960 à 1975, idéologie et représentation littéraire*, Éditions du Préambule, 1989. Ce chapitre s'intitule: «Contexte de l'énonciation du
roman québécois entre 1960 et 1975».
6. *Confettis*, Montréal, A. Stanké; Ville D'Anjou, Distributions Éclair, 1976, 179 p.
7. Josef KWARTERKO, *op. cit.*, p. 245.
8. *Après l'Éden*, Montréal, L'Hexagone, 1986, 96 p.
9. Voir François GALLAYS, «Les jeunes romanciers», *loc. cit.*, p. 486.
10. Dans une critique parue dans *Le Devoir* en mai 1993.
11. *La cruauté des faibles* a été cependant réédité en 1985 par Les Herbes rouges.

directeur de collection. Le lecteur contemporain peut encore s'interroger sur les causes de cette réception négative dont on souhaiterait d'ailleurs trouver les raisons en dehors de l'expression d'une certaine moralité bien-pensante de l'époque. Car l'infléchissement de ce type de réception uniquement attribuable à des positions éthiques semble une explication insatisfaisante, si l'on songe que les lecteurs québécois avaient quand même réservé un meilleur accueil à des auteurs tout aussi perturbants par rapport à un certain «discours de l'époque»: ne pensons qu'à André Langevin ou à Gérard Bessette. Cependant, si l'on s'attache aux formes romanesques spécifiques adoptées par ces deux écrivains, le style existentialo-chrétien[12] auquel se prêtait Langevin, et la distance parodique magistralement explorée par Bessette, on voit poindre par contraste ce qui se révélera de plus en plus comme la pierre d'achoppement de l'énonciation littéraire propre à Godin. Ce mode d'énonciation particulier pourrait hypothétiquement conditionner et donc expliquer le type de lecture qu'on a vraisemblablement appliquée à *La cruauté des faibles*, alors que cette première série de nouvelles, à notre avis, aurait dû résister à une telle lecture. Ce problème, beaucoup plus accentué pourtant dans des œuvres subséquentes, pourrait être celui d'une référentialité directe, liée à une fonction mimétique dominante, qui donne trop bien à voir l'objet auquel elle s'attache sans distance susceptible de désamorcer l'immédiateté de ce signifié premier. Seulement, est-ce vraiment là un dysfonctionnement majeur d'un texte? On ne saurait l'affirmer sans malaise, puisque cette concentration sur les modes de représentations de premier degré est aussi un mode singulier de textualisation qu'il importe de savoir interroger pour bien saisir la démarche globale de l'écrivain. Néanmoins, les réactions de refus, quoique toujours significatives, de leur époque, semblent aujourd'hui malgré tout surprenantes, en dépit de cette indéniable singularité de la référentialité et de la représentation chez Godin. Il nous semble plutôt que le premier recueil démontrait que son jeune auteur de 29 ans maîtrisait d'emblée les règles d'un genre que d'aucuns jugent des plus difficiles. Plus encore, il avait choisi de s'attaquer avec décision à la pruderie sexuelle ambiante par un discours délibérément hétéronome, discours qui avait la particularité de sauter en quelque sorte l'étape de la contestation du «jansénisme québécois» pour laisser dominer, sous toutes ses facettes, et selon tous ses points de vue, la référentialité au sexuel comme si cette contestation n'était même plus à faire. Ce qui a été paradoxalement dommageable pour Godin, ce qui constitue certainement l'un des facteurs déterminants pour la réception de son œuvre à venir, c'est que ses lecteurs aient été dupes de cette stratégie néanmoins productrice de certains des plus intéressants passages érotiques de la littérature québécoise. On ne s'est pas attardé à la dimen-

---

12. Voir les classifications établies par Jacques MICHON dans son analyse *Structure, idéologie et réception du roman québécois de 1940 à 1960*, Sherbrooke, Université de Sherbrooke, «Cahiers d'études littéraires et culturelles», n° 3, 1979, 107 f.

sion avant-gardiste d'un tel choix de représentation brute qui faisait déjà l'économie des dénonciations et des contestations pourtant propres à cette période des
années 1960.

Certains théoriciens[13] de la nouvelle insistent, du point de vue de la constitution du recueil, sur la nécessité ou du moins la constance d'une relation thématique commune aux nouvelles regroupées, relation qui peut aller jusqu'à la soumission de l'ensemble des textes à un principe de cohérence externe qui déterminerait
un sens structural à la globalité ainsi formée. Selon nous, parmi les recueils de
Godin, seul *Après l'Éden* semble correspondre à cette volonté d'organisation
étroite. *La cruauté des faibles* nous paraît répondre bien davantage à la mise en
commun de certains motifs, entre autres psychologiques, réintroduits avec plus ou
moins d'insistance d'une nouvelle à l'autre. Au gré des alternances entre narrateur
homodiégétique ou autodiégétique et narrateur hétérodiégétique, ce qui est mis en
scène, dans des contextes variés, c'est un certain sadisme ou un certain dégoût
d'un personnage envers un autre, quand ce n'est pas l'expression obsessive du
désir exaspéré d'un homme pour une femme qui le rejette brutalement. Le fait que
ce soit presque invariablement la femme qui, dans ces nouvelles, soit l'objet de la
cruauté pose en passant l'épineuse question d'une lecture féministe des textes de
Godin, mais cette perspective, qui, on le sent bien, n'honorerait pas l'écrivain, doit
tenir compte de tous les aspects de l'œuvre et réclame d'emblée une plongée plus
avant dans les modes de représentations déterminées par le texte.

Dès la lecture de «Simone», se signale ce que nous estimons être un effet
pragmatique pervers du texte dans le discours qu'il soumet: la description du
cadavre de la femme jadis aimée est totalement inscrite dans une axiologie négative, constamment renforcée, mais ne dessine cependant pas d'emblée un sujet
énonciateur fortement caractérisé. Ainsi, c'est surtout à une écriture camusienne
que renvoient, en dépit des vocables fortement connotés, des passages comme
ceux-ci:

> C'est dimanche, il fait chaud. Simone est grosse. J'ai horreur des grosses
> personnes, elles me répugnent. (p. 9)

> Je remplis mon verre. Je me lève stupidement pour aller chercher un cube de
> glace. En passant près de la table, j'en profite pour fermer le journal. J'ai
> toujours trouvé les mots croisés ridicules. (p. 13)

> Elle est là, endormie. Elle est horrible. Il se dégage d'elle une odeur putres-
> cente. Son visage est paisible. (p. 14)

---

13. Voir la synthèse proposée par Jean-Pierre BOUCHER, *Le recueil de nouvelles*, Montréal, Fides,
1992, 216 p.

Cette langue désaffectée, en ce qu'elle est véritablement vidée d'affect, invalide étrangement la valeur négative liée ici au corps féminin, comme si l'énoncé se désengageait plus ou moins de son énonciation. De même, dans la scène de nécrophilie de «La récompense» difficilement soutenable, la même étrange distanciation prévaut, confortée il est vrai par un narrateur hétérodiégétique qui sait renoncer à point nommé à ses privilèges de focalisation interne, ce qui, joint à des flottements concernant la prise en charge du discours indirect libre, contribue à créer cette impression de détachement de la narration à l'égard de son objet narré:

La radio soudain muette, l'horloge un instant perceptible. Un autre message commercial et une chansonnette de Chevalier. Quel festin. Il osait prendre l'imprenable. Ce qu'il n'avait jamais fait. [...]

Elle ne cessait de sourire, les yeux vides.

Le vieux murmura un étrange mot, d'autant plus étrange en cette circonstance: «Soustraction!» À quoi pensait-il? Il s'habilla, faillit renverser la bouteille, ferma la radio et regarda encore une fois ce corps qui ne cessait de sourire. (p. 30)

L'absence de point d'exclamation suivant cette qualification de «festin» paraît l'un des marqueurs clés de l'énonciation globale de *La cruauté des faibles*. L'écriture ne prend pas tout à fait en charge l'indignation, la répulsion, la négativité qu'elle veut à la fois décrire chez le narrateur ou instaurer chez le lecteur. De même, dans le parti pris de limiter l'accès du narrateur aux pensées du vieil homme violant, dans tous les sens du terme, le tabou de la mort, «à quoi pensait-il?», on perçoit ainsi comment l'horreur de la transgression est curieusement réduite en fait à la dimension de l'étrangeté par la réification de la scène représentée. On a l'impression que le dégoût du narrateur s'épuise quelque part dans les interstices laissés par une énonciation non pas proprement objectale mais tendant à se distancier une fois de plus de son énoncé. Dès lors, une lecture féministe des textes de *La cruauté des faibles* doit tenir compte de l'annulation d'une grande part de ses motivations par cette énonciation particulière où la description de cette répugnance qui touche souvent à la violence (voir «L'anguille» ou «Rencontre») est systématiquement mise à distance par une écriture qui, d'une nouvelle à l'autre, ne réussit pas à dessiner véritablement un sujet discursif propre à chaque récit. Là réside sans aucun doute, et de façon inattendue, l'une des marques de l'unité propre au recueil, car les variations des modes de narration ne changent rien à l'affaire: toujours, la voix énonciatrice reste la même, invariablement extérieure aux culminations de l'absurde ou de la fureur qu'elle décrit, et cela, même si les actants échangent leurs rôles préassignés dans cette géométrie du rejet sexuel qui hante l'univers diégétique des récits de Godin. Ainsi, «Mon Allemande» est l'un de ces textes où, à son tour, le mâle est trahi par le refus d'une femme, mais le désarroi de l'homme y est rapidement délayé par cette neutralité de ton qui sous-tend le texte où justement le terme «indifférence» prend une valeur figurative importante:

> Les vrombissements du moteur et le lent démarrage. Mon Allemande. Je courais, je courais le long du quai. Le bateau, indifférent à mes cris, à mon désir, glissait sur l'eau, sur la mer...
>
> Ma putain. Un vrai péché. Elle m'assommait de ses rires et me lançait des baisers. La garce! Comme le vent, elle avait passé. (p. 49)

Car cette indifférence symbolique du navire pour la déception de celui qui s'y embarque reste ce qui prévaut dans chaque nouvelle au point de vue de l'énon-ciation et ce, malgré la fascination évidente de ces mêmes discours pour leur propre fonction mimétique. Le sujet énonciateur reste toujours quelque part absent de la frénésie d'impressions éprouvée par le sujet diégétique, comme pour mieux en désigner le vide, la futilité, le non-sens, à l'instar de la Naïve, dans la nouvelle du même nom, qui fantasme sur son patron sans pouvoir imaginer un instant que la «petite femme» soi-disant prostituée que M. Béguin rejoint chaque soir après le bureau soit tout simplement *sa* femme. Cela, seul le narrateur le sait. Les échafau-dages de la Naïve peuvent se perpétuer, la vérité du rejet résidant une fois de plus dans cette indifférence polymorphe.

«L'invitation», en ce qui a trait à cette anomie liée à l'indétermination cons-tante du sujet, en offre cependant une variation intéressante. C'est que, dans cette nouvelle, il y a un investissement plus net pour la production d'un énonciateur véritablement individualisé qui se démarquerait de la voix uniforme assurant l'unité massive de l'ensemble. Ici, le personnage masculin est l'objet du rejet, mais c'est aussi celui qui est la source première, dans la surcodification mimétique qui accompagne sa description, de toutes ces expressions de répulsion qui saturent d'ailleurs *La cruauté des faibles*. «Aveugle, elle ne verra plus sous le drap ma cage thoracique difforme, ma bosse, mon ventre bombé, mes bras maigres, mes jambes poilues et rattachées par quelques détails à une quelconque jeunesse, mes cuisses trop molles où se perd un organe usé par la masturbation.» (p. 39) Le sujet qui se dessine ainsi, dans une étrange euphorie à dégrader l'image qu'il donne de lui-même, se qualifie par une énonciation plus hachée, plus saccadée, où les interro-gations et les mises en suspension indiquent bien le caractère conjectural du fan-tasme. Mais, en même temps, ce sujet individuel n'échappe pas lui-même à un discours dominant de la répugnance, où les lieux communs du dégoût se font concurrence. «Comment, si laid, puis-je espérer en attendre l'amour?» (p. 38) «Elle évitera même de me regarder pour ne pas marquer davantage la conscience que j'ai de mon horreur.» (p. 39)

Cependant, ces lieux communs assumés avec tant de véhémence ne préparent en fait que leur confirmation, sans laisser entrevoir la possibilité de leur retournement où nous aurions la surprise de voir que la «putain du village» accepte de surmonter sa répulsion envers le nain difforme. Mais, en même temps, l'endossement de ces mêmes lieux communs par le héros de l'histoire est rendu dérisoire, puisque toutes ces assertions culminantes vers le «supplier de vive voix» (p. 40), se heurtent une fois de plus à l'indifférence, mais cette fois à l'indifférence de l'Autre, variation de l'indifférence à soi et à la singularité potentielle de son propre discours, où on assiste au triomphe effectif du discours social «indifférent» à la parole individualisée. «Je l'ai vue, telle qu'elle était, indifférente, me fouiller, trouver l'argent, le prendre et s'en aller.» (p. 40)

Le texte des «Insectes» revient par contre à ce caractère impersonnel de la voix où l'expression du désir meurtrier est contrebalancée par cette neutralité télégraphique de l'énonciation qui ne s'investit pas: «Un geste simple, presque humain, compréhensible. Lentement, gagner les oreilles, le menton, le cou.» (p. 104) Comme si l'écriture, dans ce désir de retourner à l'essentiel, se mettait aussi, d'une quelconque façon, à douter de la possibilité de son renouvellement tout en maintenant pourtant avec entêtement la nécessité de sa pratique[14], ce qui confirme la validité de cette perspective de la distanciation ou de la réification pour qualifier l'œuvre de Godin, surtout dans ses débuts. Car la fin des «Insectes» où est répétée une des pensées obsédantes de M. Péret: «On s'use les uns les autres, les uns aux autres», peut offrir, à l'instar du terme «indifférence» une autre voie d'accès figurative pour appréhender la textualisation propre à ces récits. Cette manifestation constante du détachement discursif et narratif, perçue dès ces premiers pas que constitue *La cruauté des faibles*, semble illustrer chez le scripteur le sentiment de la dimension déjà «usée» de l'écriture, où il se serait très tôt heurté à une condition indicible de la représentation dont sa propre pratique littéraire ne lui permettait pas d'explorer toutes les voies. Ce n'est ici qu'une hypothèse, qu'il nous faut étayer en cours d'analyse, et une hypothèse dont la démonstration peut d'ailleurs souffrir de certains éléments irréductibles si on considère par exemple l'expérience singulière de «Les lits parlent».

Dans ce texte, présentant à bien des égards l'allure d'un long poème en prose, les thèmes de la mort et de la sexualité, encore une fois ici liés, sont portés par un lyrisme soutenu, riche de métaphores et de permutations syntaxiques d'un effet surprenant si l'on considère le style autrement plus dépouillé des autres nouvelles. De plus, si dans les textes précédents, la sexualité est toujours plus ou moins représentée en vertu d'une modalité dysphorique, les images suggérées par certains passages de «Les lits parlent» se situent à l'autre pôle de cette modalité, dans un déploiement qui rappelle curieusement la poésie féministe des années

---

14. Encore que dans le cas de Godin, l'écriture elle-même ne soit jamais mise en représentation, au sens où Belleau l'entendrait. À part quelques furtives exceptions dans *Confettis*, l'œuvre de Godin ne peut être apparentée au «roman du code».

1970, comme si ce texte, détonnant par rapport à l'œuvre qui l'encadre, anticipait en quelque sorte sur les tendances qui allaient venir: «Ce bel amour ce rêve cette fine éclosion d'un nénuphar vaginal émergent des eaux où s'inclinait respectueuse la langue de l'aimé effleurant le pétale qui tressaillait tandis que pâmée sa déesse me troublait sur l'autel tendu d'un drap maculé de sang vierge.» (p. 112) Cependant, malgré l'appareil figuratif manifesté dans cet exemple singulier, on sent encore avec netteté la domination explicite du référent sexuel, ce qui a sans doute suffi une fois de plus à nourrir la réaction choquée de certains lecteurs. Comme si, malgré la volonté de textualisation manifeste déployée dans cette nouvelle, l'écriture de Godin n'avait pas réussi pleinement à signaler son procès, à séduire son lecteur pour l'attirer dans ses stratégies formelles, pour l'enfermer dans les jeux de ses propres manifestations, conduisant encore à l'indifférence, mais cette fois-ci à l'indifférence du lecteur suspicieux à l'égard de cette recherche scripturale, le laissant plutôt s'offusquer sur les dénonciations pourtant à peine suggérées par Godin: «Elle ira dans quelque ordre, revêtir la bure des communautés où passera au trésor sa vertu vouée au sanctuaire stérile.» (p. 113) «Agnès est quelque part comme une huître à perler sa vertu.» (p. 115)

La dernière nouvelle du recueil, venant ultimement en renforcer l'unité thématique, puisqu'elle exprime une fois de plus cette inhumanité de celui qui rejette l'autre, revient à une expression plus univoque, que Godin ne quittera plus guère dans l'ensemble de son œuvre subséquente. Cependant, l'immédiateté mimétique du style ici adopté est d'une efficacité remarquable au service d'une anecdote resserrée, respectant pleinement l'unité des divers paradigmes requis pour une des définitions classiques du genre: le temps, le lieu, l'action. «Lydie, je m'excuse» illustre le caractère volatil du désir, la dimension absurde de la déception amoureuse, ici causée par la mauvaise odeur des cheveux de Lydie. Cette déception, cette chute du désir amenée par une sensualité irritée, est par ailleurs porteuse comme en passant des germes d'un discours qui s'affirmera de plus en plus dans la suite de l'œuvre de Godin. Ce discours montrera une tendance grandissante à disqualifier l'infériorité socio-économique, installant le sujet de l'énonciation dans un constant désir de distinction et d'exclusion dont la naïveté parfois ne contrebalance pas toujours le malaise du lecteur, cette tendance trouvant son apogée dans le roman *Les chemins de la lune*. «Lydie, je m'excuse» n'en est pas encore à provoquer ce malaise, car le narrateur de la nouvelle signale, comme l'inscrit aussi le titre, l'indignité de sa réaction, «mes désirs s'éteignent devant cette pureté, cette misère» (p. 124), cédant momentanément à une certaine éthique sociale. Cependant, dans ce cas précis, s'il y a toujours manifestation de l'indifférence, c'est celle d'une indifférence ponctuelle, qui est uniquement le fait du personnage-narrateur et ne peut être ici en rien reliée à un détachement de l'écriture pour son objet. Cela communique une tout autre dimension au récit, et confère une efficience certaine au projet mimétique réaliste.

Il faut considérer à part le texte de «Ces trois jours-là» dans l'ensemble présenté par *La cruauté des faibles*, puisque ce récit n'illustre pas l'échec du désir. Le fait que l'épisode de «Ces trois jours-là», relatant l'agonie, puis les funérailles de la mère du narrateur, soit repris à quelques variations près presque intégralement dans le roman *Une dent contre Dieu*, paru l'année suivante, n'atténue certes pas son caractère singulier par rapport au recueil. Si cette nouvelle se rattache davantage à une chronique revancharde contre le personnage de la mère du narrateur, elle permet aussi d'amorcer une réflexion complémentaire sur la valeur de l'écriture chez Godin. Car, quoique cette étude s'attache à la présentation de ses nouvelles, on ne saurait négliger l'éclairage rétrospectif que jettent sur certains textes ces deux romans autobiographiques que constituent *Une dent contre Dieu* et *Ce maudit soleil*. Ces deux récits, de qualité inégale, se qualifient surtout par ce qu'on pourrait appeler le «programme dénonciateur» dans un texte où se boscule le trop-plein des discours hétéronomes voulant explicitement contester les paradigmes officiels de la société québécoise d'avant 1960, dans une espèce de réquisitoire touffu contre le clergé, le capitalisme, la famille, l'éducation traditionnelle, bref contre toutes les valeurs dominantes de l'époque. Nous aurons l'occasion de revenir à cette fonction accusatrice de la stratégie discursive de Godin, en particulier dans le recueil *Confettis*, mais déjà on peut déterminer avec «Ces trois jours-là» qu'au-delà des événements rapportés, le texte a pour fonction à la fois de représenter les frustrations du fils envers sa mère mais aussi de les surcoder par l'immédiateté de son discours. En ce sens, on peut comprendre que la nouvelle est en quelque sorte plus réussie que le roman, dans la mesure où le «dire» de la vengeance y est équilibré par sa représentation métatextuelle. En effet, comment ici ne pas encore songer au célèbre «Aujourd'hui, maman est morte...» de Camus, lorsqu'on lit les marques de neutralité, d'indifférence encore, dans une énonciation souvent vidée d'émotivité: «Je me levai, la regardai encore une fois. Savoir ce qu'elle pouvait penser, si elle pensait encore. Comprendre ce qu'elle avait été réellement avant d'être malade.» (p. 55) Ce refus de sensibilité à l'égard de la mère peut aussi s'exprimer sur le mode ironique: «Le portier venait de temps à autre. Il s'informait. La morte allait bien et nous aussi» (p. 63), ou comme dans cet autre passage: «J'avais mes idées. J'aimais les crânes. Je l'aurais mis sur ma table de travail parmi d'autres bibelots. Quand les amis seraient venus, je leur aurais dit: "Je vous présente ma mère!"» (p. 64) Mais en sus, l'énonciateur du texte ne semble pas entièrement compter sur ces effets de retournement et de déstabilisation proprement textuels pour bien situer le lecteur dans la perspective souhaitée: il doit aussi redire sa haine, signaler nommément son exécration et ses accusations en délaissant par à-coups les possibilités offertes par les jeux de signifiants producteurs de distance ironique ou de neutralité ambiguë. Ainsi: «Des souvenirs? Eh oui, trop! Et de ceux dont on se souvient à cet âge: les mauvais. Car elle avait du génie pour inventer ce que les enfants détestent. La brave! Elle allait mourir!» (p. 59) «J'approuvai de la tête et ne lui dis pas que j'avais songé, quelques instants plus tôt, à l'étrangler. Mais je me demandai si cette idée n'était pas commune à toute la famille.» (p. 57) En d'autres termes, c'est comme si les impératifs de la signification ne pouvaient s'empêcher de bousculer les possibilités du signifiant et de les refouler dans les nécessités d'un signifié univoque et obsessif. On n'a d'ailleurs qu'à retourner aux romans autobiographiques déjà mentionnés pour comprendre à quel point l'écriture de Godin a été de plus en plus happée par cette orientation singulière jusqu'à l'étrange *Les chemins de la lune*. Mais avec «Ces trois jours-là», l'impression d'une écriture indécise, déjà écartelée entre les deux pôles fonctionnels de la représentation et de l'autoreprésentation par des possibilités figuratives, est déjà en place et n'arrivera pas à être modifiée avec assez de vigueur par les réussites pourtant incontestables que constituent la plupart des autres textes de *La cruauté des faibles*.

On voit donc qu'il est plausible de croire que l'accueil négatif de ce premier recueil a pu être dû en fait à cette ambiguïté fondamentale du projet d'écriture de Marcel Godin, plaçant le lecteur dans un mode de réception incertain où la dénonciation et la dérision sexuelle portées par les histoires ont pu être perçues (injustement à notre avis) comme dénuées de justification proprement littéraire. Cette ambivalence ou cette réelle indifférence (ou impuissance?) face aux possibles présentés par les stratégies textuelles, ce parti pris de donner à voir directement sans le secours d'un discours tampon tel que celui adopté par les tenants du roman psychologique des années 1950, ou des torsions discursives mises en place par Bessette dans *Le libraire*, a pu concentrer l'attention sur cette indicible dégradation que Godin avait pourtant choisi de dire, sans la précaution préalable de masquer ce désir de dire par l'exploitation formelle de la littérarité propre à l'époque. D'ailleurs, cette dernière remarque soulève encore des problèmes quant à la position ambiguë que pouvait avoir *La cruauté des faibles* au moment de sa parution. C'est que l'écriture de Godin le posait déjà en porte-à-faux par rapport aux paradigmes littéraires qui se dessinaient dans le Québec des années 1960. Déjà, le nouvelliste était en bonne voie de se libérer des marques de cette littérarité «existentialo-chrétienne» propre à ses prédécesseurs[15], mais sans pour autant manifester clairement les signes de l'écriture en procès, donc de la postmodernité qui déjà allait nourrir les textes d'une jeune Marie-Claire Blais, de Jacques Godbout, de Gérard Bessette, pour ne nommer que ceux-là. La parution de *La cruauté des faibles* est la manifestation évidente d'une écriture déjà arrivée à un carrefour et sommée de faire des choix entre lesquels elle oscille, et sommée aussi d'explorer ces voies avec efficacité. Sur ce point, le roman *Ce maudit soleil* présentait des solutions intéressantes, en dépit d'un discours dont l'efficacité était entravée par la nécessité de se signaler continuellement à un premier degré. Mais il se peut que

---

15. Voir l'étude de Jacques MICHON déjà citée.

la pratique scripturale chez Godin ait pu, d'une certaine façon, être également *indifférente* à la révolution discursive et textuelle qui se préparait, en dépit du caractère fortement individualiste de cette révolution au gré de différents écrivains. Et c'est ici que s'affirme avec acuité le caractère singulier de la signification de l'écriture pour Godin, *écriture de l'indifférence mais de plus en plus aussi écriture indifférente*, trait qui aide à saisir, toujours par le biais de la nouvelle, le sens du cheminement particulier de cet écrivain dans l'institution littéraire.

Confettis: petits morceaux de discours

Rien ne saurait mieux rendre compte que le titre de ce recueil, *Confettis*, de l'éparpillement plutôt que de l'éclatement des discours présentés par un regroupement de textes auxquels on trouverait difficilement l'unité thématique propre à *La cruauté des faibles*. Il est vrai que, paru en 1976, donc pendant cette période d'«éclatement culturel» dont parlait Kwaterko, ce second recueil peut se lire ou s'appréhender comme une des manifestations de cette explosion polymorphe. Cependant, une lecture plus attentive des nouvelles montre bien que, malgré les thématiques traitées, *Confettis* ne se rattacherait que de façon très lointaine à cette ébullition discursive, parce que justement l'auteur n'a semblé en retenir que les thèmes sans vraiment s'attarder sur la pratique de leurs langages, alors que ce même langage dans *La cruauté des faibles* pouvait, comme on l'a vu, être caractérisé du moins au sein d'une globalité signifiante de l'indifférence[16]. Or cette même globalité semble extrêmement problématique dans *Confettis*, en dépit paradoxalement d'une unicité de voix[17] qui ne parvient pas à assumer une cohésion à l'ensemble: non pas que nous croyions cette cohésion indispensable à la composition d'un recueil de nouvelles, et le titre en soi veut sûrement prévenir cette attente, mais, en l'absence de toute concordance suivie, de quelque nature qu'elle soit, entre les textes, nous devons nous attacher au contenu thématique pour mesurer la distance entre le premier et le second recueil.

Il faut noter tout de suite que, dans *Confettis*, Marcel Godin semble avoir donné libre cours à l'expression de cet érotisme jubilant, déjà marquée dans les textes de 1961 mais qui, dans l'ambiance de libération totale des années 1970 où régnait en absolu le discours de la non-contrainte, ne pouvait plus craindre de réception houleuse. Des nouvelles comme «Strip-tease», «Le voyageur», «Les cuisses de grenouilles», «La déviation», «Cauchemar», «Les petites filles ailées», «Le cercueil» peuvent assurer à cet égard un relais thématique intéressant à l'intérieur de la structure du volume. Dans ces récits, prime une véritable jouissance

---

16. À ne pas confondre d'ailleurs avec le principe de l'indifférence romanesque posé par Zima. Il s'agit ici plutôt d'une indifférence discursive.

17. Au sens bakhtinien du terme.

dans la description précise, naturaliste du détail, où «le plaisir qu'elle prend à se montrer» (p. 38) n'a d'égal que le plaisir de l'écrivain, lequel devient plutôt ici un «écrivant» selon la classique opposition barthésienne, dans la mesure où toute l'écriture est au service ultime de la description érotique détaillée et ne saurait souffrir que le langage s'autoprésente quand il a pour fonction d'abord de représenter. Très vite, le narrateur touche dans son expression à cette limite du dicible que nous avons déjà entrevue chez lui, comme s'il était effectivement prisonnier de cette perspective du mimétisme absolu d'où le langage ne peut plus s'évader. «Oui. Voilà comment c'est beau, car elle est si belle.» (p. 66) La tautologie ici, sans être une maladresse de style, est plutôt la conscience de cette insuffisance du langage à égaler l'objet du plaisir, mais paradoxalement, conscience liée en même temps à une conception de l'écriture comme adjuvant au plaisir, peut-être aussi comme sa source, mais pas encore comme son sujet.

D'autres textes de *Confettis* reposent plus typiquement sur la technique du retournement dans l'absurde, dans la déception des attentes du narrateur ou du narrataire, en des récits courts, condensés et resserrés, technique qui, formellement bien sûr, leur confère un dénominateur commun, alors que, paradoxalement à un autre niveau, cette communauté s'évanouit dès qu'on la soumet à la perspective thématique. C'est qu'on peut ici considérer que les nouvelles autres qu'érotiques, mis à part le texte hors-série «Lettre sans réponse», peuvent être difficilement subdivisées en séries globales nettes, ce qui éviterait cette impression de disparate dans le recueil.

On peut toutefois délimiter approximativement une première série, les textes «existentiels», dont «Mort à Casablanca» et surtout «Le fou de la Marsa» semblent les prototypes, et qui posent nommément le discours de la relativité de toutes choses devant la mort ou la destinée. La neutralité camusienne se manifeste ici encore, plus particulièrement dans «Le fou de la Marsa», un récit scindé en deux volets narratifs où la quotidienneté est confrontée à la vanité des désirs humains. Cette confrontation est surcodée non pas par une textualisation, mais par un discours explicite qui, tout en portant sur un détail, invite à une lisibilité particulière de la nouvelle. «Nous savons bien que cela ne veut rien dire et, en même temps, nous savons que cela est très important de ne rien vouloir dire.» (p. 61) Non négligeable également, si l'on veut toujours tenter d'enchâsser les vecteurs discursifs assumés par les récits de *Confettis*, est cette autre réflexion dans la même nouvelle: «Nous venons d'un point précis, à l'horizon de la naissance, les mains ficelées à des valeurs que nous frappons les unes contre les autres, en lançant des appels à l'éternité.» (p. 63) Il est plausible d'élargir ainsi cette remarque à la position particulière de l'écrivain dans son recueil, où une certaine variété effective des discours se manifeste sans que vraiment ces discours ne s'interpénètrent entre eux, «se frappant les uns contre les autres» justement, car ils sont en quelque sorte plus ou moins «ficelés» au même langage monologique, plus ou moins compatibles avec une individualisation claire.

C'est avec «Le poisson rouge» peut-être, nouvelle qui, globalement, tend vers le genre fantastique ou plus précisément fantasmatique, qu'il est possible de relever la conception que Godin a de l'ambiguïté de sa position dans l'institution littéraire, ce qui pourrait mieux faire saisir l'enjeu présidant à ce choix de langage non individualisé. Toutefois, dans le cas précis de cette nouvelle, la question qui se pose de prime abord à la lecture de ce texte singulier est celle de la crédibilité qu'on doit accorder aux affirmations du narrateur. La réponse à cette question est ici particulièrement dépendante du potentiel ironique des énoncés, ceux-ci se voulant extrêmement disqualifiants pour un bon nombre d'écrivains québécois contemporains de Godin et dûment nommés. Ainsi, on y lit que les œuvres de Jacques Godbout sont «toutes, avec la collaboration de ses nombreux amis, inscrites au programme des collèges et facultés» (p. 46), comme on y accuse Michel Tremblay et Victor-Lévy Beaulieu de grossière impolitesse envers Godin. Ailleurs, Claude Fournier est surpris en train de «peloter Mlle Goncourt», Hubert Aquin est «complètement ivre» et Marcel Dubé est relégué aux cuisines, alors qu'on doit éviter que Claude Jasmin «ne se mette à dire n'importe quoi de méchant ou de bête» (p. 52). Le laïus prononcé par le narrateur lui-même n'est pas dénué d'une arrogance problématique:

> Mesdames et Messieurs, la pauvreté morale et intellectuelle des Québécois tient peut-être au fait qu'ils n'ont pas eu d'aristocrates qui leur auraient servi de modèles et d'exemples. Ils ont eu des curés et des notables qui les ont exploités et trahis pour enfin les laisser à eux-mêmes. Depuis, ils ne font que se chercher et ne trouvent qu'eux-mêmes, c'est-à-dire la complaisance, la prétention, le chauvinisme et beaucoup de médiocrité. (p. 53)

L'extrémisme de ces assertions est d'ailleurs appuyé rétrospectivement dans le récit par la mention de cette banderole que l'on peut lire à l'entrée de la maison de Godbout: «QUÉBÉCITÉ, QUELLES BÊTISES N'A-T-ON PAS COMMISES EN TON NOM![18]» (p. 45) La dimension provocatrice d'un tel tableau du monde littéraire québécois de l'époque ne peut être atténuée que par la réinsertion de cette charge dans un cadre ironique, où la distance serait assurée par le caractère éminemment fantaisiste, surréaliste du récit qui enlèverait ainsi toute portée réelle à ce discours agressif. Or, malgré la précaution du fantastique, on réussit difficilement à *ne pas* croire aux dénonciations du narrateur, au sérieux avec lequel il se décrit comme étant un objet de rejet du milieu littéraire. Encore qu'ici le rapport à la biographie proprement dite ne nous semble pas pertinent, il est plausible de trouver dans «Le poisson rouge», à partir du malaise du lecteur, l'inscription plus

---

18. Les majuscules sont dans le texte.

large du malaise de l'écrivain devant les modèles divers qui dominaient la littérature québécoise, lors de la parution de *Confettis*: des auteurs tels qu'Aquin, Godbout, Lévy-Beaulieu, Tremblay, comme on le sait, réinterrogeaient, entre autres, les mécanismes de leur écriture et de la représentation, de même que les langages assumés par elles. Or, il faut le redire, cette remise en question, peut-être brièvement entrevue pendant la mise en chantier de *Ce maudit soleil*, n'a pas eu lieu chez Godin, le laissant en marge de ces interrogations et de ces retournements. Dès lors, il ne pouvait qu'avoir recours à une écriture de plus en plus monologique qui irait s'affirmant dans son œuvre subséquente.

Ainsi, les expériences de Godin du côté de la nouvelle que l'on qualifiera pour l'instant de fantastique laissent ressortir avec plus d'insistance encore cette limite mimétique qui bloque le foisonnement de l'expression en se limitant à la pure description. «Les petites filles ailées» servent bien ici de texte exemplaire en ce qui concerne l'application des plus connues des thèses de Todorov[19] dans ce domaine, car en s'appuyant sur les définitions proposées par le théoricien, on dégage certaines particularités qui vont permettre de cerner le paradigme central de ces nouvelles «fantastiques», où justement le fantastique est un prétexte plus manifeste qu'on ne le croit. D'abord, en s'en tenant toujours à la typologie proposée par Todorov, ce conte précis relèverait davantage du merveilleux, mais d'un merveilleux particulier, pour lequel l'hésitation réside entre une «interprétation allégorique» et une transparence mimétique du texte, où encore une fois, la description, comme dans les textes érotiques, est de nature tautologique et ne renvoie qu'à elle-même, comme on le relève dans les descriptions fortement érotisées des jeunes corps féminins à peine nubiles: «des jambes nues de petites filles qui les tenaient ouvertes, croisées, repliées sous elles ou appuyées nonchalamment sur les accoudoirs des fauteuils» (p. 80). On peut voir ici de quelle façon le merveilleux, cette dimension fantasmatique accordée au texte, où sa toute fin permet effectivement de signaler cette dimension de l'imaginaire, «permet de franchir certaines limites inaccessibles» et a pour fonction de «soustraire le texte à l'action de la loi et par là même de la transgresser[20]». Si cette volonté de transgresser garde ici une dimension morale, en raison même de l'objet de sa représentation, il importe de noter dès *Confettis* ce qui deviendra un choix patent chez Godin pour le recueil *Après l'Éden* où la pratique du merveilleux s'affirmera une constante qui permettra au texte d'exploiter sans plus de réserves cette fonction tautologique entrevue par Todorov, jusqu'à la rendre absolument dominante.

---

19. Tzvetan TODOROV, «Introduction à la littérature fantastique», dans *Poétique*, Seuil, 1970.
20. T. TODOROV, *op. cit.*, p. 167. Et il en est de même pour «Le poisson rouge», où on a pu constater que le merveilleux permet de contester et de dévaloriser l'idéologie de l'identitaire québécois, malgré la dimension sacralisée qu'il avait à l'époque.

Mais globalement, *Confettis* signale le passage encore désordonné entre un premier recueil toujours marqué, ne fût-ce que dans la négativité, par un discours moraliste et conservateur qu'il s'agit de récuser — *La cruauté des faibles* — et *Après l'Éden*, où on ne trouve plus trace de ce modèle, où se met en place un véritable ludisme de la pure représentation. L'entre-deux, l'étape charnière vers l'évacuation des discours, est *Confettis*, ce recueil hétérogène, inégal, où l'on passe d'un thème à l'autre, mais pas d'un style à l'autre, dans une recherche discontinue de l'absurde. On y explore, comme en passant, mais avec encore cette *indifférence*, toutes les voies qui s'offrent au gré des mouvements culturels foisonnant certes à cette époque, mais sans cette voix propre qui en aurait caractérisé le récit, ne quittant que rarement une littéralité qui ne parvient pas à conférer à ces textes une littérarité distincte. À preuve, cette «Lettre sans réponse», où le dialogue est en fait monologue entre deux voix qui, dans tous les sens du terme, ne se parlent pas, parce que, répétant la même parole, elles ne s'écoutent pas, tout comme *Confettis*, indifférent lui aussi aux tons individualisés qu'aurait pu prendre la variété des perspectives que le recueil voulait mettre en scène.

Après l'Éden: un envers

Le dernier recueil de nouvelles publié par Godin se lirait comme l'approfondissement de certaines expériences du récit merveilleux que l'on a pu relever dans *Confettis*. Mais, plus précisément, *Après l'Éden* s'inscrit comme la représentation à un premier degré de cette volonté d'expérimentation, au sein d'un recueil dont l'organisation est la plus resserrée parmi les trois volumes, du fait de cette opposition thématique sans ambages établie entre les parties du recueil, l'«Endroit» et l'«Envers». Que ces titres nous obligent manifestement à considérer une polarisation entre les deux différents types de récit regroupés sous chaque rubrique est incontestable. Mais l'examen du texte montre que ce code de lecture ainsi imposé ne fonctionne pas tout à fait comme l'auteur a semblé le prévoir.

Tout réside peut-être dans l'acception qu'il faut donner au terme «envers», suggérant tout à la fois un renversement, une négativité, une différenciation plus ou moins profonde, ou tout simplement un aspect différent d'une chose représentée. La conception même de Godin, de cette opposition entre «Endroit» et «Envers» paraît d'abord vouloir l'élargir jusqu'à un paradoxe non disjonctif[21]:

---

21. Celle proposée par Camus, dans son recueil *L'envers et l'endroit* (Paris, Gallimard, 1958), est à vrai dire tout aussi non disjonctive, mais se rattache à un objet bien sûr différent relevant d'une perspective éminemment humaniste, qui n'interroge nullement la stabilité du réel: «Je tiens du monde par tous mes gestes, aux hommes par toute ma pitié et ma reconnaissance. Entre cet endroit et cet envers du monde, je ne veux pas choisir, je n'aime pas qu'on choisisse.» (p. 118)

Il y a deux facettes à la réalité: l'endroit et l'envers. Celle que je vis et celle dont je rêve; celle que je perçois et celle que j'invente. Ombre et lumière. À chacun ses souvenirs et son imaginaire. Le présent n'exclut pas le fabuleux ni l'artifice des merveilles. Haut et bas. Amour et haine. Vie ou mort. Le paradoxe est illimité comme le ciel et l'enfer. Ce livre offre des versions réalistes et surréalistes d'*Après l'Éden*, à supposer que l'Éden fût[22].

Devons-nous bien comprendre ici que l'«Envers» est davantage lié pour Godin à une conception de la cohabitation des contraires plutôt que de celle d'un renversement univoque des pôles? L'«Envers» ne répondrait donc plus ici à cette notion d'une face cachée correspondant encore de façon cohérente à une représentation positive: en fait «l'envers» tel que proposé par *Après l'Éden* est d'une nature totalement étrangère à son «endroit»; il ne peut pas directement s'y opposer parce qu'il se signale dans une tout autre dimension. L'«Endroit», du moins tel que le propose le recueil, s'attache plutôt à qualifier les saisons, selon les titres suggérés, et donc s'organise selon une narrativité uniquement liée au temps. Faire de l'«Endroit» une notion temporelle, figurativement surcodée par l'écoulement des saisons, est une donnée signifiante pour Godin, toujours hanté par le récit autobiographique: il suffit de voir comment, par exemple, la nouvelle «Le printemps» reste un écho d'*Une dent contre Dieu*, alors que «L'hiver» se rattache sans ambages à l'univers diégétique déjà exposé dans *Ce maudit soleil*. Si «L'automne» se dégage comme un épisode indépendant, une nouvelle de chasse classique un peu incongrue d'ailleurs par rapport à l'ensemble mais qui n'aurait toutefois pas déparé *Confettis*, «L'Été» renvoie à l'atmosphère particulière du roman *Maude et ses fantômes* avec le même lyrisme érotico-bucolique. L'«Endroit» qualifie en définitive une fois de plus un récit mimétique, réaliste, sans grande complication structurale ou discursive, où l'instance privilégiée demeure toujours le «je» homodiégétique, ce qui n'est d'ailleurs pas un des moindres points de cohésion assurant cette notion d'endroit.

L'«Envers», pour sa part, se déploie sur l'axe spatial, les points cardinaux servant de thèmes, où la description d'événements répétés s'assume dans une intemporalité circulaire. «Chaque mois, quand la lune bat son plein, il se livre à la parade et quitte son trône...» (Nord, p. 62) «Il avance sans crainte, sans bruit, et, parvenu devant le chien de tête qui reste couché, il lui parle en son langage.» (Ouest, p. 76) «Les Muses apparaissent au peuple, l'une après l'autre, selon un cycle prédéterminé et immuable.» (p. 84) Godin a raison de souligner qu'il s'agit, dans ces chroniques qui rappellent l'Apocalypse, d'exprimer un imaginaire fabuleux grâce à «l'artifice des merveilles» (déjà cité), car les univers ici décrits ne proposent pas un fondement véritablement organisationnel qui feraient de ces

---

22. Présentation sur la jaquette des Éditions de l'Hexagone, coll. «Fictions», 1986.

nouvelles des textes de science-fiction. Selon Guy Landreau, «une littérature pensante, qu'elle pense bien ou mal, que les jugements qu'elle prononce soient profonds ou débiles, ceci n'est pas l'affaire, mais qu'en effet elle juge, et qu'elle arrange expressément ce jugement, au moins chez les plus grands, en vision du monde, voire en doctrine[23]». À vrai dire, c'est que l'«Envers» réussit ce tour de force, ce qui n'est pas d'ailleurs sans donner une certaine séduction à ses récits, de se vider, quoi qu'il en ait, d'un discours qui serait ce principe organisateur par lequel le texte deviendrait véritablement «pensant». La fonction de l'écriture ici, à part quelques brefs mouvements, est vraiment de décrire unidimensionnellement les caractéristiques et les coutumes de ces contrées imaginaires[24]. D'emblée, on voit que la description n'est pas dirigée par l'objet préétabli, fictif, qui se l'attache, mais par l'imaginaire effréné qui la produit, où, en quelque sorte, dans ce qui serait justement un «envers» des théories courantes de la réception, le pur plaisir de la représentation précéderait ou distancierait l'objet représenté. C'est ainsi que l'on ne saurait nier le lyrisme, un peu répétitif, de certaines scènes luxuriantes de détails, où l'on voit les images se superposer, s'inverser, se démultiplier, se résoudre en elles-mêmes dans leur déploiement. On y lit aussi les thèmes d'une barbarie apocalyptique, de la beauté indicible, de métamorphoses incessantes, où les accumulations restent les figures privilégiées. Tout se passe comme si le narrateur renonçait momentanément à son entreprise de description, où, devant l'effort assumé, l'écriture prenait une courte pause dans le tournage à vide des quasi-similarités: «Quand la fête des muses est terminée, le peuple entre en période de jeûne, de carême, de flagellation, de supplice, de torture...» (Sud, p. 85) «L'hégémonie, le totalitarisme, le génocide, l'unanimisme, la dictature, la guerre essentielle...» (Est, p. 72) «Est, déraison, profits, argent, combines, meurtres gratuits, foule et surnombre. Est, exaltation et hystérie.» (p. 94)

C'est peut-être à ce niveau que se retrouve le paradoxe dont l'expression est si chère à Godin en ce qui concerne l'«Envers»: l'effervescence d'un imaginaire débridé, étrangement lié aux limites mêmes de son expression scripturale, comme si le texte perdait les moyens de ses ambitions de représentation. On aboutit donc ici à l'énoncé du merveilleux pur, expurgé de tout discours soutenu, puisque l'énumération en soi, figure clé de ces nouvelles, ne constitue pas une opposition d'où se dégagerait véritablement le *style*.

Cet «Envers», qui l'emporte sur la disposition harmonieuse de la temporalité sans surprise de l'«Endroit», paraît une inscription supplémentaire de la place que Marcel Godin s'est assignée non seulement dans le corpus de la nouvelle québé-

---

23. Guy LANDREAU, *Fictions philosophiques et science-fiction*, Actes Sud, «Le Génie du philosophe», 1988, p. 12.

24. Ce qui d'ailleurs n'est pas étrangement sans rappeler le *Voyage en Grande Garabagne* de MICHAUX.

coise, mais dans l'ensemble de la littérature au Québec. Non pas que cette place soit nommément celle d'un «envers» où Godin aurait proposé une contre-écriture, une recherche particulière des langages, un éclatement des formes, une remise en question fondamentale de l'expression littéraire. Mais justement, en ce qu'il n'a pas abordé ces questionnements, il représente plutôt un «revers» singulier de l'évolution particulière à la littérature québécoise d'après 1960, soit celle de l'écrivain résistant à cette déflagration générale des discours et à cette désintégration des récits où tous les langages se heurtaient autour de ce véritable trou noir que constituait, pour les auteurs de la même génération, la question particulière de la québécité[25]. Ce n'est pas d'ailleurs que cet aspect de son identitaire ait été absolument passé sous silence chez Godin, comme les romans autobiographiques en font foi; c'est qu'il a choisi de se cantonner très tôt dans le «système de sécurité des Belles-Lettres[26]» où une lisibilité unidimensionnelle lui a assuré une conception non problématique de la littérarité, qui était en fait celle de la génération qui le précédait. Dès lors, à partir des années 1970, il ne pouvait plus qu'être à rebours — véritable «envers» — des conceptions de l'écriture qui allait précipiter l'évolution littéraire québécoise mais dont pourtant les prémisses discursives chez lui étaient en germes dans *La cruauté des faibles*. Dommage que Marcel Godin ait été en quelque sorte indifférent à ces promesses.

---

25. À ce sujet, KWATERKO note: «L'apparition d'un certain écart entre, d'une part, la totalisation du discours institutionnel autour de l'idée d'une littérature québécoise surdéterminée par la problématique de l'affirmation identitaire collective, et, d'autre part, un bon nombre de romans qui, par le déplacement de ce discours dans l'ordre fictionnel et par des procédés de distanciation vont produire, sinon son renversement parodique ou critique, du moins son décentrage et sa fragmentation.» («Le non-dit idéologique», dans *Le roman québécois de 1960 à 1975, op. cit.*, p. 272)

26. Voir note 10.

LES NOUVELLES D'ANDRÉ MAJOR

Jane Everett
UNIVERSITÉ MCGILL

> Car il s'agit moins pour l'écrivain de révéler une vérité quelconque
> — c'est un autre métier, celui-là, et bien plus rentable — que de
> rendre le monde plus lisible. Seulement un peu plus lisible. Certai-
> nement pas plus beau, ni plus simple ni plus supportable.
>
> André MAJOR,
> «Journal d'un hypnotisé»

Depuis le début des années 1960, André Major a publié des recueils de poèmes, des romans, des pièces de théâtre, des textes radiophoniques et télévisuels et de nombreux essais. Il a également publié plus de quarante nouvelles. On connaît probablement le mieux celles regroupées en recueil (*Nouvelles, La chair de poule, La folle d'Elvis*), mais d'autres ont paru dans des revues aussi diverses que *Liberté, Parti pris, Châtelaine* et *Europe* et, plus récemment, dans *XYZ* et *Possibles*, ainsi que dans des ouvrages collectifs conçus autour d'un genre (la nouvelle policière, le récit fantastique) ou d'un thème (aimer, Montréal). Ces quelque quarante nouvelles, auxquelles nous joignons la *novella, L'hiver au cœur* (1987), constituent le corpus primaire sur lequel se base cette étude[1], dans laquelle nous allons tenter, par

---

1. Nous croyons avoir trouvé la plupart des nouvelles publiées depuis 1963, mais il y en a sûrement qui nous ont échappé. Notons que lorsqu'une nouvelle d'abord parue dans une revue a été ensuite reprise dans un recueil, nous la considérons comme appartenant à celui-ci. Ces nouvelles ne sont d'ailleurs pas nombreuses.

Voici la liste des nouvelles retenues. Recueils (l'édition utilisée est la première citée): André MAJOR, Jacques BRAULT et André BROCHU, *Nouvelles* (désormais *NV*), Montréal, AGÉUM, 1963, 139 p. [«Un très mauvais départ», p. 7-15; «Le jeu», p. 16-17; «Il l'avait voulu», p. 18; «Inutilement tragique», p. 19-27; «De l'autre côté du soleil», p. 28-30; «Le livre», p. 31-33; «La mort du fou ou la paix dans les cœurs», p. 34-41; «Le grand personnage», p. 42-59; «Le temps de l'agonie», p. 60-68]; *La chair de poule* (désormais *CP*), Montréal, Éditions de l'Hexagone, 1989, 133 p.; Parti pris, «Paroles», n° 3, 1965, 185 p. [«Peau neuve», p. 7-16; «La chair de poule», p. 17-40; «Le voleur du marché Bonsecours», p. 41-48; «Hiverner?», p. 49-52; «Mental test pour toute la gagne», p. 53-59; «La semaine dernière pas loin du pont», p. 61-67; «Femme moderne», p. 69-73; «Le beau pétard», p. 75-92; «Le grand tata», p. 93-129]; *La folle d'Elvis* (désormais *FE*), Montréal, Stanké, «Nouvelles 10/10», 1988, 151 p.; Montréal, Québec/Amérique, «Littérature d'Amérique», 1981, 137 p. [«La folle d'Elvis», p. 13-20; «La dernière cigarette ou la tentation du désert», p. 21-30; «Une dernière chance», p. 31-38; «Une image de la vie», p. 39-49; «Ceux qui attendent», p. 51-62; «Une victoire plus grande», p. 63-71; «L'influence d'un rêve», p. 73-77; «Le bon vieux temps», p. 79-98; «Le souvenir de sa douleur», p. 99-109; «L'égarement», p. 111-137. Nouvelles

le biais d'une approche de type comparatif, de définir la nouvelle majorienne en ses propres termes.

Après avoir identifié le corpus premier, nous examinerons le contenu des nouvelles, plus particulièrement les personnages, leurs rapports problématiques avec autrui et leur perception du temps et de l'espace. Nous chercherons ensuite à faire ressortir les liens entre forme et fond en analysant les modes narratifs, les temps verbaux employés et le rôle de la description. Notre but est de dégager les constantes et les variantes thématiques, stylistiques et rhétoriques qui, telles des voix qui se répondent, s'unissent pour construire la nouvelle.

Le corpus

Il s'agit, avons-nous dit, de quelque quarante nouvelles publiées entre 1963 et 1992. Évidemment, chaque texte a sa place précise dans le continuum de l'œuvre majorien, mais il est tentant, étant donné ce que l'on sait de l'évolution artistique de l'écrivain[2], d'essayer de rattacher chaque nouvelle à un ensemble plus grand formé par tous les textes publiés au cours d'une période donnée. Ainsi, un premier groupe se constituerait autour des premières poésies, du roman *Le cabochon* (1964) et des recueils *Nouvelles* (1963) et *La chair de poule* (1965). Un deuxième groupe, beaucoup plus restreint, aurait comme pôle d'attraction le roman *Le vent du diable* (1968), l'essai *Félix-Antoine Savard* (1968) et les *Poèmes pour durer* (1969), pour ne nommer que ceux-là. Enfin, les nouvelles publiées depuis 1974 appartiendraient au cycle inauguré par la publication des romans de la trilogie *Histoires de déserteurs*, *L'épouvantail* (1974), *L'épidémie* (1975) et *Les rescapés*

parues dans un recueil collectif: «Un cas douteux», dans Gilles ARCHAMBAULT *et al.*, *Fuites et poursuites* (désormais *FP*), Montréal, Quinze, 1982, p. 117-130; «C'est moi maintenant qui attends... », dans André CARPENTIER (dir.), *Dix contes et nouvelles fantastiques par dix auteurs québécois* (désormais *DC*), Montréal, Quinze, 1983, p. 151-164; «La grande nuit blanche», dans *Aimer: 10 nouvelles de 10 auteurs québécois* (désormais *A*), Montréal, Quinze, 1986, p. 7-22; «La dernière fois», dans *Rencontres-Encuentros* (sous la direction de Marie-Claire Blais), Montréal, Éditions Sans Nom, 1989, 159-161;«La stratégie de la surprise», dans Micheline LA FRANCE (dir.), *Nouvelles de Montréal* (désormais *NM*), Montréal, Hexagone, «Typo», 1992, p. 222-229. Nouvelles parues séparément: «Une erreur», *Liberté* (désormais *L*), n° 26, mars-avril 1963, p. 109-112; «Le second mari», *Châtelaine* (désormais *C*), vol. IV, n° 11, novembre 1963, p. 34-35, 60-62, 64, 66-67; «Modern style», *Parti pris* (désormais *PP*), vol. I, n° 3, décembre 1963, p. 38-4; «Comme une petite boue humaine», *PP*, vol. I, n° 5, février 1964, p. 40-42; «Rafales», *C*, vol. V, n° 11, novembre 1964, p. 24-25, 79-83; «Le premier pas», *C*, vol. VI, n° 4, avril 1965, p. 32-33, 57-58, 60-61; «L'île du silence», *Europe* (désormais *E*), 47e année, n°s 478-479, février-mars 1969, p. 111-117; «La rage au cœur», *C*, vol. XI, n° 11, novembre 1970, p. 30-31, 60-62, 64-65; «La serveuse du coin», *L*, n° 93, mai-juin 1974, p. 57-64; «Petite histoire d'une histoire à venir», *XYZ*, vol. I, n° 2, été 1985, p. 12-16; «Une histoire de chasse», *Possibles* (désormais *PO*), vol. X, n° 1, automne 1985, p. 101-107. *Novella*: *L'hiver au cœur* (désormais *HC*), Montréal, Bibliothèque québécoise, 1992, 93 p.; Montréal, XYZ éditeur, «Novella», 1987, 77 p.

2. André MAJOR, «Préface», dans «Dossier» sur André Major, *Voix et images*, vol. X, n° 3, printemps 1985, p. 10; et François RICARD, «André Major ou l'extase prosaïque», *Québec français*, n° 42, mai 1981, p. 48-49.

(1976), et qui marque une autre étape dans l'évolution de l'auteur et de son art. La trilogie consacre la maturité artistique de l'écrivain, mais ne signale pas pour autant qu'il cesse d'évoluer. Au contraire, on pourrait dire que tout ce qui s'est publié depuis porte les marques d'un effort continu de raffinement et d'exploration stylistiques.

Pour la commodité de l'analyse, nous avons considéré l'année 1974 comme une sorte de date charnière, permettant de distinguer entre les nouvelles de jeunesse et de transition, d'une part, et celles de la maturité, d'autre part. Le premier groupe comprendrait ainsi vingt-six nouvelles en tout, dont vingt-quatre publiées entre 1963 et la fin de 1965, soit en recueil (*Nouvelles*, neuf; *La chair de poule*, neuf), soit en revue (*Liberté*, une; *Châtelaine*, trois; *Parti pris*, quatre, dont deux reprises dans *La chair de poule*). Deux nouvelles seulement ont été publiées pendant la période de transition, l'une en 1969 dans *Europe*, l'autre en 1970 dans *Châtelaine*. Le deuxième groupe comprend dix-neuf nouvelles en tout, soit les dix regroupées dans *La folle d'Elvis* (1981), cinq publiées dans les ouvrages collectifs *Fuites et poursuites* (nouvelles policières, 1982), *Dix contes et nouvelles fantastiques par dix auteurs québécois* (1983), *Aimer: 10 nouvelles de 10 auteurs québécois* (1986), *Rencontres-Encuentros* (1989) et *Nouvelles de Montréal* (1992), trois publiées séparément, dans *Liberté* (1974), *XYZ* (1985) et *Possibles* (1985), et la *novella*, *L'hiver au cœur* (1987).

Les nouvelles varient en longueur d'une page à une cinquantaine de pages, celles de la première période, et des *Nouvelles* en particulier, connaissant beaucoup plus de variation que celles de la deuxième, sans doute parce que leur auteur en était encore à ses premiers essais. Si on peut difficilement établir une moyenne pour la première période, vu les grands écarts (de une à dix-neuf pages), on peut néanmoins dire que les nouvelles de la deuxième période sont de sept à quinze pages, avec quelques exceptions, l'une notable (la *novella*).

Le contenu

On sait que, dans la nouvelle, il est difficile d'approfondir la psychologie des personnages et de décrire en détail les circonstances et les lieux de l'action. Malgré ces obstacles inhérents au genre, Major réussit à créer des personnages et des décors plausibles, comme nous verrons dans ce qui suit.

Les personnages principaux du premier groupe sont, pour la plupart, des gens ordinaires et relativement pauvres, ouvriers et ouvrières, chômeurs par choix ou par la force des choses, étudiants, écrivains en herbe travaillant comme correcteurs ou comme ouvriers, adolescents ou adolescentes. Vingt et un des personnages principaux sont des hommes ou des adolescents; la majorité sont célibataires; certains vivent une relation amoureuse (parfois difficile) ou bien viennent de rompre. Trois des cinq personnages féminins sont des adolescentes, une est dans la vingtaine et une autre dans la trentaine; les deux dernières sont mariées. La majorité des personnages sont des citadins: ils habitent le Montréal des années 1960, ou tout au moins une ville québécoise contemporaine. Quatre des personnages vivent dans des villages à l'époque moderne.

Dix-neuf personnages principaux du second groupe sont des hommes, la plupart étant dans la trentaine ou la quarantaine; deux ou trois sont plus jeunes. Les trois personnages féminins se situent dans la même tranche d'âge. À part les serveuses et les chômeurs, la plupart des personnages du second groupe exercent une profession ou un métier (exception faite du jeune héros de «Le souvenir de sa douleur», qui est d'abord colon, puis bûcheron et cultivateur, comme l'est, à sa manière, le personnage principal de «La grande nuit blanche», qui coupe du bois de foyer en échange de provisions). Presque tous les personnages sont des citadins, habitant le Montréal (ou une ville québécoise non identifiée) des années 1970 et 1980. Seuls les personnages principaux des nouvelles «Le souvenir de sa douleur», «L'égarement» et «La grande nuit blanche» habitent à la campagne; d'autres y rendent visite («Le bon vieux temps», «Une histoire de chasse», *L'hiver au cœur*) pour différentes raisons, mais n'y restent pas. Le personnage de «Le souvenir de sa douleur» est le seul personnage «historique».

Ces personnages d'André Major, il est évident, ont pris de l'âge avec le temps[3] (quoi de plus normal?) et finissent, dans la majorité des cas, par gagner leur vie plus ou moins convenablement; du moins ne vivent-ils pas avec la même hantise de la pauvreté que les jeunes du premier groupe de nouvelles. De plus, ils n'associent pas cette pauvreté à leur situation collective. En effet, leur centre d'intérêt s'est déplacé, comme il arrive souvent aux gens en vieillissant, sous le poids des responsabilités et des déceptions accumulées, et cela se voit clairement lorsqu'on examine le rapport changeant entre les constantes thématiques de l'œuvre et les situations décrites dans les nouvelles.

Dans toutes les nouvelles de Major, on peut déceler, au-delà de l'«anecdote» de surface — nous préférons ce terme à «intrigue», incompatible le plus souvent avec la nouvelle[4] —, un certain nombre de constantes thématiques qui traversent l'œuvre majorien dans sa totalité: confusion identitaire, malentendu, manque/difficulté de communication, désir/refus du changement, insatisfaction, écœurement... Autant de thèmes ou de leitmotivs qui convergent souvent vers une sorte de «surmotif» expressif d'une angoisse multiforme et confuse, celui de l'attente, avec ses corrélats, l'anticipation, la déception, le regret, la nostalgie et la fuite dans l'imaginaire.

---

3. Voir à ce propos Réjean BEAUDOIN, «Le métier d'écrire», *Liberté*, n⁰ 172, août 1987, p. 112-113.

4. Suzanne ROBERT, «André Major, nouvelliste. Entretien», *XYZ*, vol. I, n⁰ 2, été 1985, p. 4.

On peut lire l'évolution, à ce niveau, à travers les rapports entre l'anecdote et le hors-texte, d'une part, et, d'autre part, entre l'anecdote et le texte. En effet, dans les premières nouvelles (surtout celles des recueils *Nouvelles* et *La chair de poule*), le rapport entre l'«événement» central (qui peut être quelque chose de très banal ou une crise, un conflit, un moment décisif) et la réalité hors textuelle occupe souvent toute la «scène», au détriment parfois de la consistance thématique et textuelle, laquelle s'en trouve ainsi quelque peu diluée. Par contre, dans les nouvelles de la maturité — mais cela s'annonce déjà dans une ou deux nouvelles de la première période —, ce sont les résonances entre l'anecdote et les constantes thématiques qui sont mises en valeur, ajoutant à l'épaisseur signifiante des textes.

Pour ce qui est plus précisément du rôle des personnages dans ces dynamiques différentes, on peut dire que ceux des premières nouvelles font, pour la plupart, figure de victimes, que ce soit de l'Autorité, de la Société, du Capital, de l'Église ou de tous à la fois[5]. Ils sont aussi victimes de leurs propres faiblesses, rêves, illusions et idéaux, mais cette dimension est masquée par la référence aux circonstances externes. Souvent, par ailleurs, celles-ci sont présentées comme responsables sinon des faiblesses personnelles des êtres, du moins de leur sévérité paralysante. Lorsque cette référence externe «explicative» disparaîtra (au cours de la période de transition), les personnages se retrouveront autrement dénués, privés d'explications comme d'alibis, mais surtout révélés dans toute leur fragilité et leur terreur devant le (non-)sens de l'existence.

Cette évolution dans les rapports entre les situations, les personnages, le texte et le hors-texte se lit aussi dans une évolution des anecdotes elles-mêmes et du fond sur lequel elles se déroulent. Plus des deux tiers des nouvelles du premier groupe évoquent, même s'il n'y a pas d'intrigue proprement dite, des quêtes, des conflits ou des positions (artistiques, idéologiques, spirituels...) à ramifications sociales, alors que les nouvelles du deuxième groupe privilégient les interactions individuelles, plus particulièrement le drame du couple[6] qui, sans être toujours à l'avant-scène, éclaire très souvent le fond sur lequel l'anecdote se produit. La relation se révèle alors dans bien des cas une sorte de chambre sonore où se répercutent en dissonance (parfois, mais de façon éphémère, en harmonie) toutes les autres passions, incertitudes, insatisfactions, faiblesses, etc. des personnages. À noter que la relation amoureuse est généralement beaucoup plus simple et beau-

---

5. Voir à ce propos Lise GAUVIN, «Nouvelles», *Dictionnaire des œuvres littéraires du Québec*, t. IV, *1960-1969*, Maurice Lemire (dir.), Montréal, Fides, 1984, p. 625.

6. Jacques PELLETIER, André VANASSE et Henri-Paul JACQUES, «L'écriture: ultime recours, une entrevue avec André Major», *Voix et images*, vol. X, n° 3, p. 21: «[...] pour moi, c'est dans les rapports entre les êtres, entre homme et femme notamment, que se répercutent le plus dramatiquement les mutations sociales. C'est évident, je l'admets, dans tout ce que j'écris. Tout tourne autour de ce qui se passe entre l'homme et la femme.»

coup plus «périphérique» (dans le récit et dans la vie des personnages) dans les premières nouvelles, celles d'avant 1965 en particulier.

Êtres pleins de contradictions, les personnages majoriens souffrent presque tous de la hantise du vide, de la difficulté de communiquer, de la solitude et du manque d'amour, mais craignent de se montrer vulnérables ou de se rendre ridicules en avouant leur besoin. Perpétuellement insatisfaits et perplexes, ils s'interrogent sans cesse sur leurs mobiles, leurs réactions, leurs besoins. Ce sont souvent des gens très exigeants et ce, en dépit du fait qu'ils n'arrivent pas toujours à définir leurs besoins: ils cherchent le bonheur, mais ayant atteint quelque chose qui correspond à ce qu'ils avaient envisagé, lui trouvent des défauts. Ils se reprochent amèrement leurs espoirs irréalistes, mais n'en continuent pas moins à être exigeants. Ils ont aussi «une facilité extraordinaire à se tromper» car, «dans le fond, ils sont mus par des passions avant tout[7]».

Les personnages majoriens sont souvent des sensualistes de type épicurien, d'où le plaisir qu'ils prennent devant les simples joies de la marche, d'un repas chaud, d'un moment de détente physique, d'où aussi leur méfiance à l'égard d'un excès de confort matériel et, par extension, de toute autre sorte de confort qui pourrait s'y associer, spirituel, moral ou émotionnel. L'excès de confort est souvent pour eux une incitation au départ, perçu dans ces cas comme fuite nécessaire. Au fond, ces êtres se craignent eux-mêmes et ce qu'ils perçoivent comme leur propre faiblesse. Et cette crainte constitue un obstacle au contact avec l'autre, le plus souvent la femme, source dans les premières comme dans les dernières nouvelles de chaleur, de douceur, de réconfort, de bien-être, de consolation et de vie.

Observateurs attentifs et angoissés de la banalité du quotidien, ils le sont aussi des gens qui les entourent. De fait, les personnages majoriens sont souvent des êtres très empathiques, facilement émus par les autres, surtout par leur regard où ils croient lire quelque chose de troublant, mais qu'ils ne sauraient interpréter. Il leur arrive aussi de mal interpréter le regard qui les obsède et ils se rendent compte ou découvrent, longtemps après, que là encore, ils ont raté une occasion.

Pour compenser peut-être, mais aussi parce qu'ils ont l'imagination très active, ils se mettent facilement à imaginer la vie des êtres qui les touchent ainsi, et à s'attendrir sur la vision créée de toutes pièces. Cette même facilité leur permet aussi de s'imaginer des vies différentes, modestement idéalisées (comme si cela pouvait en rendre plus certaine la réalisation), mais irréalisables du fait de leur unidimensionnalité. Elle les porte aussi à construire des scénarios pour des rencontres qui doivent réellement avoir lieu. Et lorsque, comme il est inévitable, la réalité ne correspond pas au scénario, lorsque, en somme, la réalité échappe encore une

---

7. Léonce CANTIN et André GAULIN, «Entrevue avec André Major», *Québec français*, n° 42, mai 1981, p. 45.

fois à leur contrôle, ils se reprochent leur naïveté et se sentent de nouveau désorientés.

Les personnages de Major renoncent difficilement au rêve et, surtout, à la
possibilité du rêve; ainsi, ironiquement, l'occasion qu'ils ratent est souvent celle
que la chasse au rêve les a empêchés de voir. Ils passent donc beaucoup de temps
à regretter leur aveuglement et leur désirs irrationnels, s'enfermant dans une sorte
de spirale vicieuse dont seulement quelques-uns réussissent à se délivrer. D'autres
ne parviennent à résoudre rien; ils rentrent dans la routine, un peu comme s'ils
rentraient dans une sorte de salle des pas perdus existentielle. Comme tant de
personnages dans l'univers d'André Major, ils se résignent à attendre.

L'attente, dans les deux sens du mot, est l'un des thèmes principaux de
l'œuvre de Major, et revêt des formes multiples. C'est l'attente indéchiffrable que
l'on lit dans le regard de l'autre et à laquelle on ne sait ni quoi ni comment
répondre, mais c'est aussi l'attente de la réalisation d'un rêve (la révolution,
l'amour, la liberté), l'attente impatiente de revoir l'être aimé, l'attente de celui qui
hésite (trop longtemps) avant d'agir et qui rate ainsi l'occasion, et l'attente trop
prolongée qui mine la résolution d'agir, d'en finir avec l'incertitude et avec l'attente elle-même.

L'attente est bien sûr fonction du temps et de la perception qu'en ont les
personnages. C'est une tension perpétuelle vers l'avenir, tension exacerbée par la
peur d'échouer, le souvenir de l'échec, la nostalgie ou le regret du passé et l'in-
capacité foncière de jouir du présent qui en résulte[8]. Le *flash-back* qui rompt la
continuité du présent et l'empêche de devenir futur est l'un des signes les plus
évidents de cette tension[9], comme l'est l'impression de stagnation rendue par la
répétition des gestes et l'emploi de l'imparfait. Dans les premières nouvelles,
comme pour mieux insister sur l'effet envahissant de la misère ambiante et sur la
servitude des pauvres, le rythme du temps interne (de la durée psychologique) est
souvent lié aux conditions extérieures associées d'une manière ou d'une autre à la
situation sociale des personnages (horloge-poinçon, sirènes, travail abrutissant,
locaux humides et froids, indifférence ou hostilité des supérieurs). C'est ce temps
qui règle les heures de travail et de repos, qui s'étire, qui s'éternise, qui pèse, qui
fait tendre les nerfs.

---

8. André MAJOR, cité dans Suzanne ROBERT, *loc. cit.*, p. 6: «Les nouvelles de *La folle d'Elvis*
constituent sans doute une interrogation sur l'impossibilité, pour certains êtres, de se contenter du quotidien
et sur leur tiraillement entre la nostalgie d'un passé et l'attente de ce qui donnerait son sens à cette
banalité.»

9. André MAJOR, cité dans Léonce CANTIN et André GAULIN, *loc. cit.*, p. 46: «Les gens qui
échouent accordent beaucoup d'importance à leur passé, c'est frappant. Les gens qui réussissent lui en
accordent peu, regardent devant eux, alors que les gens qui échouent expliquent leur présent en se référant
à leur passé.»

Si, dans les premières nouvelles, la peur de l'échec, le regret ou la faiblesse sont déterminants au niveau individuel, l'évocation de la révolution sociale laisse néanmoins entrevoir la possibilité de transcender les comportements passés et d'investir la vie de signification. Dans les nouvelles du deuxième groupe, rien ne vient atténuer l'angoisse devant les paradoxales routine rassurante et «monstrueuse banalité[10]» du quotidien... à moins que ce ne soit le risque de l'amour, qui instaure son propre cycle d'attentes et de frustrations, mais dont l'aventure peut finir bien.

Les différentes modalités du rapport au temps se trouvent reproduites dans la représentation des saisons[11]. Dans les nouvelles des deux périodes, le printemps est associé à la jouissance sensuelle doublée d'une inquiétude que provoque la conscience de la pourriture accompagnant le dégel; l'automne, quant à lui, s'associe au besoin de faire peau neuve, avec tout ce que cela entraîne de difficile (renoncer au confort et, peut-être, à l'autre) et de ravissant (renoncer au confort et, peut-être, à l'autre...). L'hiver, «la grande nuit blanche» qui isole et étouffe, appartient au même paradigme que les leitmotivs de la mort, de la solitude, de l'absence ou du mutisme de l'autre, de la paralysie, de la nuit, du temps qui s'étire et se met au ralenti. Paradoxalement, la saison «morte», en obligeant à l'immobilité, met une halte à la fuite, installe l'écrivain dans sa solitude et sa quiétude; l'hiver peut donc être productif, à condition de ne pas trop durer. Dans les nouvelles du second groupe, l'été acquiert son épaisseur signifiante, quelque chose qui lui manquait auparavant. Il est, à sa façon, le répondant de l'hiver, car la chaleur et l'humidité paralysent aussi bien que le froid, la lumière éblouissante et l'humidité oppressive désorientent les esprits et dissipent la volonté. L'été chasse les gens comme les grands vents de l'hiver qui balayent sans pitié le paysage. Les deux saisons rendent désertique l'espace et sont d'aptes métaphores pour le sentiment du vide, la peur de la mort qui hantent, sous une forme ou une autre, bon nombre de personnages de Major.

L'espoir de renaissance et la possibilité du changement implicites dans le printemps et l'automne, l'idée d'action et de prise en charge de son propre destin qui peut leur être associée expliquent peut-être leur prévalence dans les nouvelles du premier groupe qui, malgré leur pessimisme, laissent souvent entrevoir une certaine foi en l'avenir. La conscience de plus en plus cuisante de la mortalité, du vide devant et en soi[12] qui caractérise les nouvelles de la maturité, correspond davantage aux valeurs associées aux paradigmes de l'hiver et de l'été, saisons excessives, outrageantes, implacables, devant lesquelles on se sent aussi impuissant que devant l'existence elle-même.

10. André MAJOR, «Journal d'un hypnotisé» (chronique), *Liberté*, n° 162, décembre 1985, p. 108.
11. Léonce CANTIN et André GAULIN, «Entrevue...», *loc. cit.*, p. 45.
12. André MAJOR, «Journal d'un hypnotisé» (chronique), *Liberté*, n° 155, octobre 1984, p. 84.

Comme le rapport au temps, la perception de l'espace est conditionnée par l'état d'esprit des personnages. Vécue comme espace de la servitude économique, politique et sociale, la ville (identifiée ou identifiable, dans la plupart des cas, comme la ville de Montréal) revêt peu de charmes pour plusieurs des personnages des premières nouvelles, dont la majorité habitent des quartiers populaires. L'impossible affranchissement social et individuel est rêvé sous la forme d'une évasion à la campagne, réflexe typique chez le personnage majorien de cette époque, qui y associe les mêmes valeurs et le même rapport à l'avenir que l'on peut associer au printemps et à l'automne. Mais les personnages doivent le plus souvent se contenter de succédanés, une promenade sur le Mont-Royal, au parc Lafontaine, à l'île Sainte-Hélène. La description des ruelles, des entrepôts, des casse-croûtes et des logements humides et exigus fournit le décor du quotidien, mais il y a aussi les étalages et les vitrines des magasins le long de la rue Sainte-Catherine, où le «peuple de l'Est butine[13]», et qui symbolisent leur servitude à la société de consommation. Enfin, la litanie des noms des rues et des quartiers sert de rappel constant de la géographie sociale de la ville, des divisions physiques qui renforcent les divisions sociales[14].

La plupart des personnages du second groupe des nouvelles, citadins eux aussi, habitent des quartiers un peu plus aisés et circulent plus librement que les démunis des premières nouvelles. Ils évoluent entre des espaces connotant le travail et le train-train des vies ordinaires — appartements, bureaux, restaurants banals —, ils voyagent dans le métro, déambulent dans les rues du quartier portuaire, du Vieux-Montréal, de l'est, du nord et du centre de la ville. Le décor les rassure par sa familiarité, mais cette même familiarité peut, sous le coup de l'émotion, se transformer en attribut négatif, en rappel du passage implacable du temps. Notons, en passant, qu'à la différence de la ville des premières nouvelles, celle du deuxième groupe peut aussi revêtir des attributs positifs; en effet, c'est un lieu vibrant et plein d'énergie, qui repose le solitaire de sa solitude, lui permet de reprendre contact avec la réalité.

La géographie sociale diffère peu de celle des premières nouvelles, même si la composition de certains quartiers a changé. Les personnages sont définis dans leur propre esprit par leur quartier d'origine, qu'ils l'acceptent ou non. Ils y reviennent à la recherche de ce qui leur manque, avec le sentiment d'avoir perdu une partie essentielle de leur être.

---

13. «Le Beau Pétard», *CP*, p. 79.

14. Ce sont les personnages les plus «conscientisés» qui réussissent le mieux à fuir l'espace contraignant de la ville pour se ressourcer pendant quelques jours à la campagne. Moins encombrés d'obligations familiales et mieux instruits que les plus démunis, ils sont aussi plus libres de se déplacer quand et où ils le veulent dans la ville elle-même. Et ils trouvent dans celle-ci des lieux qu'on pourrait appeler de «consolation», les appartements des femmes aimées, les restaurants, les librairies...

C'est un sentiment semblable qui fait fuir certains citadins vers la campagne et le pays des aïeux. Le rêve de la campagne est parfois associé à la nostalgie du passé, aux vacances de l'enfance, quand la vie était moins compliquée. Il s'associe aussi au désir de faire peau neuve, et à la volonté ascétique de connaître une vie réduite à l'essentiel.

L'action dans «Le souvenir de sa douleur» et de «L'égarement» se déroule à la campagne, dans le village et les environs de Saint-Emmanuel, lieu riche en résonances intertextuelles et bien connu des lecteurs de la trilogie *Histoires de déserteurs*. C'est un espace à conquérir physiquement («Le souvenir de sa douleur») ou métaphoriquement («L'égarement»). C'est aussi le pays des ancêtres du héros de *L'hiver au cœur* (également de la famille des Beautront), où celui-ci se rend périodiquement pour se reposer de la ville et renouer avec le passé familial, mais où il doit aussi faire face à sa marginalité, lui qui y est «ni étranger ni contribuable[15]». Le caractère problématique de ce rapport sert de rappel: ce n'est pas en changeant de lieu qu'on change de peau, si on est marginal dans la ville, on ne le sera pas moins ailleurs.

Dans les seules autres nouvelles dont l'action se déroule à la campagne, celle-ci se présente comme un espace qui n'est pas tant le contraire de la ville (quoi qu'en pensent les personnages) qu'un décor un peu moins familier favorisant ou peut-être permettant le changement, qu'il s'agisse d'une rupture («Le bon vieux temps»), d'une reprise de contact («Une histoire de chasse») ou de l'évasion ultime («La grande nuit blanche»)[16].

Temps, saisons et espace convergent souvent dans l'image récurrente du désert. C'est la ville, l'été, ou la campagne, l'hiver, c'est la condition existentielle du marginal, de l'exilé (volontaire ou pas), du vieux garçon. Lieu métaphorique de la solitude et de l'abandon, de la stérilité et de l'isolement, il suggère aussi, comme toujours chez Major, des valeurs opposées à celles-ci: l'ascèse et le dépouillement, ou encore la liberté et la disponibilité.

Constantes et variantes, échos et répercussions. Les leitmotivs de la thématique majorienne apparaissent à travers des êtres, des événements et des situations, le temps et l'espace, et sont repris et relancés par la combinatoire stylistique et rhétorique, qui forme le sujet du deuxième volet de cette étude.

---

15. *HC*, p. 53.

16. Sur la polarité ville-campagne dans l'œuvre de Major, voir Jacques PELLETIER, «André Major, écrivain et Québécois», *Voix et images du pays*, vol. III, 1970, p. 39-59; et J. PELLETIER, A. VANASSE et H.-P. JACQUES, «L'écriture, ultime recours...», *loc. cit.*, p. 21.

Le récit

L'une des différences les plus facilement repérables entre les nouvelles de la première période et celles de la dernière période en est une de ton d'ensemble. Bien que celui-ci résulte de l'effet conjugué de plusieurs facteurs, un en particulier semble se faire sentir, surtout au cours de la première période: il s'agit du rapport du narrateur au récit et aux personnages et, partant, au lecteur, c'est-à-dire de sa plus ou moins grande présence (explicite) dans le texte. Sans être déterminant à lui seul, ce facteur se combinera avec d'autres de manière à atténuer ou à modifier l'action et l'impact d'autres éléments encore. Lorsque le narrateur explicitement présent se retirera du texte, certaines forces seront libérées et le ton de l'ensemble s'en trouvera changé.

Des vingt-six nouvelles du premier groupe, onze sont racontées par un narrateur autodiégétique, neuf par un narrateur hétérodiégétique et quatre par un narrateur homodiégétique[17]. Dans beaucoup de ces nouvelles, et dans celles de *La chair de poule* en particulier, le lecteur est directement sollicité, sur le ton de la conversation surtout — «Si vous avez une cravate ou une gaine, je vous conseille de lancer ça dans un coin, car mon histoire peut être longue. Pas mal longue, cinquante pages[18]...» —, par le narrateur, qu'il soit autodiégétique, homodiégétique ou hétérodiégétique. On ne peut pas ignorer ces interventions, on ne doit pas les ignorer, en fait, car c'est à travers elles que le narrateur, qui s'identifie souvent comme l'auteur du texte, cherche à amener les lecteurs à réfléchir, à leur rappeler que la misère sociale qu'il décrit est bien réelle et bien contemporaine: «On me demandera pourquoi j'écris des choses si tristes, si peu nobles, si dénuées de belle poésie [...]. Le pourquoi de cette tristesse malpropre, mal vêtue, c'est la misère, celle d'Archibald, qui est celle de tous les autres, que vous ne connaissiez peut-être pas[19]...» Le narrateur ne s'identifie pourtant pas nécessairement avec ses personnages; comme le note très justement Robert Major, «[...] le narrateur [de *La chair de poule*] n'a pas le lecteur pour seule cible. Il prend aisément aussi ses distances à l'égard de ses propres personnages, qu'il juge avec complaisance, paternalisme et un certain humour gouailleur[20].» Cela est évident non seulement dans les nouvelles à focalisation zéro, mais également dans celles à focalisation interne[21], qui sont un peu plus nombreuses; le narrateur s'arroge les droits de l'auteur.

---

17. Nous reprenons ici les termes et les définitions de Gérard GENETTE, *Figures III*, Paris, Seuil, «Poétique», p. 251-254.

18. «Le grand tata», *CP*, p. 94.

19. «Le grand tata», *CP*, p. 113-114. Voir J. PELLETIER, A. VANASSE et H.-P. JACQUES, «L'écriture, ultime recours...», *loc. cit.*, p. 14.

20. Robert MAJOR, «*La chair de poule*, recueil de nouvelles d'André Major», *Dictionnaire des œuvres littéraires du Québec*, t. IV: *1960-1969, op. cit.*, p. 137.

21. Voir Gérard Genette, *op. cit.*, p. 206-211.

Évidemment, les interventions sont aussi une expression de «révolte» esthétique, de refus des conventions. Le narrateur, on s'en doute, les connaît bien, mais
fait fi de bon nombre d'entre elles: «Mais ceci brise le rythme de cette histoire,
dit le narrateur de "La chair de poule", car j'introduis dans ce passé des morceaux
de présent qui n'y ont pas leur place[22].» Il n'en continue pas moins à le faire tout
le long de son récit.

Le ton de la plupart des nouvelles de la première période, à cause, en grande
partie, des nombreuses interventions du narrateur, est quelque peu didactique ou
à tout le moins «déclaratif/expositoire» (Major parlera plus tard de leur «mora-
lisme[23]»). Si cette pratique ne nuit pas à la lisibilité de la plupart d'entre elles, c'est
parce que les interventions en question sont thématiquement liées aux situations
décrites et aux préoccupations des personnages, et stylistiquement compatibles (en
partie à cause de l'emploi judicieux du joual[24]) avec les passages d'où le narrateur
est absent. Et c'est aussi grâce à l'art de l'auteur, à la justesse des descriptions et
à la plausibilité des situations, des personnages et des conversations.

La situation est différente pour les nouvelles de la seconde période; la présence du narrateur y est beaucoup plus discrète, les personnages n'ont plus de
porte-parole, et lecteurs et personnages ne possèdent que des bribes de leur réalité
qui, elle, est sujette à changement sans préavis. Il ne s'agit pas pourtant de récits
hermétiques; au contraire, on en dégage l'essentiel sans trop de difficulté, cette
fois, grâce à l'atmosphère, qui vient en quelque sorte occuper la place laissée vide
par le narrateur. Celui-ci, qui n'a d'ailleurs jamais prétendu avoir toutes les répon-
ses, ne sait même plus s'il pose les bonnes questions. Il ne guide plus le lecteur,
mais l'accompagne (le plus souvent, très discrètement, très subtilement); c'est la
fraternelle participation à la perplexité ou à l'angoisse du semblable qu'il propose
et non l'engagement et la reconnaissance de la misère de l'autre. Il accompagne
aussi ses personnages, mais en se tenant un peu à l'écart d'eux, et c'est sans doute
pourquoi il est le plus souvent hétérodiégétique; en effet, aucune des nouvelles de
la maturité n'est de type homodiégétique et trois seulement des dix-neuf sont de
type autodiégétique[25]. Fait peu surprenant, il s'agit dans presque tous les cas de
récits à focalisation interne.

---

22. «La chair de poule», *CP*, p. 28.
23. André MAJOR, cité dans Jacques PELLETIER, André VANASSE et Henri-Paul JACQUES, *loc. cit.*,
p. 14.
24. Voir à ce propos J. PELLETIER, «André Major, écrivain et Québécois», *loc. cit.*, p. 49-51.
25. Dans une entrevue publiée dans *Québec français* en mai 1981 (L. CANTIN et A. GAULIN, *loc.
cit.*, p. 43-44), Major suggère que le «je», qui «limite beaucoup l'étendue narrative», est particulièrement
approprié à la nouvelle, «qui se déroule dans un laps de temps plus limité [que celui du roman], qui se
situe dans un espace également limité». Le recours au narrateur hétérodiégétique et à la focalisation interne
peut avoir un effet analogue.

Les protagonistes des deux groupes de nouvelles ont des prénoms ordinaires qui soulignent leur qualité d'êtres tout à fait ordinaires: Paul, Jean, Alain, Gaston, Antoine, Lise, Hélène... Des personnages principaux nommés, on retiendra particulièrement ceux qui créent des échos intertextuels, tels les héros des nouvelles «Le souvenir de sa douleur», «L'égarement» et *L'hiver au cœur*, car ils sont tous membres de la même famille, celle des Beautront, installée depuis longtemps dans les alentours des villages de Saint-Emmanuel et de Graham, où se déroule l'action des romans de la trilogie *Histoires de déserteurs*[26]. (Notons en passant que bon nombre des personnages de la trilogie — Marie-Rose et Pauline, Phil, Jérôme, Florent Dupré — réapparaissent dans «L'égarement» et qu'un autre, Palma, est mentionné dans *L'hiver au cœur*.) Enfin, le personnage principal de «La grande nuit blanche» n'est nul autre que Momo Boulanger, le fugitif de la vie et de la justice de la trilogie. En reliant ainsi plusieurs textes entre eux, la référence intertextuelle ajoute à leur épaisseur signifiante, compense la brièveté obligée et inévitable du genre.

D'autres personnages principaux sont anonymes; c'est le cas dans onze des vingt-six nouvelles du premier groupe et dans quatorze des dix-neuf nouvelles du second groupe. Fait peu surprenant, l'anonymat étant stylistiquement plus facile à maintenir lorsqu'on parle de soi, il s'agit surtout, dans le premier groupe (neuf nouvelles sur onze), de narrateurs autodiégétiques; les exceptions sont le narrateur homodiégétique de «Il l'avait voulu» et le narrateur hétérodiégétique de «Comme une petite boue humaine». La première exception souligne la complicité qui lie le narrateur homodiégétique à ceux qui ont battu le personnage principal anonyme (celui qui «l'avait voulu»); on a l'impression que le narrateur refuse délibérément d'identifier celui-ci, mimant ainsi l'exclusion du paria des lieux qui lui avaient été interdits. Ce refus est mis en valeur par le fait que le même narrateur nomme volontiers la femme de l'homme battu et exprime son admiration pour elle. Quant à la deuxième exception, la combinaison du récit à la troisième personne et de l'anonymat, d'une part, renforce l'atmosphère de froideur, d'aliénation et de désespoir qui se dégage de la nouvelle et, d'autre part, transforme le personnage en représentant d'une collectivité (la nouvelle raconte une tentative d'action terroriste avortée).

Plus de la moitié des personnages principaux des nouvelles du deuxième groupe sont anonymes[27]. À la différence des nouvelles du premier groupe, où anonymat et mode autodiégétique vont le plus souvent de pair, onze des quatorze nouvelles à personnage principal anonyme sont de type hétérodiégétique. Le recours plus fréquent à l'anonymat et l'emploi de la narration à la troisième personne contribuent à créer une impression à la fois de détachement et d'identifica-

26. *Les rescapés*, Montréal, Quinze, «Québec 10/10», 1976, p. 11-12.
27. Voir Léonce CANTIN et André GAULIN, «Entrevue...», *loc. cit.*, p. 43-44.

tion malaisée avec le narrateur et avec le personnage: le lecteur devient à la fois observateur et participant du quotidien banal.

L'anonymat postule le manque, inquiétant, d'un renseignement essentiel à l'identification, au classement, à la connaissance de l'Autre. Le fait que bon nombre des personnages secondaires sont nommés ne peut que souligner ce manque et exacerber la tension créée par l'ambiguïté des positions lectrices et narratives. Il est intéressant de noter que le narrateur décrit souvent les gens de l'entourage des protagonistes, en dégage les traits auxquels ceux-ci semblent les plus sensibles (regard tragique, haleine fétide, loquacité...), mais que l'on apprend rarement ce que les autres pensent des protagonistes. En d'autres mots, on ne voit généralement qu'à travers les yeux d'un personnage anonyme qu'on ne peut pas identifier.

La combinaison personnage principal anonyme et mode autodiégétique («L'influence d'un rêve», «C'est moi maintenant qui attends...» et «Petite histoire d'une histoire à venir») exploite d'une autre manière la tension créatrice d'identification-aliénation, en abolissant la dernière cloison qui sépare le soi de l'Autre. La fusion est complète, aucun va-et-vient n'est désormais possible entre la position de l'observateur et celle du sujet. On est prisonnier comme eux de l'irrationnel — ou bien rescapés.

Notons, par ailleurs, que le mode autodiégétique convient bien à des récits comme «L'influence d'un rêve» et «C'est moi maintenant qui attends...», où les personnages sont profondément désorientés par des expériences qui échappent à leur contrôle et à leur compréhension, qui envahissent de façon troublante le quotidien jusque-là prévisible. L'emploi du «je» abolit toute référence rassurante à une force extérieure rationnelle qui observe et contrôle (hétérodiégétique), mimant ainsi l'incertitude et l'impression d'être à la dérive qui travaillent les personnages. Ces remarques, avec quelques nuances, valent aussi pour «Petite histoire d'une histoire à venir», où il est question d'un écrivain qui fait une promenade justement pour retrouver la rassurante banalité du dehors, du quotidien et se libérer de ses personnages, qui le «vampirisent[28]».

L'évolution que l'on peut retracer dans la voix narrative se reproduit, bien sûr, dans le traitement des discours. Dans les premières nouvelles, la distinction entre dialogue, monologue intérieur et discours indirect libre est généralement claire; dans celles de la deuxième période, elle l'est moins souvent. Assez paradoxalement, la voix qui interpellait le lecteur et s'associait aux personnages, qui cherchait à exposer, par la voie de la fiction, certains êtres réels (les lecteurs) à d'autres êtres réels (les personnages), finissait par maintenir l'écart entre les uns et les autres en les interpellant dans des lieux discursifs différents. La (con)fusion

---

28. Voir «Petite histoire d'une histoire à venir», *XYZ*, p. 16, et André MAJOR, cité dans S. ROBERT, «André Major, nouvelliste», *loc. cit.*, p. 7-8.

recherchée se réalisera dans les nouvelles de la deuxième période. Les exemples abondent, mais nous nous bornerons à n'en citer qu'un ou deux pour l'illustration.

«L'homme reste là, l'air radieux. Antoine croit même le voir sourire, mais peut-on savoir? [...] Heureusement, pense Antoine, que j'ai mis mes pas dans les siens. Mais qu'est-ce qu'on apprend de quelqu'un qu'on suit[29]?» La perplexité d'Antoine («L'égarement») est partagée par le narrateur et les lecteurs. Non seulement on ne peut pas savoir qui pose(nt) les questions, mais on ne peut pas dire avec certitude qu'elles se posent uniquement au sujet de l'homme qui sourit ou que l'on suit. Il pourrait (aussi) s'agir d'Antoine, et on serait donc en présence d'un narrateur (et de lecteurs?) qui croit savoir ce que pense son héros (mais n'est pas sûr), et qui «suit» Antoine sans savoir si cela lui apportera quelque chose. Le narrateur se révèle, donc, dans une position analogue à celle des personnages... et des lecteurs[30].

De même, dans le passage suivant de «La stratégie de la surprise», nous lisons: «Il baissa le volume de la radio au beau milieu d'un quator [sic] de Brahms, lui raconta un peu précipitamment la visite que ses parents lui avaient faite la veille et lui demanda, sans transition, quel était le chemin le plus court pour se rendre chez elle[31].» De qui est ce «au beau milieu?» Est-ce de la même voix qui prononce le «sans transition» qui vient un peu plus loin? Le fait que l'ensemble du passage est un résumé, typique du mode de la représentation/ narration, et que le «sans transition» est objectif et neutre, suggère que c'est le narrateur hétérodié-gétique qui «parle». Est-ce qu'il se serait donc permis un jugement de valeur, avec ce «au beau milieu» indiscret? Nous ne le croyons pas. Ce serait plutôt une pensée du personnage, affleurant dans le récit du narrateur avec la même inconséquence qu'elle affleure dans l'esprit du personnage quelque peu ébranlé par ses retrou-vailles avec cette ancienne connaissance qu'il reconduit chez elle. La technique est très fine, très subtile, et oriente notre appréciation de la scène et du personnage, dont le désarroi rend tout à fait crédible l'inconséquence mentale, et vice versa.

Une discussion, même brève, des voix narratives, ne saurait passer sous silence la question des temps verbaux employés pour la narration. Si l'auteur s'est permis un certain nombre d'«audaces» au cours de sa carrière (par exemple, aucune des nouvelles de *La chair de poule* n'est racontée au passé simple, ce qui était sans doute une autre façon d'insister sur la réalité et l'actualité des conditions et des vies qu'il décrivait[32]), il a pour la plupart respecté les conventions en ce qui

---

29. «L'égarement», *FE*, p. 114-115.

30. C'est aussi la position du nouvelliste Major, qui dit ne jamais savoir où ses personnages vont le conduire (André MAJOR, cité dans S. ROBERT, «André Major, nouvelliste», *loc. cit.*, p. 4-5).

31. «La stratégie de la surprise», *NM*, p. 224-225.

32. La mention, à la fin de chaque nouvelle, des dates de rédaction du texte (toutes ont été écrites entre novembre 1963 et décembre 1964), sert elle aussi de rappel de l'actualité.

concerne l'emploi des temps dits «littéraires» et des temps «ordinaires». Aussi nous ne proposons pas de passer en revue tous les emplois qu'il en fait, nous contentant de signaler quelques-unes des constantes et des variantes qui nous semblent les plus significatives.

La plupart des nouvelles de la première période sont assez conventionnelles à cet égard, mais cela n'est pas toujours apparent à première vue, car sur la structure temporelle de base, se greffent les interventions (au présent) du narrateur. On ne perd jamais le fil, car il y a quand même continuité thématique et stylistique (sinon temporelle), mais les textes ne tendent pas aussi nettement vers leur fin, ne semblent pas aussi dépouillés que les nouvelles de la maturité qui, elles, sont généralement racontées au passé simple (avec quelques exceptions notables).

Employé comme temps de la narration, le présent chez Major peut signaler l'intensité, l'urgence («Rafales») ou bien l'émotion forte qui abolit la distance entre le passé et le présent («L'île du silence»). Il peut encore marquer une halte annonciatrice du changement, un lieu atemporel où un choix se fait. Installant le récit dans le non-continu, il suspend en quelque sorte le temps, consacrant la rupture avec le passé et soulignant l'incertitude et l'impression de discontinuité auxquelles donne lieu le changement («Une victoire plus grande»). Utilisé en conjonction avec l'imparfait de narration, le présent «narratif» contribue aussi à la caractérisation des personnages, distinguant ceux qui se tournent vers l'avenir de ceux qui sont hantés par leur passé. La disjonction temporelle reproduit éloquemment la divergence non pas de leurs attentes, mais de leurs destins («Ceux qui attendent»).

Temps du non-fini, de l'incomplet, de la persistance du passé, l'imparfait dans l'univers de Major n'est pas le temps de la description du récit conventionnel, mais le temps de l'existence[33]. C'est le temps de la durée, de l'hésitation (voir, par exemple, le jeu entre l'imparfait et le perfectif dans «Hiverner?»), de l'attente («La rage au cœur»: l'imparfait est le temps de ceux qui attendent, le passé simple celui de ceux qui font attendre), de la répétition et de l'imperfection (*passim*).

Il est également le temps de la distanciation, en ce sens qu'il «nous décale de ce que nous regardons[34]». En ce sens aussi, c'est un temps bien adapté aux personnages de Major, le plus souvent des marginalisés (temporaires ou permanents), spectateurs de la vie qui espèrent y participer mais la craignent en même temps. Enfin, l'imparfait est aussi le temps de l'écrivain (réel ou fictif) et du narrateur, de celui qui se tient un peu de côté afin de pouvoir mieux observer la réalité.

---

33. Sur le rôle de l'imparfait chez Major, voir Gabrielle POULIN, «*Histoires de déserteurs* d'André Major: les trois volets du miroir», *Lettres québécoises*, nº 7, août-septembre 1977, p. 6-8.

34. Jean POUILLON, *Temps et roman*, Paris, Gallimard NRF, 1946, p. 161.

Les pouvoirs d'observation de Major sont d'ailleurs bien développés. Mais il est moins question chez lui de tout voir que de bien voir, de reconnaître, de rendre et de savoir utiliser le détail vrai qui convainc, qui commande notre adhésion, dans lequel nous reconnaissons la réalité. En effet, on perçoit la réalité par bribes (ou «flashes» comme les appelle Major[35]) et on n'en a jamais une vision cohérente et globale. La signification de ces bribes, dans les nouvelles comme dans la vie, n'est jamais expliquée, leur sens étant fonction à la fois de la justesse des mots employés pour les rendre et de leur contexte, c'est-à-dire de l'effet conjugué du dit et du non-dit.

Dans la première période, cette réalité fragmentée est souvent celle de la collectivité, que quelques traits bien choisis suffisent à évoquer: l'odeur des ruelles, le spectacle de la rue le dimanche ou le jour de paie, les bruits, des bribes de conversation, le snack-bar du coin, la nourriture grasse et lourde... Dans la deuxième période, l'auteur multiplie les références à la réalité urbaine et à la société de consommation, mais dans une perspective différente. Les objets, les phénomènes et les détails évoqués n'accusent plus: ils ne font que constater. Le choix et l'intégration de ces éléments n'a rien d'arbitraire: ils donnent de la consistance aux récits, les dotent de cette plausibilité inquiétante et familière qui fait que le lecteur s'y reconnaît, s'y glisse...

Car la plausibilité est encore plus une affaire de banalité que de minutie. L'existence humaine n'est pas cohérente, et ses moments forts sont rarement «purs» ou poétiques: «Il voulut dire quelque chose, mais il se réfugia derrière la fumée de sa pipe, furieux contre Satie, contre lui-même surtout et ce maudit chandail à col roulé dont la laine lui piquait la peau[36].» Dans «Un cas douteux», l'un des deux détectives qui abordent le «héros» juste avant son arrestation a de la sauce à spaghetti au coin des lèvres[37]: c'est le genre de détail sans importance que l'on remarque lorsqu'on est perturbé ou énervé. Et c'est cette bribe de comportement humain typique que nous reconnaissons et qui nous engage, et non le fait qu'il y ait de la sauce à spaghetti au coin des lèvres du détective. Nous nous identifions au personnage, parce que cette observation ne pourrait venir que de lui et nous partageons ainsi plus vivement son anxiété, ses émotions, son sentiment d'être pris dans l'inéluctable. L'introduction dans cette situation tendue d'un détail insignifiant contribue à en rehausser la tension, le petit détail banal soulignant l'énormité de l'irruption désormais inévitable de l'excessif dans le quotidien.

---

35. André MAJOR, cité dans J. PELLETIER, A. VANASSE et H.-P. JACQUES, «L'écriture, ultime recours...», *loc. cit.*, p. 18. Après avoir terminé *Histoires de déserteurs*, raconte Major, «[...] je me suis davantage tourné vers le présent, vers ce qui m'entoure, et que je perçois par flashes, d'où ma préférence pour la nouvelle, le texte bref, concis, ramassé».

36. *HC*, p. 80-81.

37. «Un cas douteux», *FP*, p. 127.

* * *

Nous voulions dans ce bref survol des nouvelles d'André Major suggérer les grandes lignes de leur évolution et en dégager les caractéristiques[38]. Il est clair que, dès le début, Major possédait des qualités indispensables au nouvelliste, notamment le sens du mot juste et du détail évocateur, une sensibilité aux composantes rhétoriques de la tension textuelle et une appréciation des possibilités de manipulation des temps verbaux et des modes narratifs. La nouvelle de la maturité a confirmé sa maîtrise de la langue et de la technique, et ne cesse d'évoluer et d'acquérir un pouvoir de résonance et de suggestion d'autant plus grand que la prose est «nette et sèche[39]». L'évolution correspondante dans le traitement des grands thèmes du corpus majorien a également été dans le sens d'un dépouillement «externe» d'une part, et d'un approfondissement «interne», d'autre part.

La saisie éloquente mais austère de la réalité que construisent les trames thématiques, narratives et discursives de la nouvelle n'est autre chose qu'un «flash» de perception, partiel, sans doute, comme les bribes de la réalité intégrées au texte lui-même, mais aussi riche en échos de l'expérience humaine. Les nouvelles de la maturité sont mémorables pour leur atmosphère et leur densité. L'auteur peut bien se dire que, comme l'auteur d'*Un cœur simple*, il a su «extraire de la banalité de l'existence non pas son sens mais son essence la plus pure[40]».

---

38. Les contraintes d'espace rendent impossible l'étude d'autres éléments qui nous paraissent importants. Nous pensons en particulier aux titres, aux citations en exergue et aux dédicaces. Ils sont particulièrement importants dans la nouvelle, obligée à la brieveté et à l'ellipse, car ils aident à créer une certaine tension essentielle à la réalisation des effets du texte et, partant, à la pleine saisie de son sens. Ce sont donc à la fois des jalons pour la lecture des textes et des mailles dans un réseau intra- et intertextuel.

39. André MAJOR, «Journal d'un hypnotisé» (chronique), *Liberté*, n° 157, février 1985, p. 155: «Et quand l'envie d'écrire me reprend, c'est à cela que je pense en premier lieu: l'atmosphère et le ton. Je rêve d'un récit au présent et à la troisième personne, je rêve d'une prose nette et sèche. Je rêve, ne me réveillez pas.»

40. *HC*, p. 44.

BIBLIOGRAPHIE CHRONOLOGIQUE DE LA NOUVELLE AU QUÉBEC (1900-1985)

Josée Therrien
UNIVERSITÉ D'OTTAWA

Cette bibliographie comprend des titres d'œuvres de la littérature québécoise relevant de différents genres simples, principalement le conte et la nouvelle, mais aussi le récit court et la légende. On y retrouvera plusieurs références puisées dans la littérature de jeunesse. Les dernières pages comprennent une liste des anthologies publiées au cours de la période.

SANS DATE

ACHARD, Eugène, *Les contes de l'aigle d'or*, Montréal, Éditions Eugène Achard et Librairie générale canadienne, [s.d.], 79 p.

DANTIN, Louis [pseud. d'Eugène Seers], *L'invitée. Conte de Noël*, Montréal, L'Action canadienne-française, [s.d.], 16 p.

1900

BEAUGRAND, Honoré, *La chasse-galerie. Légendes canadiennes*, Montréal, [s.é.], 1900, 123 p.

CHOQUETTE, Ernest, *Carabinades*, préface par W.H. Drummond et postface par Nérée Beauchemin, Montréal, Déom frères éditeurs, 1900, IX-226 p.

FRÉCHETTE, Louis-Honoré, *La Noël au Canada. Contes et récits*, Toronto, George N. Norang, 1900, XIX-288 p.

1902

GUILHERMY, M., *Au hasard. Croquis canadiens*, Montréal, Librairie Granger, [1902?], 53 [2] p.

MADELEINE [pseud. d'Anne-Marie Gleason (Mme Wilfrid-A. Huguenin)], *Premier péché. Recueil de nouvelles et chroniques, suivi d'une pièce en 1 acte*, préface de Louis Lalande, Montréal, Imprimerie de «La Patrie», 1902, 162 p.

1906

BIBAUD, Adèle, *Le secret de la marquise. Un homme d'honneur* [suivi des *Poésies* de Michel Bibaud], Montréal, Imprimerie P.-H. Dalaire [*sic*], [1906], 128 p.

1907

LEMAY, Pamphile, *Contes vrais*, 2ᵉ édition revue et augmentée, Montréal, Librairie Beauchemin ltée, 1907, 551 p. [Édition originale en 1899].

1908

HUGOLIN, père [né Stanislas Lemay], *Au fond du verre. Histoires d'ivrognes*, Montréal, Maison du Tiers-Ordre, 1908, 39 [1] p.

1909

HUGOLIN, père [né Stanislas Lemay], *N'en buvons plus! Histoires de tempérance*, Montréal, Librairie Beauchemin ltée, 1909, 61 [1] p.
——, *S'ils avaient prévu! Scènes et récits de tempérance*, Montréal, Librairie Beauchemin ltée, 1909, 130 [1] p.

1910

FILIATREAUT, A., *Contes, anecdotes et récits canadiens*, Montréal, I. Filiatreaut éditeur, 1910, 48 p.
SULTE, Benjamin [pseud.: Joseph Amusart], *Historiettes et fantaisies*, Montréal, A.-P. Pigeon, 1910, 96 p.

1911

DOUCET, Louis-Joseph, *Contes du vieux temps. Ça et là*, [précédés d'une lettre de l'auteur à sir Lomer Gouin], Montréal, J.-G. Yon éditeur, 1911, 142 [2] p.

1912

BIBAUD, Adèle, *Lionel Duvernoy*, Montréal, [s.é.], 1912, 83 p.
GÉRENVAL, Louis, *Entre l'amour et le devoir*, Montréal, Imprimerie Bilaudeau, 1912, 32 p.

GIRARD, Rodolphe, *Contes de chez nous*, Montréal, [s.é.], 1912, 242 [1] p.

MADELEINE [pseud. d'Anne-Marie Gleason (Mme Wilfrid-A. Huguenin)], *Le long du chemin*, préface d'Édouard Montpetit, [Montréal], Imprimerie de «La Patrie», [1912], 248 p.

TACHÉ, Joseph-Charles, *Trois légendes de mon pays ou l'Évangile ignoré, l'Évangile prêché, l'Évangile accepté*, Montréal, Librairie Beauchemin, 1912, 140 p. (Bibliothèque canadienne, coll. «Dollard»).

1913

HUGOLIN, père [né Stanislas Lemay], *Les vacances du jeune tempérant*, Montréal, Librairie Beauchemin ltée, 1913, 140 p. (Bibliothèque canadienne, coll. «Dollard»).

MASSICOTTE, Édouard-Zotique, *Conteurs canadiens-français*, vol. 1, avec notices biographiques, portraits dessinés par Edmond J. Massicotte, Montréal, Librairie Beauchemin ltée, 1913, 141 p. (Bibliothèque canadienne, coll. «Dollard»).

——, *Conteurs canadiens-français*, vol. 2, avec notices biographiques, portraits dessinés par Edmond J. Massicotte, Montréal, Librairie Beauchemin ltée, 1913, 140 p. (Bibliothèque canadienne, coll. «Dollard»).

——, *Conteurs canadiens-français*, vol. 3, avec notices biographiques, portraits dessinés par Edmond J. Massicotte, Montréal, Librairie Beauchemin ltée, 1913, 140 p. (Bibliothèque canadienne, coll. «Dollard»).

1915

LACERTE, Mme Alcide [née Emma-Adèle Bourgeois], *Contes et légendes*, Ottawa, Imprimerie Beauregard, 1915, 99 p.

1916

La Croix du chemin. Premier concours littéraire de la Société Saint-Jean-Baptiste de Montréal, Montréal, [Société Saint-Jean-Baptiste de Montréal], 1916, 156 [2] p. [Textes de Jean-Victor CARTIER, Fernande CHOQUETTE, Sylva CLAPIN, Germaine CORDON, Albert CORNELLIER, Jos-H. COURTEAU, Léo-Paul DESROSIERS, Viateur FARLY, Joseph-Moïse LEBLANC, frère MARIE-VICTORIN, Lionel MONTAL, Damase POTVIN, Antonin-E. PROULX, Marie-Antoinette TARDIF].

GROULX, Lionel, *Les rapaillages (vieilles choses, vieilles gens)*, Montréal, «Le Devoir», 1916, 159 [1] p.

——— , *Les rapaillages (vieilles choses, vieilles gens)*, [Montréal], Bibliothèque de l'Action française, 1916, 141 p.

1917

BOUCHARD, Georges, *Premières semailles*, préface de Camille Roy, Québec, Imprimerie de l'Action sociale ltée, 1917, 96 p.

La corvée. Deuxième concours littéraire de la Société Saint-Jean-Baptiste de Montréal, [Montréal], [Société Saint-Jean-Baptiste de Montréal], 1917, 239 [1] p. [Textes de frère MARIE-VICTORIN, Viateur FARLY, abbé Arsène GOYETTE, J.-H. COURTEAU, Germaine CORDON, Émile GAGNON, Thomas MIGNEAULT, Juliette DESROCHES, Angeline DEMERS, Adolphe NANTEL, J.-B. BOUSQUET, Damase POTVIN, Anne-Marie TURCOT, Sylva CLAPIN].

TACHÉ, Joseph-Charles, *Trois légendes de mon pays ou l'Évangile ignoré, l'Évangile prêché, l'Évangile accepté*, Montréal, Éditions Beauchemin et Valois, [1917], 122 p. (Bibliothèque canadienne). [Édition originale en 1912].

1918

DOUCET, Louis-Joseph, *Campagnards de la Noraye (d'après nature)*, Québec, Chez l'Auteur, 1918, 124 p.

——— , *Moïse Joessin (Les Rudes)*, Québec, Chez l'Auteur, 1918, 80 p.

Fleurs de lys. Troisième concours littéraire de la Société Saint-Jean-Baptiste de Montréal, [Montréal], [Société Saint-Jean-Baptiste de Montréal], 1918, 158 p. [Textes de Angéline DEMERS, Damase POTVIN, Sylva CLAPIN, Viateur FARLY, frère ÉLIE, frère ROBERT, Louis-Raoul de LORIMIER, frère RODOLPHE].

GILLES, frère [né Noël Gosselin], *Les choses qui s'en vont. Causettes canadiennes*, Montréal, Éditions de la Tempérance, 1918, 64 p.

JARRET, Andrée [pseud. de Cécile Beauregard], *Contes d'hier*, préface de M. M., Montréal, Daoust & Tremblay éditeurs, 1918, 157 [1] p.

LAMBERT, Adélard, *Rencontres et entretiens*, Montréal, [Imprimé au «Devoir»], 1918, 159 [1] p.

Les premiers coups d'ailes, Montréal, Les Clercs de Saint-Viateur, 1918, 251 p. [Textes de Paul-Émile LAVALLÉE, Viateur FARLY, Irénée LAVALLÉE, Léo-Paul DESROSIERS, Réginald SAVOIE, Joseph LAFORTUNE, Édouard JETTÉ, Omer VALOIS, Rosaire RACETTE, Athanase MÉNARD, Charlemagne VENNE, Victor DE L'ÉGLISE, Albert TROTTIER, Paul GAUDET, Gaston CAISSE, Louis-Charles SIMARD, Paul-E. MONARQUE].

1919

Au pays de l'érable. Quatrième concours littéraire de la Société Saint-Jean-Baptiste de Montréal, [Montréal], [Société Saint-Jean-Baptiste de Montréal], 1919, 194 p. [Textes de Yvette O.-GOUIN, Sylva CLAPIN, Marie-Rose TURCOT, frère ARSÈNE, frère ROBUSTIEN, J.-E. LARIVIÈRE, Eugène ACHARD, Camille PERRAS, Joseph COURTEAU, Joseph PATRY, Clara SAINT-ARNAUD, frère ÉLIE, frère SIMON].

Contes canadiens, illustrés par Henri Julien, Montréal, Librairie Beauchemin ltée, [1919], 93 p. [Textes de Henri JULIEN, Paul STEVENS, Honoré BEAUGRAND, Louis-Honoré FRÉCHETTE].

LE NORMAND, Michelle [pseud. de Marie-Antoinette Tardif], *Couleur du temps*, Montréal, Éditions du «Devoir», 1919, 142 p.

1920

CHOUINARD, Ernest, *Croquis et marines (Scènes, types et tableaux)*, Québec, Imprimerie «Le Soleil», 1920, 224 [1] p.

TURCOT, Marie-Rose, *L'homme du jour*, nouvelles, Montréal, Librairie Beauchemin ltée, 1920, 206 p.

1921

ACHARD, Eugène, *Aux quatre coins des routes canadiennes*, Montréal, Librairie générale canadienne, 1921, 126 p.

DOUCET, Louis-Joseph, *Contes rustiques et poèmes quotidiens*, Montréal, J.-G. Yon éditeur, 1921, 94 p.

GRIGNON, Joseph-Jérôme, *Le vieux temps*, Saint-Jérôme, Librairie Prévost, 1921, 80 [1] p.

1922

DESROSIERS, Léo-Paul, *Âmes et paysages*, Montréal, Éditions du «Devoir», 1922, 183 [2] p.

TACHÉ, Joseph-Charles, *Trois légendes de mon pays ou l'Évangile ignoré, l'Évangile prêché, l'Évangile accepté*, Montréal, Librairie Beauchemin, 1922, 140 p. (Bibliothèque canadienne, coll. «Dollard»). [Édition originale en 1912].

1924

GAILLARD DE CHAMPRIS, Henry, *Les héroïques et les tristes. Nouvelles*, Québec, Éditions du «Soleil», 1924, 251 [1] p.

MADELEINE [pseud. d'Anne-Marie Gleason (Mme Wilfrid-A. Huguenin)], *Le meilleur de soi*, Montréal, Éditions de «La Revue moderne», 1924, 166 [3] p.

MONTREUIL, Gaëtane de [pseud. de Georgina Bélanger], *Cœur de rose et fleur de sang. Recueil de contes et nouvelles*, Québec, [s.é.], 1924, 194 [1] p.

TURCOT, Marie-Rose, *L'homme du jour*, Montréal, Librairie Beauchemin, 1924, 123 [1] p. (Bibliothèque canadienne, coll. «Laval»). [Édition originale en 1920].

1925

ACHARD, Eugène, *Aux bords du Richelieu. Nouvelles*, préface de L.-O. David, Montréal, Librairie Beauchemin, 1925, 288 p.

BIBAUD, Adèle, *L'homme qui pense. Conte de Noël*, [Montréal], Chez l'Auteure, 1925, 16 p.

COUËT, Yvonne, *De ci, de ça..., Nouvelles*, [Lévis], [s.é.], 1925, 162 p.

DOUCET, Louis-Joseph, *En regardant passer la vie. Vers et proses*, Montréal, Éditions de la Tour de Pierre [Maison J.-G. Yon], 1925, 160 p.

MARTIGNY, Paul [Lemoyne] de, *Mémoires d'un reporter*, Montréal, L'Imprimerie modèle, [1925], 188 [1] p.

SULTE, Benjamin [pseud.: Joseph Amusart], *Des contes...*, recueillis et publiés par Gérard Malchelosse, Montréal, G. Ducharme, 1925, 124 [1] p.

——, *Mélanges littéraires*, vol. 1: *Historiettes*, recueillies et publiées par Gérard Malchelosse, Montréal, G. Ducharme, 1925, 125 p.

1926

ACHARD, Eugène, *La fin d'un traître. Épisode de la révolte de 1837*, Montréal, Bibliothèque de l'Action française, 1926, 60 p.

BASTIEN, Mme Conrad, *Les contes merveilleux*, Montréal, Librairie Beauchemin ltée, 1926, 124 p. (Bibliothèque canadienne, coll. «Dollard»).

——, *Pages de vie*, nouvelles, Montréal, Librairie Beauchemin ltée, 1926, 119 [1] p. (Bibliothèque canadienne, coll. «Dollard»).

BOUCHARD, Georges, *Premières semailles*, préface de Camille Roy, 3e édition, Montréal, Librairie Beauchemin, 1926, 105 p. [Édition originale en 1917].

DAVELUY, Marie-Claire, *Le filleul du roi Grolo*, suivi de *La médaille de la vierge*, Montréal, Bibliothèque de l'Action française, 1926, 295 [1] p.

RAÎCHE, Joseph-Fidèle, *Au creux des sillons. Contes et nouvelles*, Montréal, Éditions Édouard Garand, [1926], 58 [1] p.

SULTE, Benjamin [pseud.: Joseph Amusart], *Mélanges littéraires*, vol. 2, recueillis et publiés par Gérard Malchelosse, Montréal, G. Ducharme, 1926, 95 p.

1927

BERNARD, Harry, *La dame blanche*, Montréal, Bibliothèque de l'Action française, 1927, 222 [1] p.

POTVIN, Damase, *Sur la grand'route. Nouvelles, contes et croquis*, Québec, [Imprimé par Ernest Tremblay], 1927, 215 [1] p.

SAINT-PIERRE, Arthur, *Des nouvelles. «Le mendiant fleuri», «L'esprit est prompt...»*, *«Vouloirs futiles»*, Montréal, Éditions de la Bibliothèque canadienne enrg., 1927, 185 [1] p.

1928

COUËT, Yvonne, *L'oncle Tom raconte*, Saint-Henri de Lévis, [s.é.], 1928, 80 [1] p.

GODIN, Raymond, *À fleur de peau*, Montréal, Éditions Édouard Garand, 1928, 112 p.

MARJOLAINE [pseud. de Justa Leclerc], *Gerbes d'automne*, Montréal, Librairie Beauchemin ltée, 1928, 122 p. (Bibliothèque canadienne, coll. «Laval»).

MASSICOTTE, Édouard-Zotique, *Anecdotes canadiennes illustrées*, Montréal, Librairie Beauchemin ltée, 1928, 125 p. (Bibliothèque canadienne, coll. «Laval»).

MAXINE [pseud. de Marie-Caroline-Alexandra Bouchette (Mme Alexandre Taschereau-Fortier)], *Fées de la terre canadienne*, Montréal, Librairie d'Action canadienne-française, 1928, 144 p.

MORIN, Françoise, *Contes pour la jeunesse*, [préface de sœur Sainte-Anne-Marie, c.n.d.], Montréal, Éditions Édouard Garand, [1928], 100 [1] p.

TURCOT, Marie-Rose, *Le carrousel*, Montréal, Librairie Beauchemin ltée, 1928, 120 [1] p. (Bibliothèque canadienne, coll. «Laval»).

1929

BOUTET, Mme Antoine, *À travers mes souvenirs*, Montréal, Thérien frères ltée, 1929, 158 p.

HARVEY, Jean-Charles, *L'homme qui va..., Contes et nouvelles*, [Québec], [Imprimerie «Le Soleil»], 1929, 213 [1] p.

RAÎCHE, Joseph-Fidèle, *Les dépaysés. Contes et nouvelles*, Montréal, Éditions Édouard Garand, [1929], 94 [1] p.

RAÎCHE, Joseph-Fidèle, *Les frelons nacrés*, [introduction de A.-J. Roche], [Rimouski], Imprimerie générale de la Rimouski ltée, 1929, 94 [1] p.

1930

DANTIN, Louis [pseud. d'Eugène Seers], *La vie en rêve*, Montréal, Librairie d'Action canadienne-française, 1930, 266 [1] p.

FAUCHER DE SAINT-MAURICE, Narcisse-Henri-Edmond, *Contes et récits (À la brunante; À la veillée)*, vol. 1, illustrations de Y. Farcy, Tours et Montréal, Maison Alfred Mame et fils et Granger frères ltée, 1930, 168 p. («Collection canadienne», série 544). [Édition originale en 1874].

——, *Contes et récits (À la brunante; À la veillée)*, vol. 2, illustrations de Y. Farcy, Tours et Montréal, Maison Alfred Mame et fils et Granger frères ltée, 1930, 163 p. («Collection canadienne», série 544). [Édition originale en 1874].

——, *Contes et récits (À la brunante; À la veillée)*, vol. 3, illustrations de Y. Farcy, Tours et Montréal, Maison Alfred Mame et fils et Granger frères ltée, 1930, 168 p. («Collection canadienne», série 544). [Édition originale en 1874].

GLASSCO, John, *Contes en crinoline*, Paris, Gaucher, 1930.

GRIGNON, Edmond [pseud.: Vieux Doc], *En guettant les ours. Mémoires d'un médecin des Laurentides*, Montréal, Éditions Édouard Garand, 1930, 238 [1] p.

MASSÉ, Oscar, *Massé... doine*, Montréal, Librairie Beauchemin ltée, 1930, 124 p. (Bibliothèque canadienne, coll. «Laval»).

ROULEAU, C.-E., *Légendes canadiennes*, illustrations de Goichon, Montréal et Tours, Granger frères ltée et Maison Mame et frères, 1930, 135 p. («Collection canadienne», série 524).

1931

LACERTE, Mme Alcide [née Emma-Adèle Bourgeois], *La Reine de Nainville*, [suivi d'autres contes], préface de l'auteure, Montréal, Éditions Beauchemin, 1931, 91 [1] p. (Bibliothèque canadienne, coll. «Dollard»).

LAMONTAGNE [-Beauregard], Blanche, *Au fond des bois. Récits en prose*, Montréal, [Imprimé au «Devoir»], 1931, 166 [1] p.

MARJOLAINE [pseud. de Justa Leclerc], *En veillant*, Montréal, Librairie d'Action canadienne-française, 1931, 157 [1] p.

POTVIN, Damase, *... Plaisant pays de Saguenay*, Québec, [Imprimé par Ernest Tremblay], 1931, 196 [1] p.

1932

ACHARD, Eugène, *L'érable enchanté. Récits et légendes*, Montréal, Éditions Albert Lévesque et Librairie d'Action canadienne-française ltée, 1932, 171 p.

D'AUTEUIL, Marie-Louise, *Mémoires d'une souris canadienne*, Montréal, Éditions Albert Lévesque, 1932, 177 p.

——, *Le serment de Jacques* [suivi de *Les aventures de Rouletabosse*], Montréal, Éditions Albert Lévesque, 1932, 174 p.

ÉMARD, Joseph-Médard, *Après un concours*, Notre-Dame de Lévis, [s.é.], 1932, 102 p.

FADETTE [pseud. d'Henriette Dessaules (Mme Maurice Saint-Jacques)], *Les contes de la lune*, Montréal, Thérien frères ltée, 1932, 142 [1] p.

GAUDET-SMET, Françoise, *Discours d'enfants*, Montréal, Éditions Albert Lévesque, 1932, 156 p.

GRÉGOIRE-COUPAL, Marie-Antoinette, *Le sanglot sous les rires*, Montréal, Éditions Albert Lévesque, 1932, 175 p.

GRIGNON, Edmond [pseud.: Vieux Doc], *Quarante ans sur le bout du banc. Souvenirs joyeux d'un juge de paix des Laurentides*, Montréal, Librairie Beauchemin ltée, 1932, 243 p.

HAINS, Édouard, *Amour! quand tu nous tiens...*, *Contes et récits*, préface d'Alfred Des Rochers, Granby, [s.é.], 1932, 180 [1] p.

LACERTE, Mme Alcide [née Emma-Adèle Bourgeois], *À la poursuite d'un chapeau*, suivi d'autres contes, Montréal, Éditions Beauchemin, 1932, 90 [1] p. (Bibliothèque canadienne, coll. «Dollard»).

——, *Aux douze coups de minuit*, suivi d'autres contes, Montréal, Éditions Beauchemin, 1932, 94 [1] p. (Bibliothèque canadienne, coll. «Dollard»).

——, *Perdue dans la jungle*, suivi d'autres contes, Montréal, Éditions Beauchemin, 1932, 94 [1] p. (Bibliothèque canadienne, coll. «Dollard»).

LA FERRIÈRE, Philippe, *La rue des Forges*, Montréal, Éditions Albert Lévesque, 1932, 172 [1] p.

POTVIN, Damase, *Contes et croquis de la campagne canadienne*, Paris, Tournai, Éditions Casterman, 1932, 126 [1] p. («Bibliothèque de l'écolier studieux»).

TURCOT, Marie-Rose, *Stéphane Dugré*, Montréal, Éditions Beauchemin, 1932, 182 [1] p. (Bibliothèque canadienne, coll. «Maisonneuve»).

1933

BOUTET, Mme Antoine, *La canne d'ivoire*, Hull, «Le Progrès de Hull» ltée, 1933, 156 p.

FADETTE [pseud. d'Henriette Dessaules (Mme Maurice Saint-Jacques)], *Il était une fois...*, [Montréal], [Imprimerie populaire ltée], [1933], 154 p.

LAMBERT, Adélard, *Propos d'un castor ou Entretiens du père Jean Nault*, [Drum-mondville], [s.é.], 1933, 32 p. (Fascicule, 1).

MAXINE [pseud. de Marie-Caroline-Alexandra Bouchette (Mme Alexandre Tasche-reau-Fortier)], *La fée des castors*, Montréal, Éditions Albert Lévesque, 1933, 129 [1] p. (coll. «Contes et récits canadiens»).

——, *L'ogre du Niagara*, Montréal, Éditions Albert Lévesque, 1933, 110 [1] p. (coll. «Contes et récits canadiens»).

1934

ACHARD, Eugène, *Au temps des Indiens rouges. Récits et légendes*, Montréal, Librairie générale canadienne, [1934], 126 p.

GRIGNON, Claude-Henri, *Le déserteur et autres récits de la terre*, Montréal, Édi-tions du Vieux Chêne, 1934, 219 [1] p.

LE FRANC, Marie, *Visages de Montréal*, Montréal, Éditions du Zodiaque, Librairie Déom frères, [1934], 236 [1] p. (coll. «Zodiaque», 35).

1935

BERNARD, Harry, *Montcalm se fâche*, Montréal, Éditions Albert Lévesque, 1935, 149 p. (coll. «Romans historiques»).

GERMAIN, Victorin, *Les récits de la crèche. Contes et nouvelles*, Québec, Chez l'Auteur, 1935, 202 p.

HARVEY, Jean-Charles, *Sébastien Pierre*, nouvelles, Lévis, Éditions du «Quoti-dien», [1935], 225 [1] p.

LACERTE, Mme Alcide [née Emma-Adèle Bourgeois], *Le vieux lion Rex*, suivi d'autres contes, Montréal, Éditions Beauchemin, 1935, 79 [1] p. (Bibliothè-que canadienne, coll. «Dollard»).

MASSÉ, Oscar, *À vau-le-nordet*, Montréal, Librairie Beauchemin ltée, 1935, 196 [1] p.

PELLETIER, Jeanne-Marthe [pseud.: Ariane], *Contes d'autrefois... et d'aujourd'hui*, Rivière-du-Loup, Chez l'Auteure, [1935], 126 [1] p.

1936

DANTIN, Louis [pseud. d'Eugène Seers], *Contes de Noël*, Montréal, Éditions Albert Lévesque, 1936, 116 [1] p. (coll. «Contes et récits»).

DAVELUY, Marie-Claire, *Sur les ailes de l'Oiseau bleu. L'envolée féerique*, Mont-réal, Éditions Albert Lévesque, 1936, 203 [2] p. (coll. «Œuvres de Marie-Claire Daveluy»).

—, *Une révolte au pays des fées*, Montréal, Éditions Albert Lévesque, 1936, 166 [2] p. (coll. «Œuvres de Marie-Claire Daveluy»).

DESROSIERS, Léo-Paul, *Le Livre des mystères*, Montréal, Éditions du «Devoir», 1936, 175 [1] p.

FAUCHER DE SAINT-MAURICE, Narcisse-Henri-Edmond, *À la brunante; À la veillée*, 3 vol., Tours, Maison Alfred Mame, [1936].

LABERGE, Albert, *Quand chantait la cigale*, Montréal, Édition privée, 1936, 109 p.

—, *Visages de vie et de mort*, [Montréal], Édition privée, 1936, 285 [1] p.

LEMYRE, Oscar, *Au pays des rêves*, Montréal, Librairie Beauchemin, 1936, 97 [1] p.

1938

BUGNET, Georges, *Les voix de la solitude*, Montréal, Éditions du Totem, 1938, 145 p.

1939

LASNIER, Rina, *Féerie indienne: Kateri Tekakwitha*, Saint-Jean (Québec), Éditions du Richelieu, 1939, 71 p.

1940

ACHARD, Eugène, *L'érable enchanté. Récits et légendes*, Québec et Montréal, Librairie de l'Action catholique et Librairie générale canadienne, 1940, 126 p. [Édition originale en 1932].

HERTEL, François [pseud. de Rodolphe Dubé], *Mondes chimériques*, Montréal, Éditions Bernard Valiquette, [1940], 150 [2] p.

LARKIN, Sarah, *Dimo et autres histoires de bêtes*, [introduction de l'abbé Albert Tessier], [Trois-Rivières], Éditions du Bien public, [1940], 109 [2] p.

MARCHAND, Clément, *Courriers des villages*, Trois-Rivières, Éditions du Bien public, 1940, [9]-214 p.

PANNETON, Auguste [pseud.: Sylvain], *Dans le bois*, [Trois-Rivières], Éditions trifluviennes, 1940, 178 [1] p.

1941

ACHARD, Eugène, *La fin d'un traître. Épisode de la révolte de 1837*, Montréal, Librairie générale canadienne, 1941, 60 p. [Édition originale en 1926].

———, *Les contes du Saint-Laurent. Récits et légendes*, Montréal et Québec, Librairie générale canadienne et Librairie de l'Action catholique, [1941], 124 [1] p.

LE NORMAND, Michelle [pseud. de Marie-Antoinette Tardif], *La maison aux phlox*, [Montréal], [Imprimerie populaire], [1941], 212 [2] p.

MARCHAND, Clément, *Courriers des villages*, Trois-Rivières, Éditions du Bien public, 1941, 214 p.

1942

ACHARD, Eugène, *Ce que raconte le vent du soir*, Montréal, Librairie générale canadienne, [1942], 126 p.

———, *Les contes de l'oiseau bleu*, Montréal, Librairie générale canadienne, [1942], 162 p.

———, *Les contes de la forêt canadienne*, Montréal et Québec, Librairie générale canadienne et Librairie de l'Action catholique, [1942], 126 [1] p.

CHABOT, Cécile, *Légende mystique*, Montréal, La Société des écrivains canadiens, 1942, [9]-43 p.

DESMARCHAIS, Rex, *Bête de proie. Conte philosophique*, Montréal, Les Éditions d'Art, 1942, 47 p.

GUÈVREMONT, Germaine [née Grignon], *En pleine terre. Paysanneries. Trois contes*, Montréal, Éditions Paysana ltée, [1942], 159 p.

LABERGE, Albert, *La fin du voyage*, Montréal, Édition privée, 1942, 411 [1] p.

———, *Scènes de chaque jour*, Montréal, Édition privée, 1942, 270 p.

LARIVIÈRE, Jules, *Les contes de la nature*, lettre-préface de L.-A. Richard, Montréal, Éditions Bernard Valiquette, [1942], 198 [1] p.

LA ROQUE, Robert [pseud.: Robert de Roquebrune], *Contes du soir et de la nuit*, Montréal, Éditions Bernard Valiquette, [1942], 150 [1] p.

POTVIN, Damase, *Un ancien contait...*, préface d'Henri Pourrat, Québec, Éditions du Terroir, 1942, xvi, 172 p.

1943

ACHARD, Eugène, *Les aventures du frère Renard* [d'après saint François d'Assise et La Fontaine], Montréal, Librairie générale canadienne, [1943], 80 p.

———, *Les contes de la claire fontaine*, Montréal, Librairie générale canadienne, [1943], 127 p.

BEAUPRAY, Charles-Henri [pseud. de Charles-Henri Beaupré], *Contes d'aujourd'hui*, Québec, Éditions de l'Action catholique, [1943], 218 [1] p.

BRUNET, Berthelot, *Le mariage blanc d'Armandine. Contes*, Montréal, Éditions de l'Arbre, [1943], 211 [1] p.

CHABOT, Cécile, *Imagerie. Conte de Noël*, avec dessins de l'auteur, Montréal, Fides, 1943, 67 p.

FRÉCHETTE, Louis-Honoré, *Originaux et détraqués, douze types québecquois*, Montréal, Librairie Beauchemin ltée, 1943, 350 [2] p. [Édition originale en 1892].

LECLERC, Félix, *Adagio. Contes*, Montréal, Fides, 1943, 204 [1] p.

MARJOLAINE [pseud. de Justa Leclerc], *Au coin du feu*, Montréal, Librairie Granger frères ltée, 1943, 96 p. (coll. «Bibliothèque de la jeunesse canadienne»).

———, *Contes de grand-père*, Montréal, Librairie Granger frères ltée, [1943], 93 p.

PRÉVOST, Arthur, *Les contes de Sorel*, Sorel, Éditions Princeps, 1943, 201 p.

PRONOVOST, Louis, *Sous le signe de l'eau potable*, Montréal, Éditions Variétés, 1943, 30 p. (coll. «Récits et légendes»).

1944

CHABOT, Cécile, *Paysannerie*, conte des Rois, dessins de l'auteure, Montréal, Fides, 1944, 70 p.

HERTEL, François [pseud. de Rodolphe Dubé], *Mondes chimériques*, Montréal, Société des Éditions Pascal, 1944, 147 p.

———, *Anatole Laplante, curieux homme*, récits, Montréal, Éditions de l'Arbre, 1944, 163 p.

LECLERC, Félix, *Adagio. Contes*, Montréal, Fides, 1944, 196 p.

———, *Allegro. Fables*, Montréal, Fides, 1944, 195 [1]p.

RIVARD, Adjutor, *Contes et propos divers*, Québec, Librairie Garneau ltée, 1944, 246 p.

THÉRIAULT, Yves, *Contes pour un homme seul*, Montréal, Éditions de l'Arbre, [1944], 195 [1] p.

1945

AUBRY, Claude, *Miroirs déformants*, Montréal, Fides, 1945, 207 p.

BENOIT, Réal, *Nézon*, contes illustrés par Jacques de Tonnancour, Montréal, Lucien Parizeau et cie, 1945, 129 [1] p.

BRÉVART, Gilbert, *Une mission d'Anthony Doughton*, Casablanca, Kaganski, 1945, 168 p.

FORTIN, Odette-Marie-des-Neiges, *Les plus beaux lauriers*, Desbiens, Éditions du Phare, 1945, 66 p.

GRANDBOIS, Alain, *Avant le chaos*, Montréal, Éditions Modernes ltées, [1945], [13]-201 p.

GRANDBOIS, Madeleine, *Maria de l'Hospice*, Montréal, Lucien Parizeau et cie, 1945, 170 [1] p.

HARPE, Charles-Eugène, *Les croix de chair. Chroniques sanatoriales*, Montmagny, Éditions Marquis ltée, [1945], 194 [1] p.

MAILLET, Andrée, *Ristontac*, Montréal, Lucien Parizeau et cie, 1945, 36 p.

MARTIGNY, Paul Lemoyne de, *La vie amoureuse de Jacques Labrie*, Montréal, Éditions Fernand Pilon, [1945], 205 [1] p.

MONTIGNY, Louvigny de, *Au pays de Québec. Contes et images*, Montréal, Société des Éditions Pascal, 1945, 325 [2] p.

1946

BOULIZON, Guy, *Féeries radiophoniques d'après «les Mille et une nuits»*, préface de Léopold Houlé, Montréal, Fides, 1946, 249 [2] p.

DAIGLE, Jeanne, *Caquets champêtres*, [Saint-Hyacinthe, Imprimerie Yamaska, 1946], 134 [1] p.

HARPE, Charles-Eugène, *Le jongleur aux étoiles*, préface de Roger Brien, Montmagny, Éditions Marquis ltée, [1946], 187 p.

LEGAULT, Rolland, *Le chien noir, légendes de chez nous. Histoires de chez nous*, Montréal, Éditions Lumen, Thérien frères ltée, [1946], 154 [1] p.

LLEWELLYN, Robert E., *La sagesse du Bonhomme*, Montréal, Fides, 1946, 171 p.

MALOUIN, Reine [née Voiselle], *Tâches obscures*, Québec, [s.é.], 1946, 161 [1] p.

PANNETON, Auguste [pseud.: Sylvain], *Dans le bois*, Montréal, Fides, 1946, 165 p. [Édition originale en 1940].

——, *Le long de la route*, lettre-préface d'Albert Tessier, [Montréal], Fides, 1946, 150 [2] p.

PANNETON, Philippe [pseud.: Ringuet], *L'héritage et autres contes*, Montréal, Éditions Variétés, Dussault et Péladeau, [1946], 180 [1] p.

POULIOT, Maria [pseud.: Charles Maurel], *Légendes légères*, Ottawa et Montréal, Éditions du Lévrier, [1946], 187 [1] p.

TACHÉ, Joseph-Charles, *Forestiers et voyageurs*, mœurs et légendes canadiennes, préface de Luc Lacourcière, Montréal, Fides, 1946, 230 p. («Collection du Nénuphar»). [Édition originale en 1884].

1947

ACHARD, Eugène, *Les pèlerins de la grande escarboucle*, Montréal, Librairie générale canadienne, [1947], 124 p.

BEAUREGARD, Marcel, *Le diable au bal*, Montréal, Éditions de l'Étoile, [1947], 124 p.

DEULIN, Charles, *Contes du roi Cambrinus*, préface d'Adrien Plouffe, Montréal, Éditions Lumen, Thérien frères ltée, [1947], 193 p.

LE FRANC, Marie, *Dans la tourmente. Nouvelles*, Issy-les-Moulineaux (Seine), La Fenêtre ouverte, [1947], 277 [2] p.

——, *Ô Canada! Terre de nos aïeux!*, nouvelles, Issy-les-Moulineaux (Seine), La Fenêtre ouverte, [1947], 277 [2] p.

LE NORMAND, Michelle [pseud. de Marie-Antoinette Tardif], *Enthousiasme. Nouvelles*, [Montréal], Éditions du «Devoir», [1947], 222 [1] p.

MARTIGNY, Paul Lemoyne de, *Les mémoires d'un garnement*, Ottawa et Montréal, Éditions du Lévrier, 1947, 205 p.

SAINT-GEORGES, Hervé de, *Contes canadiens*, Montréal, Éditions Fernand Pilon, 1947, 193 [2] p.

1948

GOYETTE, Euchariste [pseud.: Claude Genes], *Contes du charpentier Joseph*, Montréal, Fides, 1948, 98 [1] p.

GRÉGOIRE-COUPAL, Marie-Antoinette, *Le sanglot sous les rires*, Montréal, Fides, 1948, 127 p. [Édition originale en 1932].

Trois nouvelles, Montréal, Fides, 1948, 159 [1] p. [Textes de André BEAULAIR, Roselyne d'AVRANCHE, Paulette DAVELUY].

VIAU, Roger, *Contes en noir et en couleur*, Montréal, Éditions de l'Arbre, [1948], 259 [2] p.

1949

LECLERC, Félix, *Dialogues d'hommes et de bêtes*, Montréal, Fides, 1949, 217 p.

LEMELIN, Roger, *Fantaisies sur les péchés capitaux*, Montréal, Éditions Beauchemin, [1949], 188 [1] p.

LEMOINE, Wilfrid, *Les anges dans la ville*, suivi de *L'ange gardien, l'ange de la solitude*, Montréal, Éditions d'Orphée, 1949, 151 p.

RICHARD, Jean-Jules, *Ville rouge..., nouvelles*, Montréal, Éditions Tranquille, [1949], 283 [1] p.

1950

ACHARD, Eugène, *Une nuit de Pâques à Jérusalem*, Montréal, Librairie générale canadienne, [1950], 32 p.

GAUDET-SMET, Françoise, *Racines*, Montréal, Fides, 1950, 175 p.

HÉBERT, Anne, *Le torrent*, Montréal, Éditions Beauchemin, 1950, 171 [1] p.

HÉBERT, Jacques, *Aïcha l'Africaine. Petits contes d'Afrique (esquisses)*, Montréal et Paris, Fides, 1950, 150 [1] p. (coll. «Rêve et vie»).

LABERGE, Albert, *Le destin des hommes*, Montréal, Édition privée, 1950, 272 [1] p.

1951

ACHARD, Eugène, *Les contes de la forêt canadienne*, Montréal, Éditions Beauchemin, 1951, 127 p. [Édition originale en 1942].

LABERGE, Albert, *Fin de roman*, Édition privée, 1951, 268 [1] p.

O'NEIL, Louis C., *Contes de Noël*, t. 1 et 2, Sherbrooke, Apostolat de la Presse, [1951], 161 [2] p. et 151 [1] p.

1952

LABERGE, Albert, *Images de la vie*, Montréal, Édition privée, 1952, 116 [1] p.

LECLERC, Félix, *Le hamac dans les voiles*, contes extraits de *Adagio*, *Allegro*, *Andante*, Montréal, Fides, 1952, 141 p.

1953

ACHARD, Eugène, *Les contes de la lune et du vent*, Montréal, Librairie générale canadienne, [1953], 79 p.

——, *La dame blanche du cap Diamant*, Montréal, Éditions Eugène Achard et Librairie générale canadienne, [1953], 80 p.

——, *La grenouille verte*, Montréal, Éditions Eugène Achard et Librairie générale canadienne, [1953], 80 p.

DAGENAIS, Pierre, *Contes de la pluie et du beau temps*, préface de Claude-Henri Grignon, [Montréal], Le Cercle du livre de France, [1953], 207 [1] p.

HERTEL, François [pseud. de Rodolphe Dubé], *Un Canadien errant. Récits*, Paris, Éditions de l'Ermite, 1953, 203 p.

LABERGE, Albert, *Le dernier souper*, Montréal, Édition privée, 1953, 163 p.

LEGENDRE, Paul, *Fête au village. Récits*, Québec, L'Institut littéraire du Québec, [1953], 203 [1] p.

1954

ACHARD, Eugène, *La mort du grand sorcier et autres contes*, Montréal, Éditions Eugène Achard et Librairie générale canadienne, [1954], 79 p.

CHOQUETTE, Adrienne, *La nuit ne dort pas. Nouvelles*, Québec, L'Institut littéraire du Québec, 1954, 153 p.

ERNEST-BÉATRIX, frère [né Hilaire-Ernest Bergeron], *Le Sacré-Cœur, les sacrements. Histoires canadiennes*, Iberville, Les Frères maristes, 1954, 252 p.

LA FERRIÈRE, Philippe, *Philtres et poisons*, [avant-propos d'Alain Grandbois], Montréal, Éditions du Cerbère, [1954], 166 [1] p.

1955

DURAND, Louis-D., *Paresseux, ignorants, arriérés?*, Trois-Rivières, Éditions du Bien public, 1955, 271 p.

FILIATRAULT, Jean, *Chaînes*, [Montréal], Le Cercle du livre de France, [1955], 246 p.

LABERGE, Albert, *Hymnes à la terre*, Montréal, Édition privée, 1955, 92 [1] p.

MAILLET, Adrienne, *L'absent et autres récits*, Montréal, Granger frères, 1955, 200 [1] p.

ROY, Gabrielle, *Rue Deschambault*, Montréal, Éditions Beauchemin ltée, 1955, 260 [1] p.

1956

ACHARD, Eugène, *Le vainqueur du rodéo*, Montréal, Librairie générale canadienne, [1956], 80 p.

1957

DAVELUY, Paule, *Les Guignois*, Montréal, Éditions de l'Atelier, 1957, 127 p.

GRÉGOIRE-COUPAL, Marie-Antoinette, *Les trois Marie*, Montréal, Apostolat de la Presse, 1957, 134 p. (coll. «Jeunesse de tous les pays»).

1958

MARTIN, Claire [pseud. de Claire Montreuil], *Avec ou sans amour*, Montréal, Le Cercle du livre de France, [1958], 185 [1] p.

THÉRIO, Adrien [pseud. d'Adrien Thériault], *Contes des belles saisons*, Montréal, Éditions Beauchemin, 1958, 109 [1] p.

1959

GIROUX, André, *Malgré tout, la joie!*, Québec, L'Institut littéraire du Québec, 1959, 233 p.

HERTEL, François [pseud. de Rodolphe Dubé], *Jérémie et Barabbas*, Paris, Éditions de la Diaspora française, 1959, 176 p.

PALLASCIO-MORIN, Ernest, *Sentiers fleuris, livres ouverts*, Montréal, Éditions Beauchemin, 1959, 75 p. (coll. «Grands Exemples»).

SAVARD, Félix-Antoine, *Martin et le pauvre*, Montréal et Paris, Fides, [1959], 61 p.

1960

CHARLES-HENRI, frère [né Gérard Clément, pseud.: Dollard des Ormeaux], *Si Noël m'était conté*, Montréal, Apostolat de la Presse, [1960], 214 p.

DEYGLUN, Serge, *Ces filles de nulle part..., nouvelles*, Montréal, Éditions Atys, [1960], 125 [1] p.

LASNIER, Rina, *Miroirs. Proses*, Montréal, Éditions de l'Atelier, [1960], 127 [1] p.

LAURENDEAU, André, *Voyages au pays de l'enfance*, Montréal, Éditions Beauchemin, 1960, 218 p.

VIGNEAULT, Gilles, *Contes sur la pointe des pieds*, Québec, Éditions de l'Arc, 1960, 122 [2] p. (coll. «L'Escarfel»).

1961

BOULIZON, Guy, *Contes et récits canadiens d'autrefois*, illustrations de E.-J. Massicotte, Montréal, Éditions Beauchemin, 1961, 184 [1] p.

CHABOT, Cécile, *Et le cheval vert*, Montréal, Librairie Beauchemin ltée, 1961, 193 p.

CHOQUETTE, Adrienne, *Laure Clouet. Nouvelle*, [avec deux fusains de sœur Sainte-Alice-de-Blois], [Québec], L'Institut littéraire de Québec, [1961], 135 [2] p.

GAGNON, Jean-Louis, *La mort d'un nègre*, suivi de *La fin des haricots*, Montréal, Éditions du Jour, [1961], 121 [1] p. (coll. «Les Romanciers du Jour», R-2).

GODIN, Marcel, *La cruauté des faibles*, Montréal, Éditions du Jour, 1961, 125 [1] p. (coll. «Les Romanciers du Jour», R-1).

GRÉGOIRE-COUPAL, Marie-Antoinette, *Tout cœur a son destin*, Montréal, Éditions Beauchemin, [1961], 123 [1] p.

LAPORTE, Jean-Maurice, *Amour, police et morgue*, Montréal, Éditions de l'Homme, [1961], 141 p.

LAUNIÈRE-DUFRESNE, Anne-Marie de, *Récits indiscrets*, Montréal, Éditions Beauchemin, 1961, 189 [1] p.

MERCIER-GOUIN, Ollivier, *Jeu de masques*, [Montréal], Le Cercle du livre de France, [1961], 187 [2] p.

PALLASCIO-MORIN, Ernest, *Le vertige du dégoût. Essais et récits*, Montréal, Éditions de l'Homme, [1961], [n.p.].

ROUSSAN, Jacques de, *Mes anges sont des diables*, préface d'Ambroise Lafortune, couverture et illustrations de Normand Hudon, Montréal, Éditions de l'Homme, [1961], 126 p.

THÉRIAULT, Yves, *Le vendeur d'étoiles et autres contes*, Montréal et Paris, Fides, [1961], 124 [1] p.

THÉRIO, Adrien [pseud. d'Adrien Thériault], *Mes beaux meurtres. Nouvelles*, [Montréal], Le Cercle du livre de France, [1961], 185 [1] p.

1962

AUBRY, Claude, *Le loup de Noël*, Montréal, Éditions du Centre de psychologie et de pédagogie, 1962, 58 p. (coll. «Le Canoë d'argent»).

BER, André, *Le repaire des loups gris. Récit*, Montréal, Fides, [1962], 167 p. (coll. «Rêve et vie»).

BESSETTE, Gérard, *Anthologie d'Albert Laberge*, préface de Gérard Bessette, Ottawa, Le Cercle du livre de France, [1962], xxxv, 310 p.

BUSSIÈRES, Simone, *Les fables des 3 commères*, Québec, Éditions Garneau, 1962.

CHABOT, Cécile, *Contes du ciel et de la terre. II: Férie* [sic], [Montréal], Éditions Beauchemin, [1962], 63 p.

——, *Imagerie. Conte de Noël*, dessins de l'auteur, Montréal, Librairie Beauchemin, [1962], 59 p. (coll. «Contes du ciel et de la terre»). [Édition originale en 1943].

——, *Paysannerie. Conte des Rois*, Montréal, Librairie Beauchemin, [1962], 63 p. (coll. «Contes du ciel et de la terre»). [Édition originale en 1944].

CLÉMENT, Béatrice, *Élection au terrain de jeu et autres contes*, Québec, Éditions Jeunesse, 1962.

DARIOS, Louise [née Pacheco de Cespedes], *Contes étranges du Canada*, Montréal, Éditions Beauchemin, 1962, 156 [1] p. (coll. «D'un océan à l'autre»).

Écrits de la taverne Royal, Montréal, Éditions de l'Homme, [1962], 139 p. [Textes de Claude JASMIN, Patrick STRARAM, Pierre BOURASSA, Léo BRISSET, Jean-Paul FILION, René PETIT, Jean-Maurice LAPORTE, Roger BARBEAU, Réginald BOISVERT, Jean-Louis GARCEAU, Claude FORTIN, Alexis CHIRIAEFF, Marc GÉLINAS, Graeme ROSS, Jean-Marie DUGAS, Guy GAUCHER].

FERRON, Jacques, *La barbe de François Hertel*, Montréal, Éditions d'Orphée, 1962, 54 p.

———, *Contes du pays incertain*, Montréal, Éditions d'Orphée, 1962, 200 [1] p.

LANDRY, Louis, *Vacheries*, Montréal, Librairie Déom, [1962], 242 [2] p.

MAILLET, Andrée, *Les Montréalais*. Nouvelles, Montréal, Éditions du Jour, [1962], 145 p. (coll. «Les Romanciers du Jour», R-7).

PANNETON, Auguste [pseud.: Sylvain], *Pochades*, [Trois-Rivières],Éditions du Bien public, 1962, 135 [2] p.

SAINT-ONGE, Paule, *Le temps des cerises. Nouvelles*, Montréal, Centre de psychologie et de pédagogie, 1962, 96 p.

THÉRIAULT, Yves, *Si la bombe m'était contée*, Montréal, Éditions du Jour, [1962], 124 [1] p.

———, *Nakika le petit Algonquin*, Montréal, Leméac, 1962.

———, *La montagne sacrée*, Montréal, Beauchemin, 1962, 60 p. (coll. «Les Ailes du Nord»).

———, *Le rapt du lac Caché*, Montréal, Beauchemin, 1962, 60 p. (coll. «Les Ailes du Nord»).

UNION CANADIENNE DES ÉCRIVAINS, *Moisson*, Montréal, Éditions Nocturnes, 1962, 90 p. [Textes de Georges BOULANGER, Denise HOULE, Claude MARCEAU, Jeanne BRETON-ROBITAILLE].

1963

BRAULT, Jacques, André BROCHU et André MAJOR, *Nouvelles*, [Montréal, AGEUM, 1963], 139 [1] p. (coll. «Cahiers», 6).

CHABOT, Cécile, *Contes du ciel et de la terre, 1. Imagerie; 2. Férie [sic]; 3. Paysannerie*, Montréal, Éditions Beauchemin, 1963.

COURTEAU-DUGAS, Bérengère, *Enchantements*, Montréal, [s.é.], 1963, 136 [1] p.

DEGUIRE-MORRIS, Céline, *Tarina, la perle timide*, Montréal, Éditions du Centre de psychologie et de pédagogie, 1963, 69 p. (coll. «Le Canoë d'argent»).

FORTIER-LÉPINE, Colette, *Les contes du Loriot*, Montréal, Éditions du Centre de psychologie et de pédagogie, 1963. (coll. «Le Canoë d'argent»).

HÉBERT, Anne, *Le torrent*, nouvelle édition suivie de deux nouvelles inédites, Montréal, Éditions HMH, 1963, 248 p. (coll. «L'Arbre», 1). [Édition originale en 1950].

HUARD, Roger-Bernard, *Histoires pour enfants snobs*, Montréal, Publications Agora, [1963], 106 [6] p.

LARSEN, Christian, *L'Échouerie*, Montréal, Éditions Beauchemin, 1963, 125 p.

LECLERC, Félix, *Adagio. Contes*, Montréal, Fides, 1963, 152 p. [Édition originale en 1943].

MAILLET, Andrée, *Le lendemain n'est pas sans amour. Contes et récits*, Montréal, Librairie Beauchemin ltée, 1963, 209 p.

MAJOR, André, Jacques BRAULT et André BROCHU, *Nouvelles*, [Montréal], [AGEUM], [1963], 139 [1] p. (coll. «Cahiers», 6).

PETROWSKI, Minou, *Le gaffeur. Nouvelles*, [Montréal], Éditions Beauchemin, [1963], 104 p. (coll. «Les Romans canadiens»).

SAINT-ONGE, Paule, *La maîtresse. Nouvelles*, [Montréal], Le Cercle du livre de France, [1963], 184 [1] p.

THÉRIO, Adrien [pseud. d'Adrien Thériault], *Ceux du Chemin-Taché. Contes*, Montréal, Éditions de l'Homme, [1963], 164 [1] p.

1964

CARRIER, Roch, *Jolis deuils. Petites tragédies (pour adultes)*, Montréal, Éditions du Jour, [1964], 157 [1] p. (coll. «Les Romanciers du Jour», R-12).

CHARLES-HENRI, frère [né Gérard Clément, pseud.: Dollard des Ormeaux], *Les yeux remplis d'étoiles. Trois contes*, Montréal, Éditions de l'Atelier, [1964], 187 p.

——, *Si Noël m'était conté*, Montréal, Éditions de l'Atelier, [1964], 187 p. [Édition originale en 1960].

CLÉMENT, Béatrice, *Malmenoir le mauvais. Contes de jadis et de naguère*, Québec, Éditions Jeunesse, 1964, 142 p. (coll. «Brin d'herbe»).

DURAND, Lucile, *Koumic, le petit Esquimau*, Montréal, Éditions du Centre de psychologie et de pédagogie, [1964], 48 p. (coll. «Le Canoë d'argent»).

FERRON, Jacques, *Contes anglais et autres*, Montréal, Éditions d'Orphée, 1964, 153 [1] p.

FUMET-VINCENT, O[dette], *Fali et ses faons*, Montréal, Éditions du Centre de psychologie et de pédagogie, 1964, 26 p. (coll. «Nature»).

——, *Touf le renardeau*, Montréal, Éditions du Centre de psychologie et de pédagogie, 1964, 27 p. (coll. «Nature»).

GRANDBOIS, Alain, *Avant le chaos*, suivi de quatre nouvelles inédites, Montréal, Éditions HMH, 1964, 276 [1] p. (coll. «L'Arbre», 2). [Édition originale en 1945].

HAMELIN, Jean, *Nouvelles singulières*, Montréal, Éditions HMH, 1964, 189 [1] p. (coll. «L'Arbre», 4).

HOULE, Denise, *La maison qui chante*, Montréal, Éditions du Centre de psychologie et de pédagogie, 1964, 59 p. (coll. «Le Canoë d'argent»).

LACROIX, Benoît, *Le p'tit train*, Montréal, Éditions Beauchemin, 1964, 74 p.

LECOURS, Raymond, *Gésine*, Montréal, Éditions de l'Homme, [1964], 164 p.

RENAUD, Jacques, *Le cassé*, Montréal, Éditions Parti pris, 1964, 127 p.

ROUSSAN, Jacques de, *Pénultièmes*, [Montréal], Éditions À la page, [1964], 112 [1] p.

SAINT-PIERRE, Marie, *Une révolte au pays des fleurs*, Montréal, Leméac, 1964.

SIMARD, Jean, *13 Récits*, Montréal, Éditions HMH, 1964, 201 p. (coll. «L'Arbre», 3).

TACHÉ, Joseph-Charles, *Forestiers et voyageurs. Mœurs et légendes canadiennes*, préface de Luc Lacourcière, Montréal, Fides, 1964, 190 p. («Collection du Nénuphar»). [Édition originale en 1884].

THÉRIAULT, Yves, *La rose de pierre. Histoires d'amour*, Montréal, Éditions du Jour, [1964], 135 [1] p. (coll. «Les Romanciers du Jour», R-11).

——, *Zibou et Coucou*, Montréal, Leméac, 1964, 23 p.

THIBAULT-PERRON, Suzel, *Le petit berger à la flûte*, Montréal, Éditions du Centre de psychologie et de pédagogie, 1964, 68 p. (coll. «Le Canoë d'argent»).

1965

CAILLOUX, André, *Caroline la petite souris blanche et autres contes*, Montréal, Éditions du Centre de psychologie et de pédagogie, 1965, [n.p.] (coll. «Grand-père Cailloux raconte»).

DES ORMEAUX, Dollard, [pseud. de frère Charles-Henri], *Les yeux remplis d'étoiles*, [contes], Montréal, Éditions de l'Atelier, 1965 (coll. «Le Beau Risque»).

D'ESTRIE, Robert, *Notawisi l'orignal*, Montréal, Éditions du Centre de psychologie et de pédagogie, 1965.

DURAND, Lucile, *Le cordonnier Pamphile, mille-pattes*, illustrations de Jean Letarte, Montréal, Éditions du Centre de psychologie et de pédagogie, [1965], 62 p. (coll. «Le Canoë d'argent»).

——, *La montagne et l'escargot*, illustrations de Jean Letarte, Montréal, Éditions du Centre de psychologie et de pédagogie, 1965, 59 p. (coll. «Le Canoë d'argent»).

——, *Toto apprenti-remorqueur*, Montréal, Éditions du Centre de psychologie et de pédagogie, 1965, 79 p. (coll. «Le Canoë d'argent»).

LECLERC, Félix, *Le hamac dans les voiles*, contes extraits de *Adagio, Allegro, Andante*, Montréal, Fides, 1965, 211 p. (coll. «Alouette bleue»). [Édition originale en 1952].

MAILLET, Andrée, *Le chêne des tempêtes. Contes*, [Montréal], Fides, [1965], 115 p. (coll. «Les Quatre Vents»).

MAJOR, André, *La chair de poule. Nouvelles*, [Montréal], Éditions Parti pris, [1965], 185 [1] p. (coll. «Paroles», 3).

MATHIEU, Claude, *La mort exquise et autres nouvelles*, [Montréal], Le Cercle du livre de France, [1965], 143 [1] p.

PELLETIER, Aimé [pseud.: Bertrand Vac], *Histoires galantes*, Montréal, Le Cercle du livre de France, [1965], 194 p.

THÉRIAULT, Yves, *Contes pour un homme seul*, nouvelle édition, suivie de deux contes inédits, Montréal, Éditions HMH, 1965, 204 [1] p. (coll. «L'Arbre», 5). [Édition originale en 1944].

THÉRIO, Adrien [pseud. d'Adrien Thériault], *Conteurs canadiens-français*, époque contemporaine, Montréal, Librairie Déom, [1965], 322 [2] p.

1966

BERNARD, Anne [née Jourdan de la Passardière], *La chèvre d'or*, suivi de *Hécate*, [Montréal], Le Cercle du livre de France, [1966], 196 [1] p. (coll. «Nouvelle-France», 13).

——, *Le soleil sur la façade*, [Montréal], Le Cercle du livre de France, [1966], 158 p.

BOSWELL, Hazel [de Lotbinière], *Legends of Quebec: From the Land of the Golden Dog*, Toronto [et] Montréal, McClelland and Stewart Limited, [1966], 120 p.

DESROCHERS, Clémence, *Le monde sont drôles*, nouvelles suivies de *La ville depuis... (lettre d'amour)*, [Montréal], Éditions Parti pris, [1966], 131 p. (coll. «Paroles», 9).

FERRON, Madeleine, *Cœur de sucre. Contes*, Montréal, Éditions HMH, 1966, 219 [1] p. (coll. «L'Arbre», 9).

FOURNIER, Roger, *Les filles à Mounne*, [Montréal], Le Cercle du livre de France, [1966], 163 [1] p.

HERTEL, François [pseud. de Rodolphe Dubé], *Jérémie et Barabbas*, Montréal, Éditions du Jour, 1966, 196 p. (coll. «Les Romanciers du Jour»). [Édition originale en 1959].

LALONDE, Robert, *Ailleurs est en ce monde (conte à l'ère nucléaire)*, [Québec], Éditions de l'Arc, [1966], 144 [1] p. (coll. «L'Escarfel»).

LECLERC, Claude [pseud. de Pierrette Bellemare], *Piège à la chair*, [Montréal], Éditions de la Québécoise, [1966], 195 [1] p.

MAILLET, Andrée, *Nouvelles montréalaises*, [Montréal], [Librairie Beauchemin ltée], [1966], 144 p.

MORISSETTE, Gaston, *Bagarres avec Dieu*, Montréal, Éditions Rayonnement, [1966], 207 [1] p.

PALLASCIO-MORIN, Ernest, *Les Vallandes. Nouvelles*, [Québec], Librairie Garneau, [1966], 145 p.

TREMBLAY, Michel, *Contes pour buveurs attardés*, Montréal, Éditions du Jour, [1966], 158 [1] p. (coll. «Les Romanciers du Jour», R-18).

VIGNEAULT, Gilles, *Contes du coin de l'œil*, Québec, Éditions de l'Arc, 1966, 78 [1] p.

1967

BARBEAU, Marius, *Le Saguenay légendaire*, Montréal, Librairie Beauchemin ltée, 1967, 147 p.

BÉRUBÉ, Jeanne, *Gerbe de contes de Noël. Récits véridiques d'hier et d'aujour-d'hui*, [Hauterive], [Imprimerie Hauterive], [1967], 46 p.

BRUN, Michel, *Histoires de fleurs et autres nouvelles*, Montréal, [Éditions du Bélier, 1967], 104 p. (coll. «Humanitas»).

JASMIN, Claude, *Les cœurs empaillés. Nouvelles*, [Montréal], Éditions Parti-pris [*sic*], [1967], 136 p. (coll. «Paroles», 11).

MELANÇON, Claude, *Légendes indiennes du Canada*, Montréal, Éditions du Jour, [1967], 160 p.

NAUBERT, Yvette, *Contes de la solitude*, [Montréal], Le Cercle du livre de France, [1967], 146 [1] p.

PARADIS, Suzanne, *François-les-oiseaux*, [Québec], Éditions Garneau, [1967], 161 p.

SAVOIE, Francis, *L'île de Shippagan. Anecdotes, tours et légendes*, préface d'Anselme Chiasson, illustrations de Claude Roussel, Moncton, Éditions des Aboiteaux, [1967], 93 [1] p.

1968

AUBRY, Claude, *Le violon magique et autres légendes du Canada*, [préface de Marius Barbeau], gravures de Saul Field, [Ottawa], Éditions des Deux Rives, [1968], 100 p.

BENOIT, Réal, *La saison des artichauts*, suivie de *Mes voisins*, [Montréal], Le Cercle du livre de France, [1968], 89 p.

CHAMPAGNE, Maurice, *Suite pour amour. Légende poétique en trois épisodes 1966-67, 1. Clair de nuit*, Montréal, Éditions du Jour, [1968], 113 p. (coll. «Les Poètes du Jour», M-13).

CHAMPAGNE, Monique, *Sous l'écorce des jours. Nouvelles*, Montréal, Éditions HMH, 1968, 171 [1] p. (coll. «L'Arbre», 13).

CORRIVEAU, Monique, *Cécile*, Montréal, Éditions Jeunesse, 1968, 31 p.

De Québec à Saint-Boniface. Récits et nouvelles du Canada français, compilés et annotés par Gérard Bessette, Toronto, MacMillan of Canada, 1968, x, 286 p. [Textes de N.-H.-E. FAUCHER DE SAINT-MAURICE, Louis-H. FRÉCHETTE, VIEUX DOC, Albert LABERGE, Alain GRANDBOIS, RINGUET, Roger VIAU,

François HERTEL, Roger LEMELIN, Robert de ROQUEBRUNE, Yves THÉRIAULT, Gabrielle ROY, Claire MARTIN, Jacques FERRON, Jean SIMARD, Jean HAMELIN].

FERRON, Jacques, *Contes. Édition intégrale. Contes anglais. Contes du pays incertain. Contes inédits*, Montréal, Éditions HMH, 1968, 210 p. (coll. «L'Arbre», G-4).

GIROUX, Émile, *Flore fête le printemps*, [liminaire de Louis Lamy], illustrations du frère Jérôme Légaré, [Desbiens, Éditions du Phare, 1968], [56 p.]

LECLERC, Félix, *Le hamac dans les voiles*, précédé d'une chronologie et d'une bibliographie. Contes extraits de *Adagio, Allegro, Andante*, Montréal et Paris, Fides, [1968], 214 p. (coll. «Bibliothèque canadienne-française»). [Édition originale en 1952].

LUCILLE, tante [pseud. de Lucille Desparois-Danis], *Un nouvel album de tante Lucille*, 3 contes, Leméac et Éditions Ici Radio-Canada, 1968, [n.p.].

MORISSET-DES RIVIÈRES, Madeleine, *Ronde autour de mon pays. Contes canadiens*, Québec, Éditions Jeunesse, [1968], 127 p.

OUELLETTE-MICHALSKA, Madeleine, *Le dôme*, Montréal, Éditions Utopiques, 1968, 96 p.

PALLASCIO-MORIN, Ernest, *Pour les enfants du monde*, Québec, Éditions Garneau, 1968, 130 p.

RENAUD, Jacques, *Le cassé*, suivi de quelques nouvelles, Montréal, Éditions Parti pris, [1968], 125 p. (coll. «Paroles», 1). [Édition originale en 1964].

SAINT-ANTOINE, Michelle de [pseud. de Micheline Gagnon], *Je rêve, je chante*, poésie et nouvelle, Québec, Chez l'Auteure, 1968, 72 p.

TÉTREAU, Jean[-Noël], *Volupté de l'amour et de la mort. Histoires fantastiques*, Montréal, Éditions du Jour, [1968], 247 p.

THÉRIAULT, Yves, *L'île introuvable. Nouvelles*, Montréal, Éditions du Jour, [1968], 173 p. (coll. «Les Romanciers du Jour», R-31).

1969

ACHARD, Eugène, *Le trésor de l'Isle-aux-noix et autres nouvelles*, [édition définitive], Montréal, Éditions Eugène Achard et Librairie générale canadienne, 1969, 140 p.

BLANCHOT, Philippe, *Chair aux enchères*, suivi de *La charrue rouillée. Nouvelle paysanne* et de *L'habitacle sans faste*, Montréal, Aries, [1969], 124 p.

CHIASSON, Anselme, *Les légendes des Îles-de-la-Madeleine*, dessins de Rhéal Richard, Moncton, Éditions des Aboiteaux, 1969, 123 [1] p.

FAILLE, Armand, *Contes et nouvelles*, Montréal, Agence de distribution populaire, [1969], 224 p.

FERRON, Jacques, *Historiettes*, Montréal, Éditions du Jour, [1969], 182 p.

FORTIN, Odette-Marie-des-Neiges, *Les plus beaux lauriers*, Desbiens, Éditions du Phare, 1969, 66 p. [Édition originale en 1945].

GAGNON-MAHONEY, Madeleine, *Les morts-vivants. Nouvelles*, Montréal, Éditions HMH, 1969, 174 [1] p. (coll. «L'Arbre», 15).

LEMELIN, Roger, *Fantaisies sur les péchés capitaux*, Montréal, Le Cercle du livre de France, 1969, 123 p. (coll. «CLF poche canadien»). [Édition originale en 1949].

MARTEL, Émile, *Les enfances brisées. Récits*, Montréal, Éditions du Jour, [1969], 127 p. (coll. «Les Romanciers du Jour», R-42).

MARTIN, Claire, *Avec ou sans amour*, Montréal, Éditions du Renouveau pédago-gique, 1969, 187 p. (coll. «Lecture Québec»).

PANNETON, Auguste [pseud.: Sylvain], *Pochades*, dessins de Louise de Cotret-Panneton, [Trois-Rivières], Éditions du Bien public, [1969], 62 [1] p.

PIRLOT, Paul, *Le pays entre l'eau et le feu et autres beautés de l'Afrique. Récits congolais*, préface de Léopold Sédar Senghor, Montréal, Beauchemin limi-tée, 1969, 239 p.

RIGAUD, Jean, éd., *Il était une fois en Terre Québec*, anthologie de 56 contes et récits québécois, [Sherbrooke, Cégep de Sherbrooke, 1969, 134 p.].

1970

BLANCHOT, Philippe, *Les pèlerins de l'absurde et autres histoires* par Richard Jouannette [Joannette], Montréal, Éditions Aries, [1970], 127 p.

CHÂTILLON, Pierre, *Le journal d'automne de Placide Mortel. Récit poétique*, Mont-réal, Éditions du Jour, [1970], 110 p. (coll. «Les Poètes du Jour», M-25).

CHRISTOPHE, Jean [pseud.], *Amies, parties, confidences*, Montréal, Éditions Quin-tal, [1970], 174 p. (coll. «Éros», 124).

COLLETTE, Jean-Yves, *La vie passionnée. Récit*, Montréal, La Barre du Jour, 1970, 51 p.

Contes et nouvelles du Québec, concours 1, [Sherbrooke], Éditions Cosmos, [1970], 58 [1] p. (coll. «Amorces», 5). [Textes de Gaston GOUIN, Fernand LABERGE, Donatien MOISDON, Madeleine MONETTE].

COUTURE, Gilbert, *La tôle*, Montréal, Le Cercle du livre de France, 1970, 98 p.

DORAN, Michel, *Le vent souffle au désert*, Sherbrooke, Éditions Paulines, 1970, 46 p.

FALARDEAU, Claude, *La négresse blonde aux yeux bridés*, Montréal, Les Presses libres, [1970], 126 [2] p.

FERRON, Jacques, *Cotnoir* suivi de *La barbe de François Hertel*, Montréal, Édi-tions du Jour, [1970], 127 p. (coll. «Les Romanciers du Jour», R-57), [Édi-tions originales en 1962].

GAGNON, Alain, *Le pour et le contre. Nouvelles*, Montréal, Le Cercle du livre de France, [1970], 121 p.

GÉRIN, Pierre, *Dans les antichambres de Hadès*, Québec, Éditions Garneau, [1970], 228 p. (coll. «Garneau/Contes»).

GRANDBOIS, Madeleine, *Maria de l'Hospice. Contes*, Montréal, Les Presses libres, [1970], 170 p. [Édition originale en 1945].

HÉBERT, Louis-Philippe, *Les mangeurs de terre (et autres textes)*, Montréal, Éditions du Jour, [1970], 235 p. (coll. «Les Poètes du Jour», M-26).

LABBÉ, Jean-Pierre, *Le marqué du signe des murs*, Windsor (Qué.), Les Auteurs réunis, 1970, 87 p.

LABRECQUE, Jacques, *L'Égyptien et le petit chat*, Windsor (Qué.), Les Auteurs réunis, 1970, 26 p.

LAFLAMME, Réjean et Richard CAYER, *Le clou, la pâte – Adam et Ève*, de Réjean Laflamme [illustrations de Denis Rousseau], suivi de *Relatif-Quinze* de Richard Cayer, [Sherbrooke, les Auteurs réunis, 1970], 29 p. (coll. «Les Carnets des Auteurs réunis»).

LESCARBEAULT, Gérald, *Le plat brisé*, Montréal, Le Cercle du livre de France, 1970, 101 p.

LESCURE, Pierre, *Luridan. Récit*, [Montréal], Éditions Hurtubise HMH, [1970], 142 [2] p. (coll. «Sur parole»).

MARTIN, Claire [pseud. de Claire Montreuil], *Avec ou sans amour*, Montréal, Le Cercle du livre de France, [1970], 157 p. (coll. «CLF Poche canadien», 27). [Édition originale en 1958].

Nouvelles du Québec, choisies par Katherine T. Brearley, Scarborough (Ont.), Prentice-Hall of Canada, [1970], 228 p. [Textes de Gérard BESSETTE, Roch CARRIER, Pierre DAGENAIS, Louise DARIOS, Marc FAVREAU, Jean HAMELIN, Claude JASMIN, Yves THÉRIAULT, Adrien THÉRIO, T. THIBOUTOT].

RENAUD, Jacques, *En d'autres paysages*, Montréal, Éditions Parti pris, 1970, 123 p.

ROUSSEL, Paul, *La dame en coup de vent. Nouvelles*, [Montréal], Éditions Hurtubise HMH, [1970], 177 [1] p. (coll. «L'Arbre», 24).

ROY, Gabrielle, *La rivière sans repos*, précédé de *Trois nouvelles esquimaudes*, Montréal, Librairie Beauchemin ltée, 1970, 315 [1] p.

SIMONEAU, Jean, *Ré-Jean*, Windsor (Qué.), Les Auteurs réunis, [1970], 27 p. (coll. «Les Carnets des Auteurs réunis», 4).

TALBOT, Michèle, *Un conte*, Québec, Chez l'Auteure, 1970, [n.p.].

TÉTREAU, Jean, *Treize histoires en noir et blanc. Nouvelles*, Montréal, Éditions du Jour, [1970], 212 [1] p. (coll. «Les Romanciers du Jour», R-58).

THÉRIO, Adrien, *Conteurs canadiens-français, époque contemporaine*, deuxième édition augmentée, Montréal, Librairie Déom, 1970, 377 p. [Édition originale en 1965].

VADEBONCOEUR, Pierre, *Un amour libre. Récit*, [Montréal], Éditions Hurtubise HMH, [1970], 104 p. (coll. «Sur parole»).

VERNAL, François de, *Vivre ou mourir*, Honfleur (Paris), Pierre Jean Oswald, [1970], 58 p.

VIGNEAULT, Gilles, *Les dicts du voyageur sédentaire*, Yverdon (Suisse), Éditions des Egraz, [1970], 162 p. [*Contes sur la pointe des pieds*; *Du milieu du rêve*; *Contes du coin de l'œil*. Éditions originales en 1960 et 1966].

1971

AQUIN, Hubert, *Point de fuite*, [essais et nouvelles], Montréal, Le Cercle du livre de France, 1971, 161 p.

ASSINIWI, Bernard et Isabelle MYRE, *Anish-nah-Bé. Contes adultes du pays algon-kin*, [Montréal], Leméac, [1971], 105 [1] p. (coll. «Ni-t'Chawama/Mon ami mon frère»).

BEAUPRÉ, Viateur, *La colombe et le corbeau*, Montréal, Le Cercle du livre de France, 1971, 180 p.

BERTHIAUME, André, *Contretemps. Nouvelles*, Montréal, Le Cercle du livre de France, 1971, 130 p.

Contes et nouvelles du monde francophone, concours 2, Sherbrooke, Éditions Cosmos, [1971], 95 p. (coll. «Amorces», 10). [Textes de J. DAMONGO-DAU-DET, T. VAN KIEM, P. JUTRAS, Pierre-Paul KARCH, J. DEKIN LYAS, M. GODIN, K. M'BAYE, J.-P. DADOU KAYUBA-MATAMBA, D. MAHAMANE, Y. HOUNDJAGO, G. SEMONJI, L. BLOUIN, Mohamed ben ADBA, O. TECHER, M. GOSSELIN].

DES GAGNIERS, Jean, *Le Lunaméron*, fables et contes avec des illustrations de l'auteur, Québec, Éditions du Pélican, [1971], 208 [1] p.

DEYGLUN, Serge, *Ces filles de nulle part... Nouvelles*, Montréal, Éditions du Jour, [1971], 134 p. (coll. «Les Romanciers du Jour», R-76), [Édition originale en 1960].

DUFRESNE, Michel, *Histoires, contes et légendes*, Montréal, Éditions Cosmos, [1971], 99 [1] p. (coll. «Amorces», 8).

GAGNON, Alain, *Triptyque de l'homme en queste. Contes*, Montréal, Le Cercle du livre de France, [1971], 107 p.

GRIGNON-LAPIERRE, Monique [pseud.: Mimi Verdi], *Bonjour Twiggy. Nouvelles*, Montréal, Le Cercle du livre de France, [1971], 85 p.

HAMELIN, Jean, *Les rumeurs d'Hochelaga. Récits*, [Montréal], Éditions Hurtubise HMH, [1971], 209 p.

HÉBERT, Louis-Philippe, *Le roi jaune. Récits*, Montréal, Éditions du Jour, [1971], 321 p. (coll. «Proses du Jour», 0-1).

LEFEBVRE, Jean-Pierre, *Parfois quand je vis. Poèmes et récits*, [Montréal], Éditions Hurtubise HMH, [1971], 200 p. (coll. «Sur parole»).

PANNETON, Philippe [pseud.: Ringuet], *L'héritage et autres contes* [par] *Ringuet*, note liminaire de Jean Panneton, Montréal, Fides, [1971], 181 p. («Collection du Nénuphar», 35), [Édition originale en 1946].

RACETTE, Roger, *Le songe d'Attis. Récit*, Desbiens, Éditions du Phare, [1971], 133 [12] p.

ROBITAILLE, Claude, *Rachel-du-hasard. Nouvelles*, [Montréal], Éditions Hurtubise HMH, [1971], 178 p. (coll. «L'Arbre», 26).

RODRIGUEZ, Antonio G., *Le Coryphée. Nouvelles*, Montréal, Le Cercle du livre de France, [1971], 232 [1]p.

SAINT-GERMAIN, Claude, *Contes. Contes infoniaques* (fragment), [Saint-Constant], Éditions Passe-Partout, [1971], 15 p. («Fascicule», 8).

1972

ARCHAMBAULT, Gilles, *Enfances lointaines*, Montréal, Le Cercle du livre de France, [1972], 121 p.

ASSINIWI, Bernard et Isabelle MYRE, *Sagana. Contes fantastiques du pays algonkin*, Montréal, Leméac, 1972, 115 p. (coll. «Ni-t'Chawama/Mon ami mon frère»).

BERGERON, Fernand, *Pour les nuits blanches de Nini de Saint-H la Petite*, illustrations de l'auteur, Baie-Comeau, [s.é.], 1972, [n.p.].

BESSETTE, Gérard, *Anthologie d'Albert Laberge*, préface de Gérard Bessette, Ottawa, Le Cercle du livre de France, [1972], xl, 257 p. [Édition originale en 1962].

CORMIER, Jean-Marc, *Poltergeists*, [recueil de récits et de poésies], [présentation d'Odette Bourdon], [s.l., s.é., 1972], 135 p.

DAMAS, Léon-Gontran, *Veillées noires*, Montréal, Leméac, 1972, 183 p. (coll. «Francophonie vivante»).

DELAUNIÈRE, Gilles, *Et fuir encore... Nouvelles*, [Montréal], Éditions HMH, [1972], 162 p. (coll. «L'Arbre», 27).

DUPONT, Jean-Claude, *Le monde fantastique de la Beauce québécoise*, Ottawa, Centre canadien d'études sur la culture traditionnelle, 1972, 116 p. (coll. «Mercure»).

FRÉCHETTE, Louis-Honoré, *Originaux et détraqués*, Montréal, Éditions du Jour, 1972, 287 p. [Édition originale en 1892].

GEOFFROY, Louis, *Max Walter Swanberg. Conte érotique*, [Montréal], L'Obscène Nyctalope éditeur, [1972], 38 [1] p.

HÉBERT, Louis-Philippe, *Récits des temps ordinaires*, Montréal, Éditions du Jour, 1972, 154 p. (coll. «Les Romanciers du Jour», R-85).

MAILLET, Antonine, *Par derrière chez mon père. Contes*, illustrations de Rita Scalabrini, [Montréal], Leméac, [1972], 91 p.

NAUBERT, Yvette, *Contes de la solitude II*, [Montréal], Le Cercle du livre de France, [1972], 179 [1] p.

POMMINVILLE, Louise, *Pitatou et le printemps*, illustrations de l'auteure, Montréal, Éditions Leméac, 1972, 32 p.

ROY, Gabrielle, *Cet été qui chantait*, illustrations de Guy Lemieux, Québec-Montréal, Les Éditions françaises, 1972, 207 p.

SAVARD, Félix-Antoine, *Le bouscueil*, Montréal, Fides, 1972, 249 p.

VAROUJEAN, Vasco, *Le moulin du diable. Nouvelles*, Montréal, Le Cercle du livre de France, [1972], 159 [1] p.

1973

BEAUGRAND, Honoré, *La chasse-galerie*, Montréal, Fides, 1973, 92 p. («Collection du Nénuphar»). [Édition originale en 1900].

BENOIT, Réal, *Rhum soda*, nouvelle édition revue et augmentée, préface de Marcel Dubé, [Montréal], Leméac, 1973, 125 p. (coll. «Francophonie vivante»).

BERGERON, Fernand, *Dans Cracais*, [Châteauguay], Éditions Michel Nantel, [1973], [4] f.

BERNARD, Anne [née Jourdan de la Passardière], *L'amour sans passeport*, Montréal, Le Cercle du livre de France, [1973], 149 p.

CARON, Louis, *L'illusionniste* suivi de *Le guetteur*, Trois-Rivières, Les Écrits des Forges, 1973, 72 p. (coll. «Les Rivières», 2).

COCKE, Emmanuel, *Sexe-Fiction*, préface de Luis-Manuel Swedenborgès, Montréal, Éditions de l'Heure, 1973, 136 p.

DURAND, Louis-D., *Paresseux, ignorants, arriérés?*, Trois-Rivières, Éditions du Bien public, 1973, 271 p. (coll. «L'Histoire régionale»). [Édition originale en 1955].

GALLANT, Melvin, *Ti-Jean. Contes*, Moncton, Éditions d'Acadie, 1973, 166 p.

GASCON, André et Jean-Pierre LAMOUREUX, *10 Contes pour l'année scolaire*, Sherbrooke, Éditions Paulines, 1973, 43 p.

GEOFFROY, Louis, *Max-Walter Swanberg*, Montréal, L'Obscène Nyctalope, 1973, 41 p.

GUÉRIN, Michelle, *Le ruban de Moëbius. Contes et nouvelles*, Montréal, Le Cercle du livre de France, [1973], 156 p.

LALONDE, Robert, *Les contes du Portage*, [préface de l'auteur], [Montréal], Leméac, [1973], 119 [1] p. (coll. «Ni-t'Chawama/Mon ami mon frère»).

LASNIER, Rina, *Le rêve du quart jour. Récit*, Saint-Jean, Les Éditions du Richelieu ltée, 1973, 71 p.

LECLERC, Félix, *Carcajou ou le diable des bois*, Paris, Éditions Robert Laffont, 1973, 268 p.

LEMAY, Pamphile, *Contes vrais*, Montréal, Fides, 1973, 286 p. («Collection du Nénuphar»). [Édition originale en 1899].

LEMIEUX, Germain, *Les vieux m'ont conté*, tome 1, Montréal, Éditions Bellarmin [et] Paris, Maisonneuve et Larose, 1973, 311 [1] p. («Publications du Centre franco-ontarien de folklore»).

MARTIN, Claire [pseud. de Claire Montreuil], *La petite fille lit*, Ottawa, Éditions de l'Université d'Ottawa (Département des lettres françaises), 1973, 18 p. (coll. «Textes», 2).

MÉTAYER, Maurice (comp. et traducteur), *Contes de mon iglou*, illustrations d'Agnès Nanogak, Montréal, Éditions du Jour, [1973], 128 p.

Nouvelles 72-73, Rimouski, Université du Québec à Rimouski, 1973, [n.p.].

NUMAINVILLE, Claudine, *L'engrenage*, Montréal, Éditions l'Actuelle, [1973], 62 p.

PAQUETTE, Albert G., *Quand les québécoisiers [sic] en fleurs*, Montréal, Éditions du Jour, [1973], 206 [1] p.

PHELPS, Anthony, *Et moi je suis une île*, récits poétiques, Montréal, Leméac, 1973, 94 p. (coll. «Francophonie vivante»).

Prose, [préface de Marc Bégin], [Victoriaville], Éditions de la Chaîne, [1973], [en pagination multiple].

SAINT-GERMAIN, Claude, *Le voyageur de l'En-dedans. Visions (septembre-novembre 1972)*, Montréal, Éditions Hobo/Québec, [1973], 39 p.

SARRAZIN, Claude-Gérard, *Un chemin de Damas*, Jonquière, Fondation Cosmos, 1973, 32 p.

THÉRIO, Adrien [pseud. d'Adrien Thériault], *Mes beaux meurtres. Nouvelles*, Montréal, Le Cercle du livre de France, 1973, 146 p. (coll. «Poche canadien», 30). [Édition originale en 1961].

1974

AUBRY, Claude, *Agouhanna, le petit Indien qui était peureux*, illustrations de Robert Hénen, Montréal, McGraw-Hill éditeurs, 1974, 95 p.

AUGER, Guy, *La perle de Gène. Un conte*, Montréal, Les Grandes Éditions du Québec, [1974], 20 p.

AUGER, Roger, *Les éléphants de tante Louise*, Saint-Boniface, Éditions du Blé, 1974, 49 p.

BONIN, Jean-François, *La longue marche de Valentin*, suivi de *La vraie vie d'Henri Bourassa*, contes, Montréal, Éditions de l'Aurore, 1974, 120 p. (coll. «L'Amélanchier»).

BROSSARD, Jacques, *Le Métamorfaux. Nouvelles*, Montréal, Éditions Hurtubise HMH, 1974, 206 p. (coll. «L'Arbre»).

CHARBONNEAU-TISSOT, Claudette, *Contes pour hydrocéphales adultes*, Montréal, Le Cercle du livre de France, 1974, 147 p.

CHEFRESNE, Dominique, *Alpha-Zoulou*, Sherbrooke, Éditions Naaman, 1974, 62 p. (coll. «Création», 4).

CHOQUETTE, Adrienne, *Je m'appelle Pax*, Notre-Dame-des-Laurentides, Presses Laurentiennes, 1974, 55 p.

Contes et nouvelles de langue française, concours 3, [Montréal], Éditions Cosmos, [1974], 75 [1] p. (coll. «Amorces», 14). [Textes de P. GÉRIN, T. VAN KIEM, D. MOISDON, M. SAINT-JULES, H. WYSS].

COURTEAU, Bernard, *Quand les dieux dansent les dieux créent*, récits, Montréal, Leméac, 1974, 278 p. (coll. «Francophonie vivante»).

DESROCHERS, Clémence, *J'ai des p'tites nouvelles pour vous autres*, Montréal, Éditions de l'Aurore, 1974, 83 p. (coll. «L'Amélanchier», 2).

DES ROCHES, Roger, *Reliefs de l'arsenal. Récit*, Montréal, Éditions de l'Aurore, 1974, 94 p. (coll. «Écrire»).

DUPONT, Jean-Claude, *Le légendaire de la Beauce*, Québec, Éditions Garneau, 1974, 152 p.

ÉTHIER-BLAIS, Jean, *Le manteau de Rubén Darìo*, Montréal, Éditions HMH, 1974, 159 p. (coll. «L'Arbre»).

FERGUSON, Jean, *Contes ardents du pays mauve*, [Montréal], Leméac, 1974, 154 p. (coll. «Roman québécois», 8).

FRÉCHETTE, Louis-Honoré, *Contes*, vol. 1: *La Noël au Canada*, Montréal, Fides, 1974, 184 p. («Collection du Nénuphar», 46). [Édition originale en 1900].

——, *Contes de Jos Violon*, présentés par Victor-Lévy Beaulieu, notes de Jacques Roy, Montréal, Éditions de l'Aurore, 1974, 143 p. (coll. «Le Goglu», 1).

GAGNON, Jean-Louis, *La mort d'un nègre*, suivi de *La fin des haricots*, Montréal, Éditions du Jour, 1974, 127 p. [Édition originale en 1961].

GILAN, *Les filles de Mao*, suivi de *Le cri qui tue*, [récits], Montréal, Les Presses Libres, 1974, 223 p.

HACHÉ, Louis, *Charmante Miscou*, Moncton, Éditions d'Acadie, 1974, 115 p.

HAMEL, Jean-Claude, *Quatre fois rien*, Montréal, Le Cercle du livre de France, 1974, 125 p.

HÉBERT, Louis-Philippe, *Le cinéma de Petite-Rivière*, illustré par Micheline Lanctôt, [Montréal], Éditions du Jour, [1974], 111 [1] p.

——, *Textes extraits de vanille*, illustrés par Micheline Lanctôt, Montréal, Éditions de l'Aurore, [1974], 86 [34] p. (coll. «Écrire», 3).

KATTAN, Naïm, *Dans le désert*, [Montréal], Leméac, 1974, 153 p. (coll. «Roman québécois», 9).

KIEFFER, Rosemarie, *La nuit d'Avril Sereine. Contes et nouvelles*, [Sherbrooke], Éditions Naaman, [1974], 139 [1] p. (coll. «Création», 5).

LACOURCIÈRE, Luc (compilateur), *Trois contes populaires*, Montréal, Sono, 1974, [vol. et cassette].

LALONDE, Robert, *Contes de la Lièvre*, [avant-propos de l'auteur], [Montréal], Éditions de l'Aurore, [1974], 199 [2] p. (coll. «Le Goglu»).

LEMIEUX, Germain, *Les vieux m'ont conté*, tome 2, Montréal, Éditions Bellarmin [et] Paris, Maisonneuve et Larose, 1974, 341 p. («Publications du Centre franco-ontarien de folklore»).

——, *Les vieux m'ont conté*, tome 3, Montréal, Éditions Bellarmin [et] Paris, Maisonneuve et Larose, 1974, 351 [3] p. («Publications du Centre franco-ontarien de folklore»).

PAQUIN, Jean-Pierre, *Le jeu*, pièce en deux actes suivie de *Las*, nouvelle, [préface de Michel Tremblay, Sainte-Thérèse], Chez l'Auteur, 1974, 109 p.

ROBITAILLE, Claude, *Le temps parle et rien ne se passe*, Montréal, Éditions Danielle Laliberté, 1974, 144 [1] p.

SÉVIGNY, Marc, *Le roi bon et le roi mauvais*, [illustrations de Normand Labelle], [Sherbrooke], Smack-Smack, [1974], 40 p.

STRATFORD, Philip (dir.), *Stories from Quebec*, Toronto [et] New York, Van Nostrand Reinhold, [1974], 175 [1] p.

THÉRIO, Adrien [pseud. d'Adrien Thériault], *Ceux du Chemin-Taché*, Montréal, Éditions Jumonville, 1974, 164 p. [Édition originale en 1963].

TREMBLAY, J.-Armand, *Ana Andagonne brise d'été. Récit*, Québec, Éditions Garneau, 1974, 99 [10] p. (coll. «Garneau/Roman»).

YVON, Odette, *Les aventures de Petit-Jo*, illustrations de Claire Duguay, Montréal, Éditions Paulines, 1974, 60 p. (coll. «Boisjoli», 1).

1975

BENOIST, Marius, *Louison Sansregret, métis*, récit, illustrations de Suzanne Gauthier, Saint-Boniface, Éditions du Blé, 1975, 94 p.

CHOQUETTE, Adrienne, *Laure Clouet; La nuit ne dort pas. Nouvelles*, préface de Romain Légaré, Montréal, Fides, 1975, 195 p. («Collection du Nénuphar», 51).

CHOQUETTE, Robert, *Le Sorcier d'Anticosti et autres légendes canadiennes*, illustré par Michelle Théoret, Montréal, Fides, 1975, 128 p. («Collection du Goéland»).

Contes et nouvelles, [recueil publié dans le cadre du concours littéraire (contes et nouvelles), année scolaire 1974-75], [Montréal, Collège de Maisonneuve, 1975], 19 p.

COSSETTE, Claude, *Sud. Nouvelle*, Québec, C. Cossette, 1975, [46] p., [2] f.

COULOMBE, Marcel, *Poésie*, suivi de *Du je au nous*, quinze nouvelles, Montréal, Éditions Chahan-Lutte, 1975, [52] p.

DARIOS, Louise, *Tous les oiseaux du monde. Histoires de chansons*, illustrations d'Anna Vojtechnova, Montréal, Éditions Beauchemin, [1975], 193 p.

DESCHAMPS, Marcel, *Le jardinier. Récit*, [Montréal, Les Grandes Éditions du Québec inc., 1975], 74 p.

DOR, Georges, *Après l'enfance. Nouvelle*, [Montréal], Leméac, 1975, 103 p. (coll. «Roman québécois», 11).

GÉRIN, Pierre, *De boue et de sang*, Québec, Éditions Garneau, 1975, 205 p. (coll. «Garneau/Nouvelles»).

HARVEY, Azade, *Les contes d'Azade. Contes et légendes des Îles-de-la-Madeleine*, préface de Gilles Lefebvre, [Montréal], Éditions de l'Aurore, [1975], 171 [2] p.

HÉBERT, Louis-Philippe, *Textes d'accompagnement*, illustré par Micheline Lanctôt, [Montréal], Éditions de l'Aurore, [1975], 81 [3] p. (coll. «Écrire», 9).

JACQUES, Michel, *Le début d'une brillante carrière ou Savez-vous jouer au parchési?*, nouvelles, Saint-Jean, Éditions du Premier Pas, 1975, 87 p.

LAVOIE, Gaétan, *Près du port «Amberes»*, récit amazonien, présentation d'Odoric Bouffard, [Montréal], Éditions Paulines et Apostolat des Éditions, [1975], 110 p.

LECLERC, Félix, *Andante. Poèmes*, Fides, 1975, 133 p. («Collection du Goéland»).

LEMIEUX, Germain, *Les vieux m'ont conté*, tome 4, Montréal, Éditions Bellarmin [et] Paris, Maisonneuve et Larose, 1975, 443 [3] p. («Publications du Centre franco-ontarien de folklore»).

——, *Les vieux m'ont conté*, tome 5, Montréal, Éditions Bellarmin [et] Paris, Maisonneuve et Larose, 1975, 346 p. («Publications du Centre franco-ontarien de folklore»).

——, *Les vieux m'ont conté*, tome 6, Montréal, Éditions Bellarmin [et] Paris, Maisonneuve et Larose, 1975, 389 p. («Publications du Centre franco-ontarien de folklore»).

MAGINI, Roger, *Textes sauvages*, Montréal, Éditions de l'Aurore, 1975, 91 p. (coll. «Écrire»).

MAJOR, Henriette, *Contes de nulle part et d'ailleurs*, [s.l.], École des Loisirs, 1975, 60 p. (coll. «Joie de lire»).

Manuscrits des longs vols transplutoniens, Montréal, Éditions du Jour, [1975], 142 [57] p. (coll. «Les Écrits du Jour»). [Textes de Andrée E. MAJOR, André GIARD, Jesse JANES (pseud. de J.-R. Léveillée)].

PÉRONET, Jean, *Pépère Goguen et les ratons laveurs*, Moncton, Éditions d'Acadie, 1975, 29 p.

POUPART, Jean-Marie, *Bourru mouillé. Pour ceux qui savent parler aux enfants*, illustrations de Mireille Levert, [Montréal], Éditions Stanké et Quinze, [1975], 99 [1] p.

RIOUX, René, *Cléo*, illustrations de Michèle Lemieux, Saint-Lambert, Éditions Héritage, 1975, 24 p.

ROY, Gabrielle, *Un jardin au bout du monde et autres nouvelles*, Montréal, Librairie Beauchemin ltée, 1975, 217 [1] p.

SAINT-GERMAIN, Claude, *Lumifeu. Conte fantastique*, [Sorel, Cégep Bourg-chemin, 1975], 74 p.

SAINT-PIERRE, Georges, *Légendes canadiennes illustrées*, Québec, Éditions Garneau, [1975], [n.p.].

SARRAZIN, Claude-Gérard, *Karma. Trois nouvelles ésotériques, Karma. La mutation spirituelle. Agni*, [Kénogami], Éditions Hélios, [1975], 224 p. (coll. «Demain aujourd'hui»).

SOMCYNSKY, Jean-François, *Les grimaces*, Montréal, Éditions Pierre Tisseyre, [1975], 244 [1] p.

THÉRIAULT, Yves, *Œuvre de chair*, illustrations de Louisa Nicol, Montréal, Stanké, 1975, 170 p.

THÉRIO, Adrien [pseud. d'Adrien Thériault], *La tête en fête et autres histoires étranges*, Montréal, Éditions Jumonville, [1975], 142 p.

VAROUJEAN, Vasco, *Les raisins verts. Récit*, Montréal, Le Cercle du livre de France, [1975], 130 p.

1976

ALLEN, Robert Thomas, *Le violon*, photos de Georges Pastic, Montréal, Éditions Pierre Tisseyre, 1976, 84 p.

ANFOUSSE, Ginette, *Mon ami Pichou*, Montréal, Éditions Le Tamanoir, 1976, [n.p.] (coll. «De l'étoile filante»).

——, *La cachette*, Montréal, Éditions Le Tamanoir, 1976, [n.p.] (coll. «De l'étoile filante»).

BARBEAU, Marius, *Il était une fois*, Saint-Lambert, Éditions Héritage, 1976, 127 p. (coll. «Pour lire avec toi»).

BÉRITH [pseud. de Nicole de la Chevrotière], *Cadillac 71*, Rouyn, Collège de Rouyn, 1976, 63 p. (coll. «Les Cahiers du Département d'histoire et de géographie»).

BOUDREAULT, Diane, *Divagations. Contes et poèmes*, Sherbrooke, Presses coopératives, 1976, [87] p.

CÉLESTIN, Julio B., *Sous les manguiers. Sept histoires de folklore haïtien*, Sherbrooke, Éditions Naaman, [1976], 83 [1] p. (coll. «Création», 14).

CHARBONNEAU-TISSOT, Claudette, *La contrainte*, Montréal, Le Cercle du livre de France, 1976, 148 p.

Contes et nouvelles de langue française, concours 4, Sherbrooke, Éditions Cosmos, [1976], 99 p. (coll. «Amorces», 19). [Textes de André CHARLIER, Nicole de LA CHEVROTIÈRE, Louise D. LAROCHE, Rita MESSIER].

CÔTÉ, Louis-Philippe, *Le prince sourire et le lys bleu*, illustrations de Gilles Tibo, Montréal, Éditions Le Tamanoir, 1976, 52 p. (coll. «De l'étoile filante»).

——, *Les huîtres magiques*, illustrations de Louise Methé, Montréal, Éditions Le Tamanoir, 1976, 32 p. (coll. «De l'étoile filante»).

DEVERGNAS, Meery, *Fuite. Contes et nouvelles*, Montréal, Société de Belles-Lettres Guy Maheux, [1976], 233 [1] p. (coll. «Cybèle»).

DUNN, Guillaume, *La partie de Baggataoué*, [conte fantastique], illustrations de Pierre Debain, Montréal, Éditions du Jour, 1976, 102 p.

DUPONT, Jean-Claude, *Contes de bûcherons*, Montréal, Éditions Quinze, 1976, 216 p.

ELMONT, Fred, *Les petits chaperons de toutes les couleurs*, illustrations d'Irène Boisvert, Montréal, Éditions internationales Alain Stanké/Quinze, 1976, 192 p.

FILION, Jean-Paul, *Mon ancien temps*, récits, Montréal, Leméac, 1976, 190 p.

GAGNON, Cécile, *Plumeneige*, Montréal, Éditions Héritage, 1976, 16 p. (coll. «Pour lire avec toi»).

GAUTHIER, Bertrand, *Étoifilan*, illustrations de Gilles Pednault, Montréal, Éditions Le Tamanoir, 1976, 32 p. (coll. «De l'étoile filante»).

——, *Hou Ilva*, illustrations de Marie-Louise Gay, Montréal, Éditions Le Tamanoir, 1976 (coll. «De l'étoile filante»).

GIGUÈRE, Diane, *Dans les ailes du vent*, récits, Montréal, Le Cercle du livre de France/Pierre Tisseyre, 1976, 148 p.

GODIN, Marcel, *Confettis*, illustrations de Louisa Nicol, Montréal, Éditions internationales Alain Stanké, 1976, 179 p.

GUÈVREMONT, Germaine, *En pleine terre*, Montréal, Fides, 1976, 140 p.

HARVEY, Azade, *Contes et légendes des Îles-de-la-Madeleine. 2. «Azade! – Raconte-moi tes îles!»*, [Montréal], Éditions Intrinsèque, [1976], 127 [1] p.

HÉBERT, Louis-Philippe, *La manufacture de machines*, Montréal, Éditions Quinze, 1976, 143 [1] p.

JUNEAU, Marcel, *La jument qui crotte de l'argent. Conte populaire recueilli aux Grandes-Bergeronnes* (Québec), édition et étude linguistique, Québec, Presses de l'Université Laval, 1976, 143 p.

KATTAN, Naïm, *La traversée*, illustrations de Louise Dancoste, Montréal, Éditions Hurtubise HMH, [1976], 152 [1] p. (coll. «L'Arbre»).

LECLERC, Félix, *Adagio. Contes*, Montréal, Fides, 1976, 156 p., [4] f. («Collection du Goéland»). [Édition originale en 1943].

——, *Allegro. Fables*, Montréal, Fides, 1976, 156 p., [3] f. («Collection du Goéland»). [Édition originale en 1944].

LEMIEUX, Germain, *Contes de mon pays*, [Montréal], Éditions Héritage, [1976], 158 [1] p.

——, *Les vieux m'ont conté*, tome 7, contes franco-ontariens (répertoire de Maurice Prud'homme), Montréal, Éditions Bellarmin [et] Paris, Maisonneuve et Larose, 1976, 301 [1] p.

——, *Les vieux m'ont conté*, tome 8, contes franco-ontariens (répertoire de Maurice Prud'homme), Montréal, Éditions Bellarmin [et] Paris, Maisonneuve et Larose, 1976, 351 [2] p.

LUCILLE, tante [pseud. de Lucille Desparois-Danis], *Contes et légendes du Canada français*, dessins de Gabriel De Beney, Montréal, Éditions Paulines, 1976, 29 p. (coll. «Documentation Vidéo-Presse», 9).

MERINAT, Éric, *Les perles de pluie*, illustrations de Lucienne Fontannaz, Montréal, Éditions Le Tamanoir, 1976, (coll. «De l'étoile filante»).

PARIZEAU, Alice, *L'envers de l'enfance*, récits, Montréal, Éditions La Presse, 1976, 208 p.

POIRIER, Claude et Serge WILSON, *Jean le paresseux*, Montréal, Éditions Héritage, 1976 (coll. «Contes de mon pays»).

PORTAL, Marcel [pseud. de Marcel Lapointe], *Saisons des vignes rouges. Récits québécois*, Sherbrooke, Éditions Naaman, [1976], 181 [1] p. (coll. «Création», 17).

Récits de forestiers, [en collaboration], Montréal, Presses de l'Université du Québec (Centre documentaire en civilisation traditionnelle, UQTR), 1976, XI-244 p. (coll. «Les Archives d'ethnologie», 1).

RICHARD, Jean-Jules, *Ville rouge. Nouvelles*, [Montréal], Leméac, 1976, 283 p. [Édition originale en 1949].

ROY, Gabrielle, *Ma vache Bossie*, illustrations de Louise Pomminville, [Montréal], Leméac, 1976, 45 p. (coll. «Littérature de jeunesse»).

TALBOT, Raynald, *Les ramages du bosquet*, illustrations de Michel Lepage, Sainte-Foy, Éditions du Merle bavard, 1976. *Le vent m'a conté*, illustrations de Michel Lepage, Sainte-Foy, Éditions du Merle bavard, 1976.

WARNANT-CÔTÉ, Marie-Andrée, *Les tours de Maître-Lapin*, Montréal, Éditions Héritage, 1976 (coll. «Pour lire avec toi»).

1977

ANFOUSSE, Ginette [en collaboration avec Pierre Sarrasin], *La Montée des marguerites*, 13 nouvelles, Val-David, Éditions Pigi, 1977, 91 [1] p.

AQUIN, Hubert, *Blocs erratiques. Textes (1948-1977)*, rassemblés et présentés par René Lapierre, Montréal, Éditions Quinze, 1977, 284 p. (coll. «Prose entière»).

ARROBAS, Jérémie, *Contes et nouvelles pour un autre temps*, Montréal, La Société de Belles-Lettres Guy Maheux, 1977, 71 p. (coll. «Ishtar»).

ASSELIN, Claude, *Un petit nuage*, Montréal, Éditions Héritage, 1977, 28 p. (coll. «Albums Héritage»).

BENIGNI, Claudine, *Le Petit Prince aux pieds froids*, Sherbrooke, Éditions Naaman, 1977 (coll. «Lectures brèves»).

BÉRITH [pseud. de Nicole de la Chevrotière], *Mousse et paille en touffe*, huit nouvelles du Québec, Sherbrooke, Éditions Naaman, 1977, 126 [1] p. (coll. «Création», 27).

BOULANGER, Sylvie, *Poèmes et nouvelles*, Sherbrooke, Presses étudiantes, [1977], [97] p.

CHÂTILLON, Jean, *Sept Contes de Noël*, [Saint-Grégoire], Éditions de l'Écureuil noir, [1977], 63 p.

CHÂTILLON, Pierre, *L'île aux fantômes*, contes précédés de *Le journal d'automne*, Montréal, Éditions du Jour, 1977, 309 p. (coll. «Les Romanciers du Jour», 127).

CLOUTIER, Sylvie, *Contes du présent, au jeu des féeries*, Sherbrooke, Éditions Cosmos, 1977, 75 [1] p. (coll. «Relances», 15).

CRAIG, Michel, [en collaboration], *De par chez nous sur la berceuse*, Sherbrooke, Presses coopératives, [1977], 98 p.

DARIOS, Louise, *L'arbre étranger*, sept récits des Amériques: Québec-Pérou-Chili, préface de l'auteure, dessins de Carlos Baratto, Sherbrooke, Éditions Naaman, 1977, 61 [1] p. (coll. «Création», 24).

DEVERGNAS, Merry, *Tec-Tec. Contes du pays des brumes*, Montréal, La Société de Belles-Lettres Guy Maheux, 1977, 80 p. (coll. «Le Bateleur»).

DOYON, Paule, *Eugène Vittapattes*, Montréal, Éditions Paulines, 1977, 63 p.

FAUCHER DE SAINT-MAURICE, Narcisse-Henri-Edmond, *Contes et récits*, présentation de Serge Provencher, Montréal, VLB éditeur, 1977, 328 p. [Édition originale en 1874].

FERRON, Madeleine, *Le chemin des dames. Nouvelles*, Montréal, Éditions La Presse, [1977], 166 p.

FRÉCHETTE, Louis-Honoré, *Contes II: Masques et fantômes et les autres contes épars*, préface d'Aurélien Boivin et de Maurice Lemire, Montréal, Fides, 1977, 307 p. («Collection du Nénuphar»).

HARVEY, Azade, *Contes et légendes des Îles-de-la-Madeleine. 3. «Azade nous ramène dans ses îles»*, Montréal, Éditions Intrinsèque, [1977], 125 [1] p.

HOULE, Denise, *Lune de neige*, Montréal, Société de Belles-Lettres Guy Maheux, 1977, 64 p. (coll. «Le Bateleur»).

LACASSE, Lise, *Au défaut de la cuirasse*, Montréal, Éditions Quinze, [1977], 179 p.

LEMIEUX, Germain, *Les vieux m'ont conté*, tome 9, contes franco-ontariens (répertoire de Maurice Prud'homme et de Mme Méril Gauthier), Montréal, Éditions Bellarmin [et] Paris, Maisonneuve et Larose, 1977, 360 [2] p.

——, *Les vieux m'ont conté*, tome 10, contes franco-ontariens (répertoire de Georges Prud'homme), Montréal, Éditions Bellarmin [et] Paris, Maisonneuve et Larose, 1977, 334 [2] p.

LEMIEUX, Louise, *Pirouettes et culbutes*, Montréal, Éditions Pierre Tisseyre, [1977], 173 p.

LE ROY, Yvon, *Le marin pêcheur et le goéland. Conte breton*, Sherbrooke, Éditions Naaman, 1977, 31 p. (coll. «Lectures brèves»).

NOËL, Bernard, *Les fleurs noires. Nouvelles*, Montréal, Éditions Pierre Tisseyre, [1977], 183 p.

Nouvelles du Québec, choisies et annotées par Katherine T. Brearley et Rose-Blanche McBride, Scarborough (Ontario), Prentice-Hall of Canada Limited, [1977], 236 p. [Édition originale en 1970].

PAVEL, Thomas, *Le miroir persan*, Montréal, Éditions Quinze, 1977, 145 p. (coll. «Prose entière»).

PIERSON-PIÉNARD, Marianne, *Être et avoir été. Récits et nouvelles*, Sherbrooke, Éditions Naaman, 1977, 125 p. (coll. «Création», 22).

RACICOT, Jean, *Les Racontages de capitaine*, vol. 1, [Sherbrooke, Presses étudiantes, 1977], 179 [1] p.

RENAUD, Jacques, *Le cassé et autres nouvelles*, suivi de *Le journal du cassé*, Montréal, Éditions Parti pris, [1977], 198 p. (coll. «Projections libérantes», 2). [Édition originale en 1964].

RICH-PLUMET, Nicole, *Poutoulik et les Inuits de l'Ungava*, Montréal, Éditions Héritage, 1977, 64 p.

ROY, Gabrielle, *Ces enfants de ma vie*, Montréal, Éditions internationales Alain Stanké, 1977, 212 p.

1978

ANFOUSSE, Ginette, *La chicane*, Montréal, Éditions de la Courte Échelle, 1978, 22 p.

——, *La varicelle*, Montréal, Éditions de la Courte Échelle, 1978, 22 p.

AUBRY, Claude, *Le loup de Noël*, [4e édition], illustrations d'Alex Demianenko, Hull, Éditions de l'Espoir, 1978, 46 p. (coll. «Espoir-Jeunesse»). [Édition originale en 1962].

BÉLIL, Michel, *Le mangeur de livres*, contes terre-neuviens, Montréal, Éditions Pierre Tisseyre, [1978], 213 [2] p.

BERNECHE, Jean, *Rodolphe*, Montréal, Chez l'Auteur, 1978, 40 p.

BERTHIAUME, André, *Le mot pour vivre*, Sainte-Foy et Montréal, Éditions Parallèles et Éditions Parti pris, 1978, 204 p.

BOISVERT, Claude, *Parendoxe*, Hull, Éditions Asticou, 1978, 221 p. (coll. «Nouvelles nouvelles», 1).

CARPENTIER, André, *Rue Saint-Denis. Contes fantastiques*, Montréal, Hurtubise HMH, 1978, 145 p. (coll. «L'Arbre»).

CHÂTILLON, Jean, *L'histoire d'Érik, le petit trille rouge*, Saint-Grégoire, Éditions de l'Écureuil noir, 1978, 94 p.

CHEVRIER, Michel, *Un bleu éblouissant et autres nouvelles*, Montréal, Éditions de l'Aurore, [1978], 199 p. (coll. «Connaissance des pays québécois. Littérature»).

Contes populaires de la Mauricie, recueillis par Carolle Richard et Yves Boisvert, présentés par Clément Légaré, Montréal, Fides, 1978, 297 p. (coll. «Essais et recherches, section Lettres»).

DUCHESNE, Christiane, *Le loup, l'oiseau et le violoncelle*, illustrations de l'auteure, Montréal, Éditions Le Tamanoir, 1978, 24 p. (coll. «De l'étoile filante»).

FRÉCHETTE, Louis-Honoré, *Les marionnettes*, adaptation illustrée par Michel Fortier, Montréal, Éditions Le Tamanoir, [1978], [32] p. («Collection de l'Étoile filante»).

GAGNON, Alain, *La damnation au quotidien. Romances verbeuses, à bâtons rompus sur un mode mineur*, Montréal, Éditions Pierre Tisseyre, [1978], 133 p.

GAGNON, Cécile, *L'épouvantail et le champignon*, illustrations de Cécile Gagnon, Saint-Lambert, Éditions Héritage, 1978, 126 p. (coll. «Pour lire avec toi»).

GAGNON, Germain, *Le chant de l'espoir*, illustrations de Martial Grenon, [Montréal], Chez l'Auteur, 1978, 67 p.

GRIGNON, Claude-Henri, *Le déserteur et autres récits de la terre*, [Montréal], Éditions internationales Alain Stanké, 1978, 219 p. [Édition originale en 1934].

GROULX, Lionel, *Les rapaillages*, préface de Jean Éthier-Blais, Montréal, Leméac, 1978, 147 p. (coll. «Les Classiques Leméac»). [Édition originale en 1916].

H., Caroline et Gilles LE NISMOIS, *Caprices. Nouvelles*, Montréal, Presses Sélect, [1978], 216 p. (coll. «Poche Sélect», 148).

ISNARD, Armand, *Histoires juives*, Montréal, Éditions Héritage, [1978], 157 p.

LAFORTE, Conrad, *Menteries drôles et merveilleuses. Contes traditionnels du Saguenay*, illustrations de Claude Poirier, préface de Jean-Pierre Pichette, Montréal, Quinze, 1978, 287 p. (coll. «Mémoires d'homme»).

LARKIN, Sarah, *Dimo et autres histoires de bêtes*, Trois-Rivières, Éditions du Bien public, 1978, 109 p.

LEMIEUX, Germain, *Les vieux m'ont conté*, tome 11, contes franco-ontariens (répertoire de Joseph Prud'homme, Nelson Prud'homme et Edmond Robidas), Montréal, Éditions Bellarmin [et] Paris, Maisonneuve et Larose, 1978, 357 [2] p.

LÉVESQUE, Richard [pseud.: Joseph Rilev], *Les yeux d'orage*, illustrations de Michel Caillouette, Rivière-du-Loup, Éditions Castelriand, 1978, 140 p.

LORANGER, Jean-Aubert, *Contes*, vol. 1: *Du passeur à Joë Folcu*, édition préparée par Bernadette Guilmette, Montréal, Fides, 1978, 323 p. («Collection du Nénuphar», 56).

——, *Contes*, vol. 2: *Le marchand de tabac en feuilles*, édition préparée par Bernadette Guilmette, Montréal, Fides, 1978, 329 p. («Collection du Nénuphar», 57).

LORENZO, Charles [pseud. de Wilfrid Paquin], *Contes et récits, 1*, Laprairie, Entreprises culturelles, 1978, 135 p.

LORINT, Florica, *Les contes de petit nain*, Gatineau, Éditions Claire Dumais-Sabourin, 1978, 48 p. («Collection du lac-des-Fées»).

LUCILLE, tante [pseud. de Lucille Desparois-Danis], *Tante Lucille raconte*, dessins de Gabriel De Beney, Montréal, Éditions Paulines, 1978, 29 p. (coll. «Documentation Vidéo-Presse»).

MAJOR, Henriette, *Une fleur m'a dit*, illustrations d'Hélène Falcon, adaptation de Marie-Andrée Warnant-Côté, Saint-Lambert, Éditions Héritage, 1978, 122 p. (coll. «Pour lire avec toi»).

——, *Un jour, une rivière*, images de Pierre Cornuel, Paris, Éditions La Farandole, 1978, 30 p.

MATTEAU, Robert, *Dires et figures. Contes et portraits de l'Estrie*, Sherbrooke, Éditions Naaman, 1978, 132 p.

NAUBERT, Yvette, *Traits et portraits*, Montréal, Le Cercle du livre de France, 1978, 163 p.

PAQUIN, Jean-Pierre, *Sur les chemins de l'excommunication*, Montréal, Chez l'Auteur, 1978, 148 p.

PLANTE, Marc-André, *Le dernier piège. Histoires de chasse et de pêche*, [Rivière-du-Loup], Castelriand inc., [1978], 173 [2] p.

POISSARD, Yves, *Louis Cyr dans les pattes de McSohmer*, Montréal, Éditions Baloune/Éditions Intrinsèque, 1978, 64 p.

RACINE, Luc, Sylvain PERREAULT et Michèle de LAPLANTE, *Recueil de nouvelles sur la vieillesse*, Lanoraie, Éditions de la Tombée, 1978, 11 p.

SAUVÉ, François, *Comment donner un titre à ça?*, Montréal, Éditions Hurtubise HMH, 1978, 44 p.

SAVIGNAC, Pierre H., *Contes berbères de Kabylie*, Montréal, Presses de l'Université du Québec, 1978, 331 [4] p.

SERNINE, Daniel [pseud. d'Alain Lortie], *Les contes de l'ombre*, Montréal, Presses Select, [1978], 190 p.

SÉVIGNY, Marc, *Barbapusse*, Montréal, Productions Barbapusse, 1978, 32 p.

VILLENEUVE, Jocelyne, *Contes des quatre saisons*, Montréal, Éditions Héritage, 1978, 125 p. (coll. «Pour lire avec toi»).

VOIDY, Jeanne [pseud. de Louise Demers-Laroche], *Les contes de la source perdue*, Montréal, Éditions Hurtubise HMH, [1978], 117 [2] p. (coll. «L'Arbre»).

Lectures brèves pour le métro, Sherbrooke, Éditions Cosmos, [1978], 121 [2] p. (coll. «Relances», 14).

1979

ALARIE, Donald [en collaboration avec Claude R. Blouin], *La visiteuse/Le dragon blessé*, Trois-Rivières, Atelier de production littéraire de la Mauricie, 1979, 122 p.

ANTOINE, Yves, *Alliage. Poésie et prose*, Sherbrooke, Éditions Naaman, [1979], 59 [1] p. (coll. «Création», 46).

BEAUCHAMP, André, *J'ai tant cherché le soleil*, textes divers, Montréal, Fides, 1979, 211 p.

BEAUGRAND, Honoré, *La chasse-galerie*, légendes, chronologie et bibliographie d'Aurélien Boivin, Montréal, Fides, 1979, 107 p. (coll. «Bibliothèque québécoise»). [Édition originale en 1900].

BLAISE et BOS, *Alexis le trotteur, l'homme qui courait comme un cheval*, dessins de Bos, Montréal, Éditions Paulines, 1979, 38 p.

———, *Alexis le trotteur, au trot et au galop*, dessins de Bos, Montréal, Éditions Paulines, 1979, 38 p.

BOURQUE, Sophie, *Le paradis terrestre*, Québec, Éditions Le Livre du pays, 1979, 59 p. (coll. «Clau char»).

CAILLOUX, grand-père [pseud. d'André Cailloux], *Fleurs et frimas*, illustrations de Claudette Boulanger, Saint-Lambert, Éditions Héritage, 1979, 56 p.

CARRIER, Roch, *Les enfants du bonhomme dans la lune*, Montréal, Éditions internationales Alain Stanké, 1979, 162 [2] p.

CHAGNAN [pseud. de Bernard Assiniwi] et KA-HON-HES [pseud. de John Fadden], *Les Cris des marais*, Montréal, Leméac, 1979, 47 p. (coll. «Chicouté»).

———, *Le guerrier aux pieds agiles*, Montréal, Leméac, 1979, 47 p. (coll. «Chicouté»).

———, *Les Montagnais et les Naskapi*, Montréal, Leméac, [1979], 47 p. (coll. «Chicouté»).

CHOQUETTE, Adrienne, *La nuit ne dort pas*, 3e édition augmentée de deux nouvelles inédites, Notre-Dame-des-Laurentides, Presses Laurentiennes, 1979, 180 p. [Édition originale en 1954].

——, *Je m'appelle Pax*, préface de Robert Choquette, Notre-Dame-des-Laurentides, Presses Laurentiennes, 1979, 55 p. [Édition originale en 1974].

DAIGNAULT, Claire, *L'amant de Dieu*, Montréal, Éditions La Presse, 1979, 154 [1] p. (coll. «Romans d'aujourd'hui»).

DARIOS, Louise, *Le retable des merveilles et deux histoires d'amour. Souvenances. Venezuela-Brésil-Honduras*, dessins de Carlos Baratto, Sherbrooke, Éditions Naaman, [1979], 140 p. (coll. «Création», 54).

DAUNAIS, Jean, *Les 12 coups de mes nuits. Les Aventures d'Arlène Supin*, Montréal, Éditions Héritage, 1979, 164 p. (coll. «À lire en vacances»).

DAVIAU, Diane-Monique, *Dessins à la plume. Contes*, Montréal, Éditions Hurtubise HMH, 1979, 146 p. (coll. «L'Arbre»).

DUMAS, Évelyn, *Un événement de mes octobres. Fictions*, dessins d'Alain Medan, [Montréal], Éditions du Biocreux, [1979], 103 [1] p.

FIELDEN, Hubert, *L'avare*, illustrations de Peter Sander, Saint-Lambert, Éditions Héritage, 1979, 16 p. (coll. «Contes et légendes du Québec»).

——, *Le violon magique*, illustrations de Peter Sander, Saint-Lambert, Éditions Héritage, 1979 (coll. «Contes et légendes du Québec»).

GAGNON, Cécile, *La chemise qui s'ennuyait*, Saint-Lambert, Éditions Héritage, 1979, 16 p.

HÉBERT, Louis-Philippe, *Manuscrit trouvé dans une valise*, Montréal, Éditions Quinze, 1979, 173 p. (coll. «Prose entière»).

JACOB, Suzanne, *La survie*, Montréal, Le Biocreux, 1979, 140 p.

JACQUES, Maurice, *L'ange du diable. Conte haïtien*, Sherbrooke, Éditions Naaman, 1979, 58 p. (coll. «Création», 56).

KATTAN, Naïm, *Le rivage*, Montréal, Éditions Hurtubise HMH, 1979, 179 p. (coll. «L'Arbre»).

LAROSE, Céline, *Petit soulier*, illustrations de Pierre Larose, Montréal, Leméac, 1979, 39 p. (coll. «Jeunesse»).

——, *Une tomate inquiète*, illustrations de Pierre Larose, Montréal, Leméac, 1979, [27] p. (coll. «Jeunesse»).

LEBEL, Andrée, *Petite histoire des grands maîtres de la fraude. Récits*, Montréal, Éditions Libre Expression, 1979, 227 p.

LECLERC, Félix, *Dialogues d'hommes et de bêtes*, jugements critiques, chronologie et bibliographie d'Aurélien Boivin, Montréal, Fides, 1979, 233 p. (coll. «Bibliothèque québécoise»). [Édition originale en 1949].

LEMIEUX, Germain, *Les vieux m'ont conté*, tome 12, contes franco-ontariens (répertoire de Gédéon Savarie), Montréal, Éditions Bellarmin [et] Paris, Maisonneuve et Larose, 1979, 336 [2] p.

——, *Les vieux m'ont conté*, tome 13, contes franco-ontariens (répertoire de Gédéon Savarie et de Philias Savarie), Montréal, Éditions Bellarmin [et] Paris, Maisonneuve et Larose, 1979, 321 [2] p.

LÉVESQUE, Solange, *Les cloisons. Suite de nouvelles*, Montréal, Le Biocreux, [1979], 104 p.

LORENZO, Charles [pseud. de Wilfrid Paquin], *Contes et récits, 2*, Laprairie, Entreprises culturelles, 1979, 144 p.

NACKÉ, Lorraine, *Le passé oublié*, récits, Montréal, Fides, 1979, 129 p.

OUELLETTE-MICHALSKA, Madeleine, *La femme de sable*, nouvelles, Sherbrooke, Éditions Naaman, [1979], 112 [2] p. (coll. «Création», 64).

PARÉ, Paul, *Les fables de l'entonnoir*, [Montréal], Le Biocreux, [1979], 147 [4] p. (coll. «Le Biocreux», 8).

PILON-QUIVIGER, Andrée, *Enfants de nos amours*, récits, Montréal, Leméac, 1979, 163 p. (coll. «Second Regard»).

PLANTE, Raymond, *Une fenêtre dans ma tête. Première partie*, illustrations de Roger Paré, Montréal, Éditions de la Courte Échelle, 1979, 24 p.

RACICOT, Jean, *Les racontages de capitaine*, vol. 2, [Sherbrooke, Presses étudiantes, 1979], 429 p.

RAVINEL, Hubert de, *Les enfants du bout de la vie*, [Montréal], Leméac, [1979], 199 p. (coll. «Roman québécois», 33).

ROUSSEAU-LÉGER, Denise, *Prunelle dans le noir*, Montréal, Éditions Paulines, 1979 (coll. «Contes du pays»).

ROY, Gabrielle, *Cet été qui chantait*, Montréal, Éditions internationales Alain Stanké, 1979, 211 p. (coll. «Québec 10/10»). [Édition originale en 1972.]

——, *Courte-queue*, [conte], images de François Olivier, [Montréal], Éditions internationales Alain Stanké, 1979, [52] p. (coll. «Pour enfants»).

——, *La rivière sans repos*, précédé de *Trois nouvelles esquimaudes*, Montréal, Éditions internationales Alain Stanké, 1979, 327 p. (coll. «10/10»). [Édition originale en 1970].

RUKALSKI, Sigmund, *Solitudes*, Sherbrooke, Éditions Naaman, 1979, 112 p. (coll. «Création», 62).

SCALABRINI, Rita, *La famille Citrouillard aux poissons des chenaux*, Montréal, Leméac, 1979, 37 p. (coll. «Jeunesse»).

SERNINE, Daniel [pseud. d'Alain Lortie], *Les légendes du vieux manoir*, Montréal, Presses Select, [1979], 149 p.

SOULIÈRES, Robert, *Le bal des chenilles*, illustrations de Michèle Lemieux, Montréal, Éditions Pierre Tisseyre, 1979, 22 p.

——, *Max le magicien*, illustrations de Christiane Valcourt, Montréal, Éditions de la Courte Échelle, 1979, 23 p. (coll. «L'Étoile filante»).

STARENKYJ, Danièle et Stefan STARENKYJ, *De belles histoires pour nous tous*, [Bellechasse], Éditions Orion, [1979], 163 p.

THÉRIAULT, Marie José, *La cérémonie. Contes*, Montréal, La Presse, 1979, 139 p.

THÉRIAULT, Yves, *Les aventures d'Ori d'Or*, illustrations de Michel Poirier, Montréal, Éditions Paulines, 1979, 45 p. (coll. «Boisjoli», 3).

———, *Cajetan et la taupe*, illustrations de Michel Poirier, Montréal, Éditions Paulines, 1979, 15 p. (coll. «Contes du pays», 1).

TONNEROVA, Maria, *Les contes du tsar*, illustrations de Pierre Decelles, Saint-Lambert, Éditions Héritage, 1979, 125 p. (coll. «Pour lire avec toi»).

TREMBLAY, Michel, *Contes pour buveurs attardés*, Montréal, Éditions du Jour, 1979, 158 p. (coll. «Le Petit Jour», 84). [Édition originale en 1966].

VAILLANCOURT, Lise, *Les Greseaux*, Montréal, Lidec, 1979, 31 p. (coll. «Les Albums Lidec»).

VALIQUETTE, Yolande, *Le temps du plastique. Conte écologique*, Montréal, Lidec, 1979, [24] p. (coll. «Les Albums Lidec»).

VANHEE-NELSON, Louise, *Le roi Biz*, Montréal, Éditions Paulines, 1979 (coll. «Contes du pays»).

VIGNEAULT, Gilles, *La petite heure*, contes 1959-1979, Montréal, Nouvelles Éditions de l'Arc, 1979, 208 p.

———, *Les quatre saisons de Piquot*, Montréal, Nouvelles Éditions de l'Arc, 1979, 35 p.

VILLENEUVE, Jocelyne, *Contes des quatre saisons*, illustrations de France Bédard, Saint-Lambert, Éditions Héritage, 1979, 125 p. (coll. «Pour lire avec toi»).

———, *Le coffre*, Sudbury, Éditions Prise de parole, 1979, 65 p.

1980

ALARIE, Donald, *Jérôme et les mots ou les vieux enfants*, Montréal, Le Cercle du livre de France, 1980, 145 p.

ANFOUSSE, Ginette, *L'hiver ou le Bonhomme sept-heures*, Montréal, illustrations de l'auteure, Éditions de la Courte Échelle, 1980, 24 p.

———, *Le savon*, Montréal, Éditions de la Courte Échelle, 1980, 24 p.

APRIL, Jean-Pierre, *La machine à explorer la fiction*, Longueuil, Le Préambule, 1980, 248 [1] p. (coll. «Chroniques du futur», 2).

AUCOIN, Gérald E., *L'oiseau de la vérité et autres contes des pêcheurs acadiens de l'île du Cap-Breton*, Montréal et Ottawa, Quinze et Musée national de l'Homme, [1980], 207 [1] p. (coll. «Mémoires d'homme»).

AUDET, Noël, *Quand la voile faseille. Récit(s)*, Montréal, Éditions HMH, [1980], 312 [1] p. (coll. «L'Arbre»).

BAMBOTÉ, Makombo, *Nouvelles de Bangui*, Montréal, Les Presses de l'Université de Montréal, 1980, 167 p.

BEAULIEU, Danielle, *Les coquelicots*, récit-essai, Sherbrooke, Éditions Naaman, 1980, 57 p. (coll. «Création», 74).

BERGERON, Bertrand, *Les Barbes-bleues. Contes et récits du Lac-Saint-Jean*, répertoire de M. Joseph Patry, préface de Jean-Pierre Pichette, Montréal et Ottawa, Quinze et Musée national de l'Homme, 1980, 256 [4] p. (coll. «Mémoires d'homme»).

BESSETTE, Gérard, *La garden-party de Christophine*, Montréal, Éditions Québec/ Amérique, [1980], 210 [1] p. (coll. «Littérature d'Amérique»).

BIGRAS, Julien, *Kati, of course*, suivi de *La petite fille du moulin* par Marie ARRIAL-DUHAU, Paris, Éditions Mazarine, [1980], 200 [1] p.

BOISVERT, Claude, *Tranches de néant*, Montréal, Le Biocreux, 1980, 149 p.

CABIAC, Pierre, *Étoiles et feuilles d'érable. Glanes littéraires: Québec, France, États-Unis*, poèmes-contes-essais, dessins originaux de Thessa, Sherbrooke, Éditions Naaman, [1980], 171 [2] p. (coll. «Création», 70).

CARBET, Marie-Magdeleine, *Contes de Tantana*, [Montréal], Leméac, 1980, 187 p. (coll. «Littérature de jeunesse»).

CARRIER, Roch, *Les voyageurs de l'arc-en-ciel*, illustrations de François Olivier, Montréal, Éditions internationales Alain Stanké, 1980, [48] p. (coll. «Pour enfants»).

CHABOT, Cécile, *Et le cheval vert*, Montréal, Fides, 1980, 144 p. («Collection du Goéland»). [Édition originale en 1961].

CHÉNARD, Madeleine, *La chasse-galerie*, [adaptation], illustrations de France Lebon, Sillery, Éditions Ovale, 1980, [32] p.

CHOQUETTE, Adrienne, *Laure Clouet*, Notre-Dame-des-Laurentides, Presses Laurentiennes, 1980, 135 [6] p. [Édition originale en 1961].

CLAPIN, Sylva, *Contes et nouvelles*, édition préparée et présentée par Gilles Dorion avec la collaboration d'Aurélien Boivin, Montréal, Fides, 1980, 398 p. («Collection du Nénuphar», 58).

CLAVEL, Bernard et Josette PRATTE, *Félicien le fantôme*, illustrations de Jean Garonnaire, Montréal, Éditions Jean-Pierre Delarge et Fides, 1980, 32 p.

COUTURE, André, *L'enfer et l'endroit. Contes*, Hull, Éditions Asticou, 1980, 142 p.

DAUNAIS, Jean, *Le rose et le noir. Les aventures d'Arlène Supin*, Saint-Lambert, Éditions Héritage, 1980, 168 p. (coll. «À lire en vacances»).

DROLET, Bruno, *Le bois de lune. Roman suivi de quatre nouvelles*, Joliette, Éditions Pleins Bords, 1980, 228 p.

DUCHESNE, Christiane, *L'enfant de la maison folle*, Montréal, Éditions de la Maison folle, 1980, 32 p.

——, *Le triste dragon*, Saint-Lambert, Éditions Héritage, 1980, [n.p.].

DUMOULIN-TESSIER, Françoise, *Visions d'amour. Recueil de nouvelles*, Montréal, Jacques Frenette éditeur, [1980], 159 p.

DUPONT, Jean-Claude, *Contes de bûcherons*, 2ᵉ édition revue et corrigée, dessins de Vivian Labrie, Montréal, Quinze, 1980, 215 p. (coll. «Mémoires d'homme»).

EL HADJ-MOUSSA, Toufik, *Le passage*, conte suivi de *Errances*, nouvelles, Sherbrooke, Éditions Naaman, [1980], 74 [1] p. (coll. «Création», 84).

FRAPPIER, Claude, *Les Tinamous*, illustrations de Micheline Pelletier, Sorel, Éditions Beaudry et Frappier, 1980, 20 p. (coll. «Feux-Follets»).

FRÉCHETTE, Louis-Honoré, *La Noël au Canada*, chronologie, bibliographie et jugements critiques d'Aurélien Boivin, Montréal, Fides, 1980, 180 p. (coll. «Bibliothèque québécoise»). [Édition originale en 1900].

GAGNON, Cécile, *L'édredon de minuit*, illustrations de l'auteure, Saint-Lambert, Éditions Héritage, 1980, 16 p. (coll. «Brindille»).

——, *Lucienne*, illustrations de Fernand Lefebvre, Saint-Lambert, Éditions Héritage, 1980, 16 p. (coll. «Brindille»).

——, *Plumeneige*, illustrations de Suzanne Duranceau, Saint-Lambert, Éditions Héritage, 1980, 16 p. (coll. «Le Roi Cléobule»). [Édition originale en 1976].

——, *Une nuit chez le lièvre*, illustrations de Jean-Christophe Knaff, Saint-Lambert, Éditions Héritage, 1980, 16 p. (coll. «Brindille»).

GAGNON, Jean Chapdelaine, *«L» dites lames*, poésie et nouvelles, Saint-Lambert, Éditions du Noroît, 1980, 81 p.

GAUTHIER, Bertrand, *Hébert Luée*, illustrations de Marie-Louise Gay, Montréal, Éditions de la Courte Échelle, 1980, 48 p.

GODIN, Marcel, *Confettis*, Ville La Salle, Éditions Hurtubise, 1980, 179 p. [Édition originale en 1976].

GRANDBOIS, Alain, *Délivrance du jour et autres inédits*, Montréal, Éditions du Sentier, 1980, 79 p.

GRANDBOIS, Madeleine, *Maria de l'Hospice*, présentation, chronologie, bibliographie et jugements critiques d'Aurélien Boivin, Montréal, Fides, 1980, 197 p. (coll. «Bibliothèque québécoise»). [Édition originale en 1945].

HACHÉ, Louis, *Toubes jersiaises*, nouvelles, Moncton, Éditions d'Acadie, 1980, 180 p.

HOULE, Denise, *Contes québécois. La chasse-galerie ou le tapis magique du Québec. Le vaisseau-fantôme ou la légende du rocher Percé*, [Montréal], Éditions Ville-Marie, [1980], 32 p.

JASMIN, Claude, *Les contes du Sommet-Bleu*, Montréal, Éditions Québecor, 1980, 112 p. (coll. «Jeunesse»).

LABERGE, Fernand, *Deux jours en hiver*, suivi de *Le cri. Récits*, Sherbrooke, Éditions Naaman, 1980, 76 p. (coll. «Création», 83).

LACROIX, Benoît, *Le petit train*, illustrations d'Anne-Marie Samson, Saint-Lambert, Éditions du Noroît, 1980, 75 p. [Édition originale en 1964].

LALANNE-CASSOU, Jean-Claude, *Le caillou bleu*, Longueuil, Éditions Le Préambule, 1980, 48 p.

LAQUERRE, Dominique, *Oscar le cheval à la queue tressée*, illustrations de l'auteur, Montréal, Éditions Québec/Amérique, 1980, 32 p. (coll. «Jeunesse»).

LÉGARÉ, Clément, *La bête à sept têtes et autres contes de la Mauricie*, présentés par Clément Légaré, suivis d'une étude sur la sémiotique générative de «Pierre la Fève», version québécoise du conte type 563, Montréal, Quinze, 1980, 276 p. (coll. «Mémoires d'homme»).

LEMAY, Pamphile, *Contes vrais*, préface de Romain Légaré, chronologie, bibliographie et jugements critiques d'Aurélien Boivin, Montréal, Fides, [1980], 284 p. (coll. «Bibliothèque québécoise»). [Édition originale en 1899].

LEMIEUX, Germain, *Contes de mon pays*, illustrations d'André Schirmer, Saint-Lambert, Éditions Héritage, 1980, 159 p. (coll. «Katimavik»). [Édition originale en 1976].

——, *Les vieux m'ont conté*, tome 14, contes franco-ontariens (répertoire des Savarie, Ludger Carrière, etc.), Montréal, Éditions Bellarmin [et] Paris, Maisonneuve et Larose, 1980, 353 [3] p.

——, *Les vieux m'ont conté*, tome 15, récits folkloriques franco-ontariens, Montréal, Éditions Bellarmin [et] Paris, Maisonneuve et Larose, 1980, 366 [4] p.

LORENZO, Charles [pseud. de Wilfrid Paquin], *Contes et récits, 3*, Laprairie, Entreprises culturelles, 1980, 152 p.

——, *Contes et récits, 4*, Laprairie, Entreprises culturelles, 1980, 132 p.

LORTIE-PAQUETTE, Micheline, *Des jouets cherchent des enfants*, illustrations de Dominique Laquerre, Éditions Québec/Amérique, 1980, 32 p. (coll. «Jeunesse»).

LUSSIER, Doris, *Le Père Gédéon, son histoire et ses histoires*, Montréal, Quinze, 1980, 249 p.

MAHEUX-FORCIER, Louise, *En toutes lettres. Nouvelles*, Montréal, Le Cercle du livre de France, [1980], 302 [3] p.

MAJOR, Henriette, *Histoires autour du poêle*, Paris, Éditions La Farandole, 1980, 48 p.

MORVAN-MAHER, Florentine, *Florentine raconte...*, Montréal, Éditions Domino, 1980, 238 p.

PIETTE, Robert, *La grange aux lutins*, [adaptation], illustrations de Josée Dombrowski, Sillery, Éditions Ovale, 1980, 32 p. (coll. «Légendes du Québec»).

——, *Le cheval du Nord*, [adaptation], illustrations de Gaëtan Laroche, Sillery, Éditions Ovale, 1980, 28 p. (coll. «Légendes du Québec»).

PIETTE, Suzanne, *Le Noël de Savarin*, [adaptation], illustrations de Josée Dombrowski, Sillery, Éditions Ovale, 1980 (coll. «Légendes du Québec»).

RENAUD, Alix, *Le mari*, nouvelles, Sherbrooke, Éditions Naaman, 1980, 91 [1] p. (coll. «Création», 67).

Roy, Gabrielle, *La rivière sans repos*, Montréal, Éditions internationales Alain Stanké, 1980, 315 p. (coll. «10/10»). [Édition originale en 1970].

——, *Rue Deschambault*, [Montréal], Éditions internationales Alain Stanké, 1980, 303 p. (coll. «10/10», 21). [Édition originale en 1955].

Soulières, Robert, *La baleine fantastique*, illustrations de Michèle Lemieux, Montréal, Éditions Pierre Tisseyre, 1980, 21 p.

——, *Une bien mauvaise grippe*, illustrations de Michèle Lemieux, Montréal, Éditions Pierre Tisseyre, 1980, 21 p.

——, *Ma tante Marie-Blanche*, illustrations de Marie Gravel-Pelletier, Montréal, Éditions Québec/ Amérique, 1980, 32 p. (coll. «Jeunesse»).

Sylvestre, Paul-François, *Amour, délice et orgie. Trois nouvelles*, Montréal, Éditions Homeureux, [1980], 98 p.

Thériault, Yves, *L'île introuvable*, Montréal, Éditions Libre Expression, 1980, 172 [1] p. [Édition originale en 1968].

——, *Popok, le petit Esquimau*, illustrations de Pierre Desrosiers, Montréal, Éditions Québecor, 1980, 104 p.

Tourigny, Paule, *L'Anti-Durham*, Saint-Casimir, Éditions de l'Areine, 1980, 13 p.

Turcotte, Élise, *La mer à boire. Nouvelle*, illustrations de Maryse Dubois, Montréal, Éditions de la Lune occidentale, 1980, 24 p.

Vigneault, Gilles, *Les gens de mon pays*, illustrations de Miyuki Tanobe, Montréal, Éditions de la Courte Échelle, 1980, [n.p.].

Vonarburg, Élisabeth, *L'œil de la nuit*, Longueuil, Le Préambule, 1980, 208 p. (coll. «Chroniques du futur», 1).

Waconda [pseud. de Daniel Laurin], *La Grande Ourse. Contes et légendes des Terres d'En-Haut*, [Montréal, s.é., 1980], 20 f.

Ziolko, Caroline, *Les oiseaux couleur d'arc-en-ciel*, illustrations de l'auteure, Montréal, Éditions Paulines, 1980, 32 p. (coll. «Prisme»).

1981

Beaulieu, René, *Légendes de Virnie*, Longueuil, Le Préambule, 1981, 205 p. (coll. «Chroniques du futur», 3).

Bélil, Michel, *Déménagement*, 24 contes fantastiques, illustrations de Pierre Djada Lacroix, Québec, Éditions Chasse-Galerie, [1981], 76 p.

Boisjoli, Charlotte, *La chatte blanche*, Montréal, Éditions de la Pleine Lune, [1981], 106 p.

Bouchard, Laurette, *Courtepointe d'une grand-mère*, Hull, Éditions Asticou, 1981, 89 p.

Bussières, Johanne, *Les feux follets*, Sillery, Éditions Ovale, 1981. (coll. «Légendes du Québec»).

BUSSIÈRES, Simone, *C'est ta fête*, Notre-Dame-des-Laurentides, Presses Laurentiennes, 1981, 62 p.

CORRIVEAU, Hugues, *Du masculin singulier*, récit, Montréal, Éditions Les Herbes
rouges, 1981, 36 p.

COULOMBE-CÔTÉ, Pauline, *Contes de ma ville*, illustrations de Fernande Lefebvre,
Saint-Lambert, Éditions Héritage, 1981, 124 p. (coll. «Pour lire avec toi»).

D'APOLLONIA, François, *Le cœur au clair*, Longueuil, Éditions Le Préambule,
1981, 50 p.

DAVIAU, Diane-Monique, *Histoires entre quatre murs. Contes*, Montréal, Éditions
Hurtubise HMH, [1981], 131 p. (coll. «L'Arbre»).

DESBIENS, Patrice, *L'homme invisible/The Invisible Man*, récit, Sudbury et
Moonbeam, Prise de parole et Penumbra Press, 1981, 104 p.

EL HADJ-MOUSSA, Toufik, *Les collines de l'épouvante*, Westmount, Desclez,
1981, 117 p. (coll. «Nuits d'encre», 2).

FERRON, Jacques, *La Barbe de François Hertel*, Montréal-Nord, VLB éditeur,
[1981], 60 p. [Édition originale en 1962].

———, *Cotnoir*, Montréal, VLB éditeur, [1981], 116 p. [Édition originale en 1962].

———, *Rosaire*, précédé de *L'exécution de Maski*, Montréal, VLB éditeur, 1981,
197 p.

FERRON, Madeleine, *Histoires édifiantes*, Montréal, Éditions La Presse, 1981,
156 p.

GAGNON, Cécile, *Le Pierrot de monsieur Autrefois*, illustrations de Josée La
Perrière, Laval, Éditions Mondia, 1981, 32 p.

———, *Le roi de Novilande*, illustrations de Darcia Labrosse, Montréal, Le Cercle
du livre de France, 1981, 23 p.

GENDRON, Cécile, *Le grand retour*, Sherbrooke, Éditions Naaman, 1981, 60 p.

GHALEM, Nadia, *L'oiseau de fer*, Sherbrooke, Éditions Naaman, 1981, 68 p. (coll.
«Création», 106).

GRAND-MAISON, Roseline, *Où est le trou du rocher Percé?*, conte, Sherbrooke,
Éditions Naaman, [1981], 31 p. (coll. «Jeunesse», 4).

KARCH, Pierre Paul, *Nuits blanches*, contes fantastiques, Sudbury, Éditions Prise
de parole, 1981, 95 [1] p.

KATTAN, Naïm, *Le sable de l'île*, nouvelles, Montréal, Éditions Hurtubise HMH,
1981, 222 p. (coll. «L'Arbre»).

LABINE, Marcel, *Des trous dans l'anecdote*, Montréal, Éditions Les Herbes rouges, 1981, 25 p.

———, *Les proses graduelles*, Montréal, Éditions Les Herbes rouges, 1981, 22 p.

LACOMBE, Patrice, *La terre paternelle*, chronologie et bibliographie de Michel
Lord, préface et jugements critiques de Maurice Lemire, Montréal, Fides,
1981, 105 p. (coll. «Bibliothèque québécoise»). [Édition originale en 1872].

LACROIX, Benoît, *Quelque part en Bellechasse*, conte, illustrations d'Anne-Marie Samson, Saint-Lambert, Éditions du Noroît, 1981, 81 p.

LAFLEUR, Jacques, *Décors à l'envers*, Sherbrooke, Éditions Naaman, [1981], 91 p. (coll. «Création», 90).

LAMOUREUX, Henri, *Contes de la forêt*, illustrations d'Anne Brissette, Montréal, Éditions Paulines, 1981, 45 p. (coll. «Boisjoli»).

LATOUR, Omer, *Une bande de caves*, Ottawa, Éditions de l'Université d'Ottawa, 1981, 105 [1] p. (coll. «L'Astrolabe», 3).

LEDOUX, Lucie, *Le voyage à la recherche du temps*, illustrations de Philippe Béha, Laval, Éditions Mondia, 1981, 48 p.

LECLERC, Claude [pseud. de Pierrette Bellemare], *Le maître des ténèbres*, Westmount, Desclez, [1981], 114 p. (coll. «Nuits d'encre», 1).

LORD PORTER, David, *Histoire de l'O*, illustrations de l'auteur, LaSalle, Éditions Hurtubise HMH, 1981, 32 p. (coll. «Jeunesse»).

LOUX, Françoise, *La haute montagne*, illustrations de Guy Ameyë, Montréal, Fides, 1981, 32 p.

MAILLET, Antonine, *Christophe Cartier de la Noisette dit Nounours*, conte poétique, illustrations de Hans Troxler, Montréal et Paris, Leméac et Hachette, 1981, 109 p.

MAILLET, Marilu, *Les compagnons de l'horloge-pointeuse*, Montréal, Éditions Québec/Amérique, 1981, 110 p. (coll. «Littérature d'Amérique»).

MAJOR, André, *La folle d'Elvis*, Montréal, Éditions Québec / Amérique, 1981, 139 p. (coll. «Littérature d'Amérique»).

MAJOR, Henriette, *J'étais enfant en Nouvelle-France*, illustrations de Daniel Hénon, Fides, 1981, 44 p.

MAXINE [pseud. de M.-C.-A. Bouchette-Taschereau-Fortier], *L'Ogre du Niagara*, adaptation d'Henriette Major, illustrations de Michèle Devlin, Saint-Lambert, Éditions Héritage, 1981, 123 p. (coll. «Pour lire avec toi»).

MONFILS, Nadine, *Laura Colombe. Contes pour petites filles perverses*, Bruxelles, Le Cri, 1981, 137 p.

NOËL, Michel, *Les oiseaux d'été*, récit montagnais, illustrations de Joanne Ouellet, Montréal, Leméac, 1981, 119 p.

———, *Les Papinachois*, contes amérindiens, illustrations de Joanne Ouellet, Montréal, Leméac, 1981, [n.p.].

———, *Les Papinachois et la création du monde*, illustrations de Joanne Ouellet, Montréal, Leméac, 1981, [n.p.].

———, *Les Papinachois et le grain de sable*, illustrations de Joanne Ouellet, Montréal, Leméac, 1981, [n.p.].

———, *Les Papinachois et les chasseurs*, illustrations de Joanne Ouellet, Montréal, Leméac, 1981, [n.p.].

——, *Les Papinachois et les agriculteurs*, illustrations de Joanne Ouellet, Montréal, Leméac, 1981, [n.p.].

——, *Les Papinachois et les ancêtres*, illustrations de Joanne Ouellet, Montréal, Leméac, 1981, [n.p.].

——, *Les Papinachois et le panier d'écorce*, illustrations de Joanne Ouellet, Montréal, Leméac, 1981, [n.p.].

——, *Les Papinachois à la rescousse d'Eskéo*, illustrations de Joanne Ouellet, Montréal, Leméac, 1981, [n.p.].

——, *Les Papinachois et la fête des bleuets*, illustrations de Joanne Ouellet, Montréal, Leméac, 1981, [n.p.].

PARISIEN, Jean-Éric, *Nadeige*, Sherbrooke, Éditions Naaman, 1981, 75 p.

RICARD, François, *L'incroyable odyssée. Récit*, illustrations de Lucie Lambert, Montréal, Éditions du Sentier, 1981, 80 p.

ROBERT, Jocelyne, *Voyage à dos d'étoile*, illustrations de Serge Morache, Verdun, Éditions internationales Pilou, 1981, 44 p. (coll. «Pilou jeunesse»).

SERNINE, Daniel [pseud. d'Alain Lortie], *Le vieil homme et l'espace*, Montréal, Le Préambule, 1981, 239 p. (coll. «Chroniques du futur»).

SOMCYNSKY, Jean-François, *Peut-être à Tokyo. Nouvelles*, Sherbrooke, Éditions Naaman, 1981, 137 p. (coll. «Création», 86).

SOUCY, Jean-Yves, *L'étranger au ballon rouge*, Montréal, Éditions La Presse, 1981, 160 p.

SOULIÈRES, Robert, *L'homme aux oiseaux*, illustrations de Micheline Pelletier, Montréal, Éditions Québec/ Amérique, 1981, 32 p. (coll. «Jeunesse»).

——, *Le voyage de monsieur Fernand*, illustrations de Lorraine Laflamme, Saint-Lambert, Éditions Héritage, 1981, 16 p.

SZUCSANY, Désirée, *La passe. Récits*, Montréal, Quinze, 1981, 123 p. (coll. «Prose entière»).

THÉRIAULT, Yves, *L'étreinte de Vénus. Contes policiers*, Montréal, Éditions Québecor, 1981, 180 p.

——, *La femme Anna et autres contes*, préface de Victor-Lévy Beaulieu, Montréal, VLB éditeur, [1981], 321 p.

——, *La rose de pierre. Histoires d'amour*, Montréal, Éditions Libre Expression, 1981, 137 p. [Édition originale en 1964].

——, *Valère et le grand canot. Récits*, préface de Victor-Lévy Beaulieu, Montréal, VLB éditeur, [1981], 289 p.

TOURIGNY, Paule, *L'Anti-Durham*, [Montréal], Édition RAEA, [1981], 13 p. [Édition originale en 1980].

VIGNEAULT, Gilles, *Quelques pas dans l'univers d'Éva*, livre-disque, Montréal, Nouvelles Éditions de l'Arc, 1981, 32 p.

VILLENEUVE, Jocelyne, *Nanna Bijou, le géant endormi*, Sudbury, Éditions Prise de parole, 1981, 46 p.

1982

ANFOUSSE, Ginette, *Fabien 1. Un loup pour Rose*, Montréal, Leméac, [1982], 40 p.

——, *Fabien 2. Une nuit au pays des malices*, Montréal, Leméac, [1982], 40 p.

——, *La chicane*, illustrations de l'auteure, Montréal, Éditions de la Courte Échelle, 1982, 24 p.

AUBRY, Claude, *Le chien transparent*, illustrations de François Aubry, [Montréal], Éditions de l'Université Libre, [1982], 48 p.

BEAULIEU, Michel, *Hibernation*, Montréal, Le Mouton noir, 1982, 13 p.

BOURGEOIS, Albéric, *Les voyages de Ladébauche autour du monde*, préface de Léon A. Robidoux et de Victor-Lévy Beaulieu, [Montréal], VLB éditeur, [1982], 197 p.

BRULOTTE, Gaétan, *Le surveillant*, Montréal, Quinze, 1982, 123 p. (coll. «Prose entière»).

BUTEAU, Cécile, *Le Bonhomme sept-heures*, Sillery, Éditions Ovale, 1982 (coll. «Légendes du Québec»).

CARPENTIER, André, *Du pain des oiseaux. Récits*, préface d'André Belleau, [Montréal], VLB éditeur, 1982, 153 [2] p.

CARRIER, Roch, *Jolis deuils*, Montréal et Paris, Éditions internationales Alain Stanké, [1982], 172 [1] p. (coll. «10/10», 56). [Édition originale en 1964].

CHOQUETTE, Adrienne, *Laure Clouet*, Hull, Éditions Large Vision de l'Outaouais, [1982], 146 p. (coll. «Large Vision»). [Édition originale en 1961].

CLOUTIER, Sylvie, *Contes du présent au jeu des fééries* [sic], [Sherbrooke], Éditions Cosmos, [1982], 80 p.

CROTEAU, Monique, *Drôle de symphonie*, illustrations d'Hélène Racicot, Montréal, Éditions Québec/Amérique, 1982, 32 p. (coll. «Jeunesse»).

DANIS, Marie, *Fêtons, fêtons, fêtons*, contes, chansons, souvenirs, dessins de Martine Bourgeois, Marlène Danis, Lise Tremblay, Chicoutimi, Éditions Sciences modernes, 1982, 44 p.

DARIOS, Louise [née Pacheco de Cespedes], *Le soleil des morts*, Sherbrooke, Éditions Naaman, [1982], 178 [1] p. (coll. «Création», 115).

DAUNAIS, Jean, *Le Nippon du soupir. Les aventures d'Arlène Supin*, Saint-Lambert, Éditions Héritage, 1982, 178 p. (coll. «À lire en vacances»).

DAVELUY, Paule, *Pas encore seize ans...*, Montréal, Éditions Paulines, 1982, 125 p.

DAVIAU, Diane-Monique, *Histoires entre quatre murs*, Montréal, Éditions HMH, 1982, 131 p. (coll. «L'Arbre»).

DÉ, Claire et Anne DANDURAND, *La louve-garou*, Montréal, Éditions de la Pleine Lune, [1982], 154 [1] p. (coll. «Nouvelles»).

FERRON, Iseult, *Bilijou*, illustrations de l'auteure, Montréal, Éditions Paulines, 1982, 24 p. (coll. «Prisme»).

FOGLIA, Pierre, *Monsieur Jean-Jules*, illustrations de Richard Parent, Montréal, Éditions de la Courte Échelle, 1982, 24 p.

FRÉCHETTE, Louis-Honoré, *Contes de Noël*, une présentation du Village du Père Noël, Val-David, illustrations d'André Séguin, Montréal, Communication Match, 1982, 124 p.

Fuites et poursuites, Montréal, Éditions Quinze, [1982], 199 p. [Textes de Madeleine MONETTE, Gilles ARCHAMBAULT, Claude JASMIN, Jean-Marie POUPART, André CARPENTIER, Chrystine BROUILLET, André MAJOR, François HÉBERT, Pan BOUYOUCAS, Yves BEAUCHEMIN].

GAGNON, Cécile, *Histoire d'Adèle Viau et de Fabien Petit*, illustrations de Darcia Labrosse, Montréal, Éditions Pierre Tisseyre, 1982, 24 p.

GAGNON, Denys, *Haute et profonde la nuit*, [Verdun], Éditions internationales Pilou, [1982], 139 p. (coll. «Recueils»).

——, *Le village et la ville*, [Verdun], Éditions internationales Pilou, [1982], 134 p. (coll. «Recueils»).

HARDY, Jacques, *Pareil pas pareil*, illustrations de Suzanne Duquet, Sillery, Éditions Ovale, [1982], 36 p.

HÉMON, Louis, *Récits sportifs*, édition préparée et présentée par Aurélien Boivin et Jean-Marc Bourgeois, [Alma], Éditions du Royaume, [1982], 252 p.

KIEFFER, Rosemarie, *Le petit cochon qui savait voler*, dessins de Marie-Paule Schroeder, Sherbrooke, Éditions Naaman, [1982], 30 p. (coll. «Jeunesse», 5).

LANGEVIN, Marjolaine, *Malentendu au pôle Nord*, conte de Noël, illustrations de Josée Perreault, Montréal, Entreprises culturelles, 1982, 32 p.

LAPIERRE, Pierre, *Chasse-galerie*, récit, [Montréal], L'Esplumoir, 1982, 67 p.

LAROSE, Céline et Pierre, *Macail*, Montréal, Éditions Leméac, 1982, 24 p. (coll. «Littérature de jeunesse»).

LÉGARÉ, Clément, *Pierre la Fève et autres contes de la Mauricie*, présentés par Clément Légaré, suivis d'une étude sur le *Statut sémiotique du motif en ethno-littérature*, Montréal, Quinze, 1982, 367 p. (coll. «Mémoires d'homme»).

LEVASSEUR, Luce, *Contes des bêtes et des choses*, Saint-Lambert, Éditions Héritage, [1982], 128 p. (coll. «Pour lire avec toi»).

MASSON, Jeanpierre, *Jean-Jean Dumuseau*, illustrations de Katherine Sapon, Montréal, Éditions Ville-Marie, 1982, [n.p.].

MONFILS, Nadine, *Laura Colombe. Contes pour petites filles perverses*, illustrations de Leonor Fini, postface de Thomas Owen, Montréal, Éditions Quinze, [1982], 137 [5] p. (coll. «Prose entière», 26). [Édition originale en 1981].

NACKÉ, Lorraine, *Les contes de grand-père*, Montréal, Éditions Bergeron, 1982, 212 p.

NAUD, Marie-George, *L'étrange planète des champignons. Légende pour les petits et les grands de 7 à 107 ans*, illustrations de l'auteure et Ange-Line Naud, Sherbrooke, Éditions Naaman, [1982], 31 p. (coll. «Lectures brèves», 3).

PASQUET, Jacques, *L'enfant qui cherchait midi à quatorze heures*, illustrations de Richard Parent, Montréal, Éditions Ville-Marie, 1982, 24 p.

PELLERIN, Gilles, *Les sporadiques aventures de Guillaume Untel*, [Hull], Éditions Asticou, [1982], 172 [2] p. (coll. «Nouvelles nouvelles», 2).

RACINE, Jean, *Fragments indicatifs. Récits posthumes*, préface de Laurent Mailhot, Montréal, Éditions Hurtubise HMH, [1982], 304 [1] p. (coll. «L'Arbre»).

RAJIC, Négovan, *Propos d'un vieux radoteur*, Montréal, Le Cercle du livre de France, [1982], 207 p. (coll. «Roman québécois», 68).

ROBERGE-BLANCHET, Sylvie, *La naissance des étoiles*, illustrations de Katherine Sapon, Montréal, Éditions Ville-Marie, [1982], [22] p.

ROUSSEAU, Guildo ct Gilles de LAFONTAINE, (dir.), *Contes et récits de la Mauricie*, anthologie, Trois-Rivières, Édition CEDOLEQ, [1982], 154 [3] p.

RUKALSKI, Sigmund, *Au-delà de la vie. Nouvelles*, Sherbrooke, Éditions Naaman, [1982], 136 [1] p. (coll. «Création», 114).

SOULIÈRES, Robert, *Seul au monde*, illustrations de Philippe Béha, Montréal, Éditions Québec/Amérique, 1982, 32 p.

THÉRIAULT, Marie José, *Agnès et le singulier bestiaire, contes pour adultes-enfants*, illustrations de Darcia Labrosse, Montréal, Le Cercle du livre de France, 1982, 61 [1] p.

THÉRIAULT, Yves, *Œuvre de chair*, récits érotiques, illustrations de Tibo, [Montréal], VLB éditeur, [1982], 166 p. [Édition originale en 1975].

——, *Contes pour un homme seul*, [Montréal], Éditions HMH, [1982], 204 [1] p. (coll. «L'Arbre»). [Édition originale en 1944].

1983

Les années-lumière, dix nouvelles de science-fiction réunies et présentées par Jean-Marc Gouanvic, Montréal, VLB éditeur, 1983, 233 p. [Textes de Alexandre AMPRIMOZ, Jean-Pierre APRIL, François BARCELO, Michel BÉLIL, André CARPENTIER, Agnès GUITARD, Huguette LÉGARÉ, Michel MARTIN, Jean PETTIGREW, Esther ROCHON].

AUDE [pseud. de Claudette Charbonneau-Tissot], *Les petites boîtes 1: L'oiseau-mouche et l'araignée*, illustrations de Michèle Bergeron, Montréal, Éditions Paulines, 1983, 24 p. (coll. «Toupie»).

——, *Les petites boîtes 2: La boule de neige*, illustrations de Michèle Bergeron, Montréal, Éditions Paulines, 1983, 24 p. (coll. «Toupie»).

Aurores boréales, 1, dix récits de science-fiction parus dans la revue *Solaris*, présentés par Norbert Spehner, Longueuil, Le Préambule, [1983], 233 p. (coll. «Chroniques du futur»). [Textes de Jean DION, Bernard JACQUES, Jean-François SOMCYNSKY, Marc SÉVIGNY, Serge MAILLOUX, Joël CHAMPETIER, Daniel SERNINE, Jean BARBE, Élisabeth VONARBURG].

BEAUGÉ-ROSIER, Jacqueline, *Les cahiers de la mouette*, poèmes suivis de deux nouvelles, Sherbrooke, Éditions Naaman, [1983], 73 p. (coll. «Création», 133).

BLANCHET, Sylvie, *Le sauvetage de l'abécédaire*, illustrations de Marie Lessard, Montréal et Paris, Éditions Ville-Marie et Nathan, 1983, 21 p.

BOISJOLI, Charlotte, *Le Dragon vert*, Montréal, Éditions de la Pleine Lune, [1983], 87 p.

BROUILLET, Chrystine, *À contre-vent*, illustrations de Jean-Christian Knaff, Paris et Montréal, Éditions Nathan et Éditions Ville-Marie, 1983, 21 p.

——, *Un secret bien gardé*, illustrations de Philippe Béha, Montréal, Éditions de la Courte Échelle, 1983, 24 p.

CARRIER, Roch, *Les enfants du bonhomme dans la lune*, Montréal, Éditions internationales Alain Stanké, [1983], 176 p. (coll. «Contes 10/10», 63). [Édition originale en 1979].

CHABOT, Cécile, *Le choix de Cécile Chabot dans l'œuvre de Cécile Chabot*, [Notre-Dame-des-Laurentides], Presses Laurentiennes, 1983, 75 p. (coll. «Le Choix de...»).

CHÂTILLON, Pierre, *La fille arc-en-ciel*, Montréal, Éditions Libre Expression, 1983, 217 p.

CHÉNIER, Robert, *Chorus mou*, Blainville, Éditions le Point tournant, [1983], 43 p.

Contes et nouvelles de langue française, concours 5, Sherbrooke, Éditions Naaman, [1983], 140 p. (coll. «Création», 124). [Textes de Yves DUVAL, Kéléfa KEÏTA, Cajetan LA ROCHELLE, Louis LAMARRE, Georgette PURNODE-FRAINEUX, Robert REUWET, Alice VALETTE].

Contes merveilleux d'aujourd'hui, vol. 1, Drummondville, Promotions mondiales/Éditions L.N., 1983, 123 p. [Textes de Francine RICHARD et Germain VÉRONNEAU].

COTTÉ, Mario, *Pinipède le blanchon*, illustrations de Paul-Henri Dubé, Sherbrooke, Éditions Naaman, 1983, 32 p. (coll. «Lectures brèves»).

DESAUTELS, Denise, *L'écran* précédé de *Aires du temps*, Saint-Lambert [Chambly], Éditions du Noroît, [1983], 89 [4] p.

DESGENT, Jean-Marc, *O comme agression*, Montréal, Les Herbes rouges, 1983, 34 p.

Dix contes et nouvelles fantastiques, Montréal, Éditions Quinze, [1983], 204 p. [Textes de Jean-Pierre APRIL, François BARCELO, Michel BÉLIL, André BELLEAU, Jacques BROSSARD, Gaëtan BRULOTTE, André CARPENTIER, André MAJOR, Jean-Yves SOUCY, Marie José THÉRIAULT].

DORION, Hélène, *L'intervalle prolongé*, suivi de *La chute requise*, [Saint-Lambert, Chambly], Éditions du Noroît, [1983], 80 p. (coll. «L'Instant d'après», 7).

DOYON, Paule, *Rire fauve*, Trois-Rivières, Les Écrits des Forges, [1983], 48 p. (coll. «Les Rivières», 7).

DUBÉ, Claude, *Cas cocasses*, illustrations de Normand Cousineau, Paris et Montréal, Éditions Nathan et Éditions Ville-Marie, 1983, 21 p.

Espaces imaginaires 1, anthologie de nouvelles de science-fiction réunies par Jean-Marc Gouanvic et Stéphane Nicot et illustrées par Catherine Saouter Caya, Montréal, Les Imaginoïdes, 1983, 163 p. [Textes de Jean-Pierre APRIL, François BARCELO, Jacques BOIREAU, Gérard GOUESBET, Pierre GIULIANI, Agnès GUITARD, Esther ROCHON, Jean-Pol ROCQUET, Jean-François SOMCYNSKY, Daniel WALTHER].

GAGNON, Cécile, *Alfred dans le métro*, illustrations de Louise Blanchard, Saint-Lambert, Éditions Héritage, 1983, 16 p.

——, *Johanne du Québec*, illustrations de François Davot, Montréal et Paris, Ateliers du père Castor et Éditions Flammarion, 1983, 32 p. (coll. «Enfants de la terre»).

——, *La maison Miousse ou les bienfaits d'une tempête*, illustrations de Susanna Campillo, Montréal et Paris, Éditions de l'Amitié et G.T. Rageot, 1983, 57 p. (coll. «Ma première amitié»).

——, *Surprises et sortilèges*, illustrations de Christiane Beauregard, Montréal, Éditions Pierre Tisseyre, 1983, 24 p. (coll. «Le Marchand de sable»).

GAGNON, Jean-Gilles, *La plume ivre*, [Saint-Sauveur], [Éditions la Gargouille], [1983], [79] f.

GAY, Marie Louise, *La sœur de Robert*, illustrations de l'auteure, Montréal, Éditions de la Courte Échelle, 1983, 24 p.

GOYETTE, Danielle, *À fleur de peau, à fleur de cœur*, Belœil, La Maison des mots, 1983, 135 p.

GUILLET, Gérard, *Entre sel et tourbe. Deux légendes*, dessins par Yvon Le Roy, Sherbrooke, Éditions Naaman, 1983, 78 p. (coll. «Lectures brèves», 4).

HARVEY, Rosie, *C'est d'y prendre quelqu'intérêt qui l'agite*, Montréal, Éditions Les Herbes rouges, 1983, 23 p.

KÉTOU, Safia, *La planète mauve et autres nouvelles*, Sherbrooke, Éditions Naaman, 1983, 139 p. (coll. «Création», 120).

KUGLER, Marianne, *Jean d'ailleurs*, illustrations de Suzanne Duranceau, Sillery, Éditions Ovale, 1983, 32 p.

LEBLANC, Bertrand-B., *Variations sur un thème anathème*, Montréal, Leméac, 1983, 220 p. (coll. «Roman québécois»).

MAZALTO, Maurice et Michèle, *Pomme et Charly*, illustrations de Michèle Mazalto, Laval, Éditions Guy Saint-Jean, 1983, 24 p.

PARÉ, Roger, *Plaisirs de chats*, illustrations de l'auteur, Montréal, Éditions de la Courte Échelle, 1983, 24 p.

PARMENTIER, Michel, *Baptiste et la Mina*, illustrations d'Hélène Mondou, Sherbrooke, Éditions Naaman, 1983, 32 p. (coll. «Jeunesse»).

PERREAULT, Denise, *Des fleurs pour le père Noël*, illustré par Suzanne Duranceau, Éditions Société canadienne des postes et La Presse, 1983, 36 p.

POZIER, Bernard, *Caroline Romance*, Montréal, Éditions Arcade, 1983, 63 p.

PROULX, Monique, *Sans cœur et sans reproche*, Montréal, Éditions Québec/Amérique, [1983], 247 p. (coll. «Littérature d'Amérique).

RENAUD, Alix, *Dix secondes de sursis*, Marseille et Sainte-Foy, Temps parallèle éditions et Éditions Laliberté, [1983], 135 p.

ROUSSEAU, Normand, *Dans la démesure du possible*, Montréal, Le Cercle du livre de France, [1983], 256 p.

ROY, Gabrielle, *Ces enfants de ma vie*, Montréal, Éditions internationales Alain Stanké, 1983, 227 p. (coll. «10/10», 66). [Édition originale en 1977].

SERNINE, Daniel [pseud. d'Alain Lortie], *Quand vient la nuit*, contes fantastiques, Longueuil, Éditions le Préambule, [1983], 265 p. (coll. «Chroniques de l'au-delà», 1).

SIMARD, Jean, *Le singe et le perroquet. Récits*, Montréal, Le Cercle du livre de France, 1983, 203 p.

SOMCYNSKY, Jean-François, *J'ai entendu parler d'amour*, Hull, Éditions Asticou, [1983], 175 p. (coll. «Nouvelles Nouvelles», 3).

TELECKY, Richard [dir], *The Oxford Book of French-Canadian Short Stories*, Toronto, Oxford University Press, 1983, viii, 268 p.

TÉTREAU, Jean, *La messe en si mineur. Contes de la nuit noire*, Montréal, Le Cercle du livre de France, [1983], 183 p.

THÉRIAULT, Yves, *L'herbe de tendresse*, Montréal, VLB éditeur, 1983, 244 p.

VANHEE-NELSON, Louise, *Archibaldo le dragon*, illustrations de Philippe Béha, Montréal, Éditions Paulines, 1983, 28 p. (coll. «Toupie»).

1984

APRIL, Jean-Pierre, *Télétotalité*, Ville La Salle, Éditions Hurtubise HMH, 1984, 215 p.

AUBIN, Anne-Marie et Daniel LAVERDURE, *Les nuits de Jérémie*, Saint-Hyacinthe, Éditions Tournejour, 1984, 31 p. (coll. «Les Farfadets»).

BERTHIAUME, André, *Incidents de frontière*, nouvelles, [Montréal], Leméac, 1984, 144 p.

BÉRUBÉ-DESJARDINS, Nycole, *François et moi*, récit, Sherbrooke, Éditions Naaman, 1984, 80 p. (coll. «Amorces», 37).

BOISVERT, Jocelyne, *Nouvelles impressions*, Montréal, Éditions Rebelles, 1984, 106 p.

BRADLEY, Richard, *Les nouveaux départs*, Sainte-Anne-de-Bellevue, Chez l'Auteur, 1984, 127 p.

BRISSETTE, Louise, *Les ailes de l'espoir. Conte philosophique*, Anjou, Éditions Mots-Agis, [1984?], 102 p.

CARRIER, Roch, *Le chandail de hockey*, illustrations de Sheldon Cohen, Montréal, Éditions Livres Toundra, 1984, 24 p.

CHARPENTIER, Réjane, *La chenille à poil et autres contes*, illustrations d'Hélène Despins, Saint-Lambert, Éditions Héritage, 1984, 128 p. (coll. «Pour lire avec toi»).

CORMIER, Jean-Marc, *La symphonie déconcertante*, Rimouski, Éditeq, 1984, 125 p.

CÔTÉ, Huguette, *De l'autre côté de la clôture. Nouvelles*, Sherbrooke, Éditions Naaman, 1984, 70 p. (coll. «Amorces», 38).

DAFFE, Christine, *Le contenant*, Montréal, Soudeyns-Donzé éditeurs, 1984, 62 p.

DAIGNAULT, Claire, *Le cas Lembour*, Belœil, La Maison des Mots, 1984, 139 p.

Dix nouvelles humoristiques par dix auteurs québécois, Montréal, Éditions Quinze, 1984, 221 p. [Textes de Noël AUDET, François BARCELO, Victor-Lévy BEAULIEU, André BELLEAU, André CARPENTIER, Madeleine FERRON, Pauline HARVEY, Gilles PELLERIN, Jean-Marie POUPART, Yolande VILLEMAIRE].

DOYON, Paule, *Windigo. Légende indienne*, Sherbrooke, Éditions Naaman, 1984, 56 p. (coll. «Lectures brèves», 7).

DUPONT, Jean-Claude, *Légendes du Saint-Laurent*, Québec, Éditions J.-C. Dupont, 1984, 57 p.

Espaces imaginaires 2, anthologie de nouvelles de science-fiction réunies par Jean-Marc Gouanvic, Montréal, Les Imaginoïdes, 1984, 216 p.

FILTEAU, Louise, *La quête de Mathusalem*, Saint-Boniface, Éditions du Blé, 1984, 57 p.

FOURNIER, Roger, *Les sirènes du Saint-Laurent. Récits en forme de cercle*, Montréal, Éditions Primeur, 1984, 246 p. (coll. «L'Échiquier»).

Futurs intérieurs, [anthologie de nouvelles de science-fiction réunies par Stéphane Nicot], Paris, Nouvelles Éditions Opta, 1984, 207 p. (coll. «Spécial fiction», 34). [Textes de Jean-Pierre APRIL, Esther ROCHON, Jean-Francois SOMCYNSKY].

GAUTHIER, Bertrand, *Zunik*, illustrations de Daniel Sylvestre, Montréal, Éditions de la Courte Échelle, 1984, 24 p.

GAUTHIER, Louis, *Voyage en Irlande avec un parapluie. Récit*, Montréal, VLB éditeur, 1984, 75 p.

HÉBERT, Francine, *Le voyage de la vie*, illustrations de Darcia Labrosse, Montréal, Éditions de la Courte Échelle, 1984, 24 p.

HUBERT, Manon, *Voyages impromptus. Cinq nouvelles et trois contes de Noël*, Sherbrooke, Éditions Naaman, 1984, 112 p. (coll. «Création», 139).

LEBAILLY, Andrée, *Les contes du Chalin aux îles Saint-Pierre et Miquelon*, Montréal, Éditions Leméac, 1984, 150 p. (coll. «Jours de fête»).

LEBEAU, Alain, *Djebel Cocagne. Journal d'un retour aux sources d'oued*, récits et poèmes, Sherbrooke, Éditions Naaman, 1984, 115 p. (coll. «Création», 137).

LECLERC, Félix, *Adagio*, Hull, Éditions ELVO, [1984], 2 vol., (coll. «Large Vision»). [Édition originale en 1943].

——, *Allegro*, Hull, Éditions ELVO, [1984], 2 vol. (coll. «Large Vision»). [Édition originale en 1944].

——, *Le hamac dans les voiles*, Montréal, Fides, 1984, 212 p. (Bibliothèque québécoise). [Édition originale en 1951].

LEMAIRE, Michel, *Cavalier d'ennui*, Longueuil, Le Préambule, 1984, 99 p. (coll. «Murmures du temps», 1).

MAJOR, Henriette, *La machine à rêves*, illustrations de Marc Mongeau, Laval, Éditions Mondia, 1984, 24 p.

MARCOTTE, Danielle, *Par la bave de mon crapaud*, illustrations de Philippe Béha, Sillery, Éditions Ovale, 1984, 26 p. (coll. «Légendes du Québec»).

MAREUIL, André, *Récits du Saint-Laurent*, illustrations d'Anna-Maria Balint, Montréal, Éditions Paulines, 1984, 95 p. (coll. «Boisjoli»).

MARTEL, Suzanne, *Contes de Noël: contes d'autrefois pour les gens d'aujourd'hui*, Montréal, Éditions du Méridien, 1984, 72 p.

MUNSCH, Robert, *Le désordre*, illustrations de Michael Martchenko, Montréal, Éditions de la Courte Échelle, 1984, 24 p.

NOËL, Michel, *Les Mista Amisk de Piekouagami, les castors géants du lac Saint-Jean*, illustrations de Joanne Ouellet, Montréal, Éditions Leméac, 1984, 46 p.

NORMAND, Julie, *Le rêve d'un fanfan rose*, illustrations de l'auteure, Sherbrooke, Éditions Naaman, 1984, 30 p. (coll. «Jeunesse»).

OSTEN, Malko von, *Hallucinogènes, au-delà des rêves*, Montréal, Le Prince du Mal, 1984, 78 p.

PÉRONNET, Jean, *La drôle de chasse de Pépère Goguen*, Moncton, Éditions d'Acadie, 1984, 32 p.

ROBILLARD, Jean-Marie, *Jean des Oiseaux*, neuf nouvelles illustrées par Loïc Jouannigot, Sherbrooke, Éditions Naaman, 1984, 64 p. (coll. «Lectures brèves», 9).

RUKALSKI, Sigmund, *Cercles de retour*, Sherbrooke, Éditions Naaman, 1984, 128 p. (coll. «Création», 144).

SEYER, Claudette, *Samedi, rue Saint-Laurent*, illustrations de Michel Fortier, Laval, Éditions Mondia, 1984, 24 p.

SICOTTE, Sylvie, *Non, je n'ai pas dansé nue. Textes et nouvelles*, Montréal, Éditions de la Pleine Lune, [1984], 165 [1] p.

SOULIÈRES, Robert, *Tony et Vladimir*, illustrations de Philippe Béha, Montréal, Éditions Pierre Tisseyre, 1984, 31 p. (coll. «Le Marchand de sable»).

SZUCSANY, Désirée, *Les filets*, Montréal, Éditions de la Pleine Lune, [1984], 170 p.

TIBO, *La nuit du grand coucou*, Montréal, Éditions de la Courte Échelle, 1984, 22 p.

TOUSIGNANT, Pierre, *Les longs bras de la nuit*, illustrations de Françoise La Mothe, Laval, Éditions Mondia, 1984, 24 p.

TURGEON, Rachel, *Le chant du coucou*, récit, Joliette, Éditions Pleins Bords, 1984, 63 p.

VONARBURG, Élisabeth, *Janus*, Paris, Denoël, 1984, 285 p. (coll. «Présence du futur», 388).

1985

ANTOINE, Yves, *Libations pour le soleil. Poésie et prose*, dessins de Jacques Enguerrand Gourgue, Sherbrooke, Éditions Naaman, 1985, 60 p. (coll. «Création»).

Aurores boréales, 2, dix récits de science-fiction présentés par Daniel Sernine, Longueuil, Le Préambule, 1985, 290 p. (coll. «Chroniques du futur»). [Textes de Joël CHAMPETIER, Jean DION, Jean-Philippe GERVAIS, Michel LAMONTAGNE, Charles MONTPETIT, Francine PELLETIER, Esther ROCHON, Daniel SERNINE, Jean-François SOMCYNSKY, Élisabeth VONARBURG].

BEAUDIN, Louise, *L'arbre mort au pays des sans chats*, illustrations de François Caumartin et Louise Martel, Éditions du Nomade, 1985, 24 p. (coll. «Plume et poil»).

BOISVERT, Claude, *Rocamadour* suivi de *Diogène. Récits humoristico-fantastiques*, Hull, Éditions Asticou, 1985, 158 p.

CAILLOUX, André, *Le Noël de Zéphirin*, illustrations de Danielle Poisson, Montréal, Éditions Paulines, 1985 (coll. «Prisme»).

CARRIER, Roch, *La fleur et autres personnages*, Montréal, Éditions Paulines, 1985, 98 p. (coll. «Lectures V.I.P.»).

CONSTANTINEAU, Céline, *Olivier le forgeron*, illustrations de Dominique Laquerre, Montréal, Éditions Québec/Amérique, 1985, 22 p. (coll. «Jeunesse»).

DELISLE, Michael, *Mélancolie*, Montréal, Éditions NBJ, 1985, 23 p. (coll. «On ne voit plus de prodiges merveilleux et de belles choses»).

DESJARDINS, Louise et Élise TURCOTTE, *La catastrophe*, Outremont, Éditions NBJ, 1985, 45 p. (coll. «Série Auteur/e NBJ», 167).

Dix nouvelles de science-fiction québécoise, réunies par André Carpentier, Montréal, Quinze, 1985, 238 p. [Textes de Jean-Pierre APRIL, Jean BARBE, Denis CÔTÉ, Jean DION, Francine PELLETIER, Jean PETTIGREW, Marc

PROVENCHER, Esther ROCHON, Daniel SERNINE, Marc SÉVIGNY, Élisabeth
VONARBURG].

DOYON, Paule, *Rue de l'Acacia et autres nouvelles. Science-fiction*, Sherbrooke,
Éditions Naaman, 1985, 136 p. (coll. «Création», 160).

Espaces imaginaires 3, anthologie de nouvelles de science-fiction réunies par
Jean-Marc Gouanvic, Montréal, Les Imaginoïdes, 1985, 162 p.

GAGNON, Cécile, *Bonjour l'arbre*, illustrations de Darcia Labrosse, Longueuil,
Éditions du Raton laveur, 1985, 20 p.

GAGNON, J[acques], *Les petits cris*, Montréal, Éditions Québec/Amérique, 1985,
169 p. (coll. «Littérature d'Amérique»).

GODIN, Marcel, *La cruauté des faibles. Nouvelles*, Montréal, Les Herbes rouges,
1985, 129 p. (coll. «Typo», 5). [Édition originale en 1961].

GOULET, Pierre, *Contes de feu. Nouvelles*, Montréal, Éditions Québec/Amérique,
1985, 134 p. (coll. «Littérature d'Amérique»).

HOUDE, Pierre, *La ballade de monsieur Bedon*, Longueuil, Éditions du Raton
laveur, 1985, 20 p.

KATTAN, Naïm, *La reprise*, Montréal, Éditions Hurtubise HMH, 1985, 233 p.
(coll. «L'Arbre»).

LACROIX, Pierre, *La peur au ventre*, Hull, Carfax-bis 2, 1985, 27 p.

LAMY, Suzanne, *La convention. Récit*, Montréal et Pantin (France), VLB éditeur
et Le Castor astral, 1985, 83 p.

LEMAY, Georges, *Petites fantaisies littéraires*, préface d'Ingrid Joubert, Montréal,
Fides, 1985, xviii-214 p. [Édition originale en 1884].

LEVASSEUR, Luce, *Contes des bêtes et des choses*, illustrations d'Anna-Maria
Balint, Saint-Lambert, Éditions Héritage, 1985, 126 p. (coll. «Pour lire avec
toi»).

MAJOR, Henriette, *Si l'herbe poussait sur les toits*, illustrations de Suzanne Lan-
glois, Montréal, Leméac, 1985, 24 p. (coll. «Littérature de jeunesse»).

MARCHAND, Clément, *Courriers des villages*, [Montréal], Éditions internationales
Alain Stanké, 1985, 244 p. (coll. «10/10»). [Édition originale en 1940].

MAROIS, Carmen, *L'amateur d'art*, Longueuil, Le Préambule, 1985, 188 p. (coll.
«Chroniques de l'au-delà»).

MIA, *Claire-de-la-lune et Barbarou*, illustrations de Mia et Klaus, Montréal, Éditions Paulines, 1985, 45 p.

NEVEU, Denise, *Sur les ailes du réel* suivi de *Oscillations* et *Instants de vérité*,
Outremont, Éditions du Pur Hasard, 1985, 222 p.

NOËL, Bernard, *Contes pour un autre œil*, Longueuil, Le Préambule, 1985, 154 p.
(coll. «Murmures du temps»).

Planéria, [anthologie de nouvelles présentées par Robert Soulières], Montréal,
Éditions Pierre Tisseyre, 1985, 191 p. (coll. «Conquêtes»). [Textes de: Denis

CÔTÉ, Francine PELLETIER, Daniel SERNINE, Marie-Andrée WARNANT-CÔTÉ].

RAYMOND, Claude, *La locomotive. Textualisation*, Outremont, Éditions NBJ, 1985, 43 p. (coll. «Série Auteur/e NBJ», 166).

ROY, Gabrielle, *La route d'Altamont. Nouvelles*, Montréal, Éditions internationales Alain Stanké, 1985, 267 p. (coll. «10/10», 71). [Édition originale en 1966].

SCALABRINI, Rita, *Non, je ne suis pas né*, illustrations de l'auteure, Montréal, Leméac, 1985, 48 p. (coll. «Littérature de jeunesse»).

SIMPSON, Danièle, *Coralie est amoureuse*, illustrations de Robert Dolbec, Montréal, Éditions Graficor, 1985, 24 p. (coll. «Papillon jaune»).

SOULIÈRES, Robert, *Le baiser maléfique*, illustrations de Stéphane Jorisch, Sillery, Éditions Ovale, 1985, 24 p. (coll. «Légendes du Québec»).

SUMPF, Virginie, *L'irrecevable*, récit, Montréal, Éditions de la Pleine Lune, 1985, 85 p.

TREMBLAY, Michel, *Contes pour buveurs attardés*, Montréal, Éditions internationales Alain Stanké, [1985?], 169 p. (coll. «10/10», 75).

TURCOTTE, Élise et Louise DESJARDINS, *La catastrophe*, Outremont, Éditions NBJ, 1985, 45 p. (coll. «Série Auteur/e NBJ», 167).

VALAIS, Gilles, *Les deux sœurs*, Saint-Boniface, Éditions des Plaines, 1985, 168 p.

ZIMMER, Pierre, *Le fou de Percé*, Montréal, Fides, 1985, 200 p.

ANTHOLOGIES

Les années-lumière, dix nouvelles de science-fiction réunies et présentées par Jean-Marc Gouanvic, Montréal, VLB éditeur, 1983, 233 p. [Textes de Alexandre AMPRIMOZ, Jean-Pierre APRIL, François BARCELO, Michel BÉLIL, André CARPENTIER, Agnès GUITARD, Huguette LÉGARÉ, Michel MARTIN, Jean PETTIGREW, Esther ROCHON].

Au pays de l'érable, quatrième concours littéraire de la Société Saint-Jean-Baptiste de Montréal, [Montréal], [Société Saint-Jean-Baptiste de Montréal], 1919, 194 p. [Textes de Yvette O.-GOUIN, Sylva CLAPIN, Marie-Rose TURCOT, frère ARSÈNE, frère ROBUSTIEN, J.-E. LARIVIÈRE, Eugène ACHARD, Camille PERRAS, Joseph COURTEAU, Joseph PATRY, Clara SAINT-ARNAUD, frère ÉLIE, frère SIMON].

AUCOIN, Gérald E., *L'oiseau de la vérité et autres contes des pêcheurs acadiens de l'Île du Cap-Breton*, Montréal et Ottawa, Quinze et Musée national de l'Homme, [1980], 207 [1] p. (coll. «Mémoires d'homme»).

Aurores boréales, 1, dix récits de science-fiction parus dans la revue *Solaris*, présentés par Norbert Spehner, Longueuil, Le Préambule, [1983], 233 p. (coll. «Chroniques du futur»). [Textes de Jean DION, Bernard JACQUES, Jean-

François SOMCYNSKY, Marc SÉVIGNY, Serge MAILLOUX, Joël CHAMPETIER, Daniel SERNINE, Jean BARBE, Élisabeth VONARBURG].

Aurores boréales, 2, dix récits de science-fiction présentés par Daniel Sernine, Longueuil, Le Préambule, 1985, 290 p. (coll. «Chroniques du futur»). [Textes de Joël CHAMPETIER, Jean DION, Jean-Philippe GERVAIS, Michel LAMONTAGNE, Charles MONTPETIT, Francine PELLETIER, Esther ROCHON, Daniel SERNINE, Jean-François SOMCYNSKY, Élisabeth VONARBURG].

BÉLIL, Michel, *Le mangeur de livres. Contes terre-neuviens*, Montréal, Pierre Tisseyre, [1978], 213 [2] p.

BERGERON, Bertrand, *Les Barbes-bleues. Contes et récits du lac Saint-Jean*, répertoire de M. Joseph Patry, préface de Jean-Pierre Pichette, Montréal et Ottawa, Quinze et Musée national de l'Homme, 1980, 256 [4] p. (coll. «Mémoires d'homme»).

BESSETTE, Gérard, *Anthologie d'Albert Laberge*, préface de Gérard Bessette, [Montréal], Le Cercle du livre de France, [1962], xxxv, 310 p.

BOSWELL, Hazel [de Lotbinière], *Legends of Quebec: From the Land of the Golden Dog*, Toronto [et] Montréal, McClelland and Stewart Limited, [1966], 120 p.

Contes canadiens, illustrés par Henri Julien, Montréal, Librairie Beauchemin ltée, [1919], 93 p. [Textes de Henri JULIEN, Paul STEVENS, Honoré BEAUGRAND, Louis-Honoré FRÉCHETTE].

Contes et nouvelles, [recueil publié dans le cadre du concours littéraire (contes et nouvelles), année scolaire 1974-75], [Montréal, Collège de Maisonneuve, 1975], 19 p.

Contes et nouvelles de langue française, concours 3, [Montréal], Éditions Cosmos, [1974], 75 p. (coll. «Amorces», 14). [Textes de P. GÉRIN, T. VAN KIEM, D. MOISDON, M. SAINT-JULES, H. WYSS].

Contes et nouvelles de langue française, concours 4, [Montréal], Éditions Cosmos, [1976], 99 p. (coll. «Amorces», 19). [Textes de André CHARLIER, Nicole de LA CHEVROTIÈRE, Louise D. LAROCHE, Rita MESSIER].

Contes et nouvelles de langue française, concours 5, Sherbrooke, Éditions Naaman, [1983], 140 p. (coll. «Création», 124). [Textes de Yves DUVAL, Kéléfa KEÏTA, Cajetan LA ROCHELLE, Louis LAMARRE, Georgette PURNODE-FRAINEUX, Robert REUWET, Alice VALETTE].

Contes et nouvelles du monde francophone, concours 2, Sherbrooke, Éditions Cosmos, [1971], 95 p. (coll. «Amorces», 10). [Textes de J. DAMONGO-DAUDET, T. VAN KIEM, P. JUTRAS, Pierre-Paul KARCH, J. DEKIN LYAS, M. GODIN, K. M'BAYE, J.-P. DADOU KAYUBA-MATAMBA, D. MAHAMANE, Y. HOUNDJAGO, G. SEMONJI, L. BLOUIN, Mohamed ben ADBA, O. TECHER, M. GOSSELIN].

Contes et nouvelles du Québec, concours 1, [Sherbrooke], Éditions Cosmos, [c. 1970], 58 p. (coll. «Amorces», 5). [Textes de G. GOUIN, F. LABERGE, D. MOISDON, M. MONETTE].

Contes et récits de la Mauricie, rassemblés par Guildo Rousseau et Gilles de La Fontaine, Trois-Rivières, Éditions Cedoleq, [1982], 154 [3] p.

Contes merveilleux d'aujourd'hui, vol. 1, Drummondville, Promotions mondiales/ Éditions L.N., 1983, 123 p. [Textes de Francine RICHARD et Germain VÉRONNEAU].

Contes populaires de la Mauricie, recueillis par Carolle Richard et Yves Boisvert, présentés par Clément Légaré, Montréal, Fides, 1978, 297 p. (coll. «Essais et recherches, section Lettres»).

La corvée, deuxième concours littéraire de la Société Saint-Jean-Baptiste de Montréal, [Montréal], [Société Saint-Jean-Baptiste de Montréal], 1917, 239 [1] p. [Textes de frère MARIE-VICTORIN, Viateur FARLY, abbé Arsène GOYETTE, J.-H. COURTEAU, Germaine CORDON, Émile GAGNON, Thomas MIGNEAULT, Juliette DESROCHES, Angeline DEMERS, Adolphe NANTEL, J.-B. BOUSQUET, Damase POTVIN, Anne-Marie TURCOT, Sylva CLAPIN].

La croix du chemin, premier concours littéraire de la Société Saint-Jean-Baptiste de Montréal, Montréal, [Société Saint-Jean-Baptiste de Montréal], 1916, 156 [2] p. [Textes de Jean-Victor CARTIER, Fernande CHOQUETTE, Sylva CLAPIN, Germaine CORDON, Albert CORNELLIER, Jos-H. COURTEAU, Léo-Paul DESROSIERS, Viateur FARLY, Joseph-Moïse LEBLANC, frère MARIE-VICTORIN, Lionel MONTAL, Damase POTVIN, Antonin-E. PROULX, Marie-Antoinette TARDIF].

De Québec à Saint-Boniface, récits et nouvelles du Canada français, compilés et annotés par Gérard Bessette, Toronto, MacMillan of Canada, 1968, x, 286 p. [Textes de N.-H.-E. FAUCHER DE SAINT-MAURICE, Louis-H. FRÉCHETTE, VIEUX DOC, Albert LABERGE, Alain GRANDBOIS, RINGUET, Roger VIAU, François HERTEL, Roger LEMELIN, Robert de ROQUEBRUNE, Yves THÉRIAULT, Gabrielle ROY, Claire MARTIN, Jacques FERRON, Jean SIMARD, Jean HAMELIN].

Dix contes et nouvelles fantastiques, Montréal, Éditions Quinze, [1983], 204 p. [Textes de Jean-Pierre APRIL, François BARCELO, Michel BÉLIL, André BELLEAU, Jacques BROSSARD, Gaëtan BRULOTTE, André CARPENTIER, André MAJOR, Jean-Yves SOUCY, Marie José THÉRIAULT].

Dix nouvelles de science-fiction québécoise, réunies par André Carpentier, Montréal, Quinze, 1985, 238 p. [Textes de Jean-Pierre APRIL, Jean BARBE, Denis CÔTÉ, Jean DION, Francine PELLETIER, Jean PETTIGREW, Marc PROVENCHER, Esther ROCHON, Daniel SERNINE, Marc SÉVIGNY, Élisabeth VONARBURG].

Dix nouvelles humoristiques par dix auteurs québécois, Montréal, Éditions Quinze, 1984, 221 p. [Textes de Noël AUDET, François BARCELO, Victor-Lévy BEAULIEU, André BELLEAU, André CARPENTIER, Madeleine FERRON, Pauline HARVEY, Gilles PELLERIN, Jean-Marie POUPART, Yolande VILLE-MAIRE].

DUPONT, Jean-Claude, *Le monde fantastique de la Beauce québécoise*, Ottawa, Centre canadien d'études sur la culture traditionnelle, 1972, 116 p. (coll. «Mercure»).

——, *Le légendaire de la Beauce*, Québec, Éditions Garneau, 1974, 152 p.

——, *Contes de bûcherons*, Montréal, Quinze, 1976, 216 p.

——, *Contes de bûcherons*, 2ᵉ édition revue et corrigée, dessins de Vivian Labrie, Montréal, Quinze, 1980, 215 p. (coll. «Mémoires d'homme»).

Écrits de la taverne Royal, Montréal, Éditions de l'Homme, [1962], 139 p. [Textes de Claude JASMIN, Patrick STRARAM, Pierre BOURASSA, Léo BRISSET, Jean-Paul FILION, René PETIT, Jean-Maurice LAPORTE, Roger BARBEAU, Réginald BOISVERT, Jean-Louis GARCEAU, Claude FORTIN, Alexis CHIRIAEFF, Marc GÉLINAS, Graeme ROSS, Jean-Marie DUGAS, Guy GAUCHER].

Espaces imaginaires 1, anthologie de nouvelles de science-fiction réunies par Jean-Marc Gouanvic et Stéphane Nicot et illustrées par Catherine Saouter Caya, Montréal, Les Imaginoïdes, 1983, 163 p. [Textes de Jean-Pierre APRIL, François BARCELO, Jacques BOIREAU, Gérard GOUESBET, Pierre GIULIANI, Agnès GUITARD, Esther ROCHON, Jean-Pol ROCQUET, Jean-François SOMCYNSKY, Daniel WALTHER].

Espaces imaginaires 2, anthologie de nouvelles de science-fiction réunies par Jean-Marc Gouanvic, Montréal, Les Imaginoïdes, 1984, 216 p.

Espaces imaginaires 3, anthologie de nouvelles de science-fiction réunies par Jean-Marc Gouanvic, Montréal, Les Imaginoïdes, 1985, 162 p.

Fleurs de lys, troisième concours littéraire de la Société Saint-Jean-Baptiste de Montréal, [Montréal], [Société Saint-Jean-Baptiste de Montréal], 1918, 158 p. [Textes de Angéline DEMERS, Damase POTVIN, Sylva CLAPIN, Viateur FARLY, frère ÉLIE, frère ROBERT, Louis-Raoul de LORIMIER, frère RODOL-PHE].

Fuites et poursuites, Montréal, Éditions Quinze, 1982, 199 p. [Textes de Madeleine MONETTE, Gilles ARCHAMBAULT, Claude JASMIN, Jean-Marie POUPART, André CARPENTIER, Chrystine BROUILLET, André MAJOR, François HÉBERT, Pan BOUYOUCAS, Yves BEAUCHEMIN].

Futurs intérieurs, [anthologie de nouvelles de science-fiction réunies par Stéphane Nicot], Paris, Nouvelles Éditions Opta, 1984, 207 p. (coll. «Spécial fiction», 34). [Textes de Jean-Pierre APRIL, Esther ROCHON, Jean-François SOMCYNSKY].

LAFORTE, Conrad, *Menteries drôles et merveilleuses. Contes traditionnels du Saguenay*, illustrations de Claude Poirier, préface de Jean-Pierre Pichette, Montréal, Quinze, 1978, 287 p. (coll. «Mémoires d'homme»).

LÉGARÉ, Clément, *La bête à sept têtes et autres contes de la Mauricie*, présentés par Clément Légaré, suivis d'une étude sur la sémiotique générative de «Pierre la Fève», version québécoise du conte type 563, Montréal, Quinze, 1980, 276 p. (coll. «Mémoires d'homme»).

——, *Pierre la Fève et autres contes de la Mauricie*, présentés par Clément Légaré, suivis d'une étude sur le *Statut sémiotique du motif en ethnolittérature*, Montréal, Quinze, 1982, 367 p. (coll. «Mémoires d'homme»).

LEMIEUX, Germain, *Contes de mon pays*, Saint-Lambert, Éditions Héritage, 1980, 159 p. (coll. «Katimavik»).

LUCILLE, tante [pseud. de Lucille Desparois-Danis], *Contes et légendes du Canada français*, dessins de Gabriel De Beney, Montréal, Éditions Paulines, 1976, 29 p. (coll. «Documentation Vidéo-Presse», 9).

Manuscrits des longs vols transplutoniens, Montréal, Éditions du Jour, [1975], 142 [57] p. (coll. «Les Écrits du Jour»). [Textes de Andrée E. MAJOR, André GIARD, Jesse JANES (pseud. de J.-R. Léveillée)].

MASSICOTTE, Édouard-Zotique, *Conteurs canadiens-français*, vol. 1, avec notices biographiques, portraits dessinés par Edmond J. Massicotte, Montréal, Librairie Beauchemin ltée, 1913, 141 p. (Bibliothèque canadienne, coll. «Dollard»).

——, *Conteurs canadiens-français*, vol. 2, avec notices biographiques, portraits dessinés par Edmond J. Massicotte, Montréal, Librairie Beauchemin ltée, 1913, 140 p. (Bibliothèque canadienne, coll. «Dollard»).

——, *Conteurs canadiens-français*, vol. 3, avec notices biographiques, portraits dessinés par Edmond J. Massicotte, Montréal, Librairie Beauchemin ltée, 1913, 140 p. (Bibliothèque canadienne, coll. «Dollard»).

——, *Anecdotes canadiennes illustrées*, Montréal, Librairie Beauchemin ltée, 1928, 125 p. (Bibliothèque canadienne, coll. «Laval»).

MATTEAU, Robert, *Dires et figures*, contes et portraits de l'Estrie, Sherbrooke, Éditions Naaman, 1978, 132 p.

Nouvelles du Québec, choisies par Katherine T. Brearley, Scarborough (Ont.), Prentice-Hall of Canada, [1970], 228 p. [Textes de Gérard BESSETTE, Roch CARRIER, Pierre DAGENAIS, Louise DARIOS, Marc FAVREAU, Jean HAMELIN, Claude JASMIN, Yves THÉRIAULT, Adrien THÉRIO, T. THIBOUTOT].

Nouvelles du Québec, choisies et annotées par Katherine T. Brearley et Rose-Blanche McBride, Scarborough (Ont.), Prentice-Hall, [1977], 236 p. [Édition originale en 1970].

Nouvelles 72-73, Rimouski, Université du Québec à Rimouski, 1973, [n.p.].

Planéria, [anthologie de nouvelles présentées par Robert Soulières], Montréal, Éditions Pierre Tisseyre, 1985, 191 p. (coll. «Conquêtes»). [Textes de Denis Côté, Francine PELLETIER, Daniel SERNINE, Marie-Andrée WARNANT-CÔTÉ].

Les premiers coups d'ailes, Montréal, Les Clercs de Saint-Viateur, 1918, 251 p. [Textes de Paul-Émile LAVALLÉE, Viateur FARLY, Irénée LAVALLÉE, Léo-Paul DESROSIERS, Réginald SAVOIE, Joseph LAFORTUNE, Edouard JETTÉ, Omer VALOIS, Rosaire RACETTE, Athanase MÉNARD, Charlemagne VENNE, Victor DE L'ÉGLISE, Albert TROTTIER, Paul GAUDET, Gaston CAISSE, Louis-Charles SIMARD, Paul-E. MONARQUE].

Prose, [préface de Marc Bégin], [Victoriaville], Éditions de la Chaîne, [1973], [en pagination multiple].

Récits de forestiers, [en collaboration], Montréal, Les Presses de l'Université du Québec, (Centre documentaire en civilisation traditionnelle, UQTR), 1976, XI-244 p. (coll. «Les Archives d'ethnologie», 1).

RIGAUD, Jean (dir.), *Il était une fois en Terre Québec*, anthologie de 56 contes et récits québécois, [Sherbrooke], [Cégep de Sherbrooke], [1969], [134] p.

ROUSSEAU, Guildo et Gilles de LAFONTAINE (dir.), *Contes et récits de la Mauricie*, anthologie, Trois-Rivières, Édition CEDOLEQ, [1982], 154 [3] p.

STRATFORD, Philip (dir.), *Stories from Quebec*, Toronto [et] New York, Van Nostrand Reinhold, [1974], 175 [1] p.

TELECKY, Richard [dir.], *The Oxford Book of French-Canadian Short Stories*, Toronto, Oxford University Press, 1983, viii, 268 p.

THÉRIO, Adrien [pseud. d'Adrien Thériault], *Conteurs canadiens-français. Époque contemporaine*, Montréal, Librairie Déom, [1965], 322 [2] p.

——, *Conteurs canadiens-français. Époque contemporaine*, deuxième édition augmentée, Montréal, Librairie Déom, 1970, 377 p. [Édition originale en 1965].

Trois nouvelles, Montréal, Fides, 1948, 159 [1] p. [Textes de André BEAULAIR, Roselyne d'AVRANCHE, Paulette DAVELUY].

UNION CANADIENNE DES ÉCRIVAINS, *Moisson*, Montréal, Éditions Nocturnes, 1962, 90 p. [Textes de Georges BOULANGER, Denise HOULE, Claude MARCEAU, Jeanne BRETON-ROBITAILLE].

TABLE DES MATIÈRES